Steuerliche Gestaltungsunterstützung

Europäische Hochschulschriften

Publications Universitaires Européennes
European University Studies

Reihe V
Volks- und Betriebswirtschaft

Série V Series V
Sciences économiques, gestion d'entreprise
Economics and Management

Bd./Vol. 2539

PETER LANG
Frankfurt am Main · Berlin · Bern · Bruxelles · New York · Wien

Stefan Mense

Steuerliche Gestaltungsunterstützung

Am Beispiel betrieblicher Altersversorgung bei Personalentsendung in das Ausland

PETER LANG
Europäischer Verlag der Wissenschaften

Die Deutsche Bibliothek - CIP-Einheitsaufnahme

Mense, Stefan:

Steuerliche Gestaltungsunterstützung : am Beispiel betrieblicher Altersversorgung bei Personalentsendung in das Ausland / Stefan Mense. - Frankfurt am Main ; Berlin ; Bern ; Bruxelles ; New York ; Wien : Lang, 1999
(Europäische Hochschulschriften : Reihe 5, Volks- und Betriebswirtschaft ; Bd. 2539)
Zugl.: Erlangen, Nürnberg, Univ., Diss., 1999
ISBN 3-631-35364-2

D 29 (n 2)
ISSN 0531-7339
ISBN 3-631-35364-2

Inhaltsübersicht

Inhaltsverzeichnis

Abbildungsverzeichnis

Abkürzungsverzeichnis

a.A.	anderer Ansicht
a.F.	alter Fassung
a.G.	auf Gegenseitigkeit
ABA	Arbeitsgemeinschaft für betriebliche Altersversorgung
ABlEG	Amtsblatt der Europäischen Gemeinschaften
Abs.	Absatz
Abschn.	Abschnitt
ACT	Advance Corporation Tax
a.F.	alter Fassung
Anm.	Anmerkung
AO	Abgabenordnung
ART	Allgemeiner rechtlicher Teil
Art.	Artikel
AStG	Außensteuergesetz
Aufl.	Auflage
AWD	Außenwirtschaftsdienst des Betriebs-Beraters
B & C	Benefits & Compensation International
BAG	Bundesarbeitsgericht
BAGE	Entscheidungen des Bundesarbeitsgerichts
BAV	Betriebliche Altersversorgung
BB	Der Betriebs-Berater
Bd.	Band
bearb.	bearbeitet
BetrAV	Betriebliche Altersversorgung
BetrAVG	Gesetz zur Verbesserung der betrieblichen Altersversorgung (Betriebsrentengesetz)
BFH	Bundesfinanzhof
BFuP	Betriebswirtschaftliche Forschung und Praxis
BGBl	Bundesgesetzblatt
BKK	Betriebskrankenkasse(n)
BMF	Bundesministerium der Finanzen
BR-Drs.	Deutscher Bundesrat, Drucksache
BStBl	Bundessteuerblatt
BT-Drs.	Deutscher Bundestag, Drucksache
Buchst.	Buchstabe

bzw.	beziehungsweise
ca.	circa
DB	Der Betrieb
DBA	Doppelbesteuerungsabkommen
DBA-GB	Doppelbesteuerungsabkommen Deutschland-Großbritannien
DBW	Die Betriebswirtschaft
d.h.	das heißt
Diss.	Dissertation
DM	Deutsche Mark
Doppelb.	Doppelbuchstabe
DStR	Deutsches Steuerrecht
DSWR	Datenverarbeitung, Steuer, Wirtschaft und Recht
EDV	Elektronische Datenverarbeitung
EGBGB	Einführungsgesetz zum Bürgerlichen Gesetzbuch
EGV	EG-Vertrag
Einl.	Einleitung
Erg.-Lief.	Ergänzungslieferung
ESt	Einkommensteuer
EStDV	Einkommensteuer-Durchführungsverordnung
EStG	Einkommensteuergesetz
EStR	Einkommensteuer-Richtlinien
ET	European Taxation
EU	Europäische Union
EuGH	Europäischer Gerichtshof
EuZW	Europäische Zeitschrift für Wirtschaftsrecht
EWG	Europäische Wirtschaftsgemeinschaft
EWG-VO	Verordnung der Europäischen Wirtschaftsgemeinschaft
FA	Finance Act / Finanzarchiv
F(No 2)A	Finance Act Number 2
FG	Finanzgericht
Fn.	Fußnote
FR	Finanzrundschau
FURBS	Funded Unapproved Retirement Benefit Scheme

GewSt	Gewerbesteuer
GewStG	Gewerbesteuer-Gesetz
ggfs.	gegebenenfalls
GVG	Gesellschaft für Versicherungswissenschaft und -gestaltung e.V.
H	Hinweise zu den Einkommensteuer-Richtlinien
Habil.-Schr.	Habilitations-Schrift
Hrsg.	Herausgeber
hrsg.	herausgegeben
Hs.	Halbsatz
i.d.F.	in der Fassung
i.R.d.	im Rahmen der/des
i.S.d.	im Sinne des
i.V.m.	in Verbindung mit
IAS	International Accounting Standard(s)
ICTA	Income and Corporation Taxes Act
IFA-Bulletin	Bulletin for International Fiscal Documentation
INF	Die Information über Steuer und Wirtschaft
intertax	International tax review
IPRax	Praxis des Internationalen Privat- und Verfahrensrechts
IR	Inland Revenue
IStR	Internationales Steuerrecht
IVSS	Internationale Vereinigung für Soziale Sicherheit
IWB	Internationale Wirtschaftsbriefe
JbFSt	Jahrbuch der Fachanwälte für Steuerrecht
Kap.	Kapitel
KÖSDI	Kölner Steuerdialog
KStG	Körperschaftsteuergesetz
KStR	Körperschaftsteuer-Richtlinien
lfd.	laufende(r)
LStDV	Lohnsteuer-Durchführungsverordnung
LStR	Lohnsteuer-Richtlinien

m.w.N.	mit weiteren Nachweisen
MFR	Minimum Funding Requirement
MK	Musterkommentar
MS	Management Science
Nr.	Nummer
NWB	Neue Wirtschaftsbriefe
NZA	Neue Zeitschrift für Arbeitsrecht
o.V.	ohne Verfasser
OECD	Organisation for Economic Cooperation and Development
OECD-MA	OECD-Musterabkommen
OECD-RL	OECD-Richtlinie
OPRA	Occupational Pensions Regulatory Authority
PSVaG	Pensions-Sicherungs-Verein auf Gegenseitigkeit
R	Richtlinie
RdA	Recht der Arbeit
Rdnr.	Randnummer
RIW/AWD	Recht der Internationalen Wirtschaft / Außenwirtschafts-dienst des Betriebs-Beraters
Rn.	Randnummer
Rz.	Randziffer
S.	Seite(n)
s.	siehe
Sch.	Schedule
Sec.	Section
SERPS	State Earnings Related Pensions Scheme
SFAS	Statement of Financial Accounting Standards
SGB	Sozialgesetzbuch
sog.	sogenannter
Sp.	Spalte
SSAP	Statement of Standard Accounting Practice
StB	Der Steuerberater
StbJb	Steuerberaterjahrbuch

StBp	Die steuerliche Betriebsprüfung
StuW	Steuer und Wirtschaft
TA	Tax Act
Tz.	Textziffer
u.a.	unter anderem / und andere
Übers.	Übersetzer
UK	United Kingdom
Univ.	Universität
US-GAAP	General Accepted Accounting Principles der USA
VAG	Versicherungsaufsichtsgesetz
Vfg.	Verfügung
vgl.	vergleiche
Vol.	Volume
WiSt	Wirtschaftswissenschaftliches Studium
WISU	Das Wirtschaftsstudium
WPg	Die Wirtschaftsprüfung
z.B.	zum Beispiel
z.T.	zum Teil
ZfB	Zeitschrift für Betriebswirtschaft
ZfbF	Zeitschrift für betriebswirtschaftliche Forschung

1. Teil: Einleitung

A. Problemstellung und Zielsetzung

Im Rahmen der internationalen Ausweitung und der globalen Ausrichtung ihrer Unternehmenstätigkeit setzen immer mehr Unternehmen ihre Mitarbeiter im Ausland ein. Führungskräfte erhalten internationale Erfahrung durch vorübergehende Tätigkeit im Ausland; Unternehmen transferieren Know-How durch den Einsatz von Expatriates. Auslandstätigkeiten vertiefen darüber hinaus das gegenseitige Verständnis in einem multinationalen Unternehmen und verbessern so die Effizienz der Zusammenarbeit. Dieser Trend wird sich aufgrund der zunehmenden Internationalisierung der Wirtschaft und der fortschreitenden wirtschaftlichen Verflechtung innerhalb des EU-Binnenmarktes fortsetzen.[1] Der Einsatz moderner Informationstechnologien kann in global integrierten Unternehmen den Austausch von Informationen an die Stelle der Entsendung von Personal treten lassen; die persönliche Präsenz des Mitarbeiters ist dennoch in vielen Fällen unumgänglich, wenn es um die persönliche Weiterbildung geht oder sich vor Ort nicht die gewünschten Mitarbeiter finden.[2]

Die Internationalisierung hat zur Folge, daß für eine Übergangszeit ein Transfer von Stammhauspersonal notwendig ist. Den Aspekten der Vergütung, der Besteuerung und der sozialen Absicherung kommt große Bedeutung zu, sowohl um eine hohe Kostenbelastung durch solche Transfers zu vermeiden, als auch um Mitarbeitern Anreize für einen Auslandseinsatz zu bieten und das Versorgungsniveau aufrechtzuerhalten.[3] Die betriebliche Altersversorgung ist für den entsandten Mitarbeiter von erheblicher Relevanz, sofern er ein Einkommen bezieht, das über der Beitragsbemessungsgrenze in der gesetzlichen Rentenversicherung liegt, und daher mit erheblichen Lücken zwischen letztem Nettoeinkommen und gesetzlicher Rente zu rechnen hat. Gerade die zu dieser Einkommensgruppe gehörenden Mitarbeiter, insbesondere Fach- und Führungskräfte, kommen für einen Auslandseinsatz in Frage.[4]

Multinationale Unternehmen können zu den bei einer Entsendung auftretenden steuer-, arbeits- und sozialversicherungsrechtlichen Fragen regelmäßig auf eigenes Erfahrungswissen zurückgreifen. In mittelständischen Unternehmen liegt in vielen Fällen keine ausreichende Erfahrung mit Entsendungsfragen vor. Oft

---

1 Vgl. Rößler, N., Internationale Aspekte, 1992, S. 465-467; Schanz, T., Expatriates, 1995, S. 22.

2 Vgl. Herzig, N., Globalisierung, 1998, S. 285; Ley, U., Entsendung, 1996, S. 10788. Siehe zu Konzepten einer international orientierten Personalentwicklung Mager, M., Personalentwicklung, 1993, S. 445-447.

3 Vgl. Huhn, H., Multinational, 1990, S. 70; Schieber, P.-H., Steuerfragen, 1990, S. 15-16.

4 Vgl. Ahrend, P./Förster, W./Rößler, N., Versorgungspolitik, 1995 S. 266-267; Meier, H., Versorgungslücke, 1986, S. 51.

handelt es sich bei Entsendungen um Einzelfälle, bei denen Fragen sozialer Absicherung nicht genügend bedacht werden.[5] Angesichts der Vielschichtigkeit der auftretenden Fragestellungen ist eine sorgfältige Planung einer Entsendung unumgänglich. An der Planung sind in multinationalen Unternehmen verschiedene interne Stellen (Personalabteilung, Rechtsabteilung, Steuerabteilung, Rechnungswesen, Beteiligungscontrolling) als auch externe Berater beteiligt.[6] In mittelständischen Unternehmen werden die Planungsaufgaben in größerem Umfang auf externe Berater übertragen.[7]

Die Lösung einer solch komplexen Aufgabenstellung verlangt nach einer **methodischen Anleitung**, die dem Gestalter einen Weg aufzeigt, der Problemstellung systematisch zu begegnen und zugleich Gestaltungsspielräume aufzuspüren. Der Klärung von fachlichen Details wird in dieser Arbeit daher eine methodische Ausarbeitung vorangestellt. Diese Ausarbeitung kommt der Anforderung nach einer stärkeren Gestaltungsausrichtung der Steuerberatung entgegen.[8] Die Gestaltungsausrichtung gilt angesichts von sich rasch ändernden wirtschaftlichen, rechtlichen und steuerlichen Rahmenbedingungen der Unternehmen als unbedingt erforderlich.[9]

Der methodische Ansatz basiert auf der Entscheidungstheorie, die als Paradigma der Betriebswirtschaftslehre gilt. Das entscheidungstheoretische Grundmodell dient der Strukturierung und theoretischen Durchdringung von Entscheidungssituationen. Bei einer Problemstellung wie der betrieblichen Altersversorgung bei Personalentsendung offenbaren sich jedoch die Anwendungsgrenzen des Grundmodells, da der Entscheidungsvorgang im Sinne eines Prozesses nicht auf einen Zeitmoment fokussiert werden kann. Daher wird untersucht, inwieweit sich das entscheidungstheoretische Instrumentarium einsetzen läßt und welche Modifikationen erforderlich sind.

Der spezifische steuerliche Charakter der fachlichen Problemstellung induziert eine besondere Berücksichtigung steuerplanerischer Ansätze bei der Fortentwicklung des Grundmodells. Steuerplanerische Ansätze bieten unabhängig von der Entscheidungstheorie ein breites Instrumentarium, das Prozeßgesichtspunkte in den Vordergrund stellt. Dazu gehören die Strukturierung steuerlicher Entscheidungsprozesse über quantitative Steuerplanungssysteme oder auch steuerliche Informationssysteme, die Informationen für interne und externe Steuerplanungsaufgaben bereitstellen.[10] Aus den verschiedenartigen Ansätzen der Steuerplanung sind geeignete Methoden in ein erweitertes Entscheidungsmodell einzufügen.

---

5 Vgl. Gable, A., Auslandsentsendungen, 1980, S. 503-504.

6 Vgl. Zehetmair, M., Steuerfragen, 1998, S. 257-258.

7 Vgl. Scheffler, W., Management-Berater, 1991, S. 125-146.

8 Vgl. Federmann, R., Methoden, 1993, S. 256-258.

9 Vgl. Schiffers, J., Steuerberatung, 1997, S. 42.

10 Vgl. Schiffers, J., Steuerberatung, 1997, S. 47.

Zielsetzung der zu entwickelnden Methodik ist es, steuerliche Gestaltungsunterstützung zu leisten, d.h. einem Problemlöser bei komplexen rechtlichen, insbesondere steuerlichen Gestaltungsproblemen einen strukturierten Weg zu einer Entscheidung aufzuzeigen, die rationalen Anforderungen genügt.

In der vorliegenden Literatur bestehen, soweit ersichtlich, verschiedene Untersuchungen zu Fragestellungen betrieblicher Altersversorgung bei Personalentsendung ins Ausland.[11] Darunter finden sich jedoch keine Modelle, die eine rechtsbasierte Generierung von Gestaltungsalternativen in den Mittelpunkt stellen. Verfügbar sind darüber hinaus Länderkataloge, in denen eine Darstellung der staatlichen und betrieblichen Rentensysteme sowie der steuerlichen Flankierung von Beiträgen und Leistungen erfolgt.[12] Erhebungen und Studien schildern Maßnahmen, Strategien und Probleme der betrieblichen Praxis bei der Gestaltung internationaler Beschäftigungsverhältnisse.[13] Umfangreiche Literatur existiert auch zur Besteuerung bei Personalentsendungen ins Ausland.[14]

Bei einer Personalentsendung sind regelmäßig Alterssicherungssysteme einzubeziehen, die in ihrem Aufbau, in Beiträgen und Leistungen aus historischen Gründen meist erheblich vom inländischen System abweichen. Dies trifft insbesondere auf Großbritannien zu, das in dieser Arbeit beispielhaft als Tätigkeitsstaat herangezogen wird. Großbritannien gehört nach den USA zu den häufigsten Zielländern einer Entsendung, wie eine empirische Untersuchung aus dem Jahr 1992/93 zeigt:[15]

USA	25,87 %
Großbritannien	10,35 %
Mexiko	8,62 %
Japan	7,76 %
übrige Länder	jeweils unter 4,5 %

Abb. 1: Zielländer bei Entsendungen

11 Siehe z.B. Ahrend, P./Förster, W./Rößler, N., Steuerrecht, 1995, 9. Teil; Cooke, A., International Employees, 1990, S. 8-11; Fürer, B., Versorgung, 1977, S. 201-215; Höfer, R., BetrAVG, Bd. I, 1995, ART, Kap. 10; Huhn, H., Multinational, 1990, S. 84-87; Jacobs, O.H., International, 1999, S. 1041-1062; Killius, J., Germany, 1991, S. 17-19; Lutjens, E., Membership, 1993, S. 164-169; Rey, V.H., Entsendung, 1982, S. 806-807; Richter, G./Schanz, T., Personalentsendungen, 1994, S. 397-407; Rößler, N., Internationale Aspekte, 1992, S. 465-474; Schanz, T., Personalentsendungen, 1995, S. 135-160; Williams, G./Rowley, T.A., Strategy, 1991, S. 2-7.

12 Siehe Foster, H., Employee Benefits, 1994; Kapl, H., Internationale Pension, 1992; Silverstein, L.L. u.a. (Hrsg.), Retirement Benefits, 1991; William M. Mercer Limited, Guidelines, 1995; The Wyatt Company S.A., Report, 1994.

13 Siehe Coopers & Lybrand, Survey, 1994; Foote, M., Compensation, 1977, S. 123-132; William M. Mercer Limited/CBI Employee Relocation Council, Remuneration, 1994.

14 Siehe die Literaturhinweise in der Tatbestandsanalyse ab S. 93.

15 Vgl. Horsch, J., Auslandseinsatz, 1995, S. 127 und S. 165.

B. Vorgehensweise

Diese Arbeit hat zwei Schwerpunkte: der 2. Teil beinhaltet den entscheidungstheoretisch-gestaltungsorientierten Schwerpunkt, der 3. Teil den fachlichen Schwerpunkt. Eine kritische Rezeption des Modells wird im 4. Teil vorgenommen.

Im entscheidungstheoretisch-gestaltungsorientierten Schwerpunkt (2. Teil) wird ein Modell zur systematischen Durchführung der Steuer- und Rechtsgestaltung entwickelt. Zunächst wird die steuerökonomische Sachverhaltsplanung als wichtige Aufgabe im Rahmen der Betriebswirtschaftlichen Steuerlehre erkannt. Darauf aufbauend kann ein Modellverständnis begründet werden, in dessen Mittelpunkt der Entscheidungsbegriff steht. Die Überlegungen führen in die Entscheidungstheorie ein und zeigen Maßstäbe der Modellgestaltung und des Modelleinsatzes. Mit diesen Maßstäben ist es möglich, das Grundmodell der praktisch-normativen Entscheidungstheorie kritisch zu analysieren und Vorschläge zur Weiterentwicklung zu machen. Diese Vorschläge münden in ein nach Phasen gegliedertes Modell, das im folgenden als „Modell gestaltungsorientierter Entscheidungsunterstützung“ bezeichnet wird.

Der fachliche Schwerpunkt (3. Teil) greift die Phasengliederung des Modells gestaltungsorientierter Entscheidungsunterstützung auf und veranschaulicht an einem fiktiven Gestaltungsvorhaben zur betrieblichen Altersversorgung bei Personalentsendung ins Ausland das abstrakte Phasenschema. Ausgehend von dem Gestaltungsvorhaben werden rechtliche Grundlagen aufgezeigt und auf Gestaltungsspielräume hin untersucht. Bei der Personalentsendung in international tätigen Unternehmen müssen die Besteuerungsregeln im Inland, die Normen in den Staaten des Auslandsengagements und die Vorschriften der anzuwendenden Doppelbesteuerungsabkommen berücksichtigt werden. Dabei kommt es auf Detailregelungen und die zwischen ihnen bestehenden Zusammenhänge an. Neben den steuerlichen müssen auch sämtliche nichtsteuerlichen Aspekte der Handlungsalternativen bei der Gestaltung berücksichtigt werden.[16] Im Rahmen der Rechtsanalyse werden steuer-, arbeits- und sozialversicherungsrechtliche Normen einbezogen, soweit sie im Rahmen der Vergütung und Versorgung des zu entsendenden Mitarbeiters relevant sind. Die systematische Analyse schließt eine Teilproblemformulierung ein. Darauf folgt eine „Ideenfindungsphase“, in der das Erfahrungswissen des Gestalters sowie Gestaltungshinweise aus der Fachliteratur einbezogen werden. Auf dieser Basis führt das Modell weiter in die Phase der Entscheidung zwischen den als anstrebenswert erkannten Handlungsalternativen. Die kritische Rezeption des Modells (4. Teil) rundet die Arbeit ab und zeigt weitere Einsatzfelder der Methodik auf.

---

16 Vgl. Scheffler, W., Management-Berater, 1991, S. 129.

C. Personalentsendung

Eine Personalentsendung, gleichbedeutend als Auslandseinsatz bezeichnet, liegt vor, wenn ein Mitarbeiter vorübergehend oder für längere Zeit im Ausland tätig wird. Ein Auslandseinsatz wird nach der Aufenthaltsdauer in fünf Kategorien unterschieden (siehe Abb. 2).

Eine einheitliche Terminologie wird in der Literatur und Rechtsprechung nicht verwendet. Für die steuer-, arbeits- und sozialversicherungsrechtlichen Konsequenzen sind neben der Aufenthaltsdauer auch die während des Auslandsaufenthaltes bestehenden Verbindungen zum Stammhaus maßgeblich.[17]

<table>
<tr><th>Kategorie</th><th>Aufenthaltsdauer im Ausland</th><th>Arbeitsvertrag mit</th><th>Gehaltszahlung von</th></tr>
<tr><td>Dienstreise</td><td>bis zu 3 Monaten</td><td>Stammhaus</td><td>Stammhaus</td></tr>
<tr><td>Abordnung</td><td>3-12 Monate (kurzfristig) bzw. bis zu 24 Monaten (mittelfristig)</td><td rowspan="2">Stammhaus,
Zusatzvereinbarung zu
• Eingliederung
• Direktionsrecht
• Sondervergütungen
• Soziale Sicherung
• Abrechnungsmodalitäten</td><td rowspan="2">Stammhaus</td></tr>
<tr><td>Delegation</td><td>vorübergehend für mehrere Jahre (bis zu 5 Jahren)</td></tr>
<tr><td>Befristete Versetzung</td><td>mindestens 2 Jahre</td><td>aufnehmendem Unternehmen, Ruhensvertrag mit Stammhaus mit
• Rückkehrklausel
• Besitzstandsregelung</td><td>aufnehmendem Unternehmen (selten Stammhaus)</td></tr>
<tr><td>Unbefristete Versetzung, Übertritt</td><td>keine zeitliche Begrenzung</td><td>aufnehmendem Unternehmen, Beendigung des Arbeitsvertrages mit dem Stammhaus</td><td>aufnehmendem Unternehmen</td></tr>
</table>

Abb. 2: Arten des Auslandseinsatzes[18]

Bei einer Abordnung bzw. Delegation bleibt der Arbeitsvertrag mit dem entsendenden Unternehmen bestehen. In einem Zusatzvertrag können Vereinbarungen über einen Wiedereingliederungsanspruch, das Direktionsrecht, über zusätzliche Gehaltszahlungen sowie Regelungen zur gesetzlichen und betrieblichen Altersversorgung enthalten sein. Bei einer Versetzung wird in der Regel ein neuer Arbeitsvertrag mit dem aufnehmenden Unternehmen geschlossen. Daneben kann eine Vereinbarung mit dem entsendenden Unternehmen getrof-

---

17 Vgl. Schanz, T., Personalentsendungen, 1995, S. 139-140.

18 Vgl. Ahrend, P./Förster, W./Rößler, N., Steuerrecht, 1995, 9. Teil, Rdnr. 26-48; Horsch, J., Auslandseinsatz, 1995, S. 25; Richter, G./Schanz, T., Personalentsendungen, 1994, S. 397; Siefert, B., Entsendung, 1985, S. 4; Weyhe, C.-C. von, Entsendung, 1997, S. 195; Zehetmair, M., Steuerfragen, 1998, S. 259.

fen werden, in der das Fortbestehen des Arbeitsverhältnisses, eine Rückkehrverpflichtung und die weiteren zur Zusatzvereinbarung gehörenden Punkte geregelt werden.[19]

In dieser Arbeit dient die Differenzierung nach Arten des Auslandseinsatzes zur Strukturierung bei der Gestaltung von Handlungsalternativen. Abordnung und Delegation werden zusammengefaßt und neben der befristeten Versetzung sowie der unbefristeten Versetzung betrachtet. An diese drei Arten des Auslandseinsatzes knüpfen abweichende arbeits- und sozialversicherungsrechtliche Konsequenzen an. Die Dienstreise wird aufgrund fehlender Notwendigkeit gestalterischer Maßnahmen nicht in die weitere Arbeit einbezogen.

2. Teil: Herleitung eines Modells gestaltungsorientierter Entscheidungsunterstützung

Die Herleitung einer Lösungsmethodik, die im dritten Teil der Arbeit als Hilfestellung bei der steuerlichen Gestaltung betrieblicher Altersversorgung bei Personalentsendung ins Ausland einsetzbar ist, setzt beim Grundmodell der praktisch-normativen Entscheidungstheorie an, da der entscheidungstheoretische Ansatz als ein Paradigma der Betriebswirtschaftslehre gilt. Das Grundmodell bietet eine in einer Vielzahl von Situationen einsetzbare Strukturierungshilfe, leistet jedoch keine Unterstützung, die hinreichend ist, um einen Steuergestalter planmäßig zu einer Entscheidung über eine zu realisierende Gestaltung zu führen. Eine erweiternde Modifizierung des Grundmodells ist erforderlich. Dabei gilt es zu beachten, daß die Entscheidungstheorie nicht ausschließlich eine wirtschaftswissenschaftliche Disziplin darstellt.

Aufbauend auf einer Einordnung der steuerökonomischen Sachverhaltsplanung in die Steuerplanung (Kap. A) und einer Auseinandersetzung mit entscheidungstheoretischen Grundfragen (Kap. B) werden die Verwendbarkeit des Grundmodells sowie Optionen zu seiner Erweiterung überprüft (Kap. C). Die Erkenntnisse dieser Analyse fließen in ein Phasenmodell gestaltungsorientierter Entscheidungsunterstützung ein (Kap. D). Eine zusammenfassende Darstellung des Modells schließt den zweiten Teil der Arbeit ab (Kap. E).

A. Steuerökonomische Sachverhaltsplanung als Aufgabe der Steuerplanung

Eine steuerökonomische Sachverhaltsplanung beruht auf einer praktisch-normativen Auseinandersetzung der Betriebswirtschaftlichen Steuerlehre mit

---

19 Vgl. Höfer, R., BetrAVG, Bd. II, 1997, Rdnr. 2312. Zur Vertragsgestaltung siehe Geray, M., Auslandstätigkeit, 1997, S. 567-570; Gnann, T., Arbeitsvertrag, 1993; Kothe-Heggemann, C., Auslandseinsätze, 1996, S. 444-452; Oechsler, W.A., Arbeitsrecht, 1996, S. 405-408.

dem Steuerrecht unter einzelwirtschaftlichen Aspekten.[20] Der Ansatz stellt eine methodische Hilfestellung dar, mit der Steuerrechtsregelungen in Sachverhaltsgestaltungen überführt werden können.[21] Während die Steuerplanung von gegebenen Handlungsmöglichkeiten ausgeht und vorwiegend mit quantitativen Methoden arbeitet, schafft eine Sachverhaltsplanung in qualitativer Weise die Grundlagen, welche die Steuerplanung aufgreift.[22] Die Sachverhaltsgestaltung ist daher in die Steuerplanung zu integrieren. Der methodische Ansatz ist an der Schnittstelle zwischen der Betriebswirtschaftlichen Steuerlehre und dem Steuerrecht anzusiedeln. Darüber hinaus wird dieser methodische Kern in einen entscheidungstheoretischen Kontext eingebunden. Die problemorientierte Wissensintegration der Fachgebiete steht im Sinne der Grundideen, „das Recht auf den Sachverhalt anzuwenden" wie auch „den Sachverhalt auf das Recht einzustellen"[23] und den Steuergestalter bei der Entscheidungsvorbereitung zu unterstützen.

Ziel der Steuerplanung ist es, „ökonomische (primär oder sekundär steuererhebliche) Alternativen zu entwickeln, unter dem Gesichtspunkt des Grades der Zielerfüllung zu beurteilen und danach ggf. auszuwählen".[24] Methoden der Steuerplanung und -gestaltung sind zu kritisieren, wenn sie enge Anwendungsvoraussetzungen treffen und keine Berücksichtigung von Ungewißheit und damit zusammenhängendem mangelndem Informationsstand vornehmen. Die

20 Die Bezeichnung des Ansatzes als „steuerökonomisch" weist auf den betriebswirtschaftlichen Kontext hin. Eine juristische bzw. steuerrechtliche Sachverhaltsplanung unterscheidet sich hiervon nicht in ihren Zielsetzungen, wird jedoch als rein juristische Disziplin gesehen, vgl. Höhn, E., Steuerplanung, 1977, S. 170. Paulus will mit der Verwendung des Begriffes „steuerökonomisch" grundsätzlich die gleiche Aussage wie mit „steuerlich" treffen, jedoch mit dem erstgenannten Ausdruck die durch beide Bezeichnungen implizierte ökonomische Betrachtung auf steuerrechtlichem Fundament sprachlich akzentuieren, vgl. Paulus, H.-J., Entscheidungen, 1978, S. 21-23. Zum Begriff des „steuerökonomischen Modells" siehe Mann, G., Modelle, 1991, S. 52.

21 Vgl. Rödder, T., Gestaltungssuche, 1991, S. 121, Fn. 42. Rödder exemplifiziert den Ansatz der steuerökonomischen Sachverhaltsplanung in diesem zur steuerlichen Gestaltungssuche grundlegenden Werk an mehreren Beispielen des nationalen Ertragsteuerrechts, siehe Rödder, T., Gestaltungssuche, 1991, S. 215-435.

22 Vgl. Rödder, T., Gestaltungssuche, 1991, S. 12-13.

23 Rose, G., Erkenntnisziele, 1970/71, S. 92; siehe auch Schlager, J., Steuergestaltung, 1978, S. 29. Die Verwendung des Objekts Rechtsmaterie unter ökonomischen Zielsetzungen in einem entscheidungstheoretisch begründeten Modell weist auf den interdisziplinären Charakter der Überlegungen hin, vgl. Kröner, M., Steuerrechtsmaterie, 1983, S. 2375. Zu Befürchtungen, die verstärkte Beschäftigung mit dem Steuerrecht könnte betriebswirtschaftliche Aspekte verdrängen, siehe Rödder, T., Steuerplanungslehre, 1988, S. 10.

24 Rose, G., Steuerplanung, 1989, Sp. 1866.

Kritik hat als Anregung zu einer realitätsgerechten Weiterentwicklung von Methoden zu dienen.[25]

Steuerplanung erfolgt im nationalen und internationalen Bereich. Bei der internationalen Steuerplanung sind neben dem inländischen auch das jeweilige ausländische Steuerrecht und Normen des internationalen Steuerrechts zu berücksichtigen. Die internationale Steuerplanung gewinnt ihre Relevanz zum einen durch das internationale Steuergefälle, zum anderen durch die Gefahr einer Doppel- oder Mehrfachbesteuerung wie auch die Chance einer Minderbesteuerung.[26]

Die Steuerplanung ist in einen beschreibenden Teil, der eine Analyse der Wirkungen der Besteuerung auf betriebliche Dispositionen vornimmt (Steuerwirkungsanalyse), und einen gestaltenden Teil, der die Erkenntnisse im Hinblick auf eine zieloptimale Auswahl von Gestaltungsalternativen vornimmt (Steuerpolitik), zu unterscheiden.[27] Die Sachverhaltsplanung ergänzt die Zweiteilung der Steuerplanung um die systematische Erweiterung des Alternativenraums.

Für die steuerliche Sachverhaltsplanung bieten sich Ansatzpunkte grundsätzlich an den folgenden fünf Stufen des Besteuerungsvorgangs:[28]

1. an der Gestaltung des ökonomischen Sachverhalts,
2. an der zivilrechtlichen Ausgestaltung des ökonomischen Sachverhalts,
3. an der Transformation in steuerliche Bemessungsgrundlagen,
4. an der Tarifanwendung sowie
5. an der verfahrensrechtlichen Abwicklung und Steuerzahlung.

Eine steuerökonomische Sachverhaltsplanung als Bestandteil der Steuerplanung knüpft in ihren Gestaltungsmitteln an die Stufeneinteilung des Besteuerungvorgangs an, indem sie nach belastungssensitiven Unterschieden zwischen alternativen Gestaltungen auf der dritten und vierten Stufe sucht und davon ausgehend anwendbare zivilrechtliche Ausgestaltungen (zweite Stufe) und akzeptable ökonomische Gestaltungen (erste Stufe) ableitet. Die verfahrensrechtliche Abwicklung (fünfte Stufe) wird grundsätzlich nicht in die Gestaltungssuche einbezo-

25 Vgl. Rödder, T., Steuerplanungslehre, 1988, S. 3; Schneider, D., Steuerlehre, 1983, S. 30-31 m.w.N. zur Steuerplanungsliteratur.

26 Vgl. Haberstock, L., Planung, 1984, S. 266-267; Wacker, W.H., International, 1989, Sp. 1989-1990.

27 Vgl. Kiso, D., Steuerplanung, 1997, S. 10-11.

28 Vgl. Kiso, D., Steuerplanung, 1997, S. 12-13; Rödder, T., Steuerplanungslehre, 1988, S. 5; Rose, G., Steuerberatung, 1969/70, S. 38-39; Rose, G., Wahlrechte, 1986, S. 353-355; Rose, G., Steuerplanung, 1989, Sp. 1867.

gen; belastungssensitive Besonderheiten sind im Einzelfall bei der Entscheidungsfindung zu berücksichtigen.[29]

B. Entscheidungstheoretische Grundlagen

Entscheidungstheoretische Modelle dienen nicht nur der Beschreibung, sondern auch der Verbesserung von Entscheidungsverhalten. Diese Aufgaben werden im folgenden analysiert (Kap. I). Inwieweit Modelle diese Aufgaben zu erfüllen vermögen, kann anhand von Kriterien festgestellt werden, die im Anschluß daran vorgestellt werden (Kap. II).

I. Modellstruktur und Modellfunktion

Deskriptive Entscheidungsmodelle geben eine Beschreibung von Entscheidungsprozessen und der ihnen zugrundeliegenden Kausalstruktur. Sie nehmen das tatsächliche Verhalten als gegeben hin und machen es zu einem Gegenstand wissenschaftlicher Erklärung. Normative Entscheidungsmodelle treffen hingegen Aussagen über eine rationale Entscheidungsfindung. Sie wirken verändernd auf das Entscheidungsverhalten. Die praktisch-normative Entscheidungstheorie hat zum Zweck, daß sich Entscheidungsträger bei Anwendung entscheidungstheoretischer Modelle in höherem Maße rational verhalten und sich ihre Komplexitätsverarbeitungskapazität vergrößert.

Operationelle bzw. präskriptive Entscheidungsmodelle sind eine Synthese von Norm und Erklärung; sie stellen die vorherrschende Modellorientierung in den Wirtschaftswissenschaften dar.[30] Praktisch-normative Modelle können nur unter Einbezug deskriptiver Elemente einen praktischen Bezug haben.[31] Die praktisch-normative Entscheidungstheorie verwendet Modelle zu dem Versuch, aus Elementen und Beziehungen eines Entscheidungsproblems der komplexen Realität und den zwischen ihnen bestehenden Beziehungen eine um Komplexität reduzierte Struktur zu modellieren, anhand der eine Problemlösung gefunden werden kann.[32] Grundsätzlich ist für jedes Entscheidungsproblem ein eigenes

---

29 Ein Beispiel ist die nur im EG-Raum mögliche Ingangsetzung eines Schiedsstellenverfahrens, siehe Übereinkommen über die Beseitigung der Doppelbesteuerung im Falle von Gewinnberichtigungen zwischen verbundenen Unternehmen vom 23.07.1990, 90/436/EWG, BStBl 1993 I, S. 818.

30 Vgl. Bretzke, W.-R., Problembezug, 1980, S. 16-17; Menges, G., Entscheidungsmodelle, 1972, S. 132-133.

31 Bereits Kosiol erkannte den Wert gegenseitiger Ergänzung von empirischer und theoretischer Forschung. Im Rahmen einer „Modellanalyse“ sollen „durch Logisierung der betrachteten Erscheinungen Schlußfolgerungen .. [gezogen werden], die Einsichten und Problemlösungen liefern, die sich wiederum auf die Wirklichkeit zu ihrer gestaltenden Bewältigung übertragen lassen“, vgl. Kosiol, E., Modellanalyse, 1961, S. 318.

32 Vgl. Bretzke, W.-R., Kriterien, 1978, S. 224.

Entscheidungsmodell zu bilden. Jedoch lassen sich alle diese Modelle auf das Grundmodell der Entscheidungstheorie zurückführen.[33]

Werden die Entscheidungsprämissen als gegebene Größen angesehen und nicht problematisiert, liegt ein geschlossenes Modell vor. Geschlossene Entscheidungsmodelle beruhen auf vollständig definierten Problemen. Sie ermöglichen eine rein analytische Problemlösung und lassen den Problemformulierungs- und Problemlösungsprozeß außer acht. Geschlossene, entscheidungslogische Modelle sind dann unzulänglich, wenn das Zustandekommen der Entscheidungsdeterminanten von Bedeutung ist.[34] Wird das Zustandekommen der Entscheidungsdeterminanten in einem Entscheidungsmodell in die Untersuchung einbezogen, spricht man von einem offenen Modell.

<table>
<tr><th>Modellstruktur

Modellfunktion</th><th>geschlossen:
Problem ist vollständig definiert.</th><th>offen:
Problem ist nicht vollständig definiert.</th></tr>
<tr><td>deskriptiv/explikativ:
Beschreibung des tatsächlichen Problemlösungsverhaltens.
Beschreibung subjektiver Rationalität.</td><td rowspan="3">Nicht berücksichtigt wird, wie
- Prämissen zustande kommen;
- Entscheidungen sich mittels Rückkopplungen als Prozeß darstellen.</td><td>Tätigkeitsgebiet der Psychologie und der Kognitionswissenschaften.</td></tr>
<tr><td>Synthese (präskriptiv):
Annäherung subjektiver an objektive Rationalität.</td><td>Vorgehensweise für einen realen Problemlöser in einer realen Situation.
Tätigkeitsgebiet der entscheidungsorientierten Betriebswirtschaftslehre.</td></tr>
<tr><td>normativ:
Idealtypisches Bild einer rationalen Problemlösung.
Ziel ist eine objektive Rationalität.</td><td>Bereich methodologischer Forschung zur Konstruktion von Entscheidungsmodellen.</td></tr>
</table>

Abb. 3: Überschneidung von Modellfunktion und Modellstruktur[35]

Die Modellstruktur (offen / geschlossen) ist von der Modellfunktion (deskriptiv / normativ) zu unterscheiden. Ein offenes Entscheidungsmodell kann nicht nur deskriptive, sondern auch normative Funktion besitzen. Hinsichtlich deskriptiver, offener Modelle ist die Abgrenzung der Entscheidungstheorie als

---

33 Siehe Kap. „Darstellung des Grundmodells", S. 34.

34 Vgl. Elschen, R., Erkenntnisübernahme, 1982, S. 63-65.

35 Vgl. Bretzke, W.-R., Problembezug, 1980, S. 23; Kirsch, W., Einführung, 1977, Band I, S. 26, S. 61.

Theorie der Rationalitätsanalyse zu psychologischen Fachgebieten, insbesondere zu einer Theorie kognitiver Prozesse, aber nur schwer vorzunehmen.[36]

Die Synthese der deskriptiven und der normativen Modellfunktion wird als präskriptiv bezeichnet. Die Schwierigkeit der Synthese besteht darin, deskriptiv erfaßte Beschränkungen der Rationalität in realistischem Maße, d.h. nach subjektiver Abschätzung, nicht hinzunehmen, sondern einen Spielraum für Verbesserungen aufzuspüren und auszunutzen.[37] Die von der präskriptiven Entscheidungstheorie angestrebte Annäherung subjektiver an eine objektive Rationalität bedeutet, zum einen den Informationsgrad des Entscheidungsträgers zu steigern, d.h. Ziele, Präferenzen, Alternativen und Umwelt bestmöglich zu erforschen, zum anderen, aufgrund dieser Informationen die optimale Alternative zu suchen.[38]

Die Ausführungen zeigen, daß dem Einbezug von Erkenntnissen der deskriptiven Problemlösungs- und Entscheidungstheorie in die Konstruktion eines präskriptiven Unterstützungsmodells für die Gestaltungs- und Entscheidungsfindung besondere Beachtung zukommen muß.[39] Als Maßstab werden zunächst Beurteilungsmaßstäbe für Entscheidungsmodelle offengelegt, anhand derer die Fortentwicklungen des Grundmodells gemessen werden können (Kap. B.II).

II. Modellbeurteilung

Ein präskritives Entscheidungsmodell kann prinzipiell nicht kritikfest gestaltet werden. Bei einem kritikfesten Modell könnte vom Anwender kein rationaler Einwand gegen die Nutzung erhoben werden; die Nutzung wäre zwangsläufig. Aufgrund seiner Entscheidungsfreiheit ist der Mensch jedoch weder an den Einsatz eines Modells noch an dessen Ergebnis gebunden.[40] Anhaltsgrößen zur Beurteilung eines Modells geben das Modellverständnis sowie Modellwirkung und -akzeptanz.

Für die Modellbeurteilung ist zunächst das **Modellverständnis** zu klären. Bei der Modellbildung kann grundsätzlich nicht von einem intersubjektiv überprüf-

---

36 Vgl. Kirsch, W., Handhabung, 1988, S. 1-2; Menges, G., Entscheidungsmodelle, 1972, S. 133.

37 Vgl. Bretzke, W.-R., Formulierung, 1978, S. 135-136.

38 Vgl. Brauchlin, E., Entscheidungsmethodik, 1990, S. 345.

39 Vgl. Bamberg, G./Coenenberg, A.G., Entscheidungslehre, 1996, S. 10-11; Bretzke, W.-R., Problembezug, 1980, S. 22-23. Die Zusammenführung dieser Modellbestandteile untersucht z.B. Wolf, M.F., Probleme, 1991, der die Erkenntnisse beispielhaft an einer nicht-steuerlichen Problemstellung (Unterstützungssystem für eine Kreditabsicherungsbank) anwendet. Im Rahmen der vorliegenden Arbeit ist darüber hinaus ein methodisches Instrumentarium bereitzustellen, das die bei steuer-, arbeits- und sozialversicherungsrechtlichen Problemstellungen zugrundeliegende Rechtsmaterie für Gestaltungszwecke nutzbar macht, siehe hierzu Kap. „Rechtsanwendung und Tatbestandsanalyse", S. 49.

40 Vgl. Bretzke, W.-R., Problembezug, 1980, S. 245.

baren Abbild der Umwelt ausgegangen werden. Vielmehr ist ein Modell im Sinne des konstruktivistischen Verständnisses das Ergebnis einer individuellen, subjektiven Problemstrukturierung durch den Modellkonstrukteur. So wie der Konstrukteur orientiert sich auch ein Individuum bei der Entscheidungsfindung grundsätzlich nicht an einem intersubjektiv überprüfbaren Abbild der Umwelt, sondern an seiner individuellen Problemstrukturierung.[41] Der Umfang notwendiger Strukturgebung hängt damit vom Grad der Vorstrukturierung seitens des Modellkonstrukteurs ab.[42] Dieses Verständnis beruht auf einer Synthese deskriptiver und praktisch-normativer entscheidungstheoretischer Elemente; es läßt sich weiterentwickeln zu der Auffassung, daß nicht nur Modelle eine Konstruktion der Wirklichkeit sind, sondern die „Wirklichkeit" selbst eine Konstruktion derer ist, die sie erforschen, so daß ihre „Abbildung" im menschlichen Denken ohnehin nicht möglich ist (radikaler Konstruktivismus).[43]

Als Konsequenz zur Weiterentwicklung des entscheidungstheoretischen Grundmodells hin zu einem Modell gestaltungsorientierter Entscheidungsunterstützung ist die Erkenntnis abzuleiten, daß es für das Modell keinen objektiven Beurteilungsmaßstab geben kann, an dem die Angemessenheit für eine konkrete Entscheidungssituation überprüft wird. Der Modellkonstrukteur bestimmt durch seine Deutungsmuster sowohl Problemdefinition als auch Modellkonstruktion. Die Deutungsmuster strukturieren diesen Prozeß, indem sie eine Auswahl an Aspekten treffen, die weiterzubearbeiten bzw. von weiterer Betrachtung auszugrenzen sind. Modelle sind also keine Ausschnitte der Wirklichkeit, sondern Konstruktionen gedanklicher Vorstellungen von Wirklichkeit. Ein objektives Kriterium, ob ein geeignetes Deutungsmuster vorliegt, existiert nicht. Der Modellkonstrukteur muß das Deutungsmuster mit der subjektiv größten Überzeugungskraft wählen.[44]

Maßgebend für die Modellbeurteilung ist weiterhin die **Wirkung** des Modells. Kritik kann aus dieser Perspektive nicht darauf beruhen, daß der Entscheidungsträger das Modell nicht vollständig versteht oder daß das Entscheidungsmodell unpraktisch oder umständlich handzuhaben sei. Maßgeblich für die Beurteilung eines Modells ist, ob es die Problemlösungsfähigkeit des Anwenders erhöht. Neben der Wirkung bildet zum dritten die **Akzeptanz** durch den Entscheidungsträger ein Qualitätskriterium.[45] Das Wirkungskriterium und das Akzeptanzkri-

---

41 Vgl. Müller-Merbach, H., Modellierungsstrategien, 1989, Sp. 1163-1164; Scheffler, W., Altersversorgung, 1990, S. 11-13.

42 Vgl. Kiso, D., Steuerplanung, 1997, S. 16.

43 Vgl. Kirsch, W., Handhabung, 1988, S. 19.

44 Vgl. Scheffler, W., Altersversorgung, 1990, S. 13-14. Zur Entwicklung eines differenzierten Kriterienkatalogs für die Evaluation von Methoden des Steuer-Managements siehe Federmann, R., Methoden, 1993, S. 259-266.

45 Vgl. Bäuerle, P., Konstruktion, 1989, S. 187; Bretzke, W.-R., Problembezug, 1980, S. 19; Scheffler, W., Altersversorgung, 1990, S. 14.

terium sind auf die Weise eng miteinander verknüpft, daß ein Modell einerseits genügend realistisch sein muß, damit es der Anwender als Definition seiner Problemstellung akzeptiert, andererseits aber soweit von der Realität abzuweichen hat, daß die Modellanwendung zu einem anderen Ergebnis führt als ein nicht modellgestützter Entscheidungsprozeß.[46] Zwischen Wirkung und Akzeptanz eines Modells und dem Vorliegen wissenschaftlichen Fortschritts im Sinne einer Verbesserung von Problemlösungsfähigkeit muß aber keine zwangsläufige Verbindung bestehen. Die Ursache gescheiterter Modellanwendungsversuche kann auf Seiten der designierten Benutzer liegen; ebenso liegen Beispiele für erfolgreiches Arbeiten mit theoretisch nicht abgesicherten Modellen vor.[47]

Eine Modellbeurteilung unter Berücksichtigung des konstruktivistischen Verständnisses nach den Maßstäben von Wirkung und Akzeptanz erleichtert eine Integration von Wissenschaft und Praxis; nicht nur die Wissenschaft wird von einem überzogenen Rationalitätsstreben befreit, sondern auch die Praxis vom Vorwurf der Irrationalität.[48]

Konkrete Hinweise für eine akzeptanzfördernde Ausgestaltung von Entscheidungsmodellen geben empirische Erkenntnisse zur Methodenanwendung bei Innovationsprozessen,[49] die zu dem Ergebnis kommen, daß Methoden der Problemlösung unter folgenden Umständen

- eher angewandt werden:
    - Verfahren sind einfach, aber effizient;
    - Methoden lassen dem Anwender einen gewissen Spielraum sowie aktives und selbständiges Denken;
    - der Modellentwickler hat stets vor Augen, das Modell weiterzugeben, und betrachtet es nicht als sein geistiges Eigentum;
- weniger angewandt werden:
    - Verfahren sind kompliziert oder besitzen einen abstrakten Aufbau;
    - zur Anwendung der Methoden sind Spezialisten erforderlich, die im Unternehmen eventuell nicht vorhanden sind;
    - Methoden besitzen unnötige Formalismen, wirken dadurch wenig benutzerfreundlich und erzeugen psychologische Schranken;
    - Verfahren erfordern einen hohen Lernaufwand.

An diesen empirischen Erkenntnissen muß sich die Methodenentwicklung orientieren, um selber das Wirtschaftlichkeitspostulat zu erfüllen.

---

46 Vgl. Bretzke, W.-R., Problembezug, 1980, S. 21-22.

47 Vgl. Bretzke, W.-R., Problembezug, 1980, S. 231.

48 Vgl. Bretzke, W.-R., Problembezug, 1980, S. 240-241.

49 Vgl. Schelker, T., Problemlösungsmethoden, 1976, S. 256-262. Siehe auch Kirsch, W., Fundierung, 1979, S. 114-117; Little, J.D.C., Decision, 1970, S. 433; Schlicksupp, H., Innovation, 1992, S. 30-31.

C. Die Weiterentwicklung des Grundmodells der praktisch-normativen Entscheidungstheorie

Da präskriptive Entscheidungsmodelle regelmäßig auf dem entscheidungstheoretischen Grundmodell (Kap. I) aufbauen, ergeben sich daran anknüpfend Konsequenzen für das Rationalitätsverständnis (Kap. II), für das Verständnis der Zeitdimension des Entscheidungsprozesses (Kap. III), für die Modellierung des Entscheidungsfeldes (Kap. IV) und des Zielplans (Kap. V), für die Bildung der Ergebnismatrix (Kap. VI) sowie für die Berücksichtigung von Ungewißheit (Kap. VII).

I. Darstellung des Grundmodells

Das Grundmodell der praktisch-normativen Entscheidungstheorie wird in der Betriebswirtschaftlichen Entscheidungslehre mit weitgehender Übereinstimmung dargestellt (siehe Abb. 4). Zielplan und Entscheidungsfeld umfassen im Grundmodell die Elemente, auf denen eine Entscheidung beruht. Die Elemente des Zielplans sind subjektiver Herkunft. Die Informationen des Entscheidungsfelds sind dagegen grundsätzlich objektiver Herkunft. Subjektive Einflüsse fließen in das Entscheidungsfeld allerdings im Zuge des Konstruktionsvorgangs ein.[50]

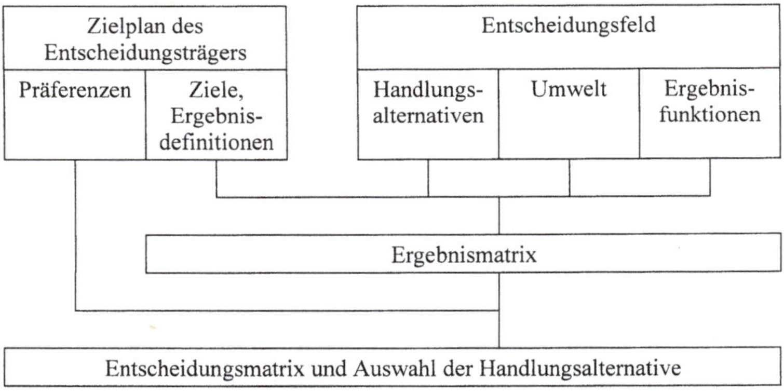

Abb. 4: Grundmodell der praktisch-normativen Entscheidungstheorie[51]

(1) Zielplan: Der Zielplan umfaßt Ziele, Ergebnisdefinitionen und Präferenzen.

(1.1) Ziele: Die praktisch-normative Entscheidungstheorie übernimmt die Zielvorstellungen des Entscheidungsträgers als Prämisse in ihre Modelle, stellt also

50 Vgl. Laux, H., Entscheidungstheorie, 1998, S. 19-41; Sieben, G./Schildbach, T., Entscheidungstheorie, 1994, S. 16; Szyperski, N./Winand, U., Entscheidungstheorie, 1974, S. 40-41.

51 Vgl. Sieben, G., Grundmodell, 1992; Sieben, G./Schildbach, T., Entscheidungstheorie, 1994, S. 16.

keine inhaltlichen Anforderungen. Die Ziele müssen jedoch den formalen Anforderungen an Vollständigkeit und Operationalität genügen. Die vollständige Erfassung ist notwendig, um einen Bewertungsmaßstab für eine rationale Beurteilung der Handlungsalternativen zu erhalten. Operationalität in Form einer exakten Zielbeschreibung gewährleistet, daß die Zielerreichung nachprüfbar und damit der Alternativenvergleich möglich wird. Die Zielvorstellungen (Soll-Zustand) drücken zugleich die Diskrepanz zum Ist-Zustand aus.

(1.2) Ergebnisdefinition: Die Ergebnisdefinition operationalisiert die Zielgrößen. Höhe, Art, zeitlicher Anfall und Sicherheit der Ergebnisse werden im Hinblick auf die angestrebten Ziele festgeschrieben.

(1.3) Präferenzen: Neben den Zielvorstellungen bedarf es der Feststellung der Präferenzen des Entscheidungsträgers. Die Präferenzen sind subjektiver Natur. Unterscheiden lassen sich Höhen-, Arten-, Zeit- und Sicherheitspräferenz. Die Präferenzrelationen dienen dem Zweck, bei Unsicherheit hinsichtlich Höhe, Art, zeitlichem Anfall und Eintrittswahrscheinlichkeit der Ergebnisse eine Bewertung der Alternativen und der Handlungskonsequenzen zu ermöglichen.

Die Höhenpräferenz zeigt an, welche Wertschätzung der Entscheidungsträger mit unterschiedlichen Merkmalshöhen verbindet.[52] Die Artenpräferenz zeigt bei mehreren zielrelevanten Ergebnismerkmalen die relative Vorteilhaftigkeit an, die den einzelnen Merkmalen vom Entscheidungsträger zugewiesen wird. Mit Hilfe der Zeitpräferenz können Ergebnisse, die zu unterschiedlichen Zeitpunkten anfallen, hinsichtlich ihrer Vorziehenswürdigkeit in eine Rangfolge gebracht werden. Die Sicherheitspräferenz entscheidet über die Rangfolge mehrerer Ergebnisse, wenn diese sich im Umfang der Unsicherheit, die in bezug auf den Eintritt des Ergebnisses besteht, unterscheiden.[53]

Die aufgezeigten Präferenzen berücksichtigen jeweils nur ein Ergebnismerkmal; es handelt sich um Präferenzen niederer Ordnung. Sollen mehrere Ergebnismerkmale zugleich berücksichtigt werden, werden Präferenzrelationen höherer Ordnung erforderlich; diese formen gleichzeitig mehrere Ergebnismerkmale zu einer Nutzenkennzahl um.

(2) Entscheidungsfeld: Das Entscheidungsfeld umfaßt die Menge der Handlungsalternativen (Aktionsraum, Entscheidungsraum), mögliche Umweltzustände sowie die Ergebnisfunktionen.

(2.1) Handlungsalternativen: Handlungsalternativen müssen dem Wortsinn gemäß mindestens zwei Maßnahmen bzw. Maßnahmenbündel umfassen, die sich gegenseitig ausschließen. Im Rahmen der normativen Entscheidungstheorie müssen alle im Möglichkeitenraum des Entscheidungsträgers vorhande-

---

52 Zur Diskussion um den Begriff einer „reinen Höhenpräferenz" siehe Vetschera, R., Entscheidungstheorie, 1992, S. 403-404.

53 Vgl. Szyperski, N./Winand, U., Entscheidungstheorie, 1974, S. 48. Siehe auch Dyckhoff, H., Zeitpräferenz, 1988, S. 990-1008.

nen Aktionen erfaßt sein. Weiterhin muß der Entscheidungsträger indifferent gegenüber den Handlungsalternativen als solchen, nicht jedoch gegenüber den Ergebnissen, sein.[54]

(2.2) Umwelt: Umweltsituationen entziehen sich der Beeinflussung bzw. Beherrschung durch den Entscheidungsträger. Andererseits beeinflussen sie maßgeblich die Konsequenzen seiner Aktionen. Umweltsituationen werden grundsätzlich unterschieden in Gewißheits- und Unsicherheitssituationen.

Bei Entscheidungssituationen unter Gewißheit sind die Einflußfaktoren und die Konsequenzen der Entscheidung bekannt (Sicherheitssituationen). Unsicherheitssituationen liegen vor, wenn das Eintreten von Umweltzuständen oder deren Konsequenzen auf die Handlungsalternativen nicht sicher vorhersagbar sind. Unsicherheitssituationen können in Risiko- und Ungewißheitssituationen unterteilt werden. Bei Entscheidungssituationen unter Risiko sind neben den Handlungsalternativen die alternativen Umweltzustände mit deren Eintrittswahrscheinlichkeit bekannt. Bei Entscheidungen unter Ungewißheit sind zwar grundsätzlich auch die alternativen Umweltzustände bekannt, nicht aber deren Eintrittswahrscheinlichkeiten.[55] Hier kann beispielsweise das Maximin-Prinzip zu einer Entscheidung führen, indem die minimalen (schlechtesten) Ergebnisse der einzelnen Entscheidungsalternativen verglichen werden; der beste dieser Werte weist auf die zu präferierende Alternative hin. Andere Handlungsempfehlungen lauten für Entscheidungen unter Ungewißheit auf die Anwendung des Gewißheitsmodells, auf die Anwendung des Risikomodells und schließlich auf die Verwendung eines Zwischentyps von Risiko- und Ungewißheitsmodell in Abhängigkeit vom Umfang der gesammelten Informationen.[56] Bei praktisch-normativer Zielsetzung sind jedoch Modelle abzulehnen, die in Ungewißheitssituationen Entscheidungsregeln für Risikosituationen verwenden oder eine Reduzierung der zu berücksichtigenden Ungewißheitsfaktoren vornehmen, da aufgrund eines regelmäßig zu geringen Informationsstandes auf eine Quantifizierung von Wahrscheinlichkeiten verzichtet werden muß.[57]

Nur Verfahren, die zu einer Erhellung bekannter und zu einer Berücksichtigung zusätzlicher Ungewißheitsfaktoren, mithin auch zu einer Minimierung von Unwissenheit führen, genügen einem hier vertretenen Rationalitätsverständnis.[58] Der Begriff der Ungewißheit wird daher in dieser Arbeit unter Einbezug von Unwissenheit verstanden.

---

54 Vgl. Sieben, G./Schildbach, T., Entscheidungstheorie, 1994, S. 16-18; Szyperski, N./Winand, U., Entscheidungstheorie, 1974, S. 41.

55 Vgl. Bitz, M., Entscheidungstheorie, 1981, S.13-14.

56 Vgl. Menges, G., Entscheidungsmodelle, 1972, S. 135-139, Szyperski, N./Winand, U., Entscheidungstheorie, 1974, S. 54-56.

57 Vgl. Scheffler, W., Grundsätze, 1992, S. 242-243.

58 Siehe dazu die Kap. „Rationalitätsverständnis“, S. 38, sowie „Kritische Analyse von Konzepten zur Bewältigung von Ungewißheit“, S. 64.

(2.3) Ergebnisfunktionen: Die Ergebnisfunktion ordnet jeder Kombination von Handlungsalternative und Umweltsituation ein Ergebnis zu, das in der Ergebnismatrix dargestellt wird. Umfaßt der Zielplan mehrere Ergebnisausprägungen wie Art, Höhe, Zeitpunkt und Sicherheit, liefern die Ergebnisfunktionen dementsprechend mehrere Werte. Diese Ergebnisse werden in einer Ergebnismatrix, gegliedert nach Handlungsalternativen, Umweltzuständen und Zielarten, dargestellt.

(3) Ergebnismatrix: Die Ergebnismatrix stellt die Ergebnisse der Handlungsalternativen in Zeilen (Handlungsalternativen) und Spalten (Umweltzustände) dar. Bei den Ergebnissen kann es sich um einen einfachen Wert oder, wenn unterschiedliche Zielarten und Zeitpunkte berücksichtigt werden, um eine Matrix handeln. Die Aufstellung der Ergebnismatrix löst noch nicht das Entscheidungsproblem, da die Beurteilung der Ergebnisse noch aussteht. Zur Beurteilung wird der Zielplan des Entscheidungsträgers herangezogen.

(4) Entscheidungsmatrix: Da die Ergebnisse der Ergebnismatrix sich hinsichtlich verschiedener Zielarten und Zeitpunkte unterscheiden können, ist eine Beurteilung, d.h. eine Transformation in einen einzigen entscheidungsrelevanten Wert erforderlich. Dies geschieht theoretisch unter Anwendung der Präferenzen des Entscheidungsträgers durch Bildung einer Nutzenkennzahl. Die Aktion mit der höchsten Nutzenkennzahl ist sodann aus entscheidungstheoretischer Sicht zu wählen; sie stellt die rationale Wahl dar.

Das Grundmodell der praktisch-normativen Entscheidungstheorie stellt lediglich eine logische Verknüpfung der Grundelemente einer Entscheidung dar.[59] Dadurch kann es auf eine Vielzahl an Anwendungsbereichen übertragen werden. Das Grundmodell verhilft dem Entscheidungsträger zu einer klaren Strukturierung seiner Aufgabe. Aufgrund des hohen Abstraktionsniveaus des Modells wird dem Entscheidungsträger über die Strukturierungshilfe hinaus aber keine Unterstützung gegeben. Die große Reichweite des Modells geht mit einer geringen heuristischen Kraft einher.[60] Insbesondere die zeitliche Schrittfolge des Entscheidungsprozesses und die Konkretisierung der Elemente des Grundmodells bedürfen neben der Berücksichtigung von Informationsdefiziten und unklaren Präferenzen einer problembezogenen Analyse, die auf dem im folgenden dargestellten Rationalitätsverständnis beruht.[61]

---

59 Vgl. Höhn, E., Steuerplanung, 1977, S. 171.

60 Vgl. Dresbach, S., Modellierungsmethodologie, 1996, S. 34; Brauchlin, E., Entscheidungsmethodik, 1990, S. 105. Die Grundelemente stellen hoch aggregierte Größen dar, d.h., sie gehen aus einer um Komplexität reduzierten Realität hervor, vgl. Saliger, E., Planung, 1990, S. 207.

61 Vgl. Brauchlin, E., Entscheidungsmethodik, 1990, S. 51; Wolf, M.F., Probleme, 1991, S. 32-33.

II. Rationalitätsverständnis

Als Kriterium „vernünftigen" Handelns gilt grundsätzlich die Verfolgung von Rationalität im Handeln. Der Rationalitätsbegriff gilt als zentraler Begriff der präskriptiven Entscheidungstheorie.[62] Unter welchen Bedingungen Rationalität gewahrt ist, läßt sich jedoch in unterschiedlicher Weise beantworten.[63] Die Antworten grenzen sodann den Bereich vernünftigen Handelns ein.

Nach dem Grundmodell der praktisch-normativen Entscheidungstheorie wird Rationalität des Handelns durch Einhaltung der Regeln formaler Logik sichergestellt. Nach Aufstellung von Entscheidungsfeld und Zielplan findet der Entscheidungsträger planmäßig über den Nutzenerwartungswert der Handlungsalternativen die „richtige" Entscheidung. Das Prinzip der Rationalität hat sich im Zuge der Entwicklung des entscheidungstheoretischen Ansatzes auf den Vorgang der Entscheidung zwischen mehreren Handlungsalternativen unter Berücksichtigung eines oder mehrerer Ziele konkretisiert.[64] Wegen des geringen Anwendungsbezuges bei ausschließlicher Anwendung formaler Logik und Beschränkung auf den reinen Entscheidungsakt ist eine Modifikation erforderlich.

Eine Modifikation des Rationalitätskonzeptes kann in Anlehnung an deskriptive Analysen erfolgen. Grundsätzlich untersucht die präskriptive Entscheidungstheorie die Frage, wie eine rationale Entscheidung bei modellextern vorgegebenen Entscheidungsprämissen herbeigeführt werden kann. Die deskriptive Entscheidungstheorie sucht schwerpunktmäßig eine Beschreibung der Entscheidungsprämissen selbst.[65] Finden in offenen Entscheidungsmodellen deskriptive, insbesondere verhaltenswissenschaftliche Erkenntnisse Eingang in die betriebswirtschaftliche Forschung, sind damit in mehrfacher Hinsicht Beschränkungen der Rationalität verbunden:

- Die beschränkte Informationsverarbeitungskapazität des Entscheidungsträgers wird berücksichtigt.
- Die Wahrnehmung der Umwelt durch den Entscheidungsträger wird als subjektiv angesehen; seine Wahrnehmung der Umwelt ist intersubjektiv nur eingeschränkt nachprüfbar, so daß ihm nur subjektive Rationalität seines Handelns zugesprochen werden kann.[66]

---

62 Vgl. Bamberg, G./Coenenberg, A.G., Entscheidungslehre, 1996, S. 3; Raffée, H., Grundprobleme, 1974, S. 98-101.

63 Hinsichtlich steuerlicher Entscheidungen geht beispielsweise Paulus geht von einer „weitgehenden Irrationalität" aus, die neben der Komplexität des Steuerrechts und psychologischen Faktoren auf eine „fehlende systematische und sorgfältige Steuerplanung" zurückzuführen sei, vgl. Paulus, H.-J., Entscheidungen, 1978, S. 143-144.

64 Zur Ablehnung des Rationalitätsprinzips im Rahmen einer entscheidungsorientierten Forschung siehe Schneider, D., Steuerlehre, 1983, S. 24.

65 Vgl. Bamberg, G./Coenenberg, A.G., Entscheidungslehre, 1996, S. 2.

66 Vgl. Gäfgen, G., Theorie, 1974, S. 32-36; Kirsch, W., Handhabung, 1988, S. 6-7.

- Eine befriedigende Zielerreichung wird als ausreichend angesehen.[67]

Entscheidungen sind aus dieser Perspektive als rational zu bewerten, wenn sie auf Basis des zum Entscheidungszeitpunkt beschaffbaren Wissens erfolgen und „der im Hinblick auf die verfolgte(n) Zielsetzung(en) langfristig erfolgreichen Verhaltensweise“[68] entsprechen. Knüpft ein präskriptives Rationalitätskonzept in großem Umfang an deskriptive Analysen an, kann es als widersprüchlich, offen oder vage in seinen Aussagen empfunden werden.[69] Trotz des unterschiedlichen Schwerpunktes ergänzen sich deskriptive und präskriptive Forschungsrichtung. Die Erkenntnisse der deskriptiven Entscheidungstheorie können vor allem den Anwendungsbezug präskriptiver Entscheidungsmodelle verbessern helfen.[70]

Eine andere Modifikation des Rationalitätskonzeptes ist das Prinzip der kritischen Prüfung, das als Paradigma rationalen Handelns im Bereich der angewandten Handlungswissenschaften gilt.[71] Das Prinzip verfolgt nicht die Erfolgssicherung im Wahlverhalten, sondern das Streben nach systematischer, nachträglicher Entdeckung und Elimination von Fehlentscheiden. Für eine isoliert betrachtete Entscheidung ist nur eine ex-post-Anwendung dieses Prinzips möglich, es kann nur als Ergänzung des entscheidungstheoretischen Rationalitätskonzeptes dienen. Wird dagegen Entscheidungsverhalten als Prozeß gesehen, der sich nicht nur auf eine Entscheidung beschränkt, ist diese ex-post-Anwendung zugleich eine ex-ante-Anwendung auf spätere Entscheidungen.[72] Wird Rationalität im Sinne des Prinzips der kritischen Prüfung als „trial and error“-Verfahren verstanden, das zur Gewinnung neuer Erkenntnisse führen soll, Rationalität sich mithin als Lernprozeß konstituiert, kann theoretisch nicht sichergestellt werden, daß auf diesem Weg bestmögliche Ergebnisse erzielt werden können.

Beide vorgestellten Modifikationen beziehen Elemente der deskriptiven Entscheidungstheorie ein. Aus theoretischer Sicht ist fraglich, inwieweit sich ein deskriptiv orientiertes Vorgehen als Grundlage normativer Empfehlungen eignet. Deskriptive Aussagen sagen regelmäßig mehr über die Praxis aus, als daß sie die Praxis anleiten.[73] Wer aber ein Objekt der Realität „verbessern“ will, kann dies nur mit Bezug auf theoretische Vorstellungen über dieses Objekt und

---

67 Vgl. Heinen, E., Grundfragen, 1976, S. 80, S. 213.

68 Saliger, E., Planung, 1990, S. 209.

69 So Schaffitzel zum Rationalitätskonzept von W. Kirsch, vgl. Schaffitzel, W., Rationalitätskonzept, 1982, S. 272.

70 Vgl. Bretzke, W.-R., Problembezug, 1980, S. 21; Zieren, W., Unternehmungsrechtsformwahl, 1989, S. 54-69.

71 Vgl. hierzu Schanz, G., Pluralismus, 1978, S. 296-300.

72 Vgl. Schaffitzel, W., Rationalitätskonzept, 1982, S. 352.

73 Vgl. Schaffitzel, W., Rationalitätskonzept, 1982, S. 239.

dessen Funktionsweise tun.[74] Diese Überlegungen zeigen die Schwierigkeiten des Modellgestalters, bei der Modellierung den Schwerpunkt in geeigneter Weise zwischen dem einen Extrem der theoretisch optimalen Fundierung des Modells und dem anderen Extrem der praktischen Anwendbarkeit zu legen. Bei Betonung der theoretischen Fundierung wird dem Entscheidungsträger vorgeworfen, der Anwendungsbezug sei zu schwach, bei einer Präferenz des Anwendungsbezuges hingegen lautet der Vorwurf, der Bezug auf theoretische Vorstellungen sei nicht ausreichend.

Der aufgezeigte Konflikt zwischen Rationalitätsanforderungen und Anwendungsbezug läßt sich rational nicht lösen. Eine praktisch-normative Entscheidungsforschung ergibt nur dann einen Sinn, wenn Entscheidungsverhalten noch verbessert werden kann. Das Potential hierzu liegt darin, bei einer subjektiv angemessenen Verwendung deskriptiver Elemente die Beschränkung der Rationalität beim Entscheidungsträger so weit wie möglich aufzuheben, d.h. von einer relativen Rationalität[75] auszugehen und die Antizipation von zukünftigen Umwelt-, Ergebnis- und Kritikausprägungen zu fördern.

III. Zeitdimension des Entscheidungsprozesses

Das entscheidungstheoretische Grundmodell ist ein statischer Ansatz und eignet sich daher nur eingeschränkt für die präskriptive Gestaltungs- und Entscheidungsunterstützung. Ein statisch konzipiertes Instrument kann einen Prozeß der wechselseitigen Anpassung von Faktoren eines Handlungssystems allein nicht effizient gestalten.[76] Der Zeitfaktor wird im Grundmodell der praktisch-normativen Entscheidungstheorie nur in der Ergebnisdimension und den Präferenzen des Entscheidungsträgers berücksichtigt, nicht aber für die Modellkonstruktion und die Entscheidungsfindung; das Grundmodell ist zeitlos.[77]

Aus organisationstheoretischer Sicht ist die Organisation eines Arbeitsablaufes maßgebend für die Effizienz des Arbeitsergebnisses. Wird die Hervorbringung von Entscheidungen als Arbeitsablauf erkannt, ist eine Festlegung nur inhaltlicher Parameter, wie dies beim Grundmodell geschieht, zur Erreichung von Effizienz nicht ausreichend. Erst durch eine Ablauforganisation werden geistige Arbeitsschritte angeregt, zugelassen und erleichtert.[78]

---

74 Kirschs Paradigma ist die verhaltenswissenschaftliche Organisationstheorie. Insbesondere bleibt offen, was unter einer Verbesserung der Führungspraxis zu verstehen ist, vgl. Schaffitzel, W., Rationalitätskonzept, 1982, S. 240-241, 247-249.

75 Vgl. Kahle, E., Entscheidungen, 1997, S. 98-99; Schlager, J., Steuergestaltung, 1978, S. 11.

76 Vgl. Schaffitzel, W., Rationalitätskonzept, 1982, S. 353. Zum Konzept einer „evolutionären Rationalität“ siehe Kirsch, W., Handhabung, 1988, S. 114-119.

77 Vgl. Witte, E., Entscheidungsprozesse, 1980, Sp. 634.

78 Vgl. Witte, E., Entscheidungsprozesse, 1980, Sp. 637-638.

Die Problematik der Zeitdimension kann durch eine prozeßorientierte Explikation der rationalen Praxis, d.h. durch eine Präzisierung begrifflicher Vorstellungen der Praxis hinsichtlich einer Berücksichtigung zeitlicher Dimensionen, bewältigt werden.[79] In Anknüpfung an das diskutierte Rationalitätsverständnis ist eine Prozeß- oder Verfahrensrationalität erforderlich, die nicht in bezug auf die Bewältigung von Wahlsituationen oder die antizipierten Folgen der Entscheidung, sondern in bezug auf das Zustandekommen der Entscheidung Rationalität herstellt. Die Problemexplikation ist als Summe derjenigen Prozesse zu verstehen, die auf Wahlsituationen hinführen. Die Problemexplikation umfaßt die Prozesse der Problemerkennung, der Problemformulierung und der Informationsbeschaffung.[80] Deskriptive Ansätze berücksichtigen grundsätzlich den gegebenen Zeitcharakter von Entscheidungsprozessen; die Prämisse der Zeitlosigkeit des praktisch-normativen Ansatzes ist aufgegeben. Der Zeitcharakter wird mittels Differenzierung des Entscheidungsprozesses auf verschiedene Phasen berücksichtigt.[81]

Der Prozeßcharakter kann durch eine Untergliederung in Phasen konkretisiert werden, um auf diese Weise die vorzunehmenden Teilschritte der erforderlichen Aktivitäten zu betonen. Dabei erfolgt ein Rückgriff auf Phasenkonzepte des Problemlösungsprozesses, die der problemlösungsorientierten Betriebswirtschaftslehre entstammen.[82] Eine allgemeine Phaseneinteilung ist in leichten Modifikationen übereinstimmend in der Literatur zu finden und kann wie folgt auf Probleme der Steuerplanung übertragen werden:[83]

1. **Problemerkennung und Chancenwahrnehmung.**
   Hier geht es um das Erkennen und problembezogene Interpretieren von Informationen mit rechtlichem oder wirtschaftlichem Bezug. Voraussetzung der Problemerkennung und Wahrnehmung ist die Öffnung gegenüber entsprechenden Informationen und die aktive Weiterverfolgung darauf aufbauender Ideen. Im steuergestaltenden Bereich führen Impulse aus dem wirtschaftlichen oder steuerlichen Planungsbereich in Verbindung mit einem materiellen Gestaltungsanreiz zur Ingangsetzung eines Steuergestaltungsprozesses.

---

79 Vgl. Kahle, E., Problemlösungsverhalten, 1973, S. 72-74. Zum Begriff der „Explikation" siehe Heinen, E., Wissenschaftsprogramm, 1969/78, S. 223; Heinen, E., Grundfragen, 1976, S. 370.

80 Vgl. Schaffitzel, W., Rationalitätskonzept, 1982, S. 348-349, S. 353.

81 Vgl. Bleicher, K., Organisation, 1970, S. 56-57; Kahle, E., Entscheidungen, 1997, S. 106.

82 Vgl. Rödder, T., Gestaltungssuche, 1991, S. 8-9.

83 Vgl. Müller-Merbach, H., Entscheidungsvorbereitung, 1977, S. 19-21; Rödder, T., Steuerplanungslehre, 1988, S. 4; Rödder, T., Gestaltungssuche, 1991, S. 10-11; Rose, G., Steuerplanung, 1989, Sp. 1871; Schlicksupp, H., Innovation, 1992, S. 15-21; Szyperski, N./Winand, U., Entscheidungstheorie, 1974, S. 8-10; Wolf, M.F., Probleme, 1991, S. 5-7.

2. **Aufgabenanalyse.**
Zu einer Diagnose der Ausgangslage (Ist-Feststellung) tritt die Klärung der Interessen und Ziele (Soll-Feststellung). Diese Schritte sollen vermeiden helfen, daß
   - das Problem nicht in seiner Tragweite für das Unternehmen erkannt wird;
   - die Problemlösung nicht zielgerecht ist;
   - der Problemlösungsprozeß nicht zielgerichtet und damit unwirtschaftlich ist.
3. **Suchprozeß und Generierung von Lösungsalternativen.**
Im steuerplanerischen Bereich erstreckt sich die systematische Analyse auf die zugrundeliegende Rechtsmaterie. Durch systematische Suche nach belastungssensitiven Tatbestandsmerkmalen werden Teilprobleme gebildet, die im Hinblick auf die Interessenlage erstrebenswerte Alternativen beschreiben. Nach Auffinden belastungssensitiver Tatbestandsmerkmale erfolgt eine Generierung von Lösungsalternativen, indem potentielle Handlungsmöglichkeiten entwickelt und Konsequenzen der Maßnahmen prognostiziert werden. Dazu werden Methoden zur Ideenfindung eingesetzt und interne und externe Informationsquellen ausgeschöpft. Gestaltungen werden auf relevante Alternativen eingegrenzt. Steuerrechtliche Zweifelsfragen und damit verbundene Ungewißheiten werden herausgestellt.
4. **Bewertung alternativer Lösungsvorschläge und Bestimmung optimaler und befriedigender Lösungen.**
Die Ungewißheit allgemeiner Art aufgrund der Zukunftsbezogenheit der Maßnahmen und die spezielle steuerliche Ungewißheit werden durch geeignete Verfahren begrenzt.

Diese Phaseneinteilung wird im Rahmen des hier zu entwickelnden Modells gestaltungsorientierter Entscheidungsunterstützung grundsätzlich übernommen, jedoch einigen Modifikationen unterworfen.[84] Die erste Phase, die Problemerkennung und Chancenwahrnehmung, wird nicht in das Modell übernommen, da von einem konkreten betrieblichen Anlaß als Auslöser des Steuergestaltungsprozesses ausgegangen wird. Eine weitere Modifikation betrifft die dritte Phase der Suche nach und Generierung von Lösungsalternativen. Dieser Schritt wird in zwei Phasen aufgeteilt, von denen die erste eine systematisch-analytische Suche, die zweite eine intuitiv-kreative Ideenfindung vornimmt. Die Aufteilung wird vorgenommen, da für beide Teilbereiche ein gesondertes Instrumentarium bereitgestellt wird: die systematisch-analytische Suche beruht auf einer Tatbestandsanalyse und führt zu einer Bildung von Teilproblemen, die intuitiv-kreative Ideenfindung setzt dagegen heuristische Methoden ein.[85] Besonderes

---

84 Zu einer detaillierten Erläuterung der Teilschritte siehe ab S. 70.

85 Vgl. Kap. „Rechtsanwendung und Tatbestandsanalyse", S. 49, sowie Kap. „Heuristische Techniken", S. 52.

Gewicht im Rahmen einer rationalen Entscheidungsfindung kommt der systematisch-analytischen Suche zu; dies wird durch eine deutliche Trennung von den intuitiv-kreativen Teilschritten verdeutlicht.

Nach diesen Modifikationen ergibt sich folgendes Phasenmodell:

1. **Aufgabenanalyse: Klärung des Gestaltungsvorhabens**
2. **Systematisch-analytischer Suchprozeß: Rechtliche Analyse und Formulierung von Teilproblemen**
3. **Intuitiv-kreativer Suchprozeß: Ideenfindung und Ideenvorauswahl**
4. **Bewertung und Lösungsbestimmung: Entscheidungsphase**

Das Phasenmodell ist als iteratives Modell zu verstehen. Ein iteratives Vorgehen ist praxisnah; es entspricht dem Verhalten eines Problemlösers, der zunächst die Grundentscheidung für einen Gestaltungsentwurf trifft und im folgenden seine Aufmerksamkeit immer nur auf einen Teilaspekt richtet, dabei aber in einem Aktivitätszyklus seinen gesamten Entwurf betrachtet und Modifikationen vornimmt, die eine pragmatische, durchführbare Vorgehensweise und eine Übereinstimmung mit den Zielvorgaben ermöglichen.[86] Das iterative Vorgehen erlaubt die gezielte, situationsabhängige Erweiterung des Problemraums und berücksichtigt folgende Einschränkungen der Rationalität, die der Einbezug deskriptiver Modellbestandteile mit sich gebracht hat:

- Der Problemlöser verfügt nur über einen Teil der erforderlichen Informationen; er kennt nur einen Teil der Lösungsalternativen.
- Er hat nicht ausreichend Informationsverarbeitungskapazitäten, um die vorhandenen Informationen adäquat zu berücksichtigen.

Bei kritischer Reflexion sind Phasenmodelle grundsätzlich abzulehnen. Sie sind als künstlich und willkürlich zu betrachten, da es sich bei Gestaltungs- und Entscheidungssituationen vielmehr um ständige Parallel- und Rückkopplungsprozesse handelt und eine eindeutige zeitliche Gliederung nicht existiert.[87] Eine strenge Phasen-Abfolge bei Entscheidungsprozessen ist empirisch widerlegt.[88] Zudem weckt eine Phaseneinteilung die falsche Vorstellung, daß die relevanten Wahlakte ausschließlich am Ende des Entscheidungsprozesses getroffen werden. Tatsächlich führt die kontinuierliche Abstimmung des Entscheidungsfeldes

---

86 Vgl. Simon, H.A., Probleme, 1980, S. 343-344. Für ein Praxisbeispiel siehe William M. Mercer Limited/CBI Employee Relocation Council, Remuneration, 1994, S. 12. Zu einer Phaseneinteilung steuerlicher Entscheidungsprozesse im Sinne eines iterativen Vorgehens siehe Schiffers, J., Steuerberatung, 1997, S. 42-43.

87 Vgl. Brauchlin, E., Entscheidungsmethodik, 1990, S. 36; Kirsch, W., Einführung, 1977, Band I, S. 75; Laux, H., Entscheidungstheorie, 1998, S. 12; Szyperski, N./Winand, U., Entscheidungstheorie, 1974, S. 6.

88 Vgl. Hauschildt, J./Petersen, K., Phasen-Theorem, 1987, S. 1043-1048, S. 1060-1062; Paulus, H.-J., Entscheidungen, 1978, S. 299, These 5; Schlager, J., Steuergestaltung, 1978, S. 14-15; Witte, E., Phasen-Theorem, 1968, S. 625-647, insb. S. 644.

mit den Zielvorstellungen aber zu einer weitgehend determinierten Finalentscheidung.[89]

Die Darstellung und Erklärung des Vorgehens anhand einer Phaseneinteilung wird in dieser Arbeit dennoch beibehalten. Der Vorteil eines Phasenmodells liegt darin, daß die Prozeßbestandteile einfach erklärt, mit geringer Einarbeitung vom Anwender übernommen und auf eine Vielfalt von Problemen übertragen werden können.[90] Die mittels einer Phaseneinteilung vorgenommene Komplexitätsreduktion ist insbesondere bei Methoden, die sowohl systematische als auch heuristische Lösungsschritte vornehmen, von erheblicher Bedeutung.[91] Zudem kann eine Phaseneinteilung, die im Sinne von zeitlich parallel oder nacheinander angeordneten Komponenten[92] verstanden wird, in arbeitsteiligen Umgebungen die Übertragung von Teilaufgaben erleichtern.[93] Das Modell hat auf diese Weise eine Chance, auf die Praxis zu wirken.

IV. Modellierung des Entscheidungsfeldes

1. Generierung von Handlungsalternativen

Das Entscheidungsfeld wird von der praktisch-normativen betriebswirtschaftlichen Entscheidungstheorie als gegeben vorausgesetzt.[94] Diese Prämisse, die Entscheidungsprobleme auf eine rationale Wahl zwischen gegebenen Handlungsalternativen reduziert, wird als Fehlentwicklung und Selbstmißverständnis der modellorientierten Entscheidungstheorie angesehen; denn Entscheidungsprobleme beinhalten auch die kreative Innovation von Alternativen.[95] Die Erarbeitung von Handlungsalternativen ist als Bestandteil der Problemdefinition und damit der Modellkonstruktion zu verstehen.[96]

Bei der Formulierung des Entscheidungsfeldes ist die Modellbildung selbst als subjektiver Faktor zu identifizieren. Sie unterliegt subjektiven Ermessensentscheidungen und stellt ein eigenständiges Entscheidungsproblem dar. Bei der Erarbeitung von Handlungsalternativen erfolgt mehr als nur eine Abbildung der

---

89 Vgl. Bleicher, K., Organisation, 1970, S. 70.

90 Vgl. Hauschildt, J./Petersen, K., Phasen-Theorem, 1987, S. 1060, mit Hinweis auf den Charakter des Phasen-Theorems als „Behelfsorganisaton der ersten Stunde“. Zu weiteren Anwendungsmöglichkeiten der in dieser Arbeit entwickelten Methodik siehe Teil 4.

91 Vgl. Rödder, T., Gestaltungssuche, 1991, S. 437.

92 Vgl. Müller-Merbach, H., Modellierungsstrategien, 1989, Sp. 1170.

93 Vgl. Bleicher, K., Organisation, 1970, S. 67; Witte, E., Entscheidungsprozesse, 1980, Sp. 634.

94 Vgl. Rieper, B., Entscheidungsmodelle, 1992, S. 44.

95 Vgl. Bretzke, W.-R., Kriterien, 1978, S. 225; Bretzke, W.-R., Problembezug, 1980, S. 103-106, mit einem anschaulichen Beispiel; Simon, H.A., Probleme, 1980, S. 342.

96 Vgl. Bretzke, W.-R., Problembezug, 1980, S. 37-38. Die Kenntnis darüber, welche Alternativen bestehen und welche davon einen Beitrag zur Problemlösung leisten, ist eine wesentliche Aufgabe des steuerlichen Beraters, vgl. Scheffler, W., Management-Berater, 1991, S. 129.

Realität. Vielmehr sind die einzubeziehenden Handlungsalternativen zunächst in einem kreativen Akt zu finden. Diese Ausweitung des Alternativenraums ist daraufhin mittels Prämissensetzung und Auswahl auf solche Handlungsalternativen zu beschränken, die aus der subjektiven Sicht des Modellkonstrukteurs der Zielerreichung dienlich sind.[97]

Bei *steuerlichen Gestaltungsproblemen* sind steuerrechtlich relevante Entscheidungen vorzubereiten, die auf sachverhaltliche Gestaltungen, auf die Ausübung von Wahlrechten oder die Ausnutzung von Spielräumen zielen. Eine Vertragsplanung ist in diesem Zusammenhang gleichbedeutend mit der Planung einer sachverhaltlichen Gestaltung. Auch bei steuerlichen Gestaltungsproblemen kann die Prämisse, daß Handlungsalternativen als bekannt vorausgesetzt werden, nur im Ausnahmefall als berechtigt angesehen werden.[98] Für Entscheidungsprobleme, die nur selten auftreten und für die kein ausreichendes Gestaltungswissen verfügbar ist, bedarf es daher eines systematischen Ansatzes zur Alternativengenerierung.[99] In der Praxis ist ein solches systematisches Vorgehen regelmäßig nur eingeschränkt möglich. Dies beruht darauf, daß es im Rahmen eines umfassenden Steuer-Managements bisher noch an Methoden zur Alternativengenerierung mangelt.[100] Hinzu kommt, daß Alternativengenerierungstechniken nicht ohne eine zeitintensive, vorhergehende Aufbereitung der Rechtsmaterie eingesetzt werden können.[101]

Ausgangspunkt eines systematischen Ansatzes zur Generierung von Handlungsalternativen ist die relevante Rechtsmaterie. Für steuerlich relevante Gestaltungsfälle liefert das Steuerrecht einen Beitrag zur Sachverhaltsplanung, der in das entscheidungstheoretische Gesamtkonzept zu integrieren ist.[102] Grundlegend für das Verständnis einer steuerlichen Gestaltungssuche ist die Betrachtung des Steuerrechts nicht nur als Umweltdatum und nicht nur in seinen Wahlrechten, sondern im Ganzen als Gestaltungsmaterie.[103] Kennzeichnend ist für den Vorgang der Gestaltungssuche, daß der zu gestaltende Sachverhalt erst im Laufe des Gestaltungsprozesses an Bedeutung gewinnt. Wesentliches Merkmal des Ansatzes ist eine Suche nach hypothetischen Sachverhaltselementen, deren

97 Vgl. Bitz, M., Entscheidungstheorie, 1981, S. 18-20; Scheffler, W., Altersversorgung, 1990, S. 15.

98 Vgl. Kröner, M., Ertragsteuerrecht, 1986, S. 341.

99 Vgl. Rose, G., Wahlrechte, 1986, S. 356; Rödder, T., Steuerplanungslehre, 1988, S. 4.

100 Vgl. Federmann, R., Methoden, 1993, S. 278.

101 Vgl. Rose, G., Steuerplanung, 1989, Sp. 1872.

102 Vgl. Höhn, E., Steuerplanung, 1977, S. 170.

103 Vgl. Paulus, H.-J., Entscheidungen, 1978, S. 23; Pühringer, J., Rechtsgewinnung, 1997, S. 110-112; Rödder, T., Steuerplanungslehre, 1988, S. 10; Rödder T., Gestaltungssuche, 1991, S. 14; Rose, G., Steuerberatung, 1969/70, S. 28; Schlager, J., Steuergestaltung, 1978, S. 28.

Rechtsfolgen den angestrebten Zielen zweckdienlich sind.[104] Ziel des Vorgehens ist es, möglichst viele zieladäquate, steuerlich motivierte Handlungsmöglichkeiten zu entwickeln.[105] Aufbauend auf dieser Zielsetzung wird der entscheidungstheoretische Ansatz um die Generierung steuerlicher Gestaltungsalternativen erweitert. Dies sind Alternativen, die durch Verwirklichung unterschiedlicher steuerrechtlicher Tatbestände voneinander abweichende Steuerbelastungen hervorrufen.

Regelmäßig werden im Rahmen steuerlicher Probleme auch *weitere Rechtsgebiete* tangiert. Grundsätzlich läßt sich die auf das Steuerrecht bezogene Methodik auch auf andere Rechtsgebiete anwenden, die einen Gestaltungsspielraum bereitstellen und finanzielle Konsequenzen an die Verwirklichung von Tatbeständen knüpfen.[106]

Die rechtliche Gestaltungssuche zielt auf eine möglichst vollständige Erfassung des Alternativenraums, insbesondere solcher Alternativen, die vom Entscheidungsträger ohne ein derartiges systematisches Vorgehen nicht bedacht würden.[107] Die Analyse und Kenntnis der Prinzipien des Rechts-, insbesondere des Steuerrechtssystems, schafft die Grundlage, auch „für neuartige Fragestellungen eine Lösung zu finden und Durchbrechungen des Prinzips für steuerplanerische Zwecke zu nutzen".[108] Für die systematische Generierung von Handlungsalternativen eignen sich steuerliche Gestaltungsprobleme in besonderer Weise, da die steuerliche Gestaltungssuche auf der Diskrepanz zwischen ökonomischer und steuerlicher Bewertung von Sachverhalten beruht und schon in der Struktur des Steuersystems die Basis der Steuergestaltung gelegt ist.[109]

Das Erfolgspotential einer steuerlichen Gestaltungssuche wird aus der Gegenüberstellung der Einflußfaktoren der Besteuerung und der Handlungsmaximen eines Steuerpflichtigen erkennbar:[110]

- Einflußfaktoren der Besteuerung
  Bei jeder Steuerart sind als Bestandteile des Steuertatbestandes Steuersubjekt, Steuerobjekt, Bemessungsgrundlage und Steuertarif zu unterscheiden. Die Besteuerung setzt nicht unmittelbar an einem ökonomischen Sachverhalt, sondern an einem Steuersubjekt und einem Steuerobjekt an. Die Steuerbe-

---

104 Vgl. Rödder, T., Gestaltungssuche, 1991, S. 438. Zur Folgenorientierung in der Rechtsanwendung siehe Deckert, M.R., Folgenorientierung, 1995.

105 Vgl. Rödder, T., Gestaltungssuche, 1991, S. 5.

106 Im dritten Teil dieser Arbeit werden Gestaltungspotentiale auch im Arbeits- und Sozialversicherungsrecht systematisch aufgezeigt. Hierfür findet die gleiche Methodik wie für die steuerliche Gestaltungssuche Anwendung. Zu weiterführenden Anwendungsgebieten siehe den vierten Teil dieser Arbeit.

107 Zu Abbruchkriterien der Suche siehe S. 74.

108 Scheffler, W., Management-Berater, 1991, S. 142.

109 Vgl. Rödder, T., Gestaltungssuche, 1991, S. 34-37.

110 Vgl. Rödder, T., Gestaltungssuche, 1991, S. 23-24.

messung beruht auf juristisch definierten Bemessungsgrundlagen anstatt auf ökonomischen Größen, die am Markt feststellbar sind. Zur Ermittlung der Bemessungsgrundlagen werden ökonomische Sachverhalte in kasuistischer Weise modifiziert und transformiert.[111]

- Handlungsmaximen eines Steuerpflichtigen
  Das subjektive Handeln eines Steuerpflichtigen wird durch seinen individuellen, subjektiven Wertmaßstab bestimmt. Die ökonomischen Auswirkungen der Dispositionsmöglichkeiten werden vom Steuerpflichtigen anhand dieses Maßstabes bewertet, der in der Entscheidungstheorie als „Nutzen" bezeichnet wird und sich von den am Markt feststellbaren ökonomischen Größen unterscheidet. Der Nutzen impliziert die Reihenfolge der Vorziehenswürdigkeit der Alternativen.[112]

Das Steuerrecht knüpft an ökonomische Sachverhalte an, deren Ausgangsgrößen am Markt entstehen (Marktwerte) und objektiv nachvollziehbar sind. Die Besteuerung erfaßt aber nicht wirtschaftliche Zielgrößen. Die Ausgangsgrößen werden modifiziert, so daß die Steuerbemessung an theoretische Begriffe, wie z.B. Einkommen, geknüpft wird, die nicht mehr am Markt ablesbar sind.[113] Der Abstand zwischen dem Nutzen und dem Marktwert eines Sachverhalts wird vergrößert durch Transformation und Modifikation der Marktwerte in Bemessungsgrundlagen der verschiedenen Steuerarten. Dagegen verwendet der Steuerpflichtige als subjektiven Maßstab seinen individuellen Nutzen zur Bewertung von Handlungsalternativen. Der Bewertungsmaßstab des Steuerpflichtigen (Nutzen) unterscheidet sich daher von dem des Steuerrechts (modifizierte Marktgrößen).[114]

Da ein reales Steuersystem niemals den Nutzen besteuert, den der einzelne Steuerpflichtige aus einer Dispositionsmöglichkeit empfindet, können verschiedene Handlungsalternativen bei gleichem Nutzen zu einer unterschiedlichen Steuerlast oder bei gleicher Steuerlast zu einem abweichenden Nutzen führen. Zwar kann die Erfüllung der Optimalitätsbedingung „Nutzen" nur subjektiv überprüft werden, objektiv ist jedoch feststellbar, daß in einer systematischen Alternativengenerierung das Potential zu einer Verbesserung der Position des Steuerpflichtigen liegt.

---

111 Vgl. Kiso, D., Steuerplanung, 1997, S. 12-13; Rödder, T., Gestaltungssuche, 1991, S. 24-31; Schneider, D., Steuerlehre, 1983, S. 29.

112 Vgl. Rödder, T., Gestaltungssuche, 1991, S. 32-34.

113 Vgl. Kröner, M., Steuerrechtsmaterie, 1983, S. 2377; Schneider, D., Steuerlehre, 1983, S. 29.

114 Vgl. Wagner, F.W., Integration, 1980, S. 555.

2. Steuerliche Gestaltungsmittel

Die Teilbereiche des Besteuerungsvorgangs[115] eröffnen dem Steuergestalter jeweils nur dann einen Gestaltungsspielraum, wenn der Einsatz von Gestaltungsmitteln möglich ist und zielentsprechende Wirkungen auslöst. Die Generierung von steuerlich motivierten Handlungsalternativen für ein konkretes Gestaltungsproblem basiert demnach auf dem Einsatz steuerlicher Gestaltungsmittel, die in unterschiedliche Typen mit jeweils individuellen Eigenschaften eingeteilt werden können.

(a) Typen

Gestaltungsmittel können grundsätzlich in Sachverhaltsgestaltungen, Wahlrechte und Spielräume eingeteilt werden. Sachverhaltsgestaltungen setzen am Sachverhalt selbst, nicht erst bei der steuerlichen Anknüpfung an. Die Sachverhaltsgestaltung i.w.S. unterteilt sich in die Gestaltung des ökonomischen Sachverhalts (Sachverhaltsgestaltung i.e.S.) und in die Ausgestaltung des zivilrechtlichen Rechtskleides des ökonomischen Sachverhalts (Rechtskleidgestaltung). Die Anzahl der Gestaltungsalternativen i.e.S. entspricht der Zahl an ökonomischen Handlungsmöglichkeiten. Steuerliche Wahlrechte sind dadurch gekennzeichnet, daß sie ein bestimmtes Potential an Gestaltungsmitteln fest vorgeben. Spielräume resultieren aus begrifflichen Unschärfen; sie können daher weder vollständig noch systematisch erfaßt werden.[116]

(b) Eigenschaften

Die Eigenschaften steuerlicher Gestaltungsmittel sind anhand der dargestellten Gestaltungsziele zu beschreiben; ihr Zielbeitrag ist an diesem Maßstab zu messen. Mitteleigenschaften sind

- Steuerwirkungen;
- Autonomiegrad;
- Sicherheitsgrad;
- Flexibilitätsgrad.[117]

Zur Erfassung von *Steuerwirkungen* stehen die Teilsteuerrechnung und die Veranlagungssimulation zur Verfügung.[118] Der *Autonomiegrad* bezeichnet, inwieweit der sachliche Planungszusammenhang den Einsatz steuerlicher Ge-

---

115 Vgl. S. 28; siehe auch Rödder, T., Steuerplanungslehre, 1988, S. 5-6.

116 Vgl. Paulus, H.-J., Entscheidungen, 1978, S. 135-137; Rödder, T., Gestaltungssuche, 1991, S. 62-65; Rose, G., Wahlrechte, 1986, S. 355-356. Zu Aktionsparametern der internationalen Steuerplanung siehe Haberstock, L., Planung, 1984, S. 268-270; Wacker, W.H., International, 1989, Sp. 1994; zu Gestaltungsansätzen bei Steuertarifänderungen siehe Bauer, J., Steuergestaltung, 1988/89, S. 95-120. Zur Abgrenzung steuerlicher Wahlrechte von Sachverhaltsgestaltungen siehe Michels, R., Wahlrechte, 1982, S. 40-44.

117 Vgl. Rödder, T., Gestaltungssuche, 1991, S. 65-66.

118 Vgl. Rödder, T., Gestaltungssuche, 1991, S. 66-83. Zum Einbezug quantitativer Verfahren in das Modell siehe Kap. „Bildung der Ergebnismatrix“, S. 59.

staltungsmittel beeinflußt.[119] Je geringer der Autonomiegrad eines steuerlichen Gestaltungsmittels, desto größer ist die Notwendigkeit einer planerischen Abstimmung zwischen den durch die Gestaltung betroffenen Planungsbereichen der Unternehmung. Im sachverhaltlichen Bereich i.w.S. (ökonomische Handlungsalternativen und deren zivilrechtliches Rechtskleid) weisen steuerliche Gestaltungsmittel regelmäßig einen geringeren Autonomiegrad als im Bereich steuerlicher Wahlrechte und Spielräume auf.[120] Der *Sicherheitsgrad* eines Gestaltungsmittels kennzeichnet das Ausmaß, in dem Tatbestandselemente berührt werden, deren Konsequenzen zweifelhaft sind. Der *Flexibilitätsgrad* bewertet die Möglichkeit, die vorgenommene steuerliche Gestaltung nachträglich an geänderte Einflußfaktoren anzupassen.[121] Ein grundlegender Aspekt der Flexibilität ist zum einen die Reversibilität. Diese bezeichnet die Möglichkeit, Gestaltungen ex tunc bzw. ex nunc rückgängig zu machen. Ein weiterer Aspekt ist die Bindungswirkung in gleichgelagerten Fällen; die Flexibilität ist hier umso größer, je weniger aus einer Gestaltung zwingende Folgen für andere Gestaltungen resultieren.[122]

3. Rechtsanwendung und Tatbestandsanalyse

Die Vorgehensweise der Rechtsanwendung kann in eine deklarative und in eine instrumentelle Rechtsanwendung unterschieden werden. Die deklarative Rechtsanwendung geht von einem verwirklichten Sachverhalt aus und fragt nach den anzuwendenden steuerlichen Normen. Das Ursache-Wirkungs-Prinzip steht im Mittelpunkt der deklarativen Rechtsanwendung, deren Ergebnis die deklarative Zuweisung von Rechtsnormen zu Sachverhalten ist.

Die instrumentelle Rechtsanwendung hingegen sucht nach den Sachverhalten und Tatbeständen, welche die als erwünscht bezeichneten Rechtsfolgen verursachen. Die Rechtsanwendung erfolgt auf noch nicht verwirklichte Sachverhalte.[123] Diese im Vergleich zur deklarativen Rechtsanwendung umgekehrte

---

119 Vgl. Schlager, J., Steuergestaltung, 1978, S. 13. Paulus unterscheidet nach "Typ A"-Entscheidungen, die grundsätzlich einem autonomen Entscheidungsfeld zuzuordnen sind, und "Typ B"-Entscheidungen, die im Sinne einer teilautonomen Steuerplanung zu verstehen sind, vgl. Paulus, H.-J., Entscheidungen, 1978, S. 125-133. Rose relativiert den Begriff der autonomen steuerlichen Entscheidungen, indem er feststellt, daß solche Entscheidungen dennoch Rückwirkungen auf die Sachverhaltsplanung haben können, vgl. Rose, G., Steuerplanung, 1989, Sp. 1870. Wacker lehnt die Existenz absolut autonomer steuerlicher Entscheidungen ab, die auf eine Reduktion steuerlicher Bemessungsgrundlagen und damit auf eine Unternehmensliquidation gerichtet sein müßten, vgl. Wacker, W.H., Steuerplanung, 1997, S. 2.

120 Vgl. Rödder, T., Gestaltungssuche, 1991, S. 83-85.

121 Die Flexibilität der Planung ist nicht mit der des Planungsverfahrens zu verwechseln; gemeint ist allein die Möglichkeit, Gestaltungen zu ändern.

122 Vgl. Rödder, T., Gestaltungssuche, 1991, S. 91-94.

123 Vgl. Höhn, E., Steuerplanung, 1977, S. 171; Kröner, M., Ertragsteuerrecht, 1986, S. 350-353.

Sichtweise entspricht einem Mittel-Zweck-Prinzip. Eine instrumentelle Rechtsanwendung ist ohne Anwendung von Ursache-Wirkungs-Beziehungen nicht denkbar; denn der deklarative Prozeß ist im Hinblick auf die Rechtsfolgen mit verschiedenen, fiktiven Ausgangslagen zu durchlaufen. Da die Betrachtungsrichtung einmal vom Sachverhalt über den Tatbestand auf die Rechtsfolgen, dann in umgekehrter Richtung von den Rechtsfolgen über den Tatbestand auf den Sachverhalt gelenkt wird, kann von einem dialektischen Verfahren gesprochen werden. Bei diesen Subsumtionsversuchen liegt ein „Hin- und Herwandern des Blickes“[124] zwischen Tatbestand und Sachverhalt vor.

Der Zusammenhang zwischen deklarativer und instrumenteller Rechtsanwendung ist theoretisch leicht nachzuvollziehen. Fraglich ist aber, ob Ursache-Wirkungs-Beziehungen prinzipiell in Mittel-Zweck-Beziehungen transformiert werden können.[125] Aufschluß hierüber gibt eine Analyse der Rechtsanwendung aus juristisch-methodischer Perspektive, in deren Mittelpunkt der syllogistische Schluß steht:[126]

Obersatz (Prämisse):	$T \rightarrow R$	Wenn T (Tatbestand) der Fall ist, so tritt R (Rechtsfolge) ein.
Untersatz (Subsumtion):	$S = T$	S (Sachverhalt) ist ein Fall von T (Tatbestand).
Schlußfolgerung (Konklusion):	$S \rightarrow R$	Für S (Sachverhalt) gilt R (Rechtsfolge).

Das juristische Lösen von Rechtsfällen ist ein Vergleich zweier sprachlich verschieden gebildeter Modelle, dem Gesetzestext einerseits, der sprachlichen Darstellung des Sachverhalts andererseits. Eine Rechtsnorm stellt die kausale Anknüpfung einer Rechtsfolge an einen abstrakt formulierten Tatbestand dar. Erfüllt ein Lebenssachverhalt die von der Norm gegebenen Tatbestandsbedingungen, d.h. beschreiben beide Modelle den gleichen Gegenstand, ist damit der Untersatz gebildet und die Subsumtion gelingt. In diesem Fall gilt die Schlußfolgerung, daß bei Verwirklichung dieses Sachverhaltes die in der Norm bezeichneten Rechtsfolgen eintreten.[127]

Das Prinzip der Rechtsanwendung wirft an mehreren Stellen Probleme auf. An erster Stelle der Problematik steht die Bildung des Untersatzes. Der Sachverhalt ist im Hinblick auf die Tatbestandsmerkmale zu analysieren und aufzubereiten. Ziel des Modellvergleichs ist die Ableitung der im Gesetz bestimmten Folgen. Da Informationen überwiegend nicht unmittelbar der Wirklichkeit entnommen werden können, wie es eine maschinelle Erfassung gewährleisten würde, müs-

---

124 Engisch, K., Gesetzesanwendung, 1963, S. 15.

125 Vgl. Bretzke, W.-R., Problembezug, 1980, S. 121-123; Rödder, T., Gestaltungssuche, 1991, S. 122-126.

126 Vgl. Larenz, K., Methodenlehre, 1991, S. 271-272; Schlager, J., Steuergestaltung, 1978, S. 66; Tipke, K./Lang, J., Steuerrecht, 1996, § 5 Rz. 44.

127 Vgl. Haft, F., Lernen, 1988, S. 28.

sen sie mit Hilfe der Sprache modelliert werden. Die Modellvielfalt beginnt dort, wo verschiedene Personen einen Sachverhalt im Rahmen des anerkannten Sprachgebrauchs unterschiedlich beschreiben. Dies ist ursächlich auf drei Gegebenheiten zurückzuführen: zum einen auf die Vielfalt an sprachlichen Ausdrucksmöglichkeiten für dieselbe Wirklichkeit, zum zweiten auf die Unschärfe der Sprache und letztlich auf die sprachliche Freiheit bei der Auswahl von Ausdrücken für ähnliche Gegenstände.[128]

An zweiter Stelle der Problematik steht der Normtext selbst. Die Zuordnung von Sachverhalten zu abstrakt formulierten Tatbestandsmerkmalen kann eine Präzisierung des relevanten Normtextes erforderlich machen. Die Auslegung von Rechtstexten hat sich an folgenden Prinzipien zu orientieren:

- Wortlaut der Norm (grammatische Auslegung);
- Regelungsabsicht des Gesetzgebers (historische Auslegung);
- Bedeutungszusammenhang (systematische Auslegung);
- Zweck der Norm (teleologische Auslegung).

Bezüglich der Reihenfolge ist zur Gesetzesauslegung grundsätzlich der Zweck der Norm in den Vordergrund zu stellen; eine ausschließliche Orientierung am Wortlaut läßt die Frage offen, ob dieser eindeutig und klar ist; dies wiederum kann nur anhand einer teleologischen Auslegung geklärt werden. Gleichwohl stellt der Wortlaut die äußerste Grenze der Auslegungsmöglichkeiten dar. Grammatische, historische und systematische Auslegung sind nur als Mittel zur Feststellung des Gesetzeszwecks zu verstehen.[129]

Zum dritten kann aber auch eine Rechtsfortbildung erforderlich sein, soweit Gesetzeslücken existieren, die bewußt oder unbewußt geschaffen wurden. Greift eine Norm nicht weit genug, geschieht die Rechtsfortbildung im Wege der Analogie; greift eine Norm zu weit, wird mittels teleologischer Reduktion der Anwendungsbereich begrenzt. Besteht keine Norm, kann ein Umkehrschluß erforderlich sein.[130]

Nach diesen Vorüberlegungen ist ersichtlich, daß eine direkte Umkehrung von Obersätzen (Ursache-Wirkungs-Beziehungen) in Mittel-Zweck-Beziehungen nicht möglich ist:[131]

---

128 Vgl. Bareis, H.P., Planung, 1969, S. 41-45; Haft, F., Lernen, 1988, S. 29-38.

129 Vgl. Larenz, K., Methodenlehre, 1991, S. 343-346; Tipke, K./Lang, J., Steuerrecht, 1996, § 5 Rz. 52-53 sowie Rz. 57-63 mit Erläuterung weiterer (verfassungskonformer, richtlinienkonformer und praktikabilitätsorientierter) Auslegungsmethoden.

130 Vgl. Pühringer, J., Rechtsgewinnung, 1997, S. 104-107; Rödder, T., Gestaltungssuche, 1991, S. 126-133; Tipke, K./Lang, J., Steuerrecht, 1996, § 5 Rz. 71-79; Zippelius, R., Methodenlehre, 1994, S. 61-65.

131 Vgl. Faßnacht, K., Planung, 1989, Sp. 2298-2299; Schneider, D., Steuerlehre, 1983, S. 31-32. A.A. Wagner, F.W./Dirrigl, H., Steuerplanung, 1980, S. 2.

- Unterschiedliche Tatbestände können die gleichen Rechtsfolgen auslösen, da ein Tatbestand lediglich hinreichende Bedingung für den Eintritt einer Rechtsfolge ist;
- die Interpretation des Tatbestands ist nicht zwingend, und
- die Auslegung des Normtextes ist nicht zwingend.

Auch im Verhältnis zwischen Sachverhalt und Tatbestand ist eine Umkehrung von Ursache-Wirkungs-Beziehungen nicht möglich. Sowohl die Überführung des Sachverhalts in eine sprachliche Aufbereitung als auch die Zuordnung der beschriebenen Sachverhalte zu Tatbeständen bewirken stets eine Reduzierung auf wenige relevante Merkmale und sind damit nicht umkehrbar.[132] Im Ergebnis kann die instrumentelle Rechtsanwendung nicht durch eine einfache Umkehrung der deklarativen Rechtsanwendung erreicht werden.

Die instrumentelle Rechtsanwendung bedarf daher einer Ergänzung durch Techniken, welche die gesuchten Sachverhalte und Tatbestände soweit möglich systematisch hervorbringen. Diese Vorgehensweisen können allgemein als heuristische Techniken bezeichnet werden.

4. Heuristische Techniken

Zum Auffinden guter oder neuartiger Lösungen existieren keine feststehenden Algorithmen; rational-logische Verfahren sind nicht ausreichend. Gleichwohl muß eine Lösungssuche nicht ausschließlich ungerichtet oder zufallsbehaftet sein. Sollen Ideen oder Gedanken mit einem bestimmten Neuigkeitsgehalt entwickelt werden, kann auf verschiedene Methoden zur Förderung der Kreativität zurückgegriffen werden. Kennzeichnend ist für diese Verfahren, daß sie die Forderung nach Rationalität weniger im Ergebnis, aber dennoch im Wege der Lösungssuche erfüllen. Suchregeln und -methoden, die die Findewahrscheinlichkeit von problemlösenden Ideen und Gedanken erhöhen, werden als Heuristiken bezeichnet. Die Heuristik ist die „Wissenschaft von den Verfahren, Probleme zu lösen; [die] methodische Anleitung (...) zur Gewinnung neuer Erkenntnisse".[133] Heuristische Verfahren kennzeichnet, daß sie keine Lösungsgarantie geben und keine Optimalität gefundener Lösungen sicherstellen.[134] Heuristische Prinzipien werden aufbauend auf einer Analyse tatsächlichen Entscheidungsverhaltens entwickelt. Durch Kombination von heuristischen Prinzipien mit objektiver Logik kommt es zu einem Nebeneinander von deskriptiven und normativen Modellbestandteilen. Erst zu einem Zeitpunkt, in dem das Modell entweder zur Prognoseverbesserung oder zur präskriptiven Problemlösung differenziert weiterentwickelt wird, trennen sich deskriptive und normative Sachbezogenheit. Eine heuristische gewonnene Lösung für *ein* Entschei-

---

132 Vgl. Rödder, T., Gestaltungssuche, 1991, S. 133-135.

133 Wissenschaftlicher Rat der Dudenredaktion (Bearb.), Fremdwörterbuch, 1990, S. 309.

134 Vgl. Adam, D., Heuristisch, 1989, Sp. 1415; Bäuerle, P., Konstruktion, 1989, S. 187; Kröner, M., Ertragsteuerrecht, 1986, S. 343-345.

dungsproblem impliziert nicht, daß diese Lösung auf ein anderes Problem übertragbar ist.[135] Auch für die steuerliche Gestaltung können heuristische Verfahren von Bedeutung sein.[136]

Die Einbindung heuristischer Verfahren in die systematische Vorgehensweise des Problemlösungsprozesses sowie der Rückgriff auf vorhandenes Gestaltungswissen dienen dem Ziel, bekannte und neue Gestaltungselemente zu zieladäquaten Kombinationen zu verbinden.[137] Kreativität steht in engem Zusammenhang zur Adoption, d.h. zur Übernahme und Anwendung neuer oder wenig bekannter Ideen. Adoption kann als Ergänzung zur Kreativität verstanden werden und bezeichnet die Fähigkeit, Veränderungen der Umwelt zu erkennen und unter Verwendung von Abstraktionen Probleme zu definieren und Lösungshypothesen zu entwickeln. Erst die Adoption macht kreative Leistungen (Inventionen) zu Gedanken, die von der Umwelt als neu wahrgenommen werden (Innovationen). In der Ideenfindungsphase werden Lösungen nicht nur hervorgebracht, sondern durch Rückgriff auf fremdes Gestaltungswissen auch adoptiert, so daß die Innovationen der Ideenfindungsphase sowohl auf eigenen wie auch auf fremden Inventionen beruhen.[138]

Heuristiken auf systematisch-analytischer Ebene	**Heuristiken auf intuitiv-kreativer Ebene** (Kreativitätstechniken i.e.S.)
• Systematische Erfassung, Ordnung und Gliederung von problemrelevanten Elementen • Systematische Kombination • Systematische Variation	• Wechselseitige Assoziation • Semantische Intuition • Analogiebildung und Vergleichziehung • Strukturübertragung und Struktursynthese
Zugehörige Methoden (Methodenträger: Individuum)	**Zugehörige Methoden** (Methodenträger Gruppe)
• Morphologie	• Brainstorming • Synektik

Abb. 5: Methoden zur Förderung kreativen Denkens

Die Methodenvielfalt auf dem Gebiet der Kreativitätsförderung kann auf wenige Grundtypen beschränkt werden. Die in Abb. 5 dargestellten Heuristiken und

135 Vgl. Klein, H.K., Entscheidungsmodelle, 1971, S. 22-23.

136 Vgl. Federmann, R., Methoden, 1993, S. 276.

137 Vgl. Klein, H.K., Entscheidungsmodelle, 1971, S. 191-192; Rödder, T., Gestaltungssuche, 1991, S. 95-99.

138 Vgl. Brauchlin, E., Entscheidungsmethodik, 1990, S. 286-288, S. 292; Schlicksupp, H., Innovation, 1992, S. 18.

zugehörigen Methoden wirken auf einer systematisch-analytischen Ebene oder unterstützten die intuitiv-kreative Ebene.[139]

Die Morphologie ist eine Methode, die mittels vollständiger Kombination hinreichend bestimmter, voneinander unabhängiger Lösungsparameter in systematischer Weise alle Lösungskombinationen dieser Parameter bildet. Auf diese Weise sollen Zufälligkeiten und die vorzeitige Aufgabe einer weiteren Lösungssuche vermieden werden. Die Morphologie kann unter Anwendung eines morphologischen Kastens durchgeführt werden.[140] Das Brainstorming ist eine Gruppenaktivität. Kennzeichnend ist, daß in der Gruppe zu einem Thema nur positive Aspekte gesammelt werden. Kritik an vorgebrachten Ideen ist während der Sitzung nicht zulässig.[141] Die Synektik ist eine Kreativitätstechnik, die sich einerseits hinsichtlich des Methodenablaufs an den Phasen natürlicher kreativer Prozesse orientiert, andererseits Prinzipien der Verfremdung und Rekombination anwendet. Lösungsideen werden auf nicht-problembezogenen Gebieten gesammelt und auf das ursprüngliche Problem zurückübertragen.[142] Die drei Kreativitätsmethoden Morphologie, Brainstorming und Synektik unterscheiden sich am deutlichsten in der Bedeutung unbewußter Prozesse: Die Morphologie ist eine systematische Technik und zielt auf regelgeleitete Bewußtwerdung von Lösungskombinationen. Das Brainstorming ist ein von Kommunikationsregeln begleitetes Assoziieren. Das Verfahren beruht auf dem Auftauchen von Assoziationen aus dem Unbewußten. Die Synektik versucht, die für die Kreativität als bedeutsam geltenden psychischen Zustände herbeizuführen; sie arbeitet im Vergleich mit den übrigen Methoden am aktivsten mit unbewußten Prozessen.

Der Einsatz heuristischer Methoden bringt stets die Gefahr mit sich, kreatives Denken nicht nur fördern, sondern auch behindern zu können. Soweit aber das Potential zur Entdeckung neuer Handlungsalternativen besteht, muß es als Bedingung rationaler Entscheidungsfindung gelten, dieses Potential auch ausgeschöpft zu haben. Beschränkt sich Rationalität hier auf das Zustandekommen

---

139 Vgl. Brauchlin, E., Entscheidungsmethodik, 1990, S. 299; Rödder, T., Gestaltungssuche, 1991, S. 170-175; Schlicksupp, H., Kreativitätstechniken, 1989, Sp. 930-943; Schlicksupp, H., Innovation, 1992, S. 60-61, S. 103-129, S. 149-152. Zu einem Plädoyer für die Erweiterung auch des Operations Research um das Instrumentarium dieser Kreativitätstechniken siehe Müller-Merbach, H., Entscheidungsvorbereitung, 1977, S. 18-19.

140 Zu einer detaillierten Beschreibung siehe Schlicksupp, H., Kreativitätstechniken, 1989, Sp. 939-940; Zwicky, F., Entdecken, 1966, S. 114-174. Zur Schrittfolge für den Aufbau eines morphologischen Kastens siehe Brauchlin, E., Entscheidungsmethodik, 1990, S. 302.

141 Vgl. Brauchlin, E., Entscheidungsmethodik, 1990, S. 307-312; Osborn, A.F., Imagination, 1963, S. 166-196; Schlicksupp, H., Kreativitätstechniken, 1989, Sp. 933-934.

142 Vgl. Brauchlin, E., Entscheidungsmethodik, 1990, S. 313-317; Gordon, W.J., Synectics, 1961, S. 33-56; Prince, G.M., Creativity, 1970, S. 75-99; Schlicksupp, H., Kreativitätstechniken, 1989, Sp. 936-937.

des Entscheidungsfeldes, nicht auf seine inhaltliche Ausgestaltung, muß dies nicht als Konstruktionsmangel, sondern vielmehr als Konstruktionsprinzip verstanden werden.[143]

V. Modellierung des Zielplans

1. Anforderungen an die Zielformulierung

Die Formulierung von Zielvorstellungen soll eine zweifache Funktion erfüllen. Zum einen dienen Ziele als Richtschnur für die Herausarbeitung von problemadäquaten Lösungen, zum anderen stellen sie einen Vergleichsmaßstab dar, an dem verschiedene Entscheidungsalternativen nach ihrer Vorziehenswürdigkeit gemessen werden können.[144] Grundsätzlich können Zielvorstellungen nur eine praxisleitende Funktion besitzen, wenn sie vollständig und konsistent formuliert sind, nicht aber, wenn sie nur unscharf, vage oder unvollständig formuliert sind. Eine Explikation der Zielplanung gilt daher als Voraussetzung für eine praktisch-normative Verbesserung von Problemlösungsbemühungen.[145]

Eine Zielformulierung muß den Anforderungen an Relevanz, Konsistenz und Stabilität genügen.

- Relevanz ist anhand von Vollständigkeit und Einfachheit zu überprüfen. Vollständigkeit der Zielformulierung unter Inkaufnahme von Vereinfachungen ist einer partiellen Detaillierung bei ansonsten unvollständiger Zielformulierung vorzuziehen.[146]
- Konsistenz fordert die Vermeidung von Widersprüchen innerhalb des Zielsystems (innere Konsistenz) als auch von Widersprüchen mit den Wertvorstellungen des Entscheidungsträgers bzw. realistischerweise zu erzielenden Ergebnissen (äußere Konsistenz).
- Die Stabilität der Zielformulierung ist erforderlich für einen zielgerichteten Fortgang des Entscheidungsprozesses, steht jedoch im Konflikt mit dem Anspruch an Flexibilität.[147]

Als wesentlicher Bestandteil der Modellkonstruktion ist auch die Zielformulierung nicht als Abbildung empirischer Gegebenheiten, sondern als schöpferischer, konstruktiver Prozeß zu verstehen.[148] Bei der Zielformulierung handelt

---

143 Vgl. Bretzke, W.-R., Problembezug, 1980, S. 119-120.

144 Vgl. Faßnacht, K., Planung, 1989, Sp. 2296-2297; Kahle, E., Problemlösungsverhalten, 1973, S. 55; Mag, W., Mehrfachziele, 1976, S. 50; Zangemeister, C., Grundlagen, 1975, S. 67.

145 Vgl. Heinen, E., Wissenschaftsprogramm, 1969/78, S. 223; Schaffitzel, W., Rationalitätskonzept, 1982, S. 254; Scheffler, W., Altersversorgung, 1990, S. 16.

146 Vgl. Eisenführ, F./Weber, M., Zielstrukturierung, 1986, S. 911, S. 928.

147 Vgl. Brauchlin, E., Entscheidungsmethodik, 1990, S. 179-180.

148 Vgl. Bretzke, W.-R., Problembezug, 1980, S. 101. Eisenführ/Weber bezeichnen die Zielstrukturierung als „kritischen Schritt im Entscheidungsprozeß“, vgl. Eisenführ, F./Weber, M., Zielstrukturierung, 1986, S. 907-929.

es sich auch deswegen um eine komplexe Aufgabe, da der Einsatz von Gestaltungsmitteln grundsätzlich zu einem Bündel von Wirkungen führt, denen der Entscheidungsträger nicht wertneutral gegenüber steht. Bei der Formulierung eines Zielsystems sind daher alle diejenigen Elemente des Entscheidungsfeldes zu beachten, die einen Einfluß auf das Gestaltungsvorhaben ausüben oder von diesem beeinflußt werden.[149]

Das entscheidungstheoretische Rationalitätskonzept nimmt Ziele als gegeben an und legt eine deutliche Trennung von Zielen und Mitteln (Dichotomie, Zweiteilung) zugrunde. Tatsächlich beeinflußt die tatsächliche Mittelsituation nicht nur die Ziele, sondern die Mittel selbst können auch Zielcharakter annehmen. Zielvorstellungen und Handlungsalternativen stehen in wechselseitiger Abhängigkeit. Oftmals wird erst anhand der betrachteten Handlungsalternativen das Zielsystem erweitert oder eingeschränkt. Der Zielsuchprozeß kann im Sinne einer Rechtfertigung der getroffenen Entscheidung auch über den Finalentschluß hinaus fortlaufen. Neben den Handlungsalternativen wirkt sich auch die Umweltsituation auf die Zielvorstellungen aus, indem sie die zur Verfügung stehenden Handlungsalternativen beeinflußt. Die Annahme fixierter Einzelziele ist aus diesen Gründen aufzugeben. Notwendig ist eine dynamische, iterative Zielplanung.[150] Die Aufstellung des Zielsystems ist als Rückkopplungsprozeß zu verstehen, in dem die einzelnen Schritte mehrfach zu durchlaufen sind und es zu einer fortwährenden Revision der Ziele und Merkmale kommt.[151]

Da die Zielfindung grundsätzlich einen kreativen Prozeß darstellt, kann sie nur unter Einschränkungen formallogisch-rational bewältigt werden. Systematische Verfahren wie der hierarchische Aufbau eines Zielsystems erlauben eine schrittweise Ordnung von Zielen und vermindern die Gefahr, Zielinhalte zu vergessen oder aufgrund unterschiedlicher Formulierungen mehrfach, d.h. mit zu großem Gewicht, bei der Entscheidungsfindung zu berücksichtigen.[152]

2. Anspruchsniveau

Um eine Entscheidungsunterstützung zu entwickeln, die einerseits dem Postulat der Realisierbarkeit entspricht, die aber andererseits einem normativen Anspruch genügt, ist die Zielsetzung des Entscheidungsverfahrens zu modifizieren: in Anlehnung an Erkenntnisse der deskriptiven Entscheidungstheorie wird nicht die theoretisch optimale Lösung, sondern eine den Ansprüchen genügende Lösung angestrebt. Die Nutzenskala kennt nur noch drei Ausprägungen: das

---

149 Vgl. Zangemeister, C., Grundlagen, 1975, S. 68-69.

150 Vgl. Bleicher, K., Organisation, 1970, S. 71; Brauchlin, E., Entscheidungsmethodik, 1990, S. 187; Hamel, W., Zieländerungen, 1974, S. 95-98; Schaffitzel, W., Rationalitätskonzept, 1982, S. 349-350; Scheffler, W., Altersversorgung, 1990, S. 16-17.

151 Vgl. Eisenführ, F./Weber, M., Zielstrukturierung, 1986, S. 909; Scheffler, W., Grundsätze, 1992, S. 242.

152 Vgl. Zangemeister, C., Grundlagen, 1975, S. 83.

„Aktionsziel“ als Anspruchsniveau des Entscheidungsträgers; einen positiven, darüber hinausgehenden Nutzen sowie einen negativen, unter dem Anspruchsniveau bleibenden Nutzen.[153]

Demzufolge wird das Maximierungskalkül in seiner Bedeutung eingeschränkt; es wird nur noch eine Satisfaktion des Anspruchsniveaus angestrebt. Für die Zielformulierung ist daraus abzuleiten, daß in den Fällen, in denen das Anspruchsniveau nicht erreicht werden kann, dieses entweder reduziert wird oder daß den jeweiligen Zielen bei der weiteren Suche weniger Aufmerksamkeit gegeben wird.[154] Neben Extremierungszielen sind daher auch Satisfizierungsziele sowie gemischte Konzepte für zulässig zu halten. Dies ist insofern kritisch zu beurteilen, als daß bei allen Konzepten einzelne Komponenten nicht objektivierbar sind: Bei Extremierungszielen von additiven Präferenzfunktionen sind die Gewichtungsfaktoren für die einzelnen Funktionen, im Fall der Satisfizierungsziele die geforderten Mindestergebnisse nicht objektivierbar. Bei gemischten Konzepten ist fraglich, in welchen Fällen Extremierungsziele, in welchen Fällen dagegen Satisfizierungsziele zu verwenden sind.[155]

Auch bei mehrfachen Zielsetzungen führt die Modifikation des Anspruchsniveaus zu einer realisierbaren Entscheidungsunterstützung: für jede Handlungsalternative werden nur ausgewählte Ziele berücksichtigt und sukzessiv die einzelnen Anspruchsniveaus überprüft. Der Entscheidungsträger muß subjektiv abwägen, bis zu welchem Grad eine Verringerung des Anspruchsniveaus noch zu einem rationalen Vorgehen im Sinne einer Verbesserung seines (bisherigen) Problemlösungsverhaltens führt.[156]

3. Steuerliches Zielsystem

Zur Formulierung eines steuerlichen Zielsystems sind zwei Hauptbestandteile zu unterscheiden: eine quantitative und eine qualitative Komponente.

Die quantitative steuerliche Komponente ist Bestandteil der übergreifenden quantitativen Unternehmenszielsetzung, die regelmäßig zum einen in der Aufrechterhaltung der Liquidität zu jedem Zeitpunkt und zum anderen im Gewinnmaximierungsstreben besteht.[157] Für die internationale Steuerplanung ist insbe-

153 Vgl. Kahle, E., Entscheidungen, 1997, S. 99-100; Kirsch, W., Einführung, 1977, Band I, S. 51-53; Wolf, M.F., Probleme, 1991, S. 46.

154 Vgl. Brauchlin, E., Entscheidungsmethodik, 1990, S. 188; Faßnacht, K., Planung, 1989, Sp. 2300-2301; Kirsch, W., Einführung, 1977, Band I, S. 88-89, S. 107-109.

155 Vgl. Bitz, M., Entscheidungstheorie, 1981, S. 299-311.

156 Vgl. Kirsch, W., Handhabung, 1988, S. 24-26.

157 Vgl. Schneider, D., Investition, 1992, S. 65-67. Zu einer Übersicht alternativer quantitativer Zielkonzepte siehe Paulus, H.-J., Entscheidungen, 1978, S. 37.

sondere die Vermeidung von Doppel- und Mehrfachbesteuerungen ein wichtiger Aspekt beim Streben nach Nettoergebnismaximierung.[158]

Qualitative Zielsetzungen führen in der Regel zu einem partiellen Verzicht auf erzielbare Steuerersparnisse. Sie werden verfolgt, wenn den anfallenden Mehrkosten ein geringerer Wert zugemessen wird als dem monetären Äquivalent der qualitativen Ziele. Als qualitative steuerliche Zielsetzungen kommen in Betracht:[159]

- steuerliches Legalitätsstreben

Das Streben nach steuerlicher Legalität steht nicht im Widerspruch zum Streben nach einer Reduktion der Steuerbelastung; die dazu eingesetzten Instrumente müssen jedoch daraufhin überprüft werden, ob sie noch einer zulässigen Steuerersparnis oder einer unzulässigen Steuerumgehung zuzurechnen sind. Bei der nationalen und internationalen Steuerplanung ist das Streben nach Gesetzmäßigkeit eine wichtige Nebenbedingung.[160]

- steuerliches Risikovermeidungsstreben

Das Risikovermeidungsstreben resultiert aus einem hohen Maß an Ungewißheit im Steuerrecht, die auf der Unbestimmtheit und Unbeständigkeit von Normen und Auslegungen beruht; es dient dem Schutz vor ungeplanten Steuerbelastungen. Aus wirtschaftlicher Sicht beruht dieses Streben auf der Erkenntnis, daß steuerlich gewagte Konstruktionen regelmäßig nicht das eigentliche Betätigungsfeld der Unternehmung darstellen.[161] Risikovermeidungsstreben äußert sich zum einen in Dispositionssicherheit, zum anderen in steuerlicher Flexibilität. Dispositionssicherheit will Schutz vor Auslegungszweifeln und Rechtsänderungsrisiken erzielen. Aufgrund des Zukunftsbezugs der Planungen und nur eingeschränkt vorhersehbarer Rechtssprünge ist Dispositionssicherheit aber nicht vollkommen erreichbar.[162] Flexibilität ist erreicht, wenn unabhängig von zukünftigen Entwicklungen die Steuerplanung zu zielgerechten Ergebnissen führen kann, indem die Option zu alternativen Handlungsmöglichkeiten offengehalten wird. Wird Flexibilität verfolgt, werden solche steuerlichen Instrumente bevorzugt, die eine nachträgliche Anpassung an die veränderte Umweltsituation erlauben.[163]

---

158 Vgl. Wacker, W.H., International, 1989, Sp. 1992. Zu einer Gegenüberstellung von Steuerkapitalwertminimierung und Nettokapitalwertmaximierung siehe Paulus, H.-J., Entscheidungen, 1978, S. 74-79 m.w.N. Zu einer Aufstellung von Quellen potentieller Doppelbesteuerung siehe Wacker, W.H., International, 1989, Sp. 2003-2004.

159 Vgl. Paulus, H.-J., Entscheidungen, 1978, S. 61-67.

160 Vgl. Paulus, H.-J., Entscheidungen, 1978, S. 62-63; Wacker, W.H., International, 1989, Sp. 1990-1991.

161 Vgl. Schlager, J., Steuergestaltung, 1978, S. 19.

162 Vgl. Rödder, T., Gestaltungssuche, 1991, S. 54-57; Zangemeister, C., Grundlagen, 1975, S. 72-73.

163 Vgl. Paulus, H.-J., Entscheidungen, 1978, S. 66, S. 141-143.

Steuerliches Risikovermeidungsstreben zielt auf eine maximale Reduktion von Konfliktpunkten mit der Finanzverwaltung. Führt dieses Streben zu einem Verzicht auf erzielbare, zulässige Steuerersparnisse, bedarf es einer Abschwächung bis zu dem subjektiv festzulegenden Grad, daß wahrscheinliche Konfrontationen mit der Finanzverwaltung vermieden werden.[164] In bezug auf diese Forderung ist in der internationalen Steuerplanung ein stärkeres Risikobewußtsein als in der nationalen Steuerplanung festzustellen.[165]

- Streben nach "steuerlichem Prestige", nach einem "steuerlichen Goodwill"

Dieses Ziel unterscheidet sich vom steuerlichen Risikovermeidungsstreben, indem nicht Konfrontationen vermieden, sondern eine für den Steuerpflichtigen positive Wirkung bei Auftreten von zukünftigen Problemfällen erreicht werden soll. Die Wirkung kann rechtlich nicht abgeleitet werden, ist aber im Einzelfall auch nicht auszuschließen.[166]

VI. Bildung der Ergebnismatrix

1. Beschränkung auf Partialbetrachtung

Die Ergebnismatrix wird unter Einbezug quantitativer und qualitativer Elemente des Zielplans gebildet. Soweit die Vorteilhaftigkeitsüberlegungen im Rahmen der Gestaltungssuche auf quantitativer Basis erfolgen, wird ein finanzwirtschaftliches Partialmodell eingesetzt. Ein Partialmodell berücksichtigt im Gegensatz zu einem Totalmodell nicht die Gesamtheit der zukünftigen unternehmerischen Entscheidungen in allen betrieblichen Teilbereichen bis zum Ende der Unternehmung, sondern nimmt Vereinfachungen vor. Dazu wird die Betrachtung auf die steuerlichen und finanzwirtschaftlichen Größen (Steuerbelastung, Liquiditätsentwicklung) und die darauf wirkenden Einflußfaktoren und Wahlrechte eingeschränkt, die im Rahmen der Überlegungen wesentlich sind. Partialmodelle vernachlässigen grundsätzlich die Wechselbeziehungen zu anderen betrieblichen Teilbereichen. Die Wechselbeziehungen werden durch Prämissen nur vereinfachend berücksichtigt.[167] Eine weitere Vereinfachung betrifft die Verkürzung des Planungszeitraums. Die finanziellen Konsequenzen einer Entscheidung reichen regelmäßig über den Planungshorizont hinaus, weil die unterschiedlichen Folgen im Hinblick auf Eigenkapital und Liquidität spätere betriebliche Entscheidungen beeinflussen. Pauschalannahmen werden zudem über Zahlungszeitpunkte und die Zeitpunkte der Steuerentstehung und der Steuerzahlung getroffen.

---

164 Vgl. Paulus, H.-J., Entscheidungen, 1978, S. 64.

165 Vgl. Wacker, W.H., International, 1989, Sp. 1991-1992.

166 Vgl. Paulus, H.-J., Entscheidungen, 1978, S. 64-65.

167 Vgl. Kiso, D., Steuerplanung, 1997, S. 20; Scheffler, W., Leasing, 1984, S. 83-84; Scheffler, W., Grundsätze, 1992, S. 242; Schneider, D., Investition, 1992, S. 72.

2. Berücksichtigung von Steuerwirkungen

Als Verfahren zur Berechnung der Steuerbelastung dient grundsätzlich die kasuistische Veranlagungssimulation.[168] Bei der kasuistischen Veranlagungssimulation wird die Steuerschuld, die aus der Realisation einer Handlungsalternative entsteht, durch einen modellmäßigen Nachvollzug des Veranlagungsverfahrens ermittelt. In das Berechnungsschema gehen vorsteuerliche ökonomische Größen ein, die in Steuerbemessungsgrundlagen umgewandelt werden. Die Steuerzahlungen werden für jede Steuerart einzeln ermittelt. Dabei bestimmen Dependenzen und Interdepenzen zwischen den Steuerarten den Aufbau des Berechnungsschemas. Die Gesamtsteuerbelastung ergibt sich aus der Addition der für die Steuerarten getrennt ermittelten Steuerzahlungen.[169] Bei der Veranlagungssimulation können die einzelnen Rechenschritte aufgrund der Abbildung des Veranlagungsverfahrens anschaulich und leicht nachvollzogen werden. Bei einem mehrperiodigen Vorgehen sind auch die aus der Verwendung der Vermögensendwertmethode resultierenden Differenzzinsen im Veranlagungsschema leicht darstellbar.[170] Die Kriterien der Anschaulichkeit und Nachvollziehbarkeit sind für die Praxisausrichtung des Modells von erheblichem Gewicht. Darstellungs- oder rechentechnische Schwierigkeiten, die aus dem Umfang der erforderlichen Berechnungen resultieren, belasten den Anwender nicht, da er auf ein EDV-gestütztes Rechenschema zurückgreifen kann.[171]

Sind lediglich die Grenzwirkungen einer Bemessungsgrundlagenänderung entscheidungsrelevant, kann auf den kombinierten Einsatz von Veranlagungssimulation und Vermögensendwertmethode verzichtet werden. Zur einfachen Vorteilhaftigkeitsbestimmung eignet sich unter dieser Bedingung ein Tarifvergleich, auch soweit mehrere Steuerarten einzubeziehen sind.[172] Dazu wird jeweils die rechtliche Tarifbelastung ermittelt, wobei ggfs. die kumulativen Wirkungen aus- und inländischer Steuerbelastungen sowie Interdependenzen inländischer Steuerarten berücksichtigt werden. Die rechtliche Tarifbelastung

---

168 Eine Veranlagungssimulation wird im Kap. „Berücksichtigung des Versorgungszeitraums", S. 195, vorgenommen.

169 Vgl. Rose, G., Steuerlehre, 1992, S. 32-38; Scheffler, W., Veranlagungssimulation, 1991, S. 70-72. Als alternatives Verfahren steht die Teilsteuerrechnung zur Verfügung, siehe hierzu Rose, G., Steuerlehre, 1992, S. 38-68; Siegel, T., Steuerwirkungen, 1982, S. 37-69; Wagner, F.W./ Dirrigl, H., Steuerplanung, 1980, S. 154-169. Zur Auswahlentscheidung zwischen Veranlagungssimulation und Teilsteuerrechnung siehe Kiso, D., Steuerplanung, 1997, S. 41-43; Scheffler, W., Leasing, 1984, S. 145-149; Scheffler, W., Veranlagungssimulation, 1991, S. 69-75.

170 Differenzzinsen resultieren aus Zeiteffekten, die ein mehrperiodiges Schema wie die Vermögensendwertmethode mit sich bringt.

171 Vgl. Rödder, T., Gestaltungssuche, 1991, S. 67.

172 Ein Tarifvergleich erfolgt in Kap. „Lokalisierung des Abzugs von Personal- und Versorgungsaufwand", S. 189.

wird als prozentuale Belastung eines einheitlichen Gewinns vor Steuern für verschiedene Länder verstanden. Die Berechnung beruht auf nominalen Steuersätzen. Bei Kapitalgesellschaften kann wahlweise die Betrachtung auf die Ebene der Gesellschaft beschränkt bleiben oder die Ebene der Gesellschafter einbeziehen. Das Ergebnis gibt Anhaltspunkte über die Wirkungsweise und das Zusammenwirken einzelner Steuerarten.

Ein Tarifvergleich kann weder zur Ermittlung einer unternehmensweiten Steuerbelastung noch zu mehrperiodigen Betrachtungen eingesetzt werden. Aussagen über effektive Steuerbelastungen können nicht getroffen werden, da unternehmerische Ziele unberücksichtigt bleiben.[173] Diese Einschränkungen können akzeptiert werden, sofern die Fragestellung sich auf den Einfluß einer Bemessungsgrundlagenänderung und mithin auf eine Grenzbetrachtung beschränkt.

VII. Berücksichtigung von Ungewißheit

1. Lokalisierung und Relevanz von Ungewißheitsaspekten

Im Verlaufe einer gestaltungsorientierten Entscheidungsunterstützung sind Ungewißheiten in bezug auf folgende Aspekte einzubeziehen, die bei Heranziehung des entscheidungstheoretischen Grundmodells identifiziert werden können:[174]

- die Präferenzordnung des Entscheidungsträgers kann nicht exakt bestimmt werden;
- über die relevanten Zielsetzungen besteht Ungewißheit; Ziele ändern sich im Zuge des Entscheidungsprozesses;
- über die zukünftigen, relevanten Umweltausprägungen besteht Ungewißheit;
- die Konsequenzen der Handlungsalternativen können nicht sicher vorherbestimmt werden, da nicht alle denkbaren Umweltausprägungen berücksichtigt werden können;
- Ungewißheit besteht über die verfügbaren Handlungsalternativen; insbesondere bestehen Zweifel, ob nicht Alternativen übersehen werden, die einen besseren Zielerreichungsgrad gewährleisten als die bekannten Dispositionsmöglichkeiten.

Da die Ungewißheit über die verfügbaren Handlungsalternativen bereits umfassend durch den vorgestellten Ansatz einer Alternativengenerierung berücksichtigt wird, sind im Rahmen einer gestaltungsorientierten Entscheidungsunterstützung noch die übrigen vier Ungewißheitsaspekte unter Berücksichtigung ihrer Relevanz angemessen zu bewältigen.

---

173 Vgl. Spengel, C., Steuerbelastungsvergleiche, 1995, S. 34-35.

174 Vgl. Kirsch, W., Handhabung, 1988, S. 11; Koch, H., Unsicherheit, 1989, Sp. 2060-2061; Scheffler, W., Altersversorgung, 1990, S. 17-25.
Zum Begriff der Ungewißheit und zur Abgrenzung von Unwissenheit siehe Kap. „Darstellung des Grundmodells“, S. 34, Abschn. 2.2.

Die entscheidungstheoretische Forschung hat eine Vielzahl von Regeln zur rationalen Bewältigung von Ungewißheit aufgestellt. Gegebene Ungewißheit kann aber durch Verfahrensvorschriften prinzipiell nicht vollkommen bewältigt werden. Weil menschliches Handeln sich in ungewißheitsbehafteten Systemen vollzieht, ist nicht das Streben nach auf Gewißheit beruhenden Aussagen, sondern das Streben nach möglichst *weitgehender Berücksichtigung* nicht auszuräumender Ungewißheit eine rationale Basis für vernünftiges Handeln.[175] Hier kann die präskriptive Entscheidungstheorie auf empirische, deskriptive Erkenntnisse zurückgreifen.[176] Die deskriptive Entscheidungstheorie zeigt, daß das Bedenken von Ungewißheit dann von herausgehobener Bedeutung ist,[177]

- wenn dadurch beim iterativen Prozeß der Modellkonstruktion die Notwendigkeit und Richtung einer partiellen *Detaillierung* bzw. *Vereinfachung* des Modells aufgezeigt werden kann;
- bei der Entscheidung, ob weitere *Aufwendungen zur Informationsbeschaffung* vorgenommen werden müssen; dabei gilt grundsätzlich, daß mit zunehmender Ungewißheit der erwartete Wert zusätzlicher Informationen steigt;
- wenn Entscheidungen nicht von einer einzelnen Person zu einer bestimmten Zeit gefällt werden, sondern *mehrere Beteiligte* in einem längerdauernden Prozeß explizite und implizite Entscheidungen über einen längeren Zeitraum treffen. Eine explizite Ungewißheitsanalyse kann den Beteiligten helfen, vor dem Hintergrund wechselnder Kontexte im Entscheidungsprozeß ihre Schlußfolgerungen und Einschränkungen zu überprüfen.
- Weiterhin ist die Berücksichtigung von Ungewißheit von besonderer Bedeutung, wenn eine signifikante *Risikoaversion* vorliegt und im Rahmen des Modells von Bedeutung ist;
- wenn der Grad der *Zielerreichung* über und unter dem optimalen Entscheidungspunkt asymmetrisch verteilt ist;
- wenn anzunehmen ist, daß aufgrund der *begrenzten menschlichen Informationsverarbeitungsfähigkeit* Ergebnisse nicht optimal sind, so daß durch Zwang zum Bedenken von Ungewißheitsaspekten eine signifikante Ergebnisverbesserung zu erwarten ist;
- wenn Entscheidungsträger explizit auch Aussagen über Konsequenzen und *Grenzen* ihrer Arbeit treffen sollen. Dies wird durch eine Analyse der mit ihren Entscheidungen verbundenen Ungewißheiten unterstützt.

Die Auflistung zeigt, daß der Grad der Notwendigkeit zur Berücksichtigung von Ungewißheit von verschiedenen Faktoren des Entscheidungsumfeldes abhängt. Hier muß im Einzelfall eine subjektive Einschätzung des Ungewißheits-

---

175 Vgl. Kirsch, W., Handhabung, 1988, S. 115-116; Schaffitzel, W., Rationalitätskonzept, 1982, S. 351.

176 Vgl. Bretzke, W.-R., Kriterien, 1978, S. 228.

177 Vgl. Morgan, M.G./Henrion, M., Uncertainty, 1990, S. 43.

ausmaßes erfolgen; daran anschließend kann anhand der im folgenden analysierten Konzepte den als relevant erachteten Ungewißheiten begegnet werden.

2. Spezielle steuerliche Ungewißheit

Bei steuerlichen Problemen tritt neben die allgemeinen Ungewißheitsaspekte eine spezielle steuerliche Ungewißheit, die sich mit den Schlagworten Unbestimmtheit, Unbeständigkeit und Komplexität grob strukturieren läßt.[178] Bei internationalen Steuerproblemen ist die steuerliche Ungewißheit hinsichtlich aller berührten Steuerrechtssysteme zu beachten.[179]

Unbestimmtheit äußert sich in unbestimmten Rechtsbegriffen und Rechtsnormen, die unterschiedlichen Interpretationen unterliegen können. Die Ungewißheit dieser Art ist grundsätzlich in der steuerlichen Fachliteratur und aus der Rechtsprechung ersichtlich und damit prinzipiell eingrenzbar.

Unbeständigkeit der Rechtsnormen und ihrer Interpretation manifestiert sich in Rechtssprüngen, die durch Tätigkeiten des Gesetzgebers,[180] Entscheidungen der nationalen Finanzgerichte und des Europäischen Gerichtshofes sowie durch Wechsel in den Auffassungen der Finanzverwaltung verursacht werden. Diese Form der steuerlichen Ungewißheit gilt als nicht eingrenzbar, sie stellt ein verbleibendes steuerliches Informationsrisiko dar.

Komplexität resultiert aus der Verbindung begrenzter menschlicher Informationsverarbeitungsfähigkeit mit den Schwierigkeiten, welche die Anwendung des Steuerrechts mit sich bringt. Dazu zählen zum einen die Ungewißheit, alle auf einen Sachverhalt anzuwendenden Obersätze zu finden, dann die Schwierigkeit, die Subsumtion in zutreffender Weise vorzunehmen, und schließlich die Problematik, aus Tatbestandsmerkmalen auf die zutreffenden Rechtsfolgen zu schließen. Die Komplexität des Steuerrechts läßt sich auf die Frage der Vollständigkeit der Informationsbeschaffung über steuererhebliche Informationen und die Sicherheit in der Anwendung des Steuerrechts konkretisieren, sie ist mithin grundsätzlich eingrenzbar.

3. Beurteilungsmaßstäbe für Konzepte zur Bewältigung von Ungewißheit

Konzepte zur Bewältigung der Ungewißheit, die auf unvollständiger Information über zukünftige Umweltzustände und auf Bewertungsunsicherheiten durch geringe Präzision der Präferenzvorstellungen des Entscheidungsträgers beruhen, sind anhand folgender Prinzipien zu beurteilen:[181]

---

178 Vgl. Kiso, D., Steuerplanung, 1997, S. 54-57; Rödder, T., Gestaltungssuche, 1991, S. 86-91; Rose, G., Grundgerüst, 1982, S. 232-233; Rose, G., Steuerplanung, 1989, Sp. 1868, Sp. 1873; Rose, G., Steuerlehre, 1992, S. 11-13; Schlager, J., Steuergestaltung, 1978, S. 18-19.

179 Zu steuerlichen Auslandsrisiken siehe Wacker, W.H., International, 1989, Sp. 1998-1999.

180 Siehe hierzu Jebens, C.T., Planungssicherheit, 1995, S. 1057-1061.

181 Vgl. Gottwald, R., Unsicherheit, 1990, S. 26-29, S. 272-280 sowie S. 472-482.

- Rationalität
- Operationalität
- Realitätsnähe
- Wirtschaftlichkeit

Zur Beurteilung der Rationalität ist unter Berücksichtigung des zugrundegelegten Rationalitätsverständnisses[182] zu untersuchen, inwieweit verfügbare Informationen vollständig ausgewertet und inwieweit individuelle Präferenzen berücksichtigt werden. Weiterhin ist von Bedeutung, ob eine eindeutige Rangordnung aller Handlungsalternativen hergestellt wird.

Operationalität äußert sich im Grad der rechentechnischen Schwierigkeit, die das Lösungsverfahren beansprucht. Eine hohe rechentechnische Schwierigkeit kann zu geringer Transparenz des Verfahrens führen, mit der Folge, daß die Akzeptanz des Entscheidungsverfahrens gering bleibt.

Realitätsnähe ist anhand von Flexibilität des Lösungsverfahrens, Validität der eingehenden Daten und der Plausibilität der Vorgehensweise zu überprüfen. Flexibilität weist auf die Anwendbarkeit des Verfahrens in unterschiedlich ausgeprägten Entscheidungssituationen hin. Validität ist gegeben, wenn die für die Entscheidungsfindung notwendigen, regelspezifischen Daten vom Entscheidungsträger korrekt ermittelt werden können. Eine Plausibilität in der Vorgehensweise ist dann gegeben, wenn das Verfahren als Abbildung des intuitiven Entscheidungsverhaltens realer Entscheidungsträger verstanden werden kann.

Die Wirtschaftlichkeit eines Verfahrens ist dann in Frage gestellt, wenn zu seiner Anwendung eine erhebliche zeitliche Inanspruchnahme des Entscheidungsträgers oder der Einsatz speziell geschulter Fachkräfte erforderlich sind. Beim Einsatz der EDV sind die Aufwendungen für Hardware und Software in die Beurteilung einzubeziehen.[183]

4. Kritische Analyse von Konzepten zur Bewältigung von Ungewißheit

(a) Bewältigung durch Prämissensetzung

Auf theoretischer Ebene läßt sich Gewißheit durch Setzung entsprechender Prämissen nach Bedarf herstellen. Im Bereich praktischer Handlungen sind zur Bewältigung des Ungewißheitsproblems grundsätzlich folgende Prämissen denkbar:

- Mehrfache Zielsetzungen werden vereinfacht.
- Mit Ungewißheit behaftete Informationen werden als sicher unterstellt.
- Aus Vergangenheitsereignissen wird auf die Zukunft geschlossen, so daß für die Zukunft die gleiche Umweltsituation gelten soll wie in der Vergangenheit.
- Die Werte der Ergebnisfunktion werden als sicher unterstellt.

182 Vgl. Kap. „Rationalitätsverständnis", S. 38.
183 Vgl. Gottwald, R., Unsicherheit, 1990, S. 479-480.

Diese Annahmen gehören zwar zum Repertoire eines menschlichen Entscheidungsträgers, reichen aber für betriebliche Entscheidungssituationen grundsätzlich nicht aus.[184] Prämissen führen in der Realität nicht zum Vorliegen von Gewißheit; würde Gewißheit eintreten, wären aus logischer Sicht echte Entscheidungen nicht mehr möglich, da kein freier Entscheidungsraum mehr besteht.

Eine Prämissensetzung schafft zwar Rationalität im Sinne einer formallogischen Folgerichtigkeit, jedoch nicht mit dem Ergebnis einer qualitativen Verbesserung des Entscheidungsverhaltens. Weder werden individuelle, mehrfache Präferenzen berücksichtigt, noch werden verfügbare Informationen *vollständig* ausgewertet, da lediglich aus Vergangenheitsereignissen auf die Zukunft geschlossen, aber nicht denkbare Umweltkonstellationen der Zukunft (Szenarien) geschaffen werden. Da die Prämissen nicht das rechentechnische Vorgehen betreffen, kann die Operationalität nicht beurteilt werden. Eine hohe Realitätsnähe ist aufgrund der Anlehnung an tatsächliches, intuitives Entscheidungsverhalten festzustellen. Die Wirtschaftlichkeit kann mangels besonderer Anforderungen des Verfahrens nicht bemängelt werden.

Im Ergebnis kann die Ungewißheitsbewältigung durch eine Prämissensetzung, die sich vorrangig am intuitiven Umgang mit Ungewißheit orientiert, zwar operational und wirtschaftlich sein, das geringe Potential zu einer Verbesserung von Entscheidungsverhalten muß dieses Vorgehen für die Ungewißheitsbewältigung aber als nicht geeignet (dis)qualifizieren.

(b) Bewältigung durch systematische Verfahren

Systematische Verfahren zur Analyse der Auswirkungen von Ungewißheit sind Sensitivitätsanalysen, Korrekturverfahren und Risikoanalysen

Mit Sensitivitätsanalysen wird überprüft, ob sich die mit einem Modell ermittelten Optimallösungen wesentlich verändern, wenn einzelne Einflußfaktoren variiert werden. Soweit Ungewißheiten bezüglich der Einflußfaktoren bekannt sind, können diese sinnvoll verwendet werden. Der Grad der Ungewißheit bestimmt den Umfang der Sensitivitätsanalysen.[185] Das Verfahren führt zu einer Zunahme an Rationalität im Sinne von Problemlösungfähigkeit, da verfügbare Informationen über zukünftige Umweltzustände umfassend ausgewertet und ihre Konsequenzen für zukünftige Ergebnisse berücksichtigt werden können. Sensitivitätsanalysen unterliegen aber den gleichen Beschränkungen wie die Modelle, innerhalb derer sie eingesetzt werden, so daß ihre Ergebnisse nur von relativer Aussagekraft sind.[186] Operationalität und Wirtschaftlichkeit können grundsätzlich durch einen EDV-Einsatz gewährleistet werden. Sensitivitätsana-

---

184 Vgl. Klein, H.K., Entscheidungsmodelle, 1971, S. 190-191.

185 Zu Ausprägungsformen von Sensitivitätsanalysen siehe Thome, R., Sensitivitätsanalysen, 1989, Sp. 1774-1778.

186 Vgl. Bretzke, W.-R., Problembezug, 1980, S. 140-142.

lysen genügen auch der Forderung nach Realitätsnähe, indem sie in unterschiedlich ausgeprägten Entscheidungssituationen eingesetzt und als rechnerisch optimierte Abbildung intuitiven Entscheidungsverhaltens bezeichnet werden können.

Die übrigen Verfahren sind grundsätzlich abzulehnen. Beim Korrekturverfahren werden durch pauschale Risikozuschläge bzw. Risikoabschläge negative Entwicklungen überbetont. Bei der Risikoanalyse wird eine Wahrscheinlichkeitsverteilung der Eingabewerte benötigt, die aber regelmäßig nicht angegeben werden kann. Den Anforderungen an Rationalität und Realitätsnähe wird nicht entsprochen.[187]

Werden Sensitivitätsanalysen um eine Benutzerführung ergänzt, innerhalb der auch qualitative Aspekte in die Entscheidungsfindung einfließen, entsteht ein Entscheidungsunterstützungssystem. Solche Systeme sind in Situationen anwendbar, die durch unvollständiges Wissen der Entscheidungsträger über verfügbare Handlungsalternativen, Unklarheit über Zielsetzungen und über Präferenzen bei mehrfachen Zielsetzungen, Unklarheit über Konsequenzen der bekannten Handlungsalternativen sowie Ungewißheit über relevante Entwicklungen der Umwelt gekennzeichnet sind. Ein Entscheidungsunterstützungssystem kann diese Merkmale, deren Ausprägung vom Entscheidungsträger individuell abhängig ist, und damit unterschiedliche Grade an Komplexität, berücksichtigen. Der methodische Kern eines Entscheidungsunterstützungssystems liegt in der viergeteilten Gliederung des Verfahrens. Die einzelnen Blöcke, an deren Ende der Entscheidungsträger jeweils eine Beurteilung abzugeben hat, sind iterativ solange zu durchlaufen, bis keine weitere Unterstützung für den Entscheidungsträger mehr erzielt werden kann:[188]

1. Block: Beschreibung der Entscheidungssituation, Abgrenzung der potentiellen Handlungsalternativen und Erläuterung der wichtigsten allgemeinen Merkmale der einzelnen Handlungsalternativen
2. Block: Wirtschaftlichkeitsvergleich für einen Ausgangsfall
3. Block: Analyse der finanziellen Auswirkungen bei Abweichungen vom Ausgangsfall (Sensitivitätsanalysen)
4. Block: Zusammenstellung der Einflußfaktoren, die nicht in den Wirtschaftlichkeitsvergleich einbezogen werden (qualitative Entscheidungskriterien)

Die wiederholte Beurteilung dient zur Bewältigung von Problemkomplexität und Ungewißheit. Das System formalisiert nicht den Beurteilungsvorgang an sich, sondern unterstützt den Prozeß der Urteilsfindung beim Entscheidungsträ-

---

187 Vgl. Kiso, D., Steuerplanung, 1997, S. 61-64; Scheffler, W., Altersversorgung, 1990, S. 21, Fn. 54; Schoppe, S.G., Kompendium, 1992, S. 569-593.

188 Vgl. Scheffler, W., Altersversorgung, 1990, S. 25-39; Scheffler, W., Grundsätze, 1992, S. 244-246.

ger. In welchem Umfang das Modell am Beurteilungsvorgang mitwirken kann, hängt von bestimmten Faktoren ab (siehe Abb. 6).

Beurteilungsvorgang im Modell	
empfehlenswert	nicht empfehlenswert
• je weniger Ungewißheit zu beachten ist • je weniger persönliche Wertvorstellungen des Entscheidungsträgers auf die Beurteilung der Handlungsalternativen einwirken	• je mehr Ungewißheit von Bedeutung ist • bei Vorliegen mehrfacher Zielsetzungen und Fehlen eines einwertigen Vorteilhaftigkeitskriteriums
Konsequenz	
Handlungsempfehlungen ableitbar	Beschränkung auf Informationsfunktion und Entscheidungsunterstützung

Abb. 6: Aufnahme des Beurteilungsvorgangs in ein Entscheidungsmodell[189]

Die Gewichtung des Wirtschaftlichkeitsvergleichs hängt davon ab, inwieweit sich die Auswirkungen der Handlungsalternativen quantitativ erfassen lassen. Der Umfang an Variationsrechnungen wird durch den Umfang des quantifizierbaren Einflusses der Umwelt auf die Handlungskonsequenzen bestimmt. Bei Vorliegen zahlreicher Handlungsalternativen oder Aufspaltung in zahlreiche vertragliche Gestaltungsmöglichkeiten sind diese zunächst zu gruppieren und einzelne Gruppen zur weiteren Analyse auszuwählen.[190]

Die bereits für Sensitivitätsanalysen festgestellte hohe Konformität mit den Anforderungskriterien für Konzepte zur Bewältigung von Ungewißheit wird durch das vorgestellte Verfahren (Entscheidungsunterstützungssystem) um einen Aspekt erweitert: Die wiederholte Beurteilung durch den Entscheidungsträger dient einem verbesserten Rationalitätsgrad, da auch qualitative Informationen einbezogen und individuelle Präferenzen berücksichtigt werden können. Ist zudem der Beurteilungsvorgang in das Modell gemäß den dargestellten Kriterien einzubeziehen, kann das Verfahren den Entscheidungsträger bis zu einer eindeutigen Rangordnung der Handlungsalternativen führen. Für die Beurteilung von Operationalität und Wirtschaftlichkeit des Verfahrens kann auf die Ausführungen zu Sensitivitätsanalysen verwiesen werden. Einschränkend ist für den Anwendungsbereich eines hier vorgestellten Entscheidungsunterstützungssystems festzustellen, daß der Entscheidungsträger mit einem System konfrontiert wird, in welches die Beschreibung der Entscheidungssituation, die Auswahl und Abgrenzung der Handlungsalternativen, deren Erläuterung sowie die qualitativen Entscheidungskriterien bereits vollständig implementiert sind. Der Modellentwickler selbst hat den Entscheidungsprozeß – unter Umständen mit

---

189 Vgl. Scheffler, W., Altersversorgung, 1990, S. 248-249; Scheffler, W., Grundsätze, 1992, S. 246.

190 Vgl. Scheffler, W., Altersversorgung, 1990, S. 251.

abweichenden Daten und einer anderen Einschätzung qualitativer Größen – bereits mehrfach durchlaufen; er hat die Entscheidungssituation weitgehend vorstrukturiert und diese Struktur in einem System, unter Umständen auf EDV-technischer Basis, fixiert. Fraglich ist, ob dieses Verfahren der Forderung nach Realitätsnähe, insbesondere nach Flexibilität, genügt, wenn nicht der Modellentwickler selbst zugleich die Funktion des Entscheidungsträgers innehat. Für das zu entwickelnde Modell ist ein Verfahren erforderlich, das auch bei originären bzw. innovativen Entscheidungen und nicht nur in vorstrukturierten, inhaltlich weitgehend determinierten Situationen zu einem „besseren" Ergebnis führt, d.h. zu einer Entscheidung, die einem höheren Grad an Rationalität genügt.

5. Fazit: Rückgriff auf Erkenntnisse der deskriptiven Entscheidungsforschung

Die bisherige Untersuchung hat gezeigt, daß bei der Ungewißheitsberücksichtigung auf einschränkende Prämissen zugunsten von Rationalität und Realitätsnähe der Entscheidungsunterstützung weitgehend zu verzichten ist. Soweit unsichere Informationen quantitativ greifbar sind, wurde gezeigt, daß Sensitivitätsanalysen ein geeignetes Mittel zur Analyse der Auswirkungen von Ungewißheit darstellen. Die Fixierung von qualitativen Merkmalen, Einfluß- und Ungewißheitsfaktoren erweist sich jedoch als problematisch, wenn diese Merkmale und Faktoren dem Modellentwickler nicht bereits aus eigener Erfahrung oder Kenntnis bekannt sind. Entscheidungssituationen, deren Struktur und Konsequenzen für den Modellentwickler neuartig sind, erfordern eine explizite Anleitung zum Aufspüren der relevanten Ungewißheit. Sensitivitätsanalysen stellen einen wesentlichen Bestandteil dieser Anleitung dar. Die deskriptive Entscheidungs- und Risikoforschung ergänzt diesen Kernbestandteil quantitativer Ungewißheitsberücksichtigung zu folgendem Maßnahmenpaket, das qualitativen Ungewißheitsaspekten Rechnung trägt:[191]

1. *Erkundung von Ungewißheit:* Der Entscheidungsträger hat durch Auseinandersetzung mit der verfügbaren Literatur, mit weiteren Fachexperten, mit dem Auftraggeber des (Steuer-) Gestaltungsprojektes sowie mit weiteren betroffenen Personen Ungewißheiten zu erkunden. Für diese Nachforschungen können iterative Schritte erforderlich sein. Der Umfang, bis zu dem die Vervollkommnung der Informationsbasis betrieben wird, ist abhängig von den Informationskosten. Der Zeitpunkt, bis zu dem weiterer Aufwand zur Informationsgewinnung sinnvoll ist, findet sich theoretisch dort, wo die marginalen Kosten zusätzlicher Information dem marginalen Ertrag aus der Informationsgewinnung entsprechen. Die Praktikabilität solcher Überlegungen ist aber aufgrund der schwierigen Quantifizierbarkeit des zuzuordnenden Ertrags

191 Vgl. Morgan, M.G./Henrion, M., Uncertainty, 1990, S. 37-42; Weber, M., Decision, 1987, S. 51-52.

als gering einzustufen, so daß der Umfang der Informationsgewinnung weitgehend subjektiv festzulegen ist.[192]

2. *Formulierung von Ungewißheit:* Die offengelegten Ungewißheiten über Zielvorstellungen, Präferenzen und Umweltbedingungen sind vom Entscheidungsträger explizit zu formulieren.
3. *Identifizierung von Annahmen:* Alle signifikanten Annahmen sind zu identifizieren. Zu den Annahmen gehören:
   - Die Grenzen und Auslassungen der Gestaltungsarbeit; insbesondere Vereinfachungen, die durch den Grad an Aggregation oder Detaillierung im Modell erfolgen.
   - Qualitative Faktoren mit Einfluß auf die quantitative Analyse, die dort ausgelassen oder nur ungenügend einbezogen werden.
   - Eingeflossene Werturteile.
4. *Offenlegung des Einflusses:* Der Einfluß der identifizierten Ungewißheiten und Annahmen auf das Modellergebnis ist offenzulegen.
5. *Verbesserung:* Die Ausarbeitung des Gestaltungsvorhabens ist iterativ zu verbessern. Im Verlauf der einzelnen Teilschritte sollte iterativ
   - eine Differenzierung der Aspekte erfolgen, die als wichtig erscheinen und bei denen ein größerer Detaillierungsgrad die Ergebnisse der Analyse verbessert;
   - eine Vereinfachung (Streichung) der Aspekte erfolgen, die in bezug auf die relevanten Fragen ohne Bedeutung sind.

   Ziel muß es sein, die Analyse so einfach und verständlich wie möglich zu gestalten. Ein linear strukturierter Ansatz für eine Ungewißheitsanalyse ist abzulehnen. Ein Wiederholen des aktuellen Schrittes bzw. Zurückgehen auf frühere Schritte erfolgt bei allen vorhergehenden Stufen. Eine gute Analyse beruht auf mehrfachen Iterationen auf den einzelnen Stufen.[193]
6. *Dokumentation:* Eine deutliche und vollständige Dokumentation ist erforderlich, damit zum einen der Gestalter selber den Fortgang seiner Arbeit beurteilen kann, zum anderen andere Personen leichter die Ergebnisse des Gestaltungsvorhabens verwenden, überprüfen oder verbessern können. Für eine effektive Dokumentation muß diese als Prozeß die Arbeit begleiten und ist nicht an das Ende zu schieben.
7. *Diskussion:* Die Ergebnisse der Ungewißheitsanalyse sind einer fachlichen Diskussion auszusetzen.

Das vorgestellte Maßnahmenpaket kann in einer Vielzahl von Entscheidungssituationen angewandt werden, so daß Flexibilität als Teilkriterium einer Realitätsnähe des Verfahrens gewährleistet ist. Die systematische Bewußtmachung von Ungewißheitsfaktoren fördert die Rationalität des Verfahrens auch im Be-

192 Vgl. Zieren, W., Unternehmungsrechtsformwahl, 1989, S. 62-63 m.w.N.
193 Vgl. Morgan, M.G./Henrion, M., Uncertainty, 1990, S. 40.

reich qualitativer Größen. Kritisch ist die Wirtschaftlichkeit des Verfahrens zu betrachten. Die Häufigkeit iterativer Verbesserungs- und Dokumentationsschritte muß subjektiv dem auf diese Weise erzielbaren Nutzen gegenübergestellt werden.

D. Phasenablauf des Modells gestaltungsorientierter Entscheidungsunterstützung

I. Überblick

Aufgrund der bisher vorgenommenen Überlegungen wird eine sachliche Differenzierung einzelner Schritte im Rahmen der gestaltungsorientierten Entscheidungsunterstützung wie folgt vorgenommen:[194]

1. Aufgabenanalyse: Klärung des Gestaltungsvorhabens
2. Systematisch-analytischer Suchprozeß: Rechtliche Analyse und Formulierung von Teilproblemen
3. Intuitiv-kreativer Suchprozeß: Ideenfindung und Ideenvorauswahl
4. Bewertung und Lösungsbestimmung: Entscheidungsphase

Die Aufgabenanalyse nimmt eine Beschreibung des Gestaltungsbereiches, insbesondere der Umweltsituation und der bekannten Handlungsalternativen (Ist-Zustand) sowie der Zielvorstellungen (Soll-Zustand), vor. Aus der Gegenüberstellung von Ist- und Soll-Zustand sind die relevanten Aufgabenstellungen abzuleiten. Dieser Schritt wird im folgenden als „Klärung des Gestaltungsvorhabens" (Phase 1) bezeichnet.

Die rechtliche Analyse und Formulierung von Teilproblemen (Phase 2) zeichnet sich durch eine systematisch-analytische Vorgehensweise aus. Sie abstrahiert vom konkreten Gestaltungsproblem, indem zunächst im Rahmen des Gestaltungsfalles mögliche Tatbestände festgestellt und deren Rechtsfolgen auf ergebnissensitive Abweichungen hin untersucht werden (Stufe 1). Auf Grundlage dieser Stufe können Gestaltungsspielräume dort aufgefunden werden, wo eine Subsumtion unter alternative rechtliche Tatbestände möglich ist (Erfassungsalternativen) und Sachverhalte dementsprechend variierbar sind. Die tatbestandlichen Erfassungsalternativen werden - noch unabhängig von der Interessenlage - nach ihrer Ergebnisrelevanz dargestellt.

Die sich anschließende Teilproblemformulierung (Stufe 2) kombiniert die ausgewählten tatbestandlichen Erfassungsalternativen mit den in der Phase der Aufgabenanalyse erarbeiteten Interessenlagen. Die Kombination führt zur Beurteilung von Alternativen und zur Formulierung der Teilprobleme, welche Tatbestände anzustreben bzw. zu vermeiden sind. Die Teilprobleme sind Ergebnisse eines Strukturierungsvorgangs; sie stellen zugleich Komponenten des Aus-

194 Siehe hierzu die Herleitung auf S. 43.

gangsproblems dar und unterscheiden sich von diesen Komponenten lediglich durch zunehmende Spezifizierung.[195]

Die Ideenfindung ist gekennzeichnet durch ein heuristisch-intuitives Vorgehen. Im Rahmen dieser Phase werden Gestaltungsmöglichkeiten konkretisiert, die entweder aus einem einzelnen oder aus der Kombination mehrerer Gestaltungsmittel bestehen. Je tiefgehender die Rechtsanalyse in der Phase 2 erfolgt ist, desto weniger komplex stellt sich die Ideenfindung dar. Der Erfolg der Rechtsanalyse bemißt sich an der Aufspaltung des Ausgangsproblems in Teilprobleme. Bei der theoretisch optimalen Aufspaltung in Teilprobleme ist anschließend nur noch der Einsatz von Gestaltungsmitteln festzulegen. Da der Einsatz kombinierter Gestaltungsmittel eine erhöhte Komplexität mit sich bringt, gelingt eine Komplexitätsreduktion um so besser, je mehr einzelne Gestaltungsmittel eingesetzt werden können, d.h. eine Kombination nicht erforderlich ist.

Ideenfindung und Ideenvorauswahl bilden die Phase 3 des Modells gestaltungsorientierter Entscheidungsunterstützung. Die Ideenfindungsphase kann auch als Inventionsphase bezeichnet werden. Hier werden Lösungen hervorgebracht, die erst durch Realisierung zur Innovation werden.[196] Die Ideenfindung wird durch eine Ideenvorauswahl ergänzt, um nur solche Gestaltungsalternativen weiterzubetrachten, von denen die Mindestzielanforderungen erfüllt werden. Da es sich noch nicht um die Phase der Entscheidungsfindung handelt differenziert die Vorauswahl nur anhand grober Maßstäbe.[197] Zur Vorlage entscheidungsfähiger Gestaltungsalternativen wird abschließend die Zusammenführung der teilproblembezogenen Gestaltungsvorschläge zu einer in sich konsistenten Handlungsalternative vorgenommen. Die Aufspaltung in Teilprobleme, die in der Phase 2 vorgenommen wurde, hat mit Abschluß der Phase 3 ihren Zweck erfüllt und wird mit einer Synthese von Handlungsalternativen abgeschlossen.

In der Entscheidungsphase sind die Handlungsmöglichkeiten - soweit notwendig - im Hinblick auf quantitative und qualitative Ziele zu beurteilen. Diese Phase modelliert die Auswahl zwischen gegebenen Alternativen, also den Entscheidungsprozeß im engeren Sinne. Die Auswahl hat unter Berücksichtigung bestehender Ungewißheit im Rahmen der Entscheidungssituation und der Präferenzen des Entscheidungsträgers zu erfolgen. Der Entscheidungsträger hat sich den Einfluß der Ungewißheit mittels einer weitreichenden Verbalisierung von Ungewißheitsaspekten bewußt zu machen. Die Entscheidungsphase (Phase 4) schließt das gestaltungsorientierte Entscheidungsunterstützungssystem ab.

---

195 Vgl. Kröner, M., Ertragsteuerrecht, 1986, S. 346-347; Rödder, T., Gestaltungssuche, 1991, S. 99-103; Witte, T., Planen, 1979, S. 41.

196 Vgl. Schlicksupp, H., Innovation, 1992, S. 18.

197 Vgl. Rödder, T., Gestaltungssuche, 1991, S. 103-107.

II. Phase 1: Klärung des Gestaltungsvorhabens

Zur Klärung des Gestaltungsvorhabens sind Ausgangs- und Interessenlage zu erarbeiten. Die Ermittlung von Ausgangs- und Interessenlage ist gleichbedeutend mit einer Ist-Soll-Feststellung.

Die Klärung der **Ausgangslage (Ist-Feststellung)** besteht aus zwei Komponenten: der Problembeschreibung sowie der Überprüfung, welche Gestaltungsmitteltypen einsetzbar sind. Die erste Komponente (Problembeschreibung) bezweckt das Verständnis der relevanten steuerlichen Situation der betroffenen Steuersubjekte und hat gleichermaßen „diagnostischen als auch prognostischen Charakter".[198] Diagnostiziert wird die gegenwärtige steuerliche Situation; prognostiziert wird deren Entwicklung, die sich ohne Vornahme von steuerlichen Gestaltungsmitteln voraussichtlich ergeben wird. Als maßgebende Umweltsituation stellt sich aus Perspektive des Modells gestaltungsorientierter Entscheidungsunterstützung im wesentlichen die relevante steuerliche Situation dar. Die Umweltsituation umfaßt daneben noch als weitere relevante Rechtsgebiete das Arbeits- und das Sozialversicherungsrecht.

Die zweite Komponente (Überprüfung einsetzbarer Gestaltungsmitteltypen) untersucht die Einsetzbarkeit der Gestaltungsmitteltypen in Abhängigkeit von der Ausgangssituation.

- Können ökonomische Sachverhalte, deren zivilrechtliche Ausgestaltung sowie die Ausübung steuerlicher Wahlrechte variiert werden, liegt der größtmögliche Gestaltungsspielraum vor.
- Liegen ökonomische Sachverhalte fest, aber sind deren zivilrechtliche Ausgestaltung sowie deren steuerliche Transformation noch beeinflußbar, kann die Sachverhaltsgestaltung i.e.S. nicht mehr eingesetzt werden. Es verbleiben die Gestaltung des Rechtskleids sowie die Nutzung von Wahlrechten und Spielräumen.
- Ist der Sachverhalt i.w.S., also die ökonomische Situation als auch deren Rechtskleid, bereits vorgegeben, verbleiben für Gestaltungszwecke nur noch die steuerliche Wahlrechtsausübung und die Nutzung von Spielräumen.

Zusammenfassend beantwortet die Ist-Feststellung die Fragen nach der gegenwärtigen ökonomischen und steuerlichen Lage, der voraussichtlichen Problementwicklung im Falle des Unterlassens von Gestaltungsmaßnahmen und der grundsätzlich offenstehenden Handlungsmöglichkeiten.[199]

Zur Klärung der **Interessenlage (Soll-Feststellung)** werden die Elemente des Zielplans herausgearbeitet. Die angestrebten Ziele sind zu formulieren, für jedes Ziel ist ein Zielniveau festzulegen und eine operationale Ergebnisdefinition zu formulieren. Mehrfache Zielsetzungen sind untereinander in ein Verhältnis zu setzen. Um eine Komplexität des Gestaltungsvorhabens zu vermeiden, die die

198 Rödder, T., Gestaltungssuche, 1991, S. 111.

199 Vgl. Rödder, T., Gestaltungssuche, 1991, S. 111-113.

Problemlösungsfähigkeit des Gestalters überfordert, ist eine Reduktion der Zielvielfalt auf Kernziele erforderlich. Zusammenfassend verfolgt die Klärung der Interessenlage die Suche nach einer möglichst differenzierten Zielbeschreibung.[200]

III. Phase 2: Rechtliche Analyse und Formulierung von Teilproblemen

Zur Aufspaltung des Gestaltungsproblems in Teilprobleme und zur Gewinnung von Teilproblemlösungsmöglichkeiten wird in folgenden Schritten vorgegangen, die im folgenden näher erläutert werden:

- Feststellung der relevanten Rechtsmaterie;
- Tatbestandsanalyse;
- Formulierung von Teilproblemen.

Für den Rechtsgestalter besteht die Aufgabe, sich sowohl mit dem Steuerrecht und der weiteren relevanten Rechtsmaterie als auch mit dem Prozeß der Transformation von Sachverhalten in Steuerschulden auseinanderzusetzen.

1. Feststellung der relevanten Rechtsmaterie

Alle für das Gesamtproblem relevanten Rechtsgebiete werden ermittelt. Die geltende Rechtslage bildet den Ausgangspunkt der weiteren Analyse. Zu erwartende Gesetzesänderungen, Tendenzen der Rechtsprechung und mögliche Entwicklungen der Rechtsordnung sind einzubeziehen.

Für die Abgrenzung der relevanten Rechtslage erweist sich eine hierarchische Vorgehensweise als sinnvoll. Dazu werden für jedes Fachgebiet (Steuerrecht, Arbeitsrecht, Sozialversicherungsrecht) die maßgebenden Teilgebiete isoliert. Für die internationale Steuerplanung repräsentiert sich die Rechtslage im wesentlichen durch die Normen des in- und ausländischen nationalen und internationalen Steuerrechts. Eine weitere hierarchische Untergliederung der Teilgebiete nach Problemzusammenhängen ist einer Strukturierung nach dem Gesetzesaufbau vorzuziehen. Dabei sind einander über-, neben- und untergeordnete Teilgebiete zu bilden. Die Strukturierung erfolgt vorläufig, da es im Verlauf des Gestaltungsprozesses erforderlich sein kann, die Rechtsabgrenzung zu modifizieren.[201]

Hinsichtlich des ausländischen Rechts kann die Hinzuziehung ausländischer Experten sinnvoll sein. In diesem Fall sollte der Steuergestalter das ausländische Recht im Rahmen einer Grobanalyse vorab selbst bearbeitet haben, um die externe Beurteilung besser in sein Gestaltungskonzept integrieren zu können.[202]

---

200 Vgl. Rödder, T., Gestaltungssuche, 1991, S. 113-117.

201 Vgl. Brauchlin, E., Entscheidungsmethodik, 1990, S. 89.

202 Vgl. Höhn, E., Steuerplanung, 1977, S. 180.

2. Tatbestandsanalyse

Die Tatbestandsanalyse wird als erste Stufe der Gestaltungssuche bezeichnet. Auf der ersten Stufe wird das Verhältnis von Tatbestand zu Rechtsfolgen in den Mittelpunkt gestellt. Zieladäquate Tatbestände werden isoliert und als Zwischenziele festgehalten. Im Hinblick auf diese Tatbestände kann die Interessenlage weiter konkretisiert werden.

Folgende Fragen sind zu beantworten:

- Wie können die relevanten Tatbestandsmerkmale gefunden werden?
- Wie können darauf aufbauend Teilprobleme formuliert werden?

Bei der Formulierung einzelner Tatbestandsmerkmale sind nicht nur der Gesetzestext, sondern auch die Rechtsprechung sowie Schreiben der Finanzverwaltung einzubeziehen. Die Detailfülle und der Komplexitätsgrad der Darstellung ist durch die begrenzte Komplexitätsverarbeitungsfähigkeit des Rechtsgestalters begrenzt. Der Suchraum ist daher systematisch um relevante Normen zu erweitern. Die Ausweitung der Komplexitätsverarbeitungsfähigkeit hat in einem iterativen Vorgehen zu erfolgen.

Für den Umfang der Tatbestandsauswahl sind grundsätzlich auch wirtschaftliche Gesichtspunkte entscheidend, da ein rationelles Vorgehen für eine praxisnahe Methode erforderlich ist.[203] Eine möglichst rasche Vorentscheidung ist abzulehnen, um das Auffinden bisher nicht bekannter Gestaltungen zu ermöglichen. Ein objektives Abbruchkriterium für eine weitere Verfeinerung der Tatbestandssuche kann aber nicht gegeben werden, da der optimale Analysegrad der Rechtsmaterie wie auch der optimale Abstraktionsgrad des Entscheidungsfeldes einer subjektiven Entscheidung unterliegen.[204] Die in jedem Fall unvollständige Tatbestandsauswahl ist jedoch nicht als Konstruktionsmangel, sondern vielmehr als Konstruktionsprinzip zu verstehen, das Entscheidbarkeit erst ermöglicht und vermeidet, zu „maximaler Verwirrung und vollständiger Entscheidungsunfähigkeit“[205] zu gelangen.

Die Auswahl der für Gestaltungszwecke heranzuziehenden Tatbestandsmerkmale erfolgt in Abhängigkeit davon, inwieweit einerseits zugrundeliegende Sachverhalte beeinflußbar, andererseits die Tatbestände wesentlich sind. Als wesentlich gilt ein Steuertatbestand dann, wenn an seine Verwirklichung bzw. Nicht-Verwirklichung Steuerwirkungen mit Unterschieden von erheblicher

---

203 Vgl. Höhn, E., Steuerplanung, 1977, S. 173-174.

204 Vgl. Bitz, M., Entscheidungstheorie, 1981, S. 18-20; Scheffler, W., Altersversorgung, 1990, S. 14-15. Rose hält die Entwicklung zunächst weniger Alternativen für sinnvoll, um frühzeitig einen Abgleich mit dem Anspruchsniveau vornehmen zu können, vgl. Rose, G., Steuerplanung, 1989, Sp. 1871. Da im Zuge des iterativen Vorgehens ein regelmäßiger Abgleich zwischen Anspruchsniveau und tatsächlicher Zielerreichung erfolgt und objektive Abbruchkriterien nicht ersichtlich sind, kann und muß dieses Problem der subjektiven Entscheidung des Modellanwenders überlassen bleiben.

205 Bretzke, W.-R., Problembezug, 1980, S. 107.

Relevanz anknüpfen. Auszusondern sind die Tatbestandsmerkmale, die entscheidungsneutral sind, also keinen relevanten Einfluß auf die Steuerbelastung haben.

Der Prozeß ist um so erfolgreicher, je mehr belastungsintensive Gegensätze in steuerlichen Tatbeständen offengelegt werden können. In den Vergleich einzubeziehen sind aber nicht nur die Steuerfolgen der Verwirklichung und Nicht-Verwirklichung eines Tatbestandes. Wichtig ist hier, tatbestandliche Alternativen zu gewinnen und vergleichend zu berücksichtigen.[206] Voraussetzung für eine erfolgreiche Tatbestandsanalyse ist die zutreffende Abgrenzung der relevanten Rechtsmaterie zu Beginn der zweiten Phase. Regelmäßig wird ein Rücksprung in den vorhergehenden Teilschritt erforderlich sein.

3. Teilproblemformulierung

Die Formulierung von Teilproblemen stellt die zweite Stufe der Gestaltungssuche dar. Die Teilproblemformulierung erfolgt auf der Tatbestandsebene; sie besteht darin, einerseits solche Tatbestandsmerkmale zu formulieren, die zur gewünschten steuerlichen Verbesserung führen, als auch solche Merkmale zu identifizieren, die nicht interessengerecht sind und vermieden werden müssen.[207]

Die Schwierigkeit dieses Schrittes hängt wesentlich von der Präzision der vorher geleisteten Analysearbeit ab. Je präziser die tatbestandliche Modellbildung ist und je genauer die Interessenlagen im Hinblick auf den einzelnen Tatbestand geklärt sind, desto besser gelingt die Teilproblemformulierung.[208]

Auf dieser Stufe sind Beziehungen zwischen den Teilproblemen nur eingeschränkt zu berücksichtigen, da der Aspekt der Komplexitätsreduktion und die Teilproblemlösung im Vordergrund stehen, aber noch nicht die Gesamtproblemlösung.[209]

IV. Phase 3: Ideenfindung und Ideenvorauswahl

Die vorhergehende Phase der rechtlichen Analyse und Formulierung von Teilproblemen ist durch ein logisch-systematisches Vorgehen bestimmt. Die entwickelten tatbestandlichen Interessenlagen sind Zwischenziele auf dem Weg zur Entwicklung von Gestaltungsmöglichkeiten.

---

206 Vgl. Rödder, T., Gestaltungssuche, 1991, S. 137-145. Wolf spricht in diesem Zusammenhang von einer „Komplexitätsexplosion", siehe Wolf, M.F., Probleme, 1991, S. 41-42.

207 Vgl. Höhn, E., Steuerplanung, 1977, S. 175.

208 Der Teilproblemformulierung entspricht von der Grundidee her die Transformation eines unzulänglich strukturierten Problems in ein möglichst gutstrukturiertes, lösbares Unterproblem, vgl. Adam, D., Planung, 1996; Adam, D./Witte, T., Merkmale, 1979, S. 385-386.

209 Vgl. Rödder, T., Gestaltungssuche, 1991, S. 146-149.

In der Phase der Ideenfindung sind Gestaltungsmittel, die sich in die Typen der Sachverhaltsgestaltung, der steuerlichen Wahlrechte und der steuerlichen Spielräume unterteilen, aufzufinden und zur Konstruktion konkreter Maßnahmen einzusetzen. Dies erfordert den Einsatz eigenen Wissens, heuristischer bzw. intuitiv-kreativer Techniken oder die Heranziehung fremden Expertenwissens, z.B. anhand von Fachliteratur.[210]

Die sich anschließende Phase der Ideenvorauswahl dient der Überprüfung sämtlicher Ideen auf Übereinstimmung mit der Interessenlage bzw. den Soll-Anforderungen. Im Unterschied zum Auswahlakt in der Entscheidungsphase findet hier nur eine Vorauswahl statt. Dazu werden gestaltungsmittelbezogene Kriterien und Verfahren zur Ideenvorauswahl vorgestellt.

(a) Ideenfindung auf Ebene der Sachverhaltsgestaltung

Bei der Sachverhaltsgestaltung sind tatbestandsbezogene Interessenlagen in konkrete Gestaltungsmittel zu transformieren. Dies kann anhand von Gestaltungen des ökonomischen Sachverhalts oder dessen zivilrechtlichen Rechtskleids geschehen. Da ein Tatbestand immer eine abstrakte Umschreibung darstellt, die theoretisch auf eine unendliche Zahl von Sachverhalten zutreffen kann, ist die Umkehrung der Sachverhalts-Tatbestands-Beziehung rational nicht möglich.[211]

Trotz des Fehlens einer rationalen Vorgehensweise kann jedoch auf Ideenfindungstechniken zurückgegriffen werden, die den Steuergestalter unterstützen und zur Effizienzsteigerung des Suchprozesses beitragen. Die Gedankenführung dieser Techniken beginnt stets an einer Sachverhaltsbeschreibung, die gedanklich solange modifiziert wird, bis in einer Modifikation die tatbestandliche Interessenlage besser als in der Ausgangslage erreicht ist. Über die Ideenfindungstechniken hinaus gehen intuitiv-kreative Techniken, die unter Zuhilfenahme von Gruppenprozessen ablaufen.[212]

Die Gestaltungspraxis zeigt, daß Kreativität und gestalterische Phantasie des Steuergestalters trotz methodischer Hilfestellung unverzichtbar bleiben. Zudem ist die erforderliche Wirtschaftlichkeit des Gestaltungsprozesses zu berücksichtigen, so daß auch die Übernahme fremden Gestaltungswissens ein unverzichtbarer Bestandteil der steuerlichen Gestaltungssuche ist.[213]

(b) Ideenfindung auf Ebene von Wahlrechten und Spielräumen

Wahlrechte im Bereich der Prämissen sind von Wahlrechten im Bereich der Subsumtion zu unterscheiden. Wahlrechte im Bereich der Prämissen knüpfen an einen unveränderten Tatbestand alternativ wählbare Rechtsfolgen an. Bei Wahl-

---

210 Vgl. Höhn, E., Steuerplanung, 1977, S. 171.

211 Vgl. S. 51.

212 Siehe Kap. „Heuristische Techniken", S. 52.

213 Zur Bedeutung der Einbeziehung praktischen Erfahrungswissens siehe Jacobs, O.H., Expertensystem, 1990, S. 231-232. Vgl. auch Rödder, T., Gestaltungssuche, 1991, S. 208-210.

rechten im Bereich der Subsumtion resultieren unterschiedliche Rechtsfolgen aus der Verwirklichung alternativer Tatbestände.

Eine Ideenfindung bei Wahlrechten ist nur selten erforderlich, meistens können in der Literatur Hinweise zu Wahlrechten und deren vorteilhafter Ausübung gefunden werden. Steuerliche Spielräume hingegen erfordern eine detaillierte Ideenfindung. Spielräume lassen sich regelmäßig dort auffinden, wo besonders „weiche" Tatbestandsmerkmale verwendet sind.[214]

(c) Kriterien der Ideenvorauswahl

In der Phase der rechtlichen Analyse wurden zum Zweck der Komplexitätsreduktion bei steuerrechtlichen Normen nur Höhe und Zeitpunkt der Steuerbelastung als Kriterien verwendet. Zur Ideenvorauswahl werden nun die übrigen Eigenschaften steuerlicher Gestaltungsmittel als Kriterien einbezogen: Autonomiegrad, Sicherheitsgrad und Flexibilitätsgrad.[215]

Die Vorauswahl dient auch einer kritischen Überprüfung des Gestaltungsmitteleinsatzes daraufhin, unrealistische Gestaltungen, die bei dem noch vorliegenden hohen Abstraktionsgrad vorteilhaft erscheinen, tatsächlich aber praktisch nicht realisierbar sind oder deren Realisierung mit zu hohen Kosten verbunden ist, auszuscheiden.[216]

V. Phase 4: Entscheidungsphase

Die gestaltungsorientierte Entscheidungsunterstützung schließt in Ergänzung zur steuerlichen Sachverhaltsplanung eine Entscheidungsfindung ein.[217] Zur Bewertung quantitativer Einflußgrößen werden Sensitivitätsanalysen eingesetzt, soweit dies nicht schon in vorhergehenden Schritten bei der Beurteilung der Vorteilhaftigkeit von Tatbestandsalternativen erfolgt ist.[218] Die qualitativen Einflußfaktoren sind mittels einer Ungewißheitsanalyse zu berücksichtigen. Einzubeziehen ist die Ungewißheit hinsichtlich der Präferenzordnung des Entscheidungsträgers, der relevanten Zielsetzungen, der künftigen relevanten Umweltausprägungen und der Konsequenzen der Handlungsalternativen.

E. Zusammenfassende Darstellung des Modells gestaltungsorientierter Entscheidungsunterstützung

Auf die Basis des Grundmodells der Entscheidungstheorie wurden Methoden der Phaseneinteilung, der Sachverhaltsplanung, der Kreativitätstechniken

---

214 Vgl. Rödder, T., Gestaltungssuche, 1991, S. 175-177.

215 Vgl. Kap. „Steuerliche Gestaltungsmittel", S. 48.

216 Vgl. Höhn, E., Steuerplanung, 1977, S. 179; Rödder, T., Gestaltungssuche, 1991, S. 191-197.

217 Vgl. Höhn, E., Steuerplanung, 1977, S. 171, der die Bedeutung der entscheidungstheoretischen Grundprinzipien als Basis einer Problemlösungstechnik für Juristen hervorhebt.

218 Vgl. Kiso, D., Steuerplanung, 1997, S. 60.

(Heuristiken), quantitative Methoden sowie Methoden der Ungewißheitsberücksichtigung eingesetzt. Die Integration der Erweiterungen führte zum Modell gestaltungsorientierter Entscheidungsunterstützung. Das Vorgehen wird grafisch veranschaulicht (Abb. 7).

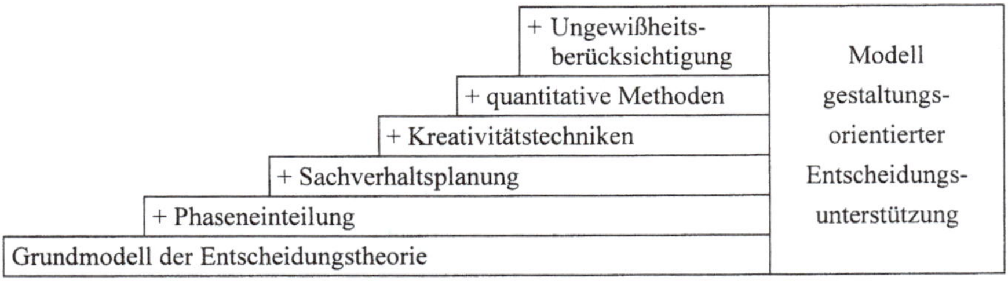

Abb. 7: Konstruktion des Modells gestaltungsorientierter Entscheidungsunterstützung

Der Prozeß der rechtlichen Gestaltungssuche ist im Überblick in Abb. 8 dargestellt; das Vorgehen ist auf alle gestaltungsfähigen Rechtsgebiete, wie z.B. Steuerrecht, Arbeits- und Sozialversicherungsrecht, in gleicher Weise anzuwenden.[219]Im Rahmen der methodenbezogenen Überlegungen wurde die Notwendigkeit aufgezeigt, das entscheidungstheoretische Grundmodell zu erweitern, um für Entscheidungssituationen im Bereich des Steuerrechts und weiterer gestaltungsfähiger Rechtsgebiete, die durch ein Fehlen von zieladäquaten Handlungsalternativen gekennzeichnet sind, eine Unterstützung bieten zu können. Erst indem das Zustandekommen des Entscheidungsfeldes in den Modellansatz einbezogen wird, kann die Methodik eine Anleitung zu praxisnaher Gestaltungs- und Entscheidungsunterstützung sein.

Um einen hinreichenden Anwendungsbezug zu gewährleisten, bezieht der Gestaltungsansatz Elemente der deskriptiven Entscheidungstheorie ein. Dabei kann nicht ausgeschlossen werden, daß deren subjektiver Charakter zu theoretisch nicht gesicherten Allgemeinaussagen führt. Auf der anderen Seite ist zu berücksichtigen, daß erst ein Methodenpluralismus zu Forschungsansätzen führt, die neuartige Ergebnisse herbeiführen können. Neben dem Einbezug der Konstruktion des Entscheidungsfeldes führt daher die Hinzufügung von ausgewählten Elementen der deskriptiven Entscheidungstheorie in das Grundmodell zur Konstruktion eines Modells gestaltungsorientierter Entscheidungsunterstützung. Die Leistungsfähigkeit des Modells wird im folgenden an einem Gestaltungsvorhaben zur betrieblichen Altersversorgung bei einer Personalentsendung ins Ausland untersucht. Die Realisierung des Gestaltungsvorhabens orientiert sich eng an der Schrittfolge des Modells gestaltungsorientierter Entscheidungsunterstützung (Abb. 8).

---

219 Vgl. die schematischen Darstellungen bei Rödder, T., Gestaltungssuche, 1991, S. 207; Schiffers, J., Steuerberatung, 1997, S. 43.

1. Aufgabenanalyse: Klärung des Gestaltungsvorhabens
1.1 Klärung der Ausgangslage (Ist-Feststellung): Beschreibung und Prognose der steuerlichen Situation und weiterer gestaltungsfähiger Rechtsgebiete
1.2 Klärung der Interessenlage (Soll-Feststellung): Zielformulierung und Zielniveaufestlegung
2. Rechtliche Analyse und Formulierung von Teilproblemen
2.1 Feststellung der relevanten Rechtsmaterie
2.2 Tatbestandsanalyse (1. Stufe)
2.2.1 Formulierung von Tatbestandsmerkmalen
2.2.2 Klärung der Beziehungen der Tatbestandsmerkmale
2.2.3 Auswahl aus Tatbestandsmerkmalen (noch unabhängig von der Interessenlage), Suche nach belastungsintensiven Gegensätzen
2.3 Teilproblemformulierung (2. Stufe)
2.3.1 Abgrenzung von Teilproblemen anhand rechtserheblicher Sachverhalte
2.3.2 Gewinnung von tatbestandlichen Erfassungsalternativen
2.3.3 Auswahl von Tatbestandsmerkmalen, die im Hinblick auf die Interessenlage erstrebenswert sind, als Zwischenziele für die Teilproblemlösung
3. Ideenfindung und Ideenvorauswahl
3.1 Auffinden von Gestaltungen des Sachverhalts, des Rechtskleids, der Wahlrechte und Spielräume zur Lösung der Teilprobleme mittels Kreativitätstechniken oder Rückgriff auf fremdes Gestaltungswissen
3.2 Vorauswahl aus den teilproblembezogenen Gestaltungen anhand der Interessenlage
3.3 Zusammenführung der Teillösungen zu einer Handlungsalternative für das konkrete Gestaltungsproblem
4. Entscheidungsphase
4.1 Bewertung der Handlungsalternativen unter Berücksichtigung von Ungewißheit und unklaren Präferenzen
4.1.1 im Hinblick auf quantifizierbare Ziele
4.1.2 im Hinblick auf nicht quantifizierbare Ziele
4.2 Gesamtbeurteilung und Auswahl

Abb. 8: Schrittfolge des Modells gestaltungsorientierter Entscheidungsunterstützung

3. Teil: Einsatz des Modells gestaltungsorientierter Entscheidungsunterstützung am Beispiel betrieblicher Altersversorgung bei internationalem Mitarbeitereinsatz

A. Phase 1: Klärung des Gestaltungsvorhabens

Zur Exemplifikation des Modells gestaltungsorientierter Entscheidungsunterstützung wird eine fiktive Problemstellung vorgegeben. Im weiteren Verlauf der ersten Phase des Modells werden die Ausgangslage (Kap. I) und die Interessenlage (Kap. II) präzisiert.

I. Klärung der Ausgangslage

1. Modellfall und Gestaltungsvorhaben

Ein Mitarbeiter eines in Deutschland ansässigen Unternehmens soll für eine bestimmte Zeit in Großbritannien tätig werden. Der Mitarbeiter hat im Wege einer direkten Pensionszusage bereits Ansprüche auf eine betriebliche Altersrente erdient. Die betriebliche Altersversorgung soll auch während der Zeit der Auslandstätigkeit fortgeführt werden. Der Mitarbeiter äußert ein Interesse an einer für ihn vorteilhaften Gestaltung; die Art der Durchführung des Versorgungsversprechens ist für ihn weniger wichtig. In seinem Interesse liegt auch die fortdauernde Mitgliedschaft in der deutschen gesetzlichen Rentenversicherung.[220]

Offen ist bei dieser zunächst groben Fallbeschreibung, für welche Zeit, zu welchem Zweck und auf welcher vertraglichen Basis der Mitarbeiter aktiv wird. Hinsichtlich der Dauer der Auslandstätigkeit besteht noch Planungsunsicherheit; es kann von einem Zeitraum zwischen zwei und fünf Jahren ausgegangen werden. Die Tätigkeiten sollen sowohl Kontrollfunktionen als auch Beratungsleistungen umfassen. Das entsendende Unternehmen, in dessen Auftrag das Gestaltungsvorhaben erfolgt, betont, daß eine weitere Konkretisierung des Zwecks und der vertraglichen Basis unter Einbezug steuer-, arbeits- und sozialversicherungsrechtlicher Überlegungen erfolgen soll.

Das entsendende Unternehmen ist eine Kapitalgesellschaft, die in Deutschland ansässig ist und neben weltweiten Niederlassungen und Tochterkapitalgesellschaften auch über Tochterkapitalgesellschaften in Großbritannien verfügt. Die Tätigkeiten des Unternehmens erstrecken sich über verschiedene Branchen. Die für den Aufenthalt der Führungskraft vorgesehene britische Tochterkapitalgesellschaft ist für den Vertrieb auf den Gebieten der Kommunikations- und Informationstechnik tätig. Die Beteiligung umfaßt 100 % am Stammkapital. Die Tochtergesellschaft schüttet den auf die Mutter entfallenden Gewinn vollstän-

220 Die übrigen Zweige der gesetzlichen Sozialversicherung (Kranken-, Pflege-, Arbeitslosen- und Unfallversicherung) bleiben bei der Exemplifikation des Modells unberücksichtigt, da sie kein zusätzliches Gestaltungspotential beinhalten.

dig aus. Die Geschäftsführung der Mutterkapitalgesellschaft verfolgt eine Gewinnthesaurierungspolitik.

Der Mitarbeiter bezieht ein Brutto-Jahresgehalt von 100.000 DM und hat eine endgehaltsabhängige Direktzusage auf Versorgungsleistungen erhalten. Der Mitarbeiter ist 40 Jahre alt, ledig und ohne Kinder. Er gehört dem Betrieb seit Vollendung des 29. Lebensjahres an; die Pensionszusage wurde mit Vollendung seines 32. Lebensjahres erteilt.

Noch offen ist, ob der Mitarbeiter

- nach dem Auslandseinsatz an seinen deutschen Arbeitsplatz zurückkehrt;
- später gegebenenfalls einen weiteren Auslandseinsatz antritt; und
- aufgrund persönlicher Präferenzen in Erwägung zieht, in Großbritannien seinen Ruhestand zu verbringen.

Aus Sicht des Unternehmens ist die Entsendungsgestaltung individuell vorzunehmen. Es liegen weder Erfahrungen aus anderen Personalentsendungen nach Großbritannien noch konzernweite Entsenderichtlinien vor. Sobald der Mitarbeiter ca. sechs Monate erfolgreich bei der Tochtergesellschaft tätig gewesen ist, wird geplant, zwei weitere Mitarbeiter in dieses Unternehmen zu entsenden.

Dem Unternehmen ist bekannt, daß die unzureichende Berücksichtigung steuerlicher Probleme bei der Vergütung und der Versorgung des Mitarbeiters zu vermeidbaren Schwierigkeiten bei einer Personalentsendung führen kann. Nachträgliche Steuermehrbelastungen, die auf irreversiblen steuererheblichen Vorgängen beruhen und z.B. beim Arbeitnehmer im Zeitpunkt der steuerlichen Veranlagung oder in der Ruhestandsphase bzw. beim Arbeitgeber im Zeitpunkt einer Betriebsprüfung entstehen, sollen vermieden werden. Für die Vertragsgestaltung ist daher zu klären, wie die gesetzliche und betriebliche Altersversorgung des Mitarbeiters zur Zufriedenheit beider Beteiligten geregelt werden kann.[221]

2. Bekannte Gestaltungsmaßnahmen

Das Unternehmen informiert sich aus der Fachliteratur über entsendungsbedingte Probleme und Strategien anderer multinational tätiger Unternehmen. In diesen Quellen wird die soziale Sicherheit als wichtiges Problem bei internationalem Personaleinsatz bezeichnet. Hinsichtlich betrieblicher Versorgungssysteme wird grundsätzlich die Fortführung der Mitgliedschaft im Betriebsrentensystem des Heimatstaates angestrebt. Ausnahmen bestehen nur bei Arbeitnehmern, die keine feste Bindung an ein bestimmtes Stammhaus besitzen oder voraussichtlich häufiger den Tätigkeitsstaat wechseln werden. Als prinzipielle Handlungsalternativen bestehen die Weiterführung der bestehenden Anwartschaft im Inland (d.h. die weitere regelmäßige Dotierung mit Beiträgen), die Aufrechterhaltung der bestehenden Anwartschaft im Inland ohne weitere Dotierung mit Beiträgen bei Eingliederung in das betriebliche Versorgungssystem des aus-

221 Vgl. Sandison, F.G., Retirement, 1997, S. 40-43; Schanz, T., Expatriates, 1995, S. 22.

ländischen Tätigkeitsstaates sowie die Übertragung einer unverfallbaren Versorgungsanwartschaft (ohne befreiende Wirkung) bzw. einer verfallbaren Versorgungsanwartschaft in das ausländische Betriebsrentensystem.[222]

Die Entsendung kann arbeitsvertraglich als Abordnung bzw. Delegation unter Beibehaltung des bestehenden Arbeitsvertrages, als befristete Versetzung unter Abschluß eines zusätzlichen Arbeitsvertrages mit dem ausländischen Gastunternehmen und Vereinbarung eines Ruhensvertrages mit dem entsendenden Unternehmen sowie als unbefristete Versetzung unter völliger Auflösung der vertraglichen Bindungen an das entsendende Unternehmen erfolgen.

Rechtsbereich	**Handlungsalternativen**
Mitgliedschaft im Betriebsrentensystem	• Weiterführung der bestehenden Anwartschaft im Inland • Aufrechterhaltung der bestehenden Anwartschaft im Inland ohne weitere Dotierung mit Beiträgen bei Eingliederung in das betriebliche Versorgungssystem des ausländischen Tätigkeitsstaates • Übertragung einer Versorgungsanwartschaft in das ausländische Betriebsrentensystem
Arbeitsvertragliche Beziehung zum entsendenden Unternehmen	• Abordnung bzw. Delegation unter Beibehaltung des bestehenden Arbeitsvertrages • befristete Versetzung unter Abschluß eines zusätzlichen Arbeitsvertrages mit dem ausländischen Gastunternehmen und Vereinbarung eines Ruhensvertrages mit dem entsendenden Unternehmen • unbefristete Versetzung unter völliger Auflösung der vertraglichen Bindungen an das entsendende Unternehmen
Sozialversicherungsrechtliche Alternativen	• Verbleib im heimatlichen Sozialversicherungssystem • Wechsel in das Sozialversicherungssystem des Tätigkeitsstaates

Abb. 9: Prinzipielle Handlungsalternativen

Die Mehrzahl der in einer Umfrage befragten Unternehmen verfolgt hinsichtlich der staatlichen bzw. gesetzlichen sozialen Sicherung die Strategie, daß der Arbeitnehmer im Sozialsystem des Heimatstaates verbleibt.[223] Ein Verbleib in der deutschen gesetzlichen Rentenversicherung kann bei befristeten Entsendungen auf Antrag grundsätzlich erreicht werden. Die übrigen Unternehmen streben einen vorübergehenden Wechsel ins Sozialsystem des Gastlandes an oder verfolgen eine gemischte Strategie. Maßgebend hierfür sind die Kosten, die vom System gewährten Leistungen sowie die Vorteile eines kontinuierlichen Verbleibs in einem Sozialsystem, der aufgrund der zeit- und beitragsabhängigen

222 Vgl. Richter, G./Schanz, T., Personalentsendungen, 1994, S. 399-401.

223 Vgl. Bedee, H. u.a. (Hrsg.), Guide, 1995, S. 5-6; Coopers & Lybrand, Survey, 1994, hier S. 20.

Leistungsberechnung von erheblicher Bedeutung ist. Ein wichtiger Aspekt ist auch die problemlose Wiedereingliederung in das inländische Sozialsystem.

Eine Überprüfung auf die einsetzbaren Gestaltungsmitteltypen führt zum Ergebnis, daß sowohl die ökonomische Situation, die zivilrechtliche Ausgestaltung als auch deren steuerliche Transformation gestaltbar sind. Als gestaltbare ökonomische Situation gilt die Mitgliedschaft im in- oder ausländischen Betriebsrentensystem. Die rechtliche Ausgestaltung erfolgt durch arbeitsvertragliche und sozialversicherungsrechtliche Regelungen. Eine Gestaltbarkeit im Rahmen der steuerlichen Transformation des ökonomischen Sachverhalts kann bei der Verrechnungspreisbestimmung erwartet werden. Es liegt damit ein umfangreicher Gestaltungsspielraum vor.

II. Klärung der Interessenlage (Zielplan und Zielbeziehungen des Entscheidungsträgers)

Bei Planung einer Entsendung ist rechtzeitig vor Antritt des Auslandsaufenthaltes neben der Ausgangslage auch die Interessenlage der Beteiligten zu klären. Dieses Kapitel untersucht die Zielsetzungen und die Präferenzen, auch soweit mehrfache Zielsetzungen vorliegen.

1. Ziele

Von den Beteiligten einer Entsendung werden im Zusammenhang mit den steuerlichen Konsequenzen, der betrieblichen Altersversorgung sowie der sozialen Absicherung des Mitarbeiters die im folgenden aufgezeigten Interessenlagen verfolgt. Die Interessenlagen sind nach Beteiligten und Zielbereich hierarchisch geordnet. Bei der Zielformulierung werden die Anforderungen nach Vollständigkeit und Einfachheit (Relevanz), Vermeidung von Widersprüchen (Konsistenz) und Stabilität berücksichtigt. Stabilität wird nicht im Sinne fixierter Einzelziele, sondern als Ergebnis einer iterativen Zielplanung verstanden.[224]

a) Interessenlage des Arbeitgebers

- Personalwirtschaftliche Arbeitgeberinteressen

Zur Förderung der Motivation des Arbeitnehmers, eine Tätigkeit im Ausland aufzunehmen, verfolgt der Arbeitgeber das Ziel, den Umfang sozialer Leistungen während der Entsendung zumindest aufrechtzuerhalten und in der langfristigen sozialen Absicherung des Mitarbeiters Einschnitte zu vermeiden. Bei der betrieblichen Altersversorgung und der Rentenversicherung soll die Entsendung nicht dazu führen, daß das spätere Leistungsniveau entsendungsbedingt sinkt.[225] Eine Anreizwirkung kann durch eine entsendungsbedingte Erhöhung des Leistungsniveaus erzielt werden.

---

224 Siehe Kap. „Anforderungen an die Zielformulierung", S. 55.

225 In diesem Zusammenhang sind auch die Kranken-, Pflege- und Arbeitslosenversicherung von Bedeutung, die im Kontext dieser Arbeit jedoch nicht vertieft werden

Neben der Motivations- und Anreizwirkung stehen die Personalkosten einer Auslandsentsendung im Mittelpunkt des Arbeitgeberinteresses. Da Entsendungskosten in der Praxis ein Mehrfaches des inländischen Jahresbruttogehaltes betragen können,[226] wird eine Begrenzung angestrebt, die den gesamten finanziellen Aufwand umfaßt, der sich zusammensetzt aus dem Grundlohn mit Aufschlägen, den Sachleistungen, dem Aufwand für die gesetzliche und betriebliche soziale Absicherung sowie unter Umständen dem Aufwand für eine Steuergleichstellung des Arbeitnehmers. Pauschale Garantien des Arbeitgebers, alle Nachteile auszugleichen, die hinsichtlich der Besteuerung sowie der gesetzlichen und betrieblichen Absicherung während des Auslandsaufenthaltes entstehen, sollen aufgrund nicht vorhersehbarer Kosten vermieden werden.

Die Festlegung des Vergütungsniveaus bei Personalentsendungen muß auch unter Berücksichtigung des im Ausland üblichen Niveaus erfolgen und stellt den Arbeitgeber somit vor ein Zielproblem: Einerseits gilt es, den einzelnen Mitarbeiter durch angemessene Gehaltsaufschläge zum Auslandsaufenthalt zu ermutigen, andererseits führt eine ungleiche Entlohnung von im Tätigkeitsstaat ansässigen nationalen Mitarbeitern und entsandtem Arbeitnehmer zu Motivationskonflikten im aufnehmenden Unternehmen.[227]

Mit der Anzahl der Entsendungen entsteht die Notwendigkeit, Einzelfallregelungen zu vermeiden und ein unternehmensweit oder konzernweit einheitliches Vorgehen festzulegen.[228]

- Steuerliche Arbeitgeberinteressen

Der Arbeitgeber ist an einer Ausnutzung des internationalen Steuergefälles zwischen Heimat- und Gastland und der Vermeidung internationaler Doppelbesteuerungen interessiert. Sein Interesse geht dahin, durch die Entsendung eine Zuordnung von Betriebsausgaben in den Staat mit dem höheren Steuerniveau vorzunehmen. Werden mehrere Steuerarten nebeneinander erhoben, ist auf die effektive Belastung abzustellen. Daneben ist die Ausschöpfung von Qualifikationskonflikten von Interesse.[229] Bei Entsendung zu einer Tochterkapitalgesell-

226 Vgl. Eicker, A., Expatriates, 1997, S. K2.

227 Siehe z.B. Ackermann, K.-F./Pohl, G., Entlohnung, 1989, Sp. 379-391; Foote, M., Compensation, 1977, S. 123-132; Friedman, B./Overstall, O., Cost Management, 1996, S. 8-14; Frost, D. u.a., Taxation, 1992, S. 18-23; Gregson, K.J., Remunerating, 1996, S. 20-28; Latta, G.W., Compensation, 1995, S. 45-49; Mayrhofer, W., Entgeltfindung, 1996, Sp. 353-372; Richter, G./Schanz, T., Personalentsendungen, 1994, S. 397; Scotoni, H.-H., Personalversicherungsbereich, 1992, S. 536-553; William M. Mercer Limited/CBI Employee Relocation Council, Remuneration, 1994; Williams, G./Rowley, T.A., Strategy, 1991, S. 2-7; Wirth, E., Vergütung, 1996, Sp. 373-398.

228 Zu Koordination und Kontrolle von Versorgungsmaßnahmen bei ausländischen Tochtergesellschaften siehe Becher, G., Finanzierung, 1996, S. 14; Fürer, B., Koordination, 1980.

229 Vgl. Herzig, N., Globalisierung, 1998, S. 289. Siehe auch Fischer, L./Warneke, P., International, 1998, S. 221.

schaft interessiert den Arbeitgeber, inwieweit eine betriebliche Veranlassung bei der Mutter- oder Tochtergesellschaft begründet werden kann.

Die unbeabsichtigte Begründung einer ausländischen Betriebsstätte durch die Tätigkeit des Arbeitnehmers ist zu vermeiden.[230]

Für die steuerliche Gestaltung wird eine rechtlich zulässige Durchführung angestrebt (steuerliches Legalitätsstreben).[231] Der Arbeitgeber will einer möglichen Betriebsprüfung im Inland wie im Ausland in der Gewißheit entgegensehen können, daß alle vorgenommenen Maßnahmen sich auf der Basis von Gesetzgebung, Rechtsprechung sowie Auffassungen von Finanzverwaltung und einschlägiger Fachliteratur begründen lassen (steuerliches Risikovermeidungsstreben). Verdeckte Gewinnausschüttungen, verdeckte Einlagen sowie Steuerstrafen im Ausland, die von erheblichem Umfang sein können, sollen vermieden werden. Potentielle steuerliche Probleme sollen vor der Entsendung geklärt werden, um vermeidbaren Steuermehrbelastungen des Arbeitnehmers bzw. des Arbeitgebers zu entgehen.[232]

Beratungs- und verwaltungsintensive Gestaltungen sollen nur dann realisiert werden, wenn in der Summe ein wirtschaftlicher Vorteil für das Unternehmen verbleibt.[233]

b) Interessenlage des Arbeitnehmers

- *Allgemeine Arbeitnehmerinteressen*

Die Hauptinteressen des Arbeitnehmers liegen regelmäßig nicht in den steuerlichen Konsequenzen der Entsendung. Andere Motive, wie z.B. Fragen des Karrierefortschritts, der Integration im Ausland, der Reintegration, des Arbeitsverhältnisses des Ehegatten und der Schulangebote für die Kinder stehen im Vordergrund.[234] Finanzielle Leistungen des Arbeitgebers sind dennoch von erheblicher Bedeutung, da auf diese Weise ein Ausgleich für die Nachteile einer Entsendung geschaffen und ein Anreiz zur Durchführung der Maßnahme geboten wird.

- *Steuerliche Interessen des Arbeitnehmers*

Der Arbeitnehmer ist an den steuerlichen Konsequenzen der Entsendung für die Gehaltszahlung als auch für seine sonstige steuerliche Situation interessiert. Nur bei einer diesbezüglich zufriedenstellenden Gestaltung wird er zu einem Auslandsaufenthalt bereit sein. Seine Forderung ist es, keine steuerliche Mehrbela-

---

230 Vgl. Zehetmair, M., Steuerfragen, 1998, S. 263-264. Siehe hierzu Kap. „Vermeidung einer Betriebsstättenbegründung“, S. 194.

231 Siehe Kap. „Steuerliches Zielsystem“, S. 57.

232 Vgl. Frost, D. u.a., Taxation, 1992, S. 20; Scheffler, W., Management-Berater, 1991, S. 129. Siehe auch Eicker, A., Expatriates, 1997, S. K2.

233 Vgl. Herrmann, R., Aufwandserstattung, 1995, S. 124.

234 Vgl. Fajen, H.-G., Steuerfragen, 1995, S. 470 mit Hinweis auf Handelsblatt vom 17.08.1994, S. K 1; Zehetmair, M., Steuerfragen, 1998, S. 258.

stungen aufgrund der Entsendung zu tragen. Der Arbeitnehmer erwartet, daß eine im Vergleich zum Heimatstaat höhere Steuerbelastung vom Arbeitgeber mittels einer entsprechenden Gehaltserhöhung ausgeglichen wird. Steuerliche Vorteile aus einer günstigeren Besteuerung im Ausland will er dagegen für sich behalten.[235]

- *Sozialversicherungsinteressen*

Bezüglich einer Entsendung legt der Arbeitnehmer verstärkt Wert auf seine soziale Absicherung, weil ein Auslandsaufenthalt allein keine Karrieregarantie mehr ist.[236] Bezüglich seines Sozialversicherungsverhältnisses ist er nicht in erster Linie an einer Einsparung von Beiträgen interessiert. Da die gesetzliche Rentenversicherung regelmäßig nur bei langjähriger und ununterbrochener Beitragszahlung eine angemessene Leistung bereitstellt, wird ein Fortbestand der Mitgliedschaft präferiert. Das Ziel kann allerdings in einer Unterbrechung der Mitgliedschaft bestehen, wenn für die zu zahlenden Beiträge nur eine geringe Rendite zu erwarten ist und die vorübergehende Mitgliedschaft im ausländischen Sozialversicherungssystem zu besseren Leistungen führt. Der Eintritt in ein ausländisches Rentenversicherungssystem ist aus Sicht des Arbeitnehmers zu vermeiden, wenn hieraus nur ein geringer oder kein Rentenanspruch aufgrund von Mindestbeitragszeiten erwartet werden kann.[237]

- *Interessen hinsichtlich betrieblicher Altersversorgung*

Grundsätzliches Ziel des Arbeitnehmers ist es, die bestehende Anwartschaft auf eine betriebliche Altersversorgung zu sichern und zu erweitern. Die Anwartschaft soll aus Sicht des Arbeitnehmers aufgrund der Entsendung nicht in der Weise beeinträchtigt werden, daß die Unverfallbarkeit von im Inland erworbenen Ansprüchen nicht eintritt oder die Insolvenzsicherung von Ansprüchen, die bereits erworben sind oder während der Entsendung erworben werden, verloren geht.[238] An die Fortführung der Versorgungszusage wird der Mitarbeiter folgende Erwartungen stellen:

- kein steuerlicher Zufluß in der Anwartschaftsphase,
- angemessene Rentabilität,
- planmäßiger Eintritt der Unverfallbarkeit erworbener Ansprüche,

---

235 Vgl. Eicker, A., Expatriates, 1997, S. K2.

236 Vgl. Gable, A., Auslandsentsendungen, 1980, S. 504.

237 Ein Interesse an einer ununterbrochenen Mitgliedschaft in der heimatlichen gesetzlichen Kranken- und Pflegeversicherung besteht nur dann, wenn durch private Ergänzungs- oder Ersatzversicherungen kein günstigerer Auslandskranken- und -pflegeschutz erreicht werden kann, vgl. Fajen, H.-G., Steuerfragen, 1995, S. 470-471. Das Interesse am Fortbestand der Arbeitslosenversicherung hängt von der erwarteten Sicherheit des Arbeitsverhältnisses und vom Einkommensniveau ab; je sicherer das Arbeitsverhältnis auch nach der Rückkehr erscheint und je höher das Einkommensniveau über der Beitragsbemessungsgrenze liegt, desto weniger Interesse besteht an einem Fortbestand der Arbeitslosenversicherung.

238 Vgl. Herrmann, R., Aufwandserstattung, 1995, S. 124.

- Absicherung gegen die Insolvenz des bzw. der Unternehmen, die eine Versorgungszusage erteilen,
- geringe steuerliche Belastung in der Leistungsphase, insbesondere Vermeidung einer Quellensteuer auf Renteneinkünfte aus dem Ausland bzw. Steuerfreiheit von Kapitalleistungen.

2. Zusammenführung der Interessenlagen unter Berücksichtigung der Präferenzlage

Ziele	Komplementäre Zielbeziehungen				Konfliktäre Zielbeziehungen								
Arbeitgeber-Interessen:													
Fortführung und Aufrechterhaltung sozialer Absicherung				x							x		
Schaffung von Anreizen, um die Entsendungsbereitschaft zu erhöhen			x	x	x								
Festlegung eines Vergütungsniveaus unter Berücksichtigung von Arbeitnehmer- und Konzerninteressen	x								x	x			
Kostenkontrolle und Aufwandsminimierung		x			x	x	x						
Vermeidung von Einzelfallregelungen	x							x					
Nutzung des Steuergestaltungspotentials grenzüberschreitender Sachverhalte		x											x
Vermeidung von Doppelbesteuerung		x											
Rechtmäßige Durchführung, Vermeidung von Steuerstrafen		x											
Rechtzeitige Gestaltungsfindung, Vermeidung steuerlicher „Überraschungen"		x											
Einhaltung eines sinnvollen Verhältnisses zwischen Beratungs- und Verwaltungskosten und wirtschaftlichem Ergebnis		x									x	x	x
Arbeitnehmer-Interessen:													
Ausgleich entsendungsbedingter Nachteile				x		x							
Erzielung finanzieller Vorteile, insbesondere Gehalts- und Steuervorteile			x				x	x	x				
Soziale Absicherung in bisherigem Umfang				x						x			
Planmäßige Weiterführung betrieblicher Altersversorgung				x								x	
Erläuterung: Die Ziele sind horizontal, die Zielbeziehungen vertikal abzulesen.													

Abb. 10: Ziele und Zielbeziehungen zur betrieblichen Altersversorgung bei Arbeitnehmerentsendung ins Ausland

Zwischen den aufgezeigten Interessenlagen liegen Zielübereinstimmungen und Zielkonflikte vor, wie die Matrix in Abb. 10 zeigt. Das Zielniveau wurde grundsätzlich in die Zielformulierung einbezogen. Da kein Maximierungskalkül verfolgt, sondern lediglich die Satisfaktion eines Anspruchsniveaus angestrebt wird, kann die Zielniveauformulierung in der vorliegenden Form als ausreichend konkretisiert angesehen werden.[239] Das Zielniveau wird in den Fällen, in denen das Anspruchsniveau nicht erreicht werden kann, entweder reduziert oder den jeweiligen Zielen wird bei der weiteren Suche weniger Aufmerksamkeit gegeben.

Offen bleibt das Zielniveau lediglich bei der „Erzielung finanzieller Vorteile", der „Schaffung von Anreizen" und der „Festlegung eines Vergütungsniveaus". Diese Ziele lassen sich unter dem Oberbegriff „Vergütungsniveau" zusammenfassen. Eine diesbezügliche Entscheidungsfindung erfolgt außerhalb des vorliegenden Gestaltungsfalles, da es sich nicht um eine Gestaltung handelt, die aus der zugrundeliegenden Rechtsmaterie heraus erfolgt.[240]

Anhand der Darstellung (Abb. 10) ist erkennbar, daß die Mehrzahl der Ziele sowohl in komplementären als auch in konfliktären Beziehungen zu anderen Zielen steht. Die Aufmerksamkeit des personalwirtschaftlichen und rechtlichen Gestalters muß sich mithin den Zielkonflikten widmen. Zielkonflikte bestehen nicht nur im Verhältnis Arbeitgeber zum Arbeitnehmer. Auch die Zielsetzungen des Arbeitgebers sind untereinander teilweise konfliktär. Die arbeitgeberinternen Zielkonflikte lassen sich auf die Frage konzentrieren, welcher Aufwand - sowohl unmittelbar finanziell als auch mittelbar über Beratungs- und Verwaltungskosten - getätigt werden soll, um nicht nur die soziale Absicherung aufrechtzuerhalten, sondern auch Anreize zur Entsendung zu schaffen.

Beim Arbeitgeber liegt auch die Aufgabe, eine Lösung der gegenüber dem Arbeitnehmer konfliktären Interessenlagen herbeizuführen. Für die Lösung der Zielkonflikte erscheint die vereinfachende Prämisse, daß der Arbeitnehmer unter allen Umständen der Entsendung zustimmt, nicht als sinnvoll. Vielmehr ist mit einem schrittweisen Vorgehen ein Interessenkompromiß zu finden, der die Zustimmung des zu entsendenden Mitarbeiters erwarten läßt.[241]

Als Präferenz auf Arbeitnehmerseite wird eine Vermeidung von Nachteilen hinsichtlich der betrieblichen und gesetzlichen Altersversorgung unterstellt. An zweiter Stelle soll die Optimierung des Vergütungsniveaus stehen. Auf Arbeitgeberseite steht neben der Anreizwirkung gleichwertig die Kostenkontrolle an

---

239 Vgl. Kap. „Anforderungen an die Zielformulierung", S. 55, sowie Kap. „Anspruchsniveau", S. 56.

240 Siehe die Literaturhinweise in Fn. 227, S. 84.

241 Vgl. zur Vereinbarkeit personalwirtschaftlicher Subziele Wacker, W., Transnational, 1979, S. 161. Zu Präferenzstrukturen des Arbeitnehmers, die geldwerte Nebenleistungen im Rahmen von sog. Cafeteria-Systemen unter Umständen höher gewichten als ein Direktentgelt, siehe Albers, S./Bielert, W., Nebenleistungen, 1996, S. 460.

erster Stelle. Dem Oberbegriff „Kostenkontrolle" lassen sich die Nutzung des internationalen Steuergefälles, die Vermeidung von Doppelbesteuerungen, die Vermeidung von Steuerstrafen und steuerlicher „Überraschungen", die zu Erstattungsansprüchen des Arbeitnehmers führen können, als auch die Einhaltung eines wirtschaftlich sinnvollen Beratungsaufwandes zuordnen. Da eine Entscheidung über das Vergütungsniveau außerhalb des Gestaltungsvorhabens getroffen wird, verbleiben als relevante Oberziele die Vermeidung von Nachteilen auf Arbeitnehmerseite, die Kostenkontrolle auf Arbeitgeberseite.

Als Kernziel kann somit die möglichst weitgehende Annäherung der Durchführung betrieblicher Altersversorgung bei Personalentsendung ins Ausland an die organisatorische Abwicklung und den finanziellen und steuerlichen Aufwand gelten, die auch bei einer Weiterbeschäftigung des Arbeitnehmers im Inland anfallen würden. Eine Ausnahme gilt nur dann, wenn für den Arbeitgeber und ggfs. auch den Arbeitnehmer ein vorteilhafteres Ergebnis erzielt werden kann.

Werden der Ist-Zustand und der Soll-Zustand gegenübergestellt, lassen sich die relevanten Aufgabenstellungen für das weitere Vorgehen erschließen. Zum einen sind die rechtlichen Voraussetzungen und Konsequenzen zu klären, die eine Weiterführung der Versorgungsanwartschaft im Inland betreffen. Zum anderen ist die Besteuerung und betriebliche Altersversorgung im Tätigkeitsstaat daraufhin zu analysieren, ob eine im Vergleich zum Heimatstaat günstigere Regelung für den Arbeitgeber und ggfs. auch für den Arbeitnehmer vorliegt. Die Zulässigkeit einer Übertragung des Anwartschaftsgegenwertes ist zu prüfen.

B. Phase 2: Rechtliche Analyse und Formulierung von Teilproblemen

Die im Teil 2 dieser Arbeit dargestellte sachverhaltsgestaltende Methodik wird am Beispiel der betrieblichen Altersversorgung bei Personalentsendung exemplifiziert. Der Anwendungsfall ist einer methodengeleiteten Gestaltung in besonderer Weise zugänglich, da die zugrundeliegenden Rechtsgebiete einen Gestaltungsspielraum bereitstellen und abweichende finanzielle Konsequenzen an die Verwirklichung von alternativen Tatbeständen knüpfen: Bei internationalen Sachverhalten kann in Abhängigkeit von ökonomischen, außersteuerlichen Größen alternativ das Steuerniveau des entsendenden oder des aufnehmenden Staates zur Geltung kommen. Das Arbeitsrecht regelt im Fall der Personalentsendung die Rahmenbedingungen der Tätigkeit, der Vergütung und der Versorgung des Arbeitnehmers. An die Verwirklichung bestimmter arbeitsrechtlicher Tatbestände knüpfen bei Betriebsrenten unterschiedliche finanzielle Konsequenzen an, wie z.B. hinsichtlich der Unverfallbarkeit oder der Schuldbefreiung bei Übertragung von Anwartschaften. Im Sozialversicherungsrecht resultieren unterschiedliche Beitragspflichten und Leistungsansprüche aus der Mitgliedschaft in einem nationalen Sozialversicherungssystem.

Leitlinie der Strukturierung der relevanten Rechtsmaterie ist die Suche nach Bestimmungsfaktoren, die relevanten Einfluß auf die finanziellen Konsequenzen der geplanten ökonomischen Alternativen, insbesondere auf die Steuerbelastung und die Höhe der späteren Versorgungsleistungen, haben.[242] Die Bestimmungsfaktoren auf der Rechtsebene werden als belastungssensitive Tatbestandsmerkmale, die damit beispielhaft zusammenhängenden Faktoren auf der Sachverhaltsebene als hypothetische Sachverhaltselemente bezeichnet.[243]

I. Feststellung der relevanten Rechtsmaterie

Zur Gestaltungssuche für die betriebliche Altersversorgung im Entsendungsfall sind steuer-, arbeits- und sozialversicherungsrechtliche Normen von Bedeutung. Die relevanten Rechtsgebiete werden nach Teilgebieten und Problemzusammenhängen strukturiert. Die relevanten Detailregelungen und die zwischen ihnen bestehenden Zusammenhänge sind daran anschließend zu erarbeiten.[244] Die folgende Aufstellung der für Gestaltungszwecke relevanten Rechtsmaterie ist das Ergebnis eines Gestaltungsprozesses, d.h. in mehrfachen Überarbeitungen erweitert bzw. eingeschränkt. Der Steuergestalter wird zu Anfang seiner Arbeit mit einer vorläufigen Abgrenzung beginnen. Zu Beginn der Tatbestandsanalyse stehen bilaterale und multilaterale Normen des Steuer-, Arbeits- und Sozialversicherungsrechts, die den Anwendungsbereich der daran anschließend analysierten Normenkomplexe nationalen Rechts determinieren.[245]

Auf **bilateraler steuerrechtlicher Ebene** haben die Bundesrepublik Deutschland und das Vereinigte Königreich Großbritannien und Nordirland[246] ein Dop-

---

242 Vgl. Rödder, T., Steuerplanungslehre, 1988, S. 9.

243 Zum Vorliegen eines kausalen Zusammenhangs zwischen Tatbestandsmerkmalen und Sachverhaltselementen siehe Kap. „Rechtsanwendung und Tatbestandsanalyse“, S. 49.

244 Vgl. Scheffler, W., Management-Berater, 1991, S. 129.

245 Analog zu dieser Reihenfolge schlägt Herzig eine Blickrichtung, die den grenzüberschreitenden Vorgang als Normalfall, die länderspezifischen Vorgänge dagegen als Spezialfall ansieht, zur Strukturierung der Steuerausbildung vor, siehe Herzig, N., Globalisierung, 1998, S. 296.

246 Das Vereinigte Königreich umfaßt Großbritannien und Nordirland. Großbritannien besteht aus England, Schottland und Wales. Das Vereinigte Königreich besitzt eine einheitliche Finanzverfassung. Die Insel Man und die Kanalinseln besitzen eine eigene Gesetzgebung und Finanzhoheit. Beide Gebiete gehören nicht zu Großbritannien, sondern unterstehen unmittelbar der Krone, vgl. Art. II Abs. 1 Buchst. a DBA-GB; Becker, H. u.a. (Hrsg.), 1997, DBA-GB, Art. I Rn. 6.
In der deutschsprachigen Fachliteratur wird das Vereinigte Königreich Großbritannien und Nordirland üblicherweise als „Großbritannien“ oder als „Vereinigtes Königreich“ bezeichnet. Diese Begriffe werden in dieser Arbeit synonym verwendet. Bei Anlehnung an britische Primärquellen wird eher die Bezeichnung „Vereinigtes Königreich“ eingesetzt.

pelbesteuerungsabkommen geschlossen (DBA-GB), dessen folgende Artikel relevant sind:[247]

Art. II Abs. 1 Buchst. h zur Ansässigkeit, Art. II Abs. 1 Buchst. l zur Betriebsstättendefinition, Art. II Abs. 2 zum Repatriierungsvorbehalt, Art. IV zu Verbundenen Unternehmen, Art. VI zu Dividenden, Art. VII zu Zinsen, Art. X zu Ruhegehältern und Renten, Art. XI zu selbständiger und unse bständiger Arbeit, Art. XVII zu Freibeträgen, Vergünstigungen und Ermäßigungen, Art. XVIII zur Steueranrechnung bzw. Steuerfreistellung.

Auf **multilateraler steuerrechtlicher Ebene** bestehen keine relevanten Rechtsnormen. Dennoch sind auf dieser Ebene die Kommentare, Berichte und Richtlinien[248] der OECD von erheblicher Bedeutung für die Festlegung von Verrechnungspreisen zwischen verbundenen Unternehmen. Aus diesen Quellen ergibt sich keine Bindung für die OECD-Staaten. Deren Rechtsprechungsorgane, Finanzverwaltung und Steuerpflichtige sind nicht in Form einer unmittelbaren Rechtswirkung gebunden. Die OECD-Kommentare, Berichte und Richtlinien haben nur die Stellung eines hochrangigen Rechtsgutachters.[249]

Im **Internationalen Arbeitsrecht** sind von Bedeutung:

- Art. 27, Art. 28 EGBGB zu Grundsätzen der Rechtswahl, Art. 30 EGBGB zur Rechtswahl bei Arbeitsverträgen und Arbeitsverhältnissen.
- Einschlägige Rechtsprechung des BAG.

Im **Internationalen Sozialversicherungsrecht** sind heranzuziehen:
§ 4, § 7 SGB VI zur Versicherungspflicht auf Antrag und zur freiwilligen Versicherung, Verordnung (EWG) Nr. 1408/71 hinsichtlich der Anwendung der Systeme der sozialen Sicherheit auf Arbeitnehmer, die innerhalb der Gemeinschaft zu- und abwandern.

Im **deutschen Steuerrecht** sind folgende Rechtsquellen relevant:

- Besteuerung des Arbeitnehmers:
  § 8, § 9 AO zu Wohnsitz und gewöhnlichem Aufenthalt, § 1 EStG zur unbeschränkten Steuerpflicht, § 3 Nr. 9 EStG zu steuerfreien Abfindungen, § 10 EStG zu Vorsorgeaufwendungen, § 19 EStG zu Einkünften aus nichtselbständiger Arbeit, § 22 EStG zu wiederkehrenden Bezügen, § 49 - § 50 EStG zur beschränkten Steuerpflicht. Nicht relevant sind die Vorschriften zur

---

247 Das DBA-GB erlangte dadurch Rechtsnormcharakter, daß es vom Bundestag und Bundesrat als Zustimmungsgesetz beschlossen und durch ein Ratifikationsverfahren völkerrechtlich verbindlich wurde, vgl. Schaumburg, H., International, 1998, Rz. 16.33.

248 Kapitel I-VII der OECD-Richtlinien 1995/96 sind abgedruckt in OECD, Verrechnungspreisgrundsätze, Köln 1997; Kapitel VIII ist abgedruckt in OECD (Übers. Stock, F./Kaminski, B.), Kapitel VIII, 1998.

249 Vgl. Vögele, A. u.a., Verrechnungspreise, 1997, B 179-182.

Wegzugsbesteuerung (§ 2 - § 6 AStG); das Vereinigte Königreich gilt nicht als niedrig besteuerndes Gebiet im Sinne des § 2 AStG.[250]

- Besteuerung des Arbeitgebers: § 3c EStG zum Abzugsverbot, § 6a EStG zu Pensionsrückstellungen, § 8 KStG i.V.m. § 4 EStG zum Gewinnbegriff, § 23 KStG zum Körperschaftsteuertarif, § 1 AStG zur Berichtigung von Einkünften aus Geschäftsbeziehungen mit nahestehenden Personen.
- Rechtsprechung der obersten Finanzgerichte zu den vorgenannten Normen.
- Die Einkommensteuer-, Körperschaftsteuer- und Lohnsteuerrichtlinien besitzen als Verwaltungsanweisungen keinen Rechtsnormcharakter; sie entfalten lediglich eine Bindungswirkung für die Finanzverwaltung. Für die Gestaltungsfindung sind diese Quellen dennoch zu berücksichtigen.

Im **deutschen Arbeitsrecht** sind § 1 und § 2 BetrAVG zur Unverfallbarkeit, § 3 und § 4 BetrAVG zur Abfindung und Übertragung von Anwartschaften, § 7 BetrAVG zur Insolvenzsicherung und § 16 BetrAVG zur Anpassungsprüfungspflicht von Bedeutung.

Das **Steuerrecht des Vereinigten Königreiches** ist in weitaus geringerem Maße systematisch kodifiziert als das deutsche Steuerrecht. Dies zeigt sich deutlich auf dem Gebiet der Betriebsrenten.[251] Als steuerrechtliche Grundlagen sind folgende Normen, Rechtsquellen und ergänzenden Hinweise zu analysieren:

- Relevante Normen aus ICTA 1988, FA 1989 und FA 1998.
- Verwaltungsanweisungen: IR 12 zu Occupational Pension Schemes, IR 20 zur Steuerpflicht von Ansässigen und Nicht-Ansässigen im Vereinigten Königreich, IR 76 zu Personal Pension Schemes, IR 129 zu betrieblichen Versorgungssystemen.

Im **britischen Arbeitsrecht** sind die Regelungen des Pension Act 1995 relevant.[252] Die für Betriebsrentensysteme relevanten britischen steuer- und arbeitsrechtlichen Regelungen werden im folgenden zusammenfassend als „Recht der betrieblichen Altersversorgung“ analysiert, da auch in der zugrundeliegenden Literatur keine explizite Trennung vorgenommen wird.

---

250 Vgl. Fajen, H.-G., Steuerfragen, 1995, S. 474. Das Halten von Anteilen an einer inländischen Kapitalgesellschaft kann bei Aufgabe der unbeschränkten Steuerpflicht im Inland Steuerfolgen nach § 6 AStG mit sich bringen. Diese Problematik liegt außerhalb des zu lösenden Gestaltungsfalles.

251 Vgl. Flesch, C.F., Reform, 1993, S. 909; Tiley, J./Collison, D., UK Tax Guide, 1998-99, Tz. 1:10.

252 Vgl. hierzu Pope, A., Developments, 1995, S. 24-28; Redhead, P., Developments, 1997, S. 22-23; The Norwich Union Life Insurance Society (Hrsg.), Pensions Act, 1997; Tiley, J./Collison, D., UK Tax Guide, 1998-99, Tz. 30:01.

Zu erwartende Gesetzesänderungen, Tendenzen der Rechtsprechung, mögliche Entwicklungen der Rechtsordnung und deren Einflüsse auf das betroffene Unternehmen sind bei der Gestaltungsfindung zu berücksichtigen.[253]

II. Tatbestandsanalyse

1. Überblick

Im Laufe der Tatbestandsanalyse sind

- relevante Tatbestandsmerkmale zu formulieren,
- die Beziehungen zwischen den Tatbestandsmerkmalen zu klären sowie
- diejenigen Tatbestandsmerkmale auszuwählen, deren Rechtsfolgen belastungsintensive Gegensätze aufweisen. Bei der diesbezüglichen Beurteilung ist die problemspezifische Interessenlage noch unberücksichtigt zu lassen.

Die Gliederung der Tatbestandsanalyse orientiert sich grundsätzlich an den verwendeten Rechtsquellen. Sofern für die rechtliche Beurteilung eines Sachverhaltes verschiedene Rechtsquellen zu berücksichtigen sind, wird deren Analyse zusammenhängend vorgenommen.[254]

2. Tatbestandsanalyse bilateralen und multilateralen Rechts

a) Deutsch-britisches Doppelbesteuerungsabkommen

(1) Grundlagen

Ein Doppelbesteuerungsabkommen (DBA) bietet einen geeigneten Ausgangspunkt für eine Gestaltungssuche, da es eine Zuweisung nationaler Besteuerungsrechte vornimmt. Doppelbesteuerungsabkommen treffen Regeln darüber, welchem Staat das Besteuerungsrecht für Einkünfte aus internationaler Geschäfts- und Arbeitstätigkeit zukommt. Die Isolierung von potentiell steuerminimierenden Tatbestandslagen besteht zum einen aus der Feststellung, welchem Staat das DBA ein Besteuerungsrecht zuweist, zum anderen aus einer Überprüfung, inwieweit das nationale Steuerrecht des zur Besteuerung berechtigten Staates an den bezeichneten Tatbestand steuererhebliche Rechtsfolgen knüpft.[255]

Dieses vom Grundsatz her einfache Vorgehen wird dadurch erschwert, daß abkommensrechtlich Besteuerungsrechte für bestimmte Einkünfte beiden beteiligten Staaten zugewiesen werden. Oftmals ist die steuerliche Erfassung von Einkünften sowohl dem Ansässigkeitsstaat als auch dem Quellenstaat erlaubt. In diesen Fällen sehen die DBA zur Vermeidung der Doppelbesteuerung die

253 Vgl. Scheffler, W., Management-Berater, 1991, S. 129.

254 Dies erfolgt beispielsweise bei Analyse einer Betriebsstättenbegründung aufgrund der Tätigkeit des entsandten Mitarbeiters, die sowohl durch DBA-Recht als auch durch nationales Recht erfolgen kann.

255 Die Beurteilung anhand einer Analyse des Steuergefälles zwischen den beteiligten Staaten erfolgt in der Phase der Teilproblemformulierung, S. 179.

Anrechnungs- bzw. die Freistellungsmethode vor. Die Freistellungsmethode läßt im Ergebnis das Steuerniveau des Quellenstaates zur Wirkung kommen (Kapitalimportneutralität), so daß die tatbestandliche Interessenlage eindeutig zu bestimmen ist. Dies gilt jedoch bei freigestellten Dividenden nur solange, wie diese ins Inland transferiert und dort an andere Kapitalgesellschaften ausgeschüttet werden. Die Ausschüttung von freigestellten Dividenden an Gesellschafter, die nicht die Rechtsform einer Kapitalgesellschaft besitzen, führt zum Verlust der Freistellung und zur Besteuerung mit dem individuellen Steuerniveau der Gesellschafter. Die Anrechnungsmethode bewirkt grundsätzlich, daß das Steuerniveau des höher besteuernden Staates zur Anwendung kommt. Das internationale Steuergefälle kann bei der Anrechnungsmethode grundsätzlich nicht ausgenutzt werden; vielmehr kommt es darauf an, durch geeignete Gestaltungen Anrechnungsüberhänge, d.h. Situationen, in denen die effektive Belastung auf dem Niveau des höher besteuernden Staates liegt, zu vermeiden.

Das Abkommen zwischen der Bundesrepublik Deutschland und dem Vereinigten Königreich Großbritannien und Nordirland zur Vermeidung der Doppelbesteuerung und zur Verhinderung der Steuerverkürzung (DBA-GB) stammt aus dem Jahr 1964.[256] Beim Abschluß des DBA-GB und des Revisionsprotokolls wurde das OECD-Musterabkommen von 1963 berücksichtigt; dennoch besteht weitgehende Übereinstimmung auch mit dem OECD-Musterabkommen in der Fassung von 1977 und 1992.[257]

DBA-GB	**Regelungsbereich**	**OECD-MA**
Art. I	Sachlicher Geltungsbereich	Art. 2
Art. II	Definitionen	Art. 3-5
Art. IV	Verbundene Unternehmen	Art. 9
Art. VI	Dividenden	Art. 10
Art. VII	Zinsen, Lizenzgebühren	Art. 11, 12
Art. X	Ruhegehälter und Renten	Art. 18
Art. XI	Selbständige und unselbständige Arbeit	Art. 14-16
Art. XVIII	Vermeidung der Doppelbesteuerung	Art. 23

Abb. 11: Relevante Gliederungspunkte des DBA Deutschland-Großbritannien

---

256 Abkommen zwischen der Bundesrepublik Deutschland und dem Vereinigten Königreich Großbritannien und Nordirland zur Vermeidung der Doppelbesteuerung und zur Verhinderung der Steuerverkürzung vom 26.11.1964, BStBl 1966 I, S. 730, i.d.F. des Revisionsprotokolls vom 23.03.1970, BStBl 1971 I, S. 140.

257 Zur Neuausgabe des OECD-MA für 1997 siehe Menck, T., Veröffentlichung, 1998, S. 1.

Eine Gegenüberstellung (Abb. 11) zeigt in relevanten Punkten die unterschiedliche formale Anordnung der Artikel.[258]

Der Art. I Abs. 1 DBA-GB bezieht für Deutschland die Einkommen- und Körperschaftsteuer einschließlich der Ergänzungsabgabe dazu sowie die Gewerbe- und Vermögensteuer ein. Sowohl Ergänzungsabgabe als auch Vermögensteuer sind zwischenzeitlich weggefallen. Nach Art. I Abs. 2 DBA-GB sind alle Steuern gleicher oder ähnlicher Art einzubeziehen, die nach dem Abschluß des Abkommens erhoben werden. Der Solidaritätszuschlag gilt insofern ebenfalls als Steuer im Sinne des Abkommens. Auf britischer Seite sind die income tax (Einkommensteuer), die corporation tax (Körperschaftsteuer) und die capital gains tax (Steuer vom Veräußerungsgewinn) einzubeziehen. Die ebenfalls zu berücksichtigende surtax (Übersteuer) ist mittlerweile weggefallen.

(2) Persönlicher Geltungsbereich

Das DBA-GB bestimmt den Begriff der Ansässigkeit nach den innerstaatlichen Steuergesetzen der Vertragsstaaten (Art. II Abs. 1 h DBA-GB). Anknüpfungskriterium für die Ansässigkeit i.S.d. DBA-GB ist die Ansässigkeit (residence) nach dem britischen Steuerrecht bzw. die unbeschränkte Steuerpflicht nach dem deutschen Steuerrecht. Da die beiden nationalen Ansässigkeitsregeln sich überschneiden können, sind in Art. II Abs. 1 h, ii DBA-GB Kollisionsregeln festgelegt. Die Ansässigkeit im Sinne des Abkommens wird in der durch folgende Kriterien bestimmten Rangfolge entschieden:

- Vorhandensein einer ständigen Wohnstätte;[259]
- engere persönliche und wirtschaftliche Beziehungen (Mittelpunkt der Lebensinteressen),[260]
- gewöhnlicher Aufenthalt;[261]
- Staatsangehörigkeit;
- Regelung im beiderseitigen Einvernehmen der Finanzbehörden.

Der Staat, in dem die Ansässigkeit nach diesen Regeln als nicht begründet gilt, übernimmt die Funktion des Quellenstaates. Jeder der beiden Staaten hat für alle Einkünfte diejenigen Einschränkungen zu tragen, welche die Funktion als Ansässigkeits- bzw. als Quellenstaat mit sich bringt.[262]

---

258 Vgl. Becker, H. u.a. (Hrsg.), 1997, DBA-GB, Vorb. Rn. 11; Kramer, J.-D., DBA-GB, 1988, S. 246.

259 Vgl. Siefert, B., Entsendung, 1985, S. 240-241.

260 Vgl. BFH vom 31.10.1990, I R 24/89, BStBl 1991 II, S. 562.

261 Vgl. Siefert, B., Entsendung, 1985, S. 243.

262 Vgl. Henkel, U./Fischer-Zernin, J., Besteuerung, 1986, S. 285.

(3) Beseitigung oder Milderung der Doppelbesteuerung

(a) Wohnsitzstaat Deutschland

Deutschland stellt die Einkommensteile, die im Vereinigten Königreich nach den Vorschriften des Abkommens besteuert werden können, grundsätzlich von der Besteuerung frei. Im Rahmen des Gestaltungsfalles ist die Freistellung in folgenden Fällen anzuwenden:

- Einkünfte aus unselbständiger Arbeit, wenn Deutschland als Wohnsitzstaat neben dem Tätigkeitsstaat Großbritannien ein Besteuerungsrecht hat und dieses Recht nicht gemäß Art. XI Abs. 3 DBA-GB nur dem Wohnsitzstaat zusteht.
- Dividenden aus der Beteiligung an einer britischen Tochterkapitalgesellschaft, die mindestens 10 % der stimmberechtigten Anteile an dieser Gesellschaft umfaßt (§ 8b Abs. 5 KStG).[263]

Bei Ruhegehältern und Renten, die nicht aus öffentlichen Kassen stammen, ist das Besteuerungsrecht nur dem Wohnsitzstaat zugewiesen, so daß keine Milderung der Doppelbesteuerung erforderlich ist (Art. X DBA-GB).

Freigestellte Einkünfte werden im Rahmen des Progressionsvorbehaltes bei der Ermittlung des inländischen Steuersatzes berücksichtigt (Art. XVIII Abs. 2 Buchst. a DBA-GB). Der Progressionsvorbehalt erstreckt sich nur auf Einkünfte, hinsichtlich der Deutschland auf sein Besteuerungsrecht verzicht; dagegen nicht auf Einkünfte, für die ausschließlich Großbritannien das Besteuerungsrecht hat. Der Progressionsvorbehalt wirkt sich nur bei progressionsabhängigen Steuerarten aus, d.h. bei der Einkommensteuer, nicht aber bei der Körperschaftsteuer.

(b) Wohnsitzstaat Großbritannien

Großbritannien ist im Gestaltungsfall als Wohnsitzstaat von Relevanz, falls der Arbeitnehmer im Ruhestand seinen Wohnsitz in Großbritannien innehat. Art. XVIII DBA-GB sieht die Möglichkeit der Anrechnung deutscher Steuern auf die britische Steuer vor. Die Anrechnung ist im anglo-amerikanischen internationalen Steuerrecht die übliche Methode zur Milderung der Doppelbesteuerung. Im Rahmen der direkten Anrechnung (Art. XVIII Abs. 1 Buchst. a DBA-GB) wird die nach deutschem Recht und in Übereinstimmung mit dem Abkommen zu zahlende Einkommensteuer[264] auf die britische Steuer angerechnet, die von den Einkünften erhoben wird, auf welche sich die deutsche Steuer be-

---

263 Deutschland wendet die Anrechnungsmethode an, soweit Kapitalertragsteuer auf Dividenden erhoben wird, die die Voraussetzungen der Freistellung *nicht* erfüllen (Art. XVIII Abs. 2b, i DBA-GB).

264 Gleiches gilt für die Körperschaft- und Gewerbesteuer, die jedoch im Gestaltungsfall nicht von Relevanz sind.

zieht. Maßgebend für die Anrechnung im einzelnen sind die unilateralen Bestimmungen zur Vermeidung der Doppelbesteuerung [265]

(c) Remittance-Basis und Repatriierungsvorbehalt

Das Steuerrecht Großbritanniens kennt die Besonderheit der Besteuerung nach der sog. Remittance-Basis (remittance basis). Abweichend vom Welteinkommensprinzip werden in bestimmten Fällen nur die Einkünfte berücksichtigt, die in Großbritannien zur Verfügung stehen, d.h. dorthin überwiesen und dort empfangen werden.[266] Betroffen sind Einkünfte von Personen, deren Bindung zu Großbritannien zwar aufgrund von Staatsangehörigkeit oder Ansässigkeit (residence) besteht, aber abgeschwächt ist, da sie nicht gewöhnlich ansässig (ordinarily resident) oder nicht domizilierend (domiciled) sind.[267] Von dieser Regelung sind insbesondere Arbeits- und Kapitaleinkünfte betroffen.[268]

resident	ordinarily resident	domiciled	Besteuerung nach der Remittance-Basis
ja	nein		ja
ja	ja	nein	ja

Abb. 12: Anwendung der Remittance-Basis bei Arbeits- und Ruhegeldeinkünften (Schedule E)

Anknüpfend an diese Eigenart des britischen Steuerrechts vermeidet der Repatriierungs- oder Überweisungsvorbehalt in Art. II Abs. 2 DBA-GB eine doppelte Steuerbefreiung. Der Repatriierungsvorbehalt betrifft die Fälle, in denen Einkünfte aus Deutschland aufgrund von Bestimmungen des DBA-GB steuerermäßigt oder steuerbefreit sind, diese Einkünfte im Vereinigten Königreich aber nur insoweit steuerpflichtig sind, als sie dorthin überwiesen werden. In diesen Fällen gilt die Steuerermäßigung bzw. -befreiung in Deutschland nur für den Teil der Einkünfte, der in das Vereinigte Königreich überwiesen wird. Die Steuerbefreiung kann in Deutschland nur dann in Anspruch genommen werden,

---

265 Secs. 788-806 ICTA 1988; siehe hierzu S. 162.

266 Vgl. Becker, H. u.a. (Hrsg.), 1997, DBA-GB, Art. I Rn. 12-14; Debatin, H./Wassermeyer, F., Doppelbesteuerung, 1998, Art. 1 Großbritannien Rz. 6; Ehlermann, C., Remittance, 1998, S. 579-580; Kern, S., Steuervorteile, 1985, S. 1-7. Die Besteuerung auf der Remittance-Basis wird von der deutschen Finanzverwaltung nicht als Vorzugsbesteuerung i.S.d. § 2 Abs. 2 Nr. 2 AStG qualifiziert, vgl. BMF-Schreiben vom 02.12.1994, IV C 7 - S 1349 - 20/94, BStBl 1995 I, Sondernummer 1, Tz. 2.2.2.

267 Siehe zur Begriffserläuterung Kap. „Aufenthaltsstatus“, S. 156; zu steuerlichen Konsequenzen siehe Kap. „Steuerliche Konsequenzen des Aufenthaltsstatus“, S. 159.

268 Siehe zur Anwendung bei Ruhegehältern sowie Zins- und Dividendeneinkünften Kap. „Versorgungsphase“, S. 10[illegible].

wenn die Einkünfte im Vereinigten Königreich nachweislich besteuert werden.[269]

(4) Bedeutung für die Vergütung des entsandten Arbeitnehmers

(a) Tätigkeits- bzw. Anwartschaftsphase

(i) Einkünfte aus nichtselbständiger Tätigkeit

Die unselbständige Arbeit ist im DBA-GB, anders als im OECD-MA, nicht in einem eigenständigen Artikel, sondern zusammen mit der selbständigen Arbeit in Art. XI DBA-GB geregelt. Nach Art. XI Abs. 2 DBA-GB hat grundsätzlich der Wohnsitzstaat das Besteuerungsrecht bei unselbständiger Arbeit. Übt der Arbeitnehmer seine Tätigkeit im anderen Staat aus, können die Vergütungen nach dem Arbeitsortprinzip auch in diesem Staat (Tätigkeitsstaat) besteuert werden. Eine Doppelbesteuerung wird nach Art. XVIII DBA-GB vermieden.[270]

Personalentsendungen mit einer Dauer von bis zu 183 Tagen	
Besteuerungsrecht im Inland	**Besteuerungsrecht beim Tätigkeitsstaat**
Beibehaltung des Wohnsitzes im Inland *und* wirtschaftliche Verursachung der Vergütung im Inland.	Wirtschaftliche Verursachung der Vergütung im Tätigkeitsstaat (Tochtergesellschaft ist wirtschaftlicher Arbeitgeber).
Dienstleistungs- oder Werkvertrag zwischen Mutter- und Tochtergesellschaft; Vergütung für die Tätigkeit ist in Dienst- oder Werklohn einkalkuliert.	

Abb. 13: Besteuerungsrecht bei Personalentsendungen mit einer Dauer von bis zu 183 Tagen

Die Doppelbesteuerung wird auch in dem Fall von vornherein vermieden, wenn das Besteuerungsrecht des Tätigkeitsstaates unter folgenden Bedingungen ausgeschlossen ist (Art. XI Abs. 3 DBA-GB):

- Der Arbeitnehmer hält sich im Tätigkeitsstaat nicht länger als 183 Tage während des betreffenden Steuerjahres auf,

269 Vgl. Becker, H. u.a. (Hrsg.), 1997, DBA-GB, Art. III Rn. 29; Kramer, J.-D., DBA-GB, 1988, S. 248. Buschmann folgert aus dem Art. II Abs. 2 DBA-GB eine doppelte Nicht-Besteuerung für den Fall, daß ein in Deutschland ansässiger Arbeitnehmer, der in Großbritannien länger als 183 Tage tätig ist, seinen Arbeitslohn vom deutschen Arbeitgeber auf ein in Deutschland gelegenes Konto überwiesen bekommt. Diese Folgerung ist darin begründet, daß Buschmann Großbritannien als Quellenstaat i.S.d. Art. II Abs. 2 DBA-GB betrachtet. Dieser Auslegung kann nicht gefolgt werden: Quellenstaat ist in diesem Fall Deutschland, so daß sich kein steuerminimierender Gestaltungsweg eröffnet, vgl. Buschmann, H., Großbritannien, 1985, S. 1000.

270 Vgl. Henkel, U./Fischer-Zernin, J., Besteuerung, 1986, S. 284-285; Kramer, J.-D., DBA-GB, 1988, S. 252.

- die Vergütungen werden nicht von einem Arbeitgeber getragen, der im Tätigkeitsstaat ansässig ist, und
- das Gehalt wird nicht einer im Tätigkeitsstaat belegenen Betriebsstätte des Arbeitgebers belastet.

Im Ergebnis wechselt bei jeder Personalentsendung, die länger als 183 Tage andauert, das Besteuerungsrecht zum Tätigkeitsstaat. Bei kürzeren Entsendungen kann das Besteuerungsrecht im Inland verbleiben.

Einflußfaktoren auf die Zuweisung des Besteuerungsrechts sind zum einen der Wohnsitz des Arbeitnehmers, zum anderen der Staat, in dem der wirtschaftliche Arbeitgeber ansässig ist.[271] Ist die Tochtergesellschaft der wirtschaftliche Arbeitgeber, hat sie die Arbeitsvergütungen ggfs. an das Stammhaus im Inland zu erstatten; das Besteuerungsrecht geht vom ersten Tag an den Tätigkeitsstaat über.[272] Trägt dagegen das Stammhaus den Personalaufwand, bleibt bei Entsendungen bis zu 183 Tagen das Besteuerungsrecht für die Lohn- und Gehaltseinkünfte des Arbeitnehmers beim Wohnsitzstaat. Die Beibehaltung des abkommensrechtlichen Wohnsitzes im Inland ist insofern erforderlich. Das Besteuerungsrecht verbleibt auch dann im Inland, wenn ein Dienstleistungs- oder Werkvertrag mit der Tochtergesellschaft im Tätigkeitsstaat geschlossen wurde und im Werklohn die Vergütung für die Arbeitsleistung des Arbeitnehmers einkalkuliert ist.[273]

(ii) Geschäftsführerbezüge

Für die Besteuerung von Geschäftsführerbezügen bei grenzüberschreitender Tätigkeit ist die sog. Geschäftsführerrechtsprechung zu beachten. Im Falle eines ausländischen (schweizerischen) Geschäftsführers einer inländischen Kapitalgesellschaft hatte der BFH im Jahre 1971 entschieden, daß der Geschäftsführer einer Kapitalgesellschaft seine Tätigkeit am Ort des Sitzes der Gesellschaft ausübt, unabhängig von seiner physischen Präsenz.[274] In einem neueren Urteil entschied der BFH dagegen, daß im Fall eines in der Bundesrepublik Deutschland ansässigen Organs einer ausländischen (kanadischen) Kapitalgesellschaft die Entscheidung des Großen Senats aus dem Jahre 1971 nicht anwendbar sei.[275] Die Finanzverwaltung hat sich der neuen Rechtsprechung angeschlossen; sie sieht den Ort der Tätigkeitsausübung von Organen einer Kapitalgesellschaft

---

271 Sowohl die britische wie auch die deutsche Finanzverwaltung stellen im Rahmen des DBA-GB ab dem 01.07.1995 auf den „wirtschaftlichen" Arbeitgeberbegriff ab, vgl. BMF-Schreiben vom 07.05.1996, IV C 5 - S 1301 GB - 14/96, BStBl 1996 I, S. 621.

272 Vgl. BFH vom 21.08.1985, I R 63/80, BStBl 1986 II, S. 6; BMF-Schreiben vom 05.01.1994, IV C 5 - S 1300 - 197/93, BStBl 1994 I, S. 11 Punkt 4; Vogel, K., DBA, 1996, Art. 15 Rz. 30.

273 Vgl. Fajen, H.-G., Steuerfragen, 1995, S. 472-473.

274 Vgl. BFH vom 15.11.1971, GrS 1/71, BStBl 1972 II, S. 70.

275 Vgl. BFH vom 05.10.1994, I R 67/93, BStBl 1995 II, S. 95.

grundsätzlich am Ort der physischen Präsenz.[276] Wird demnach ein Arbeitnehmer eines deutschen Stammhauses Geschäftsführer einer Kapitalgesellschaft im Vereinigten Königreich, gelten hinsichtlich des Orts der Arbeitsausübung keine Besonderheiten aufgrund der sog. Geschäftsführerrechtsprechung.

(iii) Aufteilung des Arbeitslohns

Soweit der laufende Arbeitslohn der Tätigkeit im Ausland wirtschaftlich zugeordnet werden kann, ist er bei einer Entsendung von bis zu 183 Tagen von der Besteuerung im Inland freizustellen. Vielfach erhält der Arbeitnehmer Vergütungsbestandteile sowohl im Inland wie im Ausland, z.B. wenn das Gastunternehmen die laufende Vergütung in Höhe des ortsüblichen Gehaltsniveaus zahlt, das entsendende Mutterunternehmen eine Auslandszulage vergütet sowie Aufwendungen für die Fortführung der betrieblichen Altersversorgung des Mitarbeiters trifft. Nur soweit diese Bezüge mit der Tätigkeit im Gastunternehmen in wirtschaftlichem Zusammenhang stehen, werden sie in gleicher Weise wie der Hauptbestandteil der Vergütung behandelt, d.h. sie unterliegen dem Besteuerungsrecht des Tätigkeitsstaates.[277] Für den Teil der Gehaltszahlungen, der wirtschaftlich der Tätigkeit für das entsendende Unternehmen zuzurechnen ist, liegt das Besteuerungsrecht bei Entsendungen von bis zu 183 Tagen im Wohnsitzstaat (Inland).[278]

Die Zuordnung der wirtschaftlichen Verursachung ist unabhängig von den Zahlungsmodalitäten zu beurteilen. Direkt zugeordnet werden können Lohnbestandteile wie Überstundenvergütungen, spezielle Vergütungen für einzelne Tätigkeiten bzw. Tätigkeitszeiträume und spezielle Prämien nur für den Auslandsaufenthalt.[279] Die Feststellung des Arbeitslohnes der Höhe nach zu Zwekken der abkommensrechtlichen Freistellung erfolgt allein nach wirtschaftlichen Gesichtspunkten, d.h. unabhängig vom Zuflußprinzip. Fließen Entlohnungen für den Zeitraum der Auslandstätigkeit erst nach Rückkehr in den Heimatstaat dem Arbeitnehmer zu, bleiben sie dort insoweit steuerfrei, wie sie auf den begünstigten Auslandsaufenthalt entfallen.

---

276 Vgl. BMF-Schreiben vom 05.07.1995, IV C 5 - S 1300 - 73/95, BStBl 1995 I, S. 373 in Abänderung des BMF-Schreibens vom 05.01.1994, IV C 5 - S 1300 - 197/93, BStBl 1994 I, S. 11. Sonderregelungen gelten nach der Verwaltungsauffassung für Geschäftsführervergütungen in den DBA Schweiz, Japan und Schweden sowie aufgrund von Verständigungsvereinbarungen mit Österreich. Siehe kritisch Kramer, J.-D., Arbeitsort, 1995, S. 743-745; Neyer, W., Geschäftsführerbezüge, 1997, S. 35-39. Siehe auch Bertram, F., Organmitglieder, 1986, S. 829-840.

277 Vgl. Siefert, B., Entsendung, 1985, S. 281-282; Vogel, K., DBA, 1996, Art. 15 Rz. 14, 14a, 15. Siehe auch Kap. „Aufwandsverrechnung", S. 105.

278 Vgl. Ulonska, R.-M., Entsendung, 1990, S. 267.

279 Vgl. BKK Bundesverband, Entsendung, 1996, S. 58-59.

(iv) Einkünfte aus selbständiger Arbeit

Hat der entsandte Arbeitnehmer bei Versetzung oder Übertritt die wesentlichen bzw. alle arbeitsvertraglichen Bindungen zum entsendenden Unternehmen gelöst, kann auf Basis eines Dienst- bzw. Beratervertrages mit dem Stammhaus die Betriebsrentenzusage nicht nur aufrechterhalten, sondern auch fortgeführt werden. Ein Beratervertrag führt zu Einkünften aus selbständiger Arbeit nach Art. XI Abs. 1 DBA-GB. Das Besteuerungsrecht für diese Einkünfte liegt grundsätzlich beim Wohnsitzstaat; nur wenn für die Ausübung *dieser* Tätigkeit in Großbritannien regelmäßig eine feste Einrichtung verfügbar ist, kann der Teil der Einkünfte, der dieser Einrichtung zuzurechnen ist, dort besteuert werden.

Bleiben bei Abordnung oder Delegation arbeitsvertragliche Bindungen zum entsendenden Unternehmen bestehen, können Vergütungen für Beratungstätigkeiten nur dann als Einkünfte aus selbständiger Arbeit qualifiziert werden, wenn eine Abgrenzung zur nichtselbständig ausgeübten Tätigkeit möglich ist. Die Tätigkeit gilt nur dann als selbständig ausgeübt, wenn ihr nicht ein Dienstvertrag oder sonstiges Arbeitsverhältnis zugrundeliegt und der entsandte Arbeitnehmer nicht in den Organismus des leistungsbeziehenden Unternehmens eingegliedert ist.[280]

(b) Versorgungsphase

(i) Ruhegehälter und Renten

Für Einkünfte aus betrieblichen Versorgungsrenten ist zu prüfen, ob diese von Art. X DBA-GB (Ruhegehälter und Renten), von Art. XI DBA-GB (Selbständige und unselbständige Tätigkeiten) oder der Auffangvorschrift des Art. XV DBA-GB erfaßt werden. Die abkommensrechtlichen Regelungen des Art. X DBA-GB gehen den Regelungen des Art. XI DBA-GB vor.

Als **Ruhegehalt** gelten grundsätzlich Zahlungen, die auf einem früheren Arbeitsverhältnis beruhen und der Versorgung des Empfängers dienen.[281] Die Bedeutung des Begriffs „Ruhegehalt" ist nach dem Recht des Staates zu bestimmen, nach dem der Anspruch auf das Ruhegehalt begründet wurde. Nach deutschem Recht liegt ein Ruhegehalt nur vor, wenn der Arbeitgeber die mit den späteren Leistungen verbundenen Aufwendungen wirtschaftlich getragen hat. Dies ist grundsätzlich der Fall bei Leistungen aus einer betrieblichen Direktzusage, nicht aber bei Leistungen aus einer Direktversicherung oder Pensionskasse, da die Tatsache, daß die Beiträge beim Arbeitnehmer steuerlich als Einkünfte erfaßt werden, darauf hinweist, daß es sich wirtschaftlich um Auf-

280 Vgl. Vogel, K., DBA, 1996, Art. 14 Rz. 53.

281 Vgl. Debatin, H./Wassermeyer, F., Doppelbesteuerung, 1998, Art. 15 MA Rz. 55 und Art. 18 MA Rz. 17; Vogel, K., DBA, 1996, Art. 18 Rz. 11

wendungen des Arbeitnehmers handelt.[282] Da bei Direktzusagen nach deutschem Recht nur die Leistungen, nicht aber die Beiträge als Einkünfte aus nichtselbständiger Arbeit erfaßt werden (§ 19 Abs. 1 Nr. 2 EStG), sind diese Einkünfte demzufolge nach Abkommensrecht unter Art. X DBA-GB als Ruhegehälter zu erfassen.[283] In Großbritannien erworbene Ansprüche aus betrieblichen Versorgungsrenten gelten ebenfalls als Ruhegehalt, da sie nach britischem Recht wie laufende Einkünfte aus nichtselbständiger Tätigkeit erfaßt werden.[284]

Der **Rentenbegriff** des Art. X Abs. 3 DBA-GB setzt eine Verpflichtung (Rentenstammrecht) voraus, die regelmäßige Zahlungen für eine bestimmte Zeit (Zeitrente) oder für eine vom Leben einer Person abhängige Zeit (Leibrente) einräumt. Als weitere Voraussetzung müssen diese Zahlungen als Gegenleistung für in Geld oder Geldeswert bewirkte angemessene Leistungen vorgesehen sein. Der Rentenbegriff unterscheidet sich in diesem Punkt von nationalem Recht,[285] bei dem der entgeltliche, unentgeltliche oder teilentgeltliche Erwerb des Rentenstammrechts unbeachtlich ist.[286] Rentenstammrechte, die wie Betriebsrentenansprüche nicht als Gegenleistung für in Geld bewirkte Leistungen, sondern für Arbeitsleistung erworben sind, werden nicht vom Art. X Abs. 3 DBA-GB erfaßt. Sozialversicherungsrenten fallen dagegen unter diesen Rentenbegriff.[287]

Das Besteuerungsrecht für Betriebs- und Sozialversicherungsrenten wird in Art. X Abs. 1, 2 DBA-GB damit ausschließlich dem Wohnsitzstaat zugewiesen. Der Quellenstaat verzichtet auf sein Besteuerungsrecht.[288] Die Rechtsfolgen des korrespondierenden Art. 18 OECD-MA (Ruhegehälter) gehen denen des Art. 15 OECD-MA (Unselbständige Arbeit) vor.[289] Eine Erfassung durch Art. XI DBA-GB als Einkünfte aus **unselbständiger Tätigkeit** kommt daher nicht in Betracht.

Nur wenn Einkünfte weder von Art. X, Art. XI DBA-GB noch von anderen speziellen Verteilungsnormen erfaßt werden, greift die **Auffangklausel** des Art. XV DBA-GB, die das Besteuerungsrecht ausschließlich dem Wohnsitzstaat

---

282 In diesem Fall findet die Auffangvorschrift des Art. 21 OECD-MA mit der gleichen Rechtsfolge Anwendung, vgl. Debatin, H./Wassermeyer, F., Doppelbesteuerung, 1998, Art. 18 MA Rz. 16.

283 Mit gleichem Ergebnis zu Leistungen aus Unterstützungskassen i.S.d. § 4d EStG siehe Debatin, H./Wassermeyer, F., Doppelbesteuerung, 1998, Art. 18 MA Rz. 24.

284 Vgl. Kap. „Leistungen", S. 169.

285 Vgl. § 22 S. 1 Nr. 1 S. 3 Buchst. a EStG.

286 Vgl. BFH vom 07.08.1959, VI 284/58 U, BStBl 1959 III, S. 463.

287 Vgl. Vogel, K., DBA, 1996, Art. 18 Rz. 27.

288 Für Ruhegehälter aus öffentlichen Kassen gelten abweichende Bestimmungen (Kassenstaatsprinzip), vgl. Art. IX DBA-GB.

289 Vgl. Debatin, H./Wassermeyer, F., Doppelbesteuerung, 1998, Art. 18 MA Rz. 12.

zuweist. Insbesondere wiederkehrende Bezüge aus privaten Versorgungsrenten werden von der Auffangklausel erfaßt.[290]

(ii) Kapitalleistungen

Versorgungsleistungen können grundsätzlich als einmalige Kapitalleistung ausgezahlt werden. Wird die Kapitalleistung in Deutschland ausgezahlt und verzinslich[291] angelegt und hat der Empfänger seine Ansässigkeit in Großbritannien, ohne dort sein „domicile“[292] zu begründen, bleiben die Zinserträge, die nicht nach Großbritannien überwiesen werden, in Großbritannien aufgrund der Besteuerung nach der Remittance-Basis steuerfrei. Als Wohnsitzstaat hat Großbritannien nach Art. VII Abs. 1 DBA-GB jedoch das ausschließliche Recht, Zinsen zu besteuern. Für den Quellenstaat ist das Besteuerungsrecht grundsätzlich ausgeschlossen. Dieser Ausschluß des Besteuerungsrechts steht unter dem Vorbehalt, daß die Zinsen tatsächlich im Wohnsitzstaat besteuert werden (subject-to-tax-clause, Art. II Abs. 2 DBA-GB). Eine doppelte Steuerbefreiung wird auf diese Weise grundsätzlich vermieden; das DBA-GB geht von der Annahme aus, daß nationale Vorschriften regelmäßig eine Besteuerung im Quellenstaat vorsehen. Der in Deutschland beschränkt steuerpflichtige Gläubiger der Kapitalleistung unterliegt bezüglich der Zinserträge grundsätzlich keiner Steuerpflicht, da Deutschland nach § 49 Abs. 1 Nr. 5 Buchst. c Doppelb. aa EStG sein Besteuerungsrecht für diese Einkünfte grundsätzlich nicht ausübt.[293] Eine doppelte Nichtbesteuerung tritt dennoch nicht ein. Von den Zinserträgen wird in Deutschland eine Kapitalertragsteuer in Höhe von 30 % einbehalten (§ 43 Abs. 1 S. 1 Nr. 7 Buchst. a i.V.m. § 43a Abs. 1 Nr. 4 EStG).

Aufgrund der umfassenden Definition von Kapitalerträgen in § 43 EStG, bei denen die Einkommensteuer durch Abzug vom Kapitalertrag erhoben wird, ist es - soweit ersichtlich - nicht möglich, die aufgrund der DBA-Vorschriften bestehende Besteuerungslücke bei Zinserträgen zugunsten des Versorgungsempfängers zu nutzen.

Wird die Kapitalleistung in Deutschland in Form von Anteilen an Kapitalgesellschaften angelegt, gilt für die Dividendeneinkünfte das gleiche Ergebnis: Haben natürliche Personen mit Ansässigkeit, aber ohne Domizil im Vereinigten Königreich deutsche Dividendeneinkünfte, führt die Besteuerung nach der Remittance-Basis dazu, daß die Einkünfte in Großbritannien nur dann steuerlich erfaßt werden, wenn die Dividenden dorthin überwiesen werden. In diesem Fall

290 Vgl. Schaumburg, H., International, 1998, Rz. 16.482.

291 Es wird angenommen, daß es sich um Kapitalerträge i.S.v § 20 Abs. 1 S. 1 Nr. 7 EStG handelt.

292 Siehe Kap. „Begründung eines Domizils“, S. 158.

293 Ausgenommen sind Zinszahlungen, die gegen Aushändigung der Zinsscheine im Tafelgeschäft erfolgen; zu weiteren Ausnahmen siehe § 49 Abs. 1 Nr. 5 Buchst. c EStG. Siehe hierzu auch Kramer, J.-D., DBA-GB, 1988, S. 251-252.

gewährt Art. XVIII Abs. 1 Buchst. a DBA-GB die Anrechnung der auf die Dividenden nach § 43 Abs. 1 Nr. 1 EStG einbehaltenen Kapitalertragsteuer von 25 %. In Deutschland gilt die Einkommensteuer für Einkünfte, die dem Steuerabzug vom Kapitalertrag unterliegen, bei beschränkt Steuerpflichtigen durch den Steuerabzug als abgegolten (§ 50 Abs. 5 EStG). Ein Körperschaftsteuerguthaben kann von ausländischen Anteilseignern nicht geltend gemacht werden (§ 51 KStG). Werden die Dividenden nicht ins Vereinigte Königreich überwiesen, erfolgt keine Anrechnung der Kapitalertragsteuer; auch das Körperschaftsteuerguthaben kann nicht berücksichtigt werden. Eine doppelte Nichtbesteuerung tritt insofern auch bei Dividendenzahlungen nicht ein.

(5) Bedeutung für den multinationalen Arbeitgeber

(a) Dividendenausschüttungen

Bei Dividendenausschüttungen einer britischen Tochtergesellschaft steht nach Art. VI Abs. 1 DBA-GB dem Vereinigten Königreich das Recht zu, eine Quellensteuer (Kapitalertragsteuer) von bis zu 15 % zu erheben. Deutschland als Ansässigkeitsstaat des Dividendenempfängers behält grundsätzlich das Recht, die Dividenden zu besteuern.[294] Nach Art. 5 Abs. 1 der europäischen Mutter-Tochter-Richtlinie[295] sind Ausschüttungen zwischen verbundenen Unternehmen innerhalb der EU unter der Voraussetzung einer Mindestbeteiligungsquote von 25 % und einer Mindestbeteiligungsdauer von 12 Monaten von einer Kapitalertragsteuer befreit, so daß eine Doppelbesteuerung von Dividenden, die an die deutsche Muttergesellschaft ausgeschüttet werden, nicht eintritt.

Ausschüttungen an die deutsche Mutterkapitalgesellschaft, die über mindestens 10 % der Anteile verfügt, sind in Deutschland von der Körperschaft- und Gewerbesteuer freigestellt (Art. XVIII Abs. 2 Buchst. a DBA-GB, § 8b Abs. 5 KStG, § 9 Nr. 7 GewStG).[296]

---

294 Vgl. Becker, H. u.a. (Hrsg.), 1997, DBA-GB, Art. VI Rn. 1.

295 EG-Richtlinie vom 23.07.1990 über das gemeinsame Steuersystem von Mutter- und Tochtergesellschaften, 90/435/EWG, ABlEG 28.08.1990, Nr. L 225/6 und 28.09.1990, Nr. L 266/20. Die Richtlinie ist in allen Mitgliedstaaten in nationales Recht umgesetzt worden, vgl. Jacobs, O.H., International, 1999, S. 152; zu Großbritannien vgl. Moore, M.R., Directive, 1992, S. 177-178. Die Bedeutung der ACT ist in diesem Zusammenhang umstritten, vgl. Tiley, J./Collison, D., UK Tax Guide, 1998-99, Tz. 26:09; das Problem entfällt durch den Wegfall der ACT ab dem 06.04.1999, vgl. Kap. „Körperschaftsteuer“, S. 155.

296 Vgl. Becker, H. u.a. (Hrsg.), 1997, DBA-GB, Art. XVIII Rn. 14-17; Gammie, M./Brannan, G., Imputation, 1995, S. 389, 392; Theisen, M.R./Wenz, M., Großbritannien, 1994, S. 408.

(b) Aufwandsverrechnung

(i) Rechtsgrundlagen der Aufwandsverrechnung

Abkommensrechtliche Grundlage für die Verrechnungspreisfestlegung nach dem Fremdvergleichsgrundsatz und für die nach nationalem Steuerrecht möglichen Einkunftsberichtigungen im Wege der verdeckten Gewinnausschüttung, der verdeckten Einlage sowie der Korrektur nach § 1 AStG ist Art. IV DBA-GB.[297]

Die nach dem OECD-Modell abgeschlossenen Doppelbesteuerungsabkommen enthalten keine Konkretisierung der Voraussetzungen für die Ermächtigung zur Gewinnberichtigung. Die Ermittlung eines dem Fremdvergleichsgrundsatz entsprechenden Entgeltes ist dennoch nicht in das Belieben der Unternehmen oder Finanzverwaltungen gestellt. Auf multinationaler Ebene geben die Verrechnungspreisgrundsätze der OECD[298] eine Richtlinie für die Verrechnungspreisermittlung. Auf nationaler deutscher Ebene geben die Grundsätze für die Prüfung der Einkunftsabgrenzung bei international verbundenen Unternehmen (Verwaltungsgrundsätze)[299] der Finanzverwaltung eine bindende Leitlinie; für den Steuerpflichtigen entfalten die Verwaltungsgrundsätze nur eine Informations-, aber keine Rechtswirkung.

Da sowohl die OECD-Richtlinien als auch die Verwaltungsgrundsätze der deutschen Finanzverwaltung keinen Rechtsnormcharakter besitzen, jedoch für die Anwendung des Art. IV DBA-GB erläuternd wirken, erfolgt die Berücksichtigung dieser Quellen in Zusammenhang mit der Analyse bilateralen und multilateralen Rechts. Dabei ist es erforderlich, auch nationales Recht in die Analyse einzubeziehen. Die Ausführungen zur Analyse nationalen Rechts gehen daher auf die Verrechnungspreisproblematik nicht mehr ein.[300]

(ii) Formen der Aufwandsverrechnung

Die Tochterkapitalgesellschaft ist dem Grunde und der Höhe nach mit dem Vergütungsaufwand zu belasten, den sie wirtschaftlich verursacht hat. Der Vergütungs- und Versorgungsaufwand eines entsandten Mitarbeiters kann im Konzern im Wege der Einzelabrechnung (Aufwandsersatz), in Form einer Umlage oder als Preisbestandteil einer Dienst- oder Werkleistung verrechnet werden.[301]

Die *Einzelabrechnung* ist der Grundfall der Aufwandsverrechnung im Konzern. Aufwandsersatz wird geleistet, wenn Aufwand aufgrund eines Arbeitverhältnisses bei einem Konzernunternehmen anfällt, bei dem der Aufwand nicht betrieblich veranlaßt ist.

---

297 Vgl. Jacobs, O.H., International, 1999, S. 591-614.

298 Abgedruckt in OECD, Verrechnungspreisgrundsätze, Köln 1997.

299 BMF-Schreiben vom 23.02.1983, IV C 5 - S 1341 - 4/83, BStBl 1983 I, S. 218-233.

300 Dies betrifft Kap. „Tatbestandsanalyse nationalen Rechts im Heimatstaat“, S. 135.

301 Vgl. Vögele, A. u.a., Verrechnungspreise, 1997, K 89.

Kosten- bzw. Konzernumlagen werden eingesetzt, wenn ein Konzernmitglied Dienstleistungen für den Gesamtkonzern oder eine Gruppe von Konzernmitgliedern erbringt und das Entgelt ausschließlich zusammengefaßt bewertet werden kann. Kostenumlagen sind eine Form der indirekten Verrechnung, sie sind anzuwenden, wenn die direkte Verrechnung nicht möglich oder nur schwierig zu vollziehen ist.[302]

Eine Kostenumlage ist bei Personalentsendungen nicht anzuwenden, wenn die Tätigkeit des Arbeitnehmers im betrieblichen Interesse des einzelnen Tochterunternehmens und ggfs. auch im betrieblichen oder gesellschaftsrechtlichen Interesse des Mutterunternehmens liegt und das Ergebnis der Tätigkeit nicht im Gesamtkonzern oder in bestimmten Gruppen von Konzerngesellschaften genutzt wird.[303] In diesem Zusammenhang ist zu beachten, daß bei einer Entsendung von weniger als 183 Tagen nach dem Wortlaut des Art. XI Abs. 3 Buchst. b DBA-GB das Besteuerungsrecht nur dann zum Tätigkeitsstaat wechselt, wenn der gesamte Arbeitslohn im Wege einer Einzelabrechnung der Tochterkapitalgesellschaft belastet wird. Eine nicht spezifizierte Weiterbelastung im Rahmen einer Kostenumlage führt nicht zu einem Wechsel des Besteuerungsrechts an den Tätigkeitsstaat.[304]

Die Dienstleistung kann auch als *Preisbestandteil einer Dienst- oder Werkleistung* verrechnet werden, wenn mehrere Sach- und Dienstleistungen in wirtschaftlichem Zusammenhang stehen; diese Möglichkeit einer Inrechnungstellung gilt aber als seltene Ausnahme.[305]

(iii) Aufwandsverrechnung dem Grunde nach

- Grundsätze

Losgelöst von den Zahlungsmodalitäten für die Vergütung ist zu klären, welches der beteiligten Unternehmen den Betriebsausgabenabzug für den Vergütungsaufwand beanspruchen kann. Der Betriebsausgabenabzug muß stets in Übereinstimmung mit den wirtschaftlichen Verhältnissen erfolgen. Bei einer wirtschaftlichen Betrachtungsweise ist von entscheidender Bedeutung, in wes-

302 Vgl. Jacobs, O.H., International, 1999, S. 905-908; Kuckhoff, H./Schreiber, R., Kostenumlagen, 1998, S. 1-6; OECD (Übers. Stock, F./Kaminski, B.), Kapitel VIII, 1998; Runge, B., Dienstleistungen, 1986, S. 554-562; Scheffler, W., Verrechnungspreisgestaltung, 1991, S. 471-489; Stock, F./Kaminski, B., Gewinnaufschlag, 1998, S. 7-10.

303 Vgl. BMF-Schreiben vom 23.02.1983, IV C 5 - S 1341 - 4/83, BStBl 1983 I, S. 218, Tz. 7.1.

304 Vgl. Debatin, H./Wassermeyer, F., Doppelbesteuerung, 1998, Art. 15 Rz. 119; Siefert, B., Entsendung, 1985, S. 278.

305 Vgl. Baumhoff, H., Verrechnungspreise, 1986, S. 278-279.

sen Interesse die Auslandsentsendung erfolgt.[306] Die Abzugsfähigkeit als Betriebsausgabe bestimmt sich nach nationalem Recht danach, ob die entsendungsbedingten Aufwendungen durch den Betrieb veranlaßt sind (§ 4 Abs. 4 EStG), d.h. in betrieblichem Interesse erfolgen. Eine Veranlassung besteht nur bei objektivem tatsächlichen oder wirtschaftlichen Zusammenhang mit dem Betrieb; ein ausschließlich rechtlicher Zusammenhang, wie z.B. das Bestehen eines formalen Arbeitsverhältnisses, reicht nicht aus.[307] Kein betriebliches Interesse liegt z.B. vor, wenn Aufwendungen vom Mutterunternehmen nur aufgrund einer Abzugsbeschränkung bei der ausländischen Tochtergesellschaft übernommen werden. Neben dem betrieblichen Interesse können Aufwendungen auch im gesellschaftsrechtlichen Interesse des Mutterunternehmens liegen. Solche Aufwendungen dienen z.B. dem Zweck der Verwaltung der Beteiligung oder dem Schutz der Investition in die Beteiligung.

Entscheidend ist daher zu klären, ob der entsandte Arbeitnehmer im betrieblichen Interesse oder im gesellschaftsrechtlichen Interesse des Stammhauses oder im betrieblichen Interesse des Gastunternehmens tätig wird. Auch eine gemischte Veranlassung ist möglich. Die Klärung dieser Fragen ist erforderlich, um über die Abzugsfähigkeit der entstehenden Aufwendungen und über eine Verpflichtung zur Weiterbelastung an das verbundene Unternehmen entscheiden zu können.[308]

- *Vergütung versus Versorgung*

Für die betriebliche Veranlassung von Versorgungsaufwand gelten die gleichen Grundsätze wie für die betriebliche Veranlassung von Vergütungsaufwand. Unter Umständen kann es aber zu einer abweichenden Beurteilung der Abzugsfähigkeit von Vergütungs- und Versorgungsaufwand kommen. Für Aufwendungen betrieblicher Altersversorgung gilt im besonderen, daß eine Belastung des Gastunternehmens nur dann vorzunehmen ist, wenn auch ein ordentlicher

---

306 Vgl. OFD Koblenz, Verfügung vom 21.08.1995, S 1341 A - St 34 1, WPg 1995, S. 675; Dahnke, H., Kostenverrechnung, 1992, S. 100; Günkel, M., Pensionsrückstellung, 1987, Fach 3 Gr. 3, S. 875-876; Kratzenberg, H., Verrechnungspflicht, 1989, S. 205-206; Kuckhoff, H./Schreiber, R., Verrechnungspreise, 1997, S. 104-110; Littmann, E./Bitz, H./Hellwig, P., Einkommensteuerrecht, 1998, § 6a, Tz. 22-24; Richter, G./Schanz, T., Personalentsendungen, 1994, S. 398; Siefert, B., Entsendung, 1985, S. 277.

307 Vgl. Schmidt, L. (Hrsg.), Einkommensteuergesetz, 1999, § 4, Rz. 28. Für die Zulässigkeit des Abzugs allein aufgrund eines formalen Arbeitsverhältnisses siehe Runge, B., Arbeitgeber, 1986, S. 479.

308 Bei Entsendung von weniger als 183 Tagen und verbleibendem Wohnsitz des Arbeitnehmers in Deutschland ist zu bedenken, daß die Zuordnung des Betriebsausgabenabzugs zum Stammhaus einerseits, zur Tochtergesellschaft andererseits, Auswirkung auf die Steuerpflicht des Arbeitnehmers und die Pflicht zur Einbehaltung von Lohnsteuer durch den Arbeitgeber hat, vgl. Art. XI Abs. 3 DBA-GB.

und gewissenhafter Geschäftsleiter[309] des Gastunternehmens dem Mitarbeiter eine betriebliche Altersversorgung gewährt hätte. Für die Beurteilung dieser Frage ist die Dauer der Entsendung, die Rückkehrabsicht des Arbeitnehmers und das Vorhandensein eines eigenen betrieblichen Altersversorgungssystems beim Gastunternehmen zu berücksichtigen.[310] Ist die Entsendung nur von kurzer Dauer, hätte ein ordentlicher und gewissenhafter Geschäftsleiter des Tochterunternehmens einem sonstigen Arbeitnehmer keine Altersversorgung gewährt. Die Mindestdauer eines Arbeitsverhältnisses, die zu einem Pensionsversprechen erforderlich ist, wird ein solcher Geschäftsleiter danach bemessen, nach welcher Zeitdauer der Mitarbeiter produktive Beiträge leistet.[311] Daneben wird er die Bedingungen einbeziehen, unter denen im Tätigkeitsstaat eine betriebliche Altersversorgung zugesagt wird.[312] Pensionszusagen, die vom ehemaligen inländischen Arbeitgeber erst nach Übertritt des Arbeitnehmers zum ausländischen Konzernunternehmen erteilt werden, können nicht zu einer steuerlich wirksamen Rückstellungsbildung im Inland führen, wenn keine Leistungsbeziehung zwischen Unternehmen und Arbeitnehmer des ausländischen Konzernunternehmens mehr besteht. Bei vorübergehender Tätigkeit im Ausland kann diese Vorgehensweise aber dennoch zulässig sein, wenn der Aufwand dem inländischen Unternehmen erstattet wird.[313]

- Verwaltungsgrundsätze und OECD-Richtlinien

Die Verwaltungsgrundsätze nennen beispielhaft Entgelte für die zeitlich begrenzte Überlassung von Arbeitskräften einschließlich solcher Arbeitskräfte, die im Führungsbereich eines nahestehenden Unternehmens tätig sind, als grundsätzlich verrechenbare verwaltungsbezogene Leistungen.[314] Dasselbe gilt für die Aus- und Fortbildung sowie die soziale Sicherung von Personal, das in

---

309 Zu diesem Begriff siehe Scheffler, W., Verrechnungspreisgestaltung, 1991, S. 475; Vögele, A. u.a., Verrechnungspreise, 1997, E 21-58. Im Rahmen eines hypothetischen Fremdvergleiches würde ein ordentlicher und gewissenhafter Geschäftsleiter nach langfristiger Gewinnmaximierung für das von ihm geleitete Unternehmen streben. Der Ansatz zielt auf Herstellung eines Interessengegensatzes zwischen konzernverbundenen Vertragspartnern.

310 Vgl. Zehetmair, M., Steuerfragen, 1998, S. 261. Siehe auch Günkel, M., Pensionsrückstellung, 1987, Fach 3 Gr. 3, S. 876; Richter, G./Schanz, T., Personalentsendungen, 1994, S. 402-405.

311 Vgl. Mager, M., Personalentwicklung, 1993, S. 445-446.

312 Vgl. Höfer, R., BetrAVG, Bd. II, 1997, Rdnr. 2356-2358.

313 Vgl. Bräsch, W., Pensionsrückstellungen, 1981, S. 2201.

314 Zu einer kritischen Analyse der in den Verwaltungsgrundsätzen vorgenommenen Abgrenzung verwaltungsbezogener Leistungen zu gewerblichen Dienstleistungen und Dienstleistungen im Bereich der Forschung und Entwicklung siehe Baumhoff, H., Verrechnungspreise, 1986, S. 45-48. Zur besonderen Eignung verwaltungsbezogener Dienstleistungen für die Steuerplanung eines internationalen Konzerns siehe Scheffler, W., Management-Berater, 1991, S. 135.

einem nahestehenden Unternehmen in dessen Interesse tätig ist. Nach Auffassung der Verwaltungsgrundsätze beruhen jedoch Personalaufwendungen, die in Zusammenhang mit Aufgaben der Verwaltung, des Managements, der Kontrolle oder der Beratung stehen, auf gesellschaftsrechtlich veranlaßten Leistungen. Aufgrund der gesellschaftsrechtlichen Veranlassung können diese Entgelte nicht verrechnet werden.[315]

Eine Verrechnung von verwaltungsbezogenen Leistungen ist nur möglich, wenn auch zwischen fremden Dritten ein Entgelt gewährt worden wäre. Dem Grundsatz des Fremdvergleichs entsprechend muß die Verrechnung von vornherein vom zahlenden Unternehmen vereinbart sein und nachgewiesen werden. Der Aufwand darf dem leistungsempfangenden Unternehmen nicht zugleich in anderer Form weiterbelastet werden. Die Verwaltungsgrundsätze lassen nur solche Entgelte zur Verrechnung zu, die eindeutig abgrenzbar und meßbar sind; weiterhin müssen die Entgelte im Interesse der empfangenden Person erbracht werden, d.h. einen Vorteil erwarten lassen und eigene Kosten des Tochterunternehmens ersparen.[316]

Die OECD-Richtlinien orientieren sich zur Abgrenzung zwischen Tätigkeiten im betrieblichen Interesse des Tochterunternehmens und Tätigkeiten im betrieblichen oder gesellschaftsrechtlichen Interesse des Mutterunternehmens am Vorliegen von konzerninternen Dienstleistungen. Nur konzerninterne Dienstleistungen sind der Tochtergesellschaft zu belasten; andernfalls ist eine Belastung des Tochterunternehmens nicht zulässig und ggfs. vom Mutterunternehmen zu erstatten. Eine konzerninterne Dienstleistung wird dann bejaht, wenn auch unabhängige Unternehmen untereinander unter vergleichbaren Verhältnissen bereit gewesen wären, für diese Tätigkeit zu zahlen oder die Tätigkeit in Eigenleistung zu erbringen.[317] Tätigkeiten im Anteilseignerinteresse (sog. „shareholder activities"), für die das Tochterunternehmen als unabhängiges Unternehmen keine Zahlungen leisten würde, rechtfertigen keine Verrechnung.[318]

---

315 Vgl. BMF-Schreiben vom 23.02.1983, IV C 5 - S 1341 - 4/83, BStBl 1983 I, S. 218, Tz. 6.1., Tz. 6.3.

316 Vgl. BMF-Schreiben vom 23.02.1983, IV C 5 - S 1341 - 4/83, BStBl 1983 I, S. 218, Tz. 6.2.

317 Vgl. OECD, Verrechnungspreisgrundsätze, Köln 1997, Anm. 7.6. Die Kriterien des „willing to pay" und des „perform for itself" gelten für die Zukunft als die bedeutendsten Abgrenzungsmerkmale einer verrechnungsfähigen konzerninternen Dienstleistung, vgl. Becker, H., Dienstleistungen, 1996, S. 1157.

318 Vgl. OECD, Verrechnungspreisgrundsätze, Köln 1997, Anm. 7.9-7.13. Die „shareholder activities" führen zu nicht verrechenbaren Kosten. Die sog. „stewardship activities" sind weiter auszulegen und umfassen alle Ausgaben zur Verbesserung der Ertragsfähigkeit eines Konzernunternehmens; sie können auch verrechenbare Koordinationsleistungen umfassen, vgl. Vögele, A. u.a., Verrechnungspreise, 1997, K 51.

- *Aufwandszuordnung und -aufteilung*

Kann die *betriebliche* Veranlassung eindeutig *einem* der beteiligten Unternehmen zugeordnet werden, wird dadurch zugleich der wirtschaftliche Arbeitgeber, also derjenige, der die Vergütung für die zur Verfügung gestellte Arbeitskraft originär trägt oder zu tragen hat, gekennzeichnet.[319] Tätigt ein anderer als der wirtschaftliche Arbeitgeber Aufwendungen für den entsandten Mitarbeiter, sind diese Aufwendungen an den wirtschaftlichen Arbeitgeber weiterzubelasten. Die Aufwendungen umfassen auch die Zuführungen zu den Pensionsrückstellungen.[320]

Wird der Arbeitnehmer in *beiderseitigem* originären betrieblichen Interesse tätig, ist die Zuordnung des wirtschaftlichen Arbeitgebers nach dem Gesamtbild der Verhältnisse vorzunehmen. Es kommt zu einem anteiligen Betriebsausgabenabzug im Heimat- und im Gastland. Die Aufteilung der Gesamtbezüge erfolgt entsprechend dem Grad des Interesses auf der Grundlage arbeitsvertraglicher Regelungen, einzelvertraglicher Abreden oder konkreter Leistungsnachweise. Für direkt zuordenbare Lohnbestandteile (aufgrund sachlicher Zuordnung oder zeitlicher Messung) gelingt die Aufteilung ohne Schwierigkeiten. Nicht konkret meßbare Tätigkeiten sind anhand eines Schlüssels aufzuteilen, der das Verhältnis des beiderseitigen Interesses zu berücksichtigen hat.[321] Für eine Aufteilung der Gesamtbezüge ist auch die Angemessenheit des Verdienstniveaus im Tätigkeitsstaat zu berücksichtigen. Liegt das Lohnniveau im Tätigkeitsstaat für Tätigkeiten gleicher Qualifikation unter dem Niveau des Heimatstaates, muß der überschießende Teil als durch das Mutterunternehmen betrieblich veranlaßt angesehen werden. Eine Abweichung vom ortsüblichen Lohnniveau kann dennoch auf ein ausschließliches Interesse der Tochter schließen lassen, wenn der Arbeitnehmer vom Tochterunternehmen aufgrund eines Mangels einheimischer Fachkräfte angefordert wurde. Ein weitgehendes Weisungsrecht des Mutterunternehmens hinsichtlich Funktion, Kompetenz und Rückkehrzeitpunkt des entsandten Arbeitnehmers spricht für eine anteilige betriebliche Veranlassung beim Mutterunternehmen.[322]

Erfolgt die Tätigkeit im *gesellschaftsrechtlichen* Interesse der Muttergesellschaft, sind die Aufwendungen nicht im Tätigkeitsstaat abzugsfähig. Im Hei-

---

319 Vgl. Debatin, H./Wassermeyer, F., Doppelbesteuerung, 1998, Art. 15 MA Rz. 114. Bei betrieblichem Eigeninteresse der Muttergesellschaft ist zu beachten, daß sich bei Auslandssachverhalten regelmäßig die Mitwirkungspflicht des entsendenden Unternehmens zum Nachweis des Eigeninteresses erhöht, vgl. OFD Koblenz, Verfügung vom 21.08.1995, S 1341 A - St 34 1, WPg 1995, S. 675; BFH vom 25.08.1986, IV B 76/86, BStBl 1987 II, S. 483.

320 Vgl. Dahnke, H., Kostenverrechnung, 1992, S. 100.

321 Vgl. Kratzenberg, H., Verrechnungspflicht, 1989, S. 206-207; Kuckhoff, H./Schreiber, R., Verrechnungspreise, 1997, S. 107-110.

322 Vgl. Zehetmair, M., Steuerfragen, 1998, S. 261.

matstaat (Deutschland) ist ein Abzug nicht möglich, wenn die Aufwendungen in unmittelbarem Zusammenhang mit steuerfreien Schachteldividenden der Tochtergesellschaft stehen (§ 3c EStG).[323]

Werden die Kosten der Entsendung nicht arbeitsvertraglich, sondern durch einen zwischen Mutter- und Tochterunternehmen geschlossenen Dienst- oder Werkvertrag rechtlich begründet, so liegt ein betriebliches Interesse sowohl beim Mutter- als auch beim Tochterunternehmen vor. Das entsendende Unternehmen hat ein *originäres* betriebliches Interesse, und das Gastunternehmen als Dienst- oder Werkleistungsempfänger hat ein *mittelbares* Interesse an der Entsendung. Die originäre Leistung in bezug auf das leistungsempfangende Unternehmen erbringt das entsendende Unternehmen.[324]

(iv) Aufwandsverrechnung der Höhe nach

Zur Bestimmung des Verrechnungspreises für die Fortführung von Pensionsanwartschaften in Zusammenhang mit der Entsendung von Arbeitnehmern von der Muttergesellschaft an die ausländische Tochterkapitalgesellschaft ist zum einen anhand der Unterscheidung, ob es sich bei der Tätigkeit des Arbeitnehmers im Ganzen um eine Dienstleistungserbringung handelt (Dienstleistung in Form einer *Arbeitnehmerüberlassung*) oder ob die Dienstleistung nur in der Durchführung des Versorgungsverhältnisses besteht (Dienstleistung im Rahmen einer *Arbeitskräftegestellung*), eine Entscheidung über den Ansatz eines Gewinnaufschlages zu treffen. Zum anderen ist der Einfluß *betriebswirtschaftlicher Grundsätze* auf die Höhe des Verrechnungspreises zu klären.[325]

- Arbeitnehmerüberlassung

Bleibt das Arbeitsverhältnis des entsandten Arbeitnehmers bestehen und kommt es nicht zum Abschluß eines neuen oder zusätzlichen Arbeitsverhältnisses mit dem Gastunternehmen, erbringt das entsendende Unternehmen durch den Ar-

---

323 Vgl. Kratzenberg, H., Verrechnungspflicht, 1989, S. 206. Das Abzugsverbot wird nur teilweise wirksam, da die mit steuerfreien Schachteldividenden in Zusammenhang stehenden Betriebsausgaben nach einer pauschalen Minderung um 15 % der steuerfreien Schachteldividenden grundsätzlich abzugsfähig bleiben (§ 8b Abs. 7 KStG), vgl. kritisch Thömmes, O., Unvereinbarkeit, 1999, S. 500-503.

324 Vgl. Zehetmair, M., Steuerfragen, 1998, S. 261.

325 Vgl. BMF-Schreiben vom 23.02.1983, IV C 5 - S 1341 - 4/83, BStBl 1983 I, S. 218, Tz. 2.1.6. Buchst. c, Tz. 2.2.4. Siehe auch Höfer, R., BetrAVG, Bd. II, 1997, Rdnr. 2367.

beitnehmer eine Dienstleistung.[326] Dies gilt auch dann, wenn die Arbeitnehmerüberlassung nicht Geschäftszweck des entsendenden Unternehmens ist.[327]

Eine Arbeitnehmerüberlassung ist in der Regel so gestaltet, daß kein Arbeitsverhältnis des Arbeitnehmers zu dem Entleiher der Arbeitskraft begründet wird, sondern vertragliche Beziehungen nur zwischen Verleiher und Entleiher hergestellt werden und die tatsächlichen Beziehungen zwischen dem Verleiher und dem Arbeitnehmer sich nicht ändern.[328] Eine Eingliederung des Arbeitnehmers von gewissem Umfang in den Betrieb des Entleihers ist ohne Bedeutung, solange der Arbeitnehmer dem weiterreichenden geschäftlichen Willen des Verleihers untergeordnet bleibt. Eine im Ergebnis andere Beurteilung durch das Arbeits- und Sozialversicherungsrecht ist nicht von Bedeutung.[329] Abordnungen und Delegationen[330] gelten als Arbeitnehmerüberlassungen, da kein schuldrechtliches Arbeitsverhältnis mit dem Gastunternehmen geschlossen wird.

Die Verwaltungsgrundsätze bestimmen für konzerninterne verwaltungsbezogene Dienstleistungen den Ansatz eines Fremdpreises, soweit Leistungen zwischen voneinander Unabhängigen der erbrachten Leistung nach Art und Umfang vergleichbar sind. Soweit Marktpreise nicht feststellbar sind, ist der Verrechnungspreis mittels der Kostenaufschlagmethode aus den direkt zuordenbaren Kosten zuzüglich anteiliger Gemeinkosten zu ermitteln. Das Entgelt darf den Aufwand nicht übersteigen, den auch ein ordentlicher Geschäftsleiter des Leistungsempfängers bei Erledigung durch den eigenen Betrieb oder Vergabe

---

326 Die Bezeichnung des Dienstleistungsverhältnisses als „geschäftsführende Assistenzleistung" in Debatin, H./Wassermeyer, F., Doppelbesteuerung, 1998, Art. 15 MA Rz. 119, engt den Einsatzbereich im Einzelfall unzutreffend auf die laufende Geschäftsführung der Tochter ein. Zur Begriffsvielfalt bei Dienstleistungsverhältnissen siehe Vögele, A. u.a., Verrechnungspreise, 1997, K 33-42; zur Ablehnung der Dreiteilung in Assistenz-, Management- und Kontrolleistungen siehe Scheffler, W., Verrechnungspreisgestaltung, 1991, S. 478.

327 Vgl. Debatin, H./Wassermeyer, F., Doppelbesteuerung, 1998, Art. 15 MA Rz. 118.

328 Vgl. Lechner, E., Arbeitskräfteüberlassung, 1994, S. 223.

329 Der BFH unterscheidet nicht zwischen Arbeitnehmerüberlassung und Arbeitskräftegestellung. Von Bedeutung ist aus seiner Sicht nur die Zuordnung des betrieblichen Interesses, d.h., welches der Unternehmen sich die Tätigkeiten des Mitarbeiters zurechnen lassen muß, vgl. BFH vom 05.10.1977, I R 90/75, BStBl 1978 II, S. 205; BFH vom 03.02.1993, I R 80-81/91, BStBl 1993 II, S. 462, Tz. C.4. In bürgerlich-rechtlicher Sicht stellt die Arbeitnehmerüberlassung einen Dienstverschaffungsvertrag dar, da sich das Mutterunternehmen verpflichtet, dem Tochterunternehmen die Dienste des Arbeitnehmers zu verschaffen. Das Mutterunternehmen überläßt seinen Anspruch auf Dienstleistung dem Tochterunternehmen. Ein Arbeitnehmerüberlassungsvertrag umfaßt auch die Eingliederung in die Betriebsorganisation des Tochterunternehmens, vgl. Palandt, O., BGB, 1998, Einführung vor § 611, Rn. 25 und 38-40.

330 Vgl. zur Definition und Abgrenzung Kap. „Personalentsendung", S. 25.

an ortsansässige Fremde aufgewendet hätte.[331] Die Kostenbasis ist unter Anwendung der gegenüber Fremden verwendeten Kalkulationsmethode zu ermitteln. Werden die Leistungen nicht gegenüber Fremden erbracht, sind betriebswirtschaftliche Grundsätze anzuwenden. Neben der Kostenbasis ist auch ein betriebs- oder branchenüblicher Gewinnaufschlag anzusetzen.[332]

Auch die OECD-Richtlinien stellen für den Verrechnungspreis grundsätzlich auf den zwischen unabhängigen Unternehmen unter vergleichbaren Verhältnissen vereinbarten Preis ab.[333] Dabei ist einerseits zu berücksichtigen, was ein unabhängiges Unternehmen für die Inanspruchnahme dieser Dienstleistung zu zahlen bereit wäre, zum anderen aber auch die Kosten für den Erbringer der Dienstleistung. In Übereinstimmung mit den Verwaltungsgrundsätzen fordern die OECD-Richtlinien die Anwendung einer Standardmethode zur Verrechnungspreisbestimmung; sofern keine vergleichbaren Dienstleistungen feststellbar sind, soll die Kostenaufschlagmethode zur Anwendung kommen.[334] Der Ansatz eines Gewinnaufschlages wird für Fremdgeschäfte grundsätzlich bejaht, ob auch im Rahmen konzerninterner Leistungsbeziehungen ein Gewinnaufschlag anzusetzen ist, wird von den OECD-Richtlinien nicht eindeutig bestimmt. Zwar gilt ein Gewinnaufschlag als konform zum Fremdvergleichsgrundsatz, jedoch werden Umstände genannt, unter denen ein Aufschlag nicht erfolgt: Sind die Kosten einer Dienstleistung höher als der Marktpreis, kann ein Gewinnaufschlag unterbleiben.[335] Die Kriterien für die Notwendigkeit eines Gewinnaufschlages sind jedoch nicht anwendbar, wenn ein vergleichbarer Marktpreis nicht verfügbar ist. Für diesen Fall fordern die Richtlinien eine Überprüfung der Kostenbasis. Sind für die konzerninterne Leistungsbeziehung im Vergleich zu einem fiktiven Fremdbezug höhere Gemeinkosten anzusetzen, kann eine Berichtigung der entstandenen Kosten (im Sinne eines Aufschlages) notwendig sein.[336] Eindeutig fordern die Richtlinien eine Verpflichtung zum Ansatz eines Gewinnaufschlages, „wenn die Erbringung der Dienstleistung eine Haupttätigkeit des verbundenen Unternehmens darstellt, wenn das Gewinnelement relativ wichtig ist oder wenn eine direkte Verrechnung als Grundlage für die Ermittlung des Fremdpreises möglich ist".[337]

---

331 Vgl. BMF-Schreiben vom 23.02.1983, IV C 5 - S 1341 - 4/83, BStBl 1983 I, S. 218, Tz. 6.4.1. Die Finanzverwaltung läßt für konzerninterne Dienstleistungen regelmäßig *nur* eine Verrechnung von Entgelten nach der Kostenaufschlagmethode zu; vgl. hierzu kritisch sowie mit Reformvorschlägen Stock, F./Kaminski, B., Verrechnungspreise, 1997, S. 450-455.

332 Vgl. BMF-Schreiben vom 23.02.1983, IV C 5 - S 1341 - 4/83, BStBl 1983 I, S. 218, Tz. 2.2.4. So bereits Neubauer, H., Gesellschafterinteresse, 1971, S. 253.

333 Vgl. OECD, Verrechnungspreisgrundsätze, Köln 1997, Anm. 7.19.

334 Vgl. OECD, Verrechnungspreisgrundsätze, Köln 1997, Anm. 7.29-7.32.

335 Vgl. OECD, Verrechnungspreisgrundsätze, Köln 1997, Anm. 7.33-7.34.

336 Vgl. OECD, Verrechnungspreisgrundsätze, Köln 1997, Anm. 7.35-7.36.

337 OECD, Verrechnungspreisgrundsätze, Köln 1997, Anm. 7.37.

Zur praktikablen Ermittlung der Höhe des Gewinnaufschlages machen die Verwaltungsgrundsätze keine Vorgabe. Da in keinem Fall ein unternehmensweit einheitlicher Gewinnaufschlag existiert, ist der Gewinnaufschlag unter Berücksichtigung der gewählten Kostenbasis, eines gegebenenfalls vorhandenen Fremdvergleichspreises sowie der Funktionen und Risiken zu bestimmen, die das dienstleistende Unternehmen ausübt und trägt.[338] Im einzelnen bereitet die Bemessung der Höhe eines Gewinnaufschlages erhebliche Schwierigkeiten, wenn Fremdpreise für die Dienstleistung nicht verfügbar sind. Insbesondere kann bei verwaltungsbezogenen Dienstleistungen nicht der Gewinnaufschlag für Warenlieferungen im Konzern herangezogen werden. Wird die leistende Gesellschaft im Rahmen eines Werkvertrages tätig, ist grundsätzlich ein höherer Gewinnaufschlag als bei Dienstleistungen anzusetzen, da das Risiko der Leistungsdauer bei der inländischen Mutter liegt.[339]

Angesichts der theoretisch nicht exakt zu bestimmenden Gewinnaufschlagsproblematik ist die Auffassung des BFH, einen Gewinnaufschlag von 10-15 % als nicht unangemessen zu betrachten, eine praktische Hilfestellung.[340] Die deutsche Finanzverwaltung wird einen Gewinnaufschlag von 5-10 % auf die Kosten einer Konzernverwaltungsstelle nicht beanstanden.[341]

- Arbeitskräftegestellung

Bei der Arbeitskräftegestellung schließt der entsandte Arbeitnehmer mit der ausländischen Tochtergesellschaft ein neues Arbeitsverhältnis. Das Arbeitsverhältnis mit dem entsendenden Mutterunternehmen wird unter Vereinbarung einer Wiedereingliederungsverpflichtung aufgelöst oder ruht für die Zeit der Entsendung. Bei dieser Gestaltung liegt grundsätzlich kein schuldrechtliches Verhältnis zwischen Mutter- und Tochterunternehmen vor. Vertragsbeziehungen bestehen nur zwischen entsandtem Mitarbeiter und Mutterunternehmen einerseits sowie dem Mitarbeiter und dem Tochterunternehmen andererseits. Leistet das Mutterunternehmen weiterhin Beiträge zur Pensionsanwartschaft des Mitarbeiters (Fortführung der Anwartschaft), die vom Tochterunternehmen erstattet werden, handelt es sich wirtschaftlich um ein Versicherungsverhältnis zwischen fremden Dritten: das Tochterunternehmen zahlt, veranlaßt durch den bei ihm tätigen Arbeitnehmer, eine Prämie an einen externen Versorgungsträger, wobei die Prämie regelmäßig einen Gewinnaufschlag enthält. Die Rechtsverhältnisse ähneln dem Durchführungsweg der Direktversicherung.[342]

---

338 Vgl. Kratzenberg, H., Verrechnungspflicht, 1989, S. 207; Vögele, A. u.a., Verrechnungspreise, 1997, F 234.

339 Vgl. Kratzenberg, H., Verrechnungspflicht, 1989, S. 207.

340 Vgl. BFH vom 02.02.1960, I 194/59, BB 1960, S. 731.

341 Vgl. BMF vom 24.08.1984, IV C 5 - S 1300 - 244/84, BStBl 1984 I, S. 458 (Kontrollstellenerlaß), Tz. IV. Siehe auch Baumhoff, H., Verrechnungspreise, 1986, S. 234-236.

342 Vgl. Bieg, H., Altersversorgung, 1985, S. 8.

Gegen die Erfordernis eines Gewinnaufschlages spricht nicht die Beitragsgestaltung einer Pensionskasse. Ein Gewinnaufschlag ist in Beiträgen an eine Pensionskasse nicht enthalten, da Beiträge nur insoweit abzugsfähig sind, soweit die Leistungen, würden sie direkt vom Trägerunternehmen erbracht, bei diesem betrieblich veranlaßt wären (§ 4c Abs. 2 EStG). Die Pensionskasse hat nicht die Stellung eines unabhängigen Dritten, da sie kein eigenständiges Gewinnerzielungsstreben verfolgt. Die Kasse muß eine soziale Einrichtung darstellen und das Vermögen und die Einkünfte der Kasse dürfen ausschließlich für deren eigene Zwecke verwendet werden (§ 5 Abs. 1 Nr. 3 Buchst. b-c KStG).[343]

Auch die Bedeutung der erbrachten Dienstleistung kann nicht die Notwendigkeit eines Gewinnaufschlages berühren. Zwischen verbundenen Unternehmen gehört die im Einzelfall erbrachte Leistung, die Pensionsanwartschaft gegen Beitragserstattung fortzuführen, regelmäßig nicht zum eigentlichen Geschäftsgegenstand des erbringenden Unternehmens. In diesem Fall sei ein steuerlicher Gewinnerzielungszwang zu verneinen, da nur eine Steigerung der Leistungsfähigkeit der Gruppe zu möglichst niedrigen Kosten angestrebt werde.[344] Nach dem Grundsatz des Fremdvergleichs sind vielmehr alle Dienstleistungen, auch Nebenleistungen, mit einer Gewinnerwartung verbunden. Verrechnungen zu Selbstkosten sind zwischen fremden Dritten nicht üblich.[345]

Der Einbezug eines Gewinnaufschlags ist danach zu beantworten, ob ein ordentlicher Geschäftsleiter des Tochterunternehmens nur mit Rücksicht auf die Konzernverbundenheit des Arbeitnehmers die Aufwendungen für dessen betriebliche Altersversorgung trägt (keine Leistungsverhältnis zum Tochterunternehmen, kein Gewinnaufschlag) oder ob er dem Arbeitnehmer ohne Rücksicht auf dessen Herkunft Leistungen betrieblicher Altersversorgung gewähren würde (Leistungsverhältnis zum Tochterunternehmen, grundsätzlich mit Gewinnaufschlag). Könnte der ordentliche Geschäftsleiter allerdings die von ihm zu gewährende Altersversorgung über eine seinem Unternehmen verbundene Einrichtung tätigen, die ohne Gewinnerzielungsabsicht tätig ist (ähnlich einer nach § 5 KStG steuerbefreiten Pensionskasse), muß der Fremdvergleichsgrundsatz

---

343 Die Mitgliedschaft von Arbeitnehmern ausländischer Tochtergesellschaften oder die Leistungserbringung an Arbeitnehmer, die an ausländische Tochtergesellschaften abgeordnet wurden, beeinträchtigt die Steuerfreiheit einer Pensionskasse nicht, Abschn. 6 Abs. 5 KStR.

344 Vgl. Ritter, W., Verrechnungspreise, 1983, S. 1685. Neubauer kommt in bezug auf die gesamten Gehaltszahlungen zu dem gleichen Ergebnis, wenn „die Kosten originär bei der ausländischen Gesellschaft entstanden sind", vgl. Neubauer, H., Gesellschafterinteresse, 1971, S. 253. Das Kriterium des Hauptzwecks soll auch nach neuer Auffassung der Finanzverwaltung für den Ansatz von Fremdvergleichspreisen, insbesondere eines Gewinnaufschlags, bestimmend sein, vgl. hierzu kritisch Stock, F./Kaminski, B., Verrechnungspreise, 1997, S. 451-453.

345 Vgl. Baumhoff, H., Verrechnungspreise, 1986, S. 232-233.

hinter den Grundsatz des ordentlichen Geschäftsleiters zurücktreten;[346] der fiktive Geschäftsleiter würde die ohne Gewinnerzielungsabsicht tätige Einrichtung nutzen (kein Gewinnaufschlag gegenüber dem Mutterunternehmen).

Inwieweit ein in Großbritannien ansässiges Betriebsrentensystem mit Gewinnerzielungsabsicht tätig ist, hängt vom Investitionsverhalten dieses Systems ab. Während kleinere Trusts ihre Mittel an Versicherungsgesellschaften weiterleiten (insured schemes), die ihrerseits einen Gewinnaufschlag erheben, können größere Trusts eigenständig am Kapitalmarkt investieren;[347] sie verfolgen dabei kein eigenständiges Gewinnstreben. Der Ansatz eines Gewinnaufschlages auf Beiträge betrieblicher Altersversorgung bei einem britischen Tochterunternehmen erfolgt daher, wenn das Unternehmen seinen sonstigen Arbeitnehmern unter gleichen Umständen Betriebsrenten zusagt, sich aber nicht zur Durchführung seines eigenen Betriebsrentensystems eines externen, mit Gewinnerzielungsabsicht tätigen Versorgungsträgers bedient.

- Betriebswirtschaftliche Grundsätze

Die Verrechnung des Aufwands für die Weiterführung einer betrieblichen Versorgungszusage hat sich an betriebswirtschaftlichen Grundsätzen zu orientieren. Die nach steuerlichen Vorschriften berechnete Zuführung zu einer Pensionsrückstellung eignet sich nicht zur Bestimmung eines Verrechnungspreises, da sie neben einem Jahresbeitrag auch eine Zins- und eine Risikokomponente umfasst.[348] Die Verwendung dieser zusammengefaßten Größe entspricht nicht betriebswirtschaftlichen Grundsätzen.[349]

Aus Vereinfachungsgründen wird die Bereinigung der Zuführung um die Zinskomponente vorgeschlagen,[350] die als Verzinsung der Vorjahresrückstellung oder der diskontierten Endjahresrückstellung berechnet wird. Diese pauschale Spaltungsmethode ist jedoch abzulehnen, da neben dem Jahresbeitrag auch der Risikoanteil als verrechenbarer Personalaufwand behandelt wird. Indem kollektiv anfallende versicherungstechnische Gewinne und Verluste individuell den einzelnen Pensionsberechtigten zugeordnet werden, wird der Fremdvergleichs-

---

346 Auch Baumhoff sieht das Kriterium der Figur des ordentlichen Geschäftsleiters als Möglichkeit einer zusätzlichen inhaltlichen Präzisierung des reinen arm's-length-Grundsatzes, „indem hiermit zutreffender der individuellen Entscheidungssituation des Entscheidungsträgers in der Unternehmung ... Rechnung getragen werden kann", Baumhoff, H., Verrechnungspreise, 1986, S. 130-131; in diesem Sinne auch die Verwaltungsgrundsätze, BMF-Schreiben vom 23.02.1983, IV C 5 - S 1341 - 4/83, BStBl 1983 I, S. 218, Tz. 2.1.1.

347 Vgl. Hübner, P.B., Pensionsfonds, 1991, S. 106-110; Spengel, C./Schmidt, F., Vergleich, 1997, S. 125.

348 Vgl. Scheffler, W., Jahresabschlußanalyse, 1993, S. 461-464.

349 Eine Ersatzpflicht des aufnehmenden Unternehmens in Höhe der Zuführung zur Pensionsrückstellung fordern dagegen Günkel, M., Pensionsrückstellung, 1987, Fach 3 Gr. 3, S. 875; Rey, V.H., Entsendung, 1982, S. 807.

350 Vgl. Kratzenberg, H., Verrechnungspflicht, 1989, S. 207-208.

grundsatz verletzt: biologische Ereignisse wirken sich unmittelbar auf den Personalaufwand aus, insbesondere führt das Älterwerden der Rentenanwärter und Rentenbezieher zu steigenden Beiträgen, vorzeitige Todesfälle führen zu Beitragserstattungen.[351]

Die Anwendung einer versicherungsmathematischen Spaltung bereinigt die Zuführung zur Pensionsrückstellung nicht nur von der Zins- sondern auch von der Risikokomponente, so daß der Jahresbeitrag nach dem Teilwertverfahren als Restgröße verbleibt. Diese Größe weist den Personalaufwand für Zwecke der internen Rechnungslegung korrekt aus.[352] Zur Verrechnungspreisbestimmung ist jedoch der Beitrag zu verwenden, den der Arbeitgeber an eine gedachte Versicherungsgesellschaft zahlen müßte. Eine solche fiktive Jahresprämie[353] wird im folgenden anhand betriebswirtschaftlicher Kriterien konkretisiert.

Als Bewertungsmethoden stehen grundsätzlich das Gegenwartswert-, das Teilwert-, das Umlage- sowie das Barwertverfahren zur Verfügung.[354] Eine gedachte Versicherungsgesellschaft würde in Übereinstimmung mit dem Verursachungsprinzip die Rückstellungsbildung und damit die Beiträge gleichmäßig auf die Zeit von der Begründung des Versicherungsverhältnisses bis zum Eintritt des Versorgungsfalles verteilen.[355] Das damit beschriebene *Gegenwartswertverfahren* ist daher grundsätzlich der Verrechnungspreisbestimmung zugrunde zu legen.[356] Das *Teilwertverfahren* verteilt die Jahresbeiträge gleichmäßig auf die Jahre der Dienstzeit des Arbeitnehmers; soweit Dienstjahre vor dem Zeitpunkt der Versorgungszusage geleistet wurden, sind die entsprechenden Beiträge im Zusagejahr kumuliert nachzuholen. Das Verfahren ist zwar im Hinblick auf das Beschäftigungsverhältnis verursachungsgerecht, nicht aber im Hinblick auf das fiktive Versicherungsverhältnis. Das *Umlageverfahren* kommt

---

351 Vgl. Rößler, N./Dernberger, M./Schmandt, E.M., Aufspaltung, 1996, S. 1788. Leistungen an Hinterbliebene bleiben bei dieser Betrachtung unberücksichtigt.

352 Vgl. Ahrend, P./Förster, W./Rößler, N., Steuerrecht, 1995, 8. Teil, Rdnr. 205; Rößler, N./Dernberger, M./Schmandt, E.M., Aufspaltung, 1996, S. 1789-1790.

353 Eine fiktive Jahres*netto*prämie ist die um Abschluß- und Verwaltungskosten sowie einen Gewinnaufschlag bereinigte Jahresprämie, vgl. Höfer, R., BetrAVG, Bd. II, 1997, Rdnr. 2028; Rößler, N./Dernberger, M./Schmandt, E.M., Aufspaltung, 1996, S. 1786.

354 Vgl. Ahrend, P., Bilanzrichtlinien-Gesetz, 1986, S. 582 sowie ausführlich Scheffler, W., Kostenrechnung, 1991, S. 242-243.

355 Vgl. Isenbart, F./Münzner, H., Lebensversicherungsmathematik, 1987, S. 42, S. 100.

356 Da die Prämien des fiktiven Versicherungsverhältnisses vom Zeitpunkt des Vertragsabschlusses abhängig sind, wird eine weitere Objektivierung vorgeschlagen: Der Verrechnungspreis ist anhand der fiktiven Jahresnettoprämie für die beim aufnehmenden Unternehmen *erdienbare* Anwartschaft zu ermitteln, die nach einem pro-rata-temporis-Verfahren ermittelt wird, vgl. Richter, G./Schanz, T., Personalentsendungen, 1994, S. 403. Dieser Vorschlag erhöht zwar die Transparenz der Aufwandsübernahme; das Problem unterschiedlicher Beiträge aufgrund der Zusagezeitpunkte bleibt jedoch erhalten und wird lediglich auf die Vereinbarung eines erdienbaren Anteils verlagert.

für die Verrechnungspreisbestimmung nicht in Betracht, da die Pensionskosten erst während der Versorgungsphase dem Arbeitgeber belastet werden; es kommt zu einem Verstoß gegen das Verursachungsprinzip. Beim *Barwertverfahren* ist im Jahr der Zusage der Barwert der Versorgungsverpflichtung zurückstellen. Im Zusagejahr wird der gesamte Beitragsaufwand für das Versicherungsverhältnis verrechnet, in den Folgejahren fallen nur noch Zinsaufwand und Risikoanteile an. Hier wird das Verursachungsprinzip verletzt, sofern der zum Pensionierungszeitpunkt erreichbare Vollanspruch zurückgestellt wird, die zugesagte Versorgungsleistung aber auf noch folgenden Tätigkeitszeiträumen des Arbeitnehmers beruht. Einmalbeiträge aus Gehaltsumwandlungen sind hingegen mit dem Barwertverfahren wirtschaftlich zutreffend verrechnet.[357]

Die deutsche Finanzverwaltung verwendet das Modell einer fiktiven Jahresnettoprämie (Abschn. 32 Abs. 3 KStR). Als Jahresnettoprämie gilt ein Beitrag, der rechnerisch gleichmäßig vom Jahr der Zusageerteilung bis zum vertraglich vereinbarten Pensionsalter anfällt.[358] Die Verwaltungsanweisung eignet sich aber nur bedingt als Grundlage zur Berechnung eines fremdvergleichskonformen Beitrages, da sie als Maßstab für die Angemessenheit der Gesamtbezüge eines Gesellschafter-Geschäftsführers dient. Fiktive Abschluß- und Verwaltungskosten einer Versicherungsgesellschaft dürfen nicht berücksichtigt werden. Diese Annahme im Rahmen der Angemessenheitsprüfung kann auf die Anwendung des Fremdvergleichsgrundsatzes nicht übertragen werden. Eine gedachte Versicherungsgesellschaft würde *Abschluß- und Verwaltungskosten*

---

357 Vgl. Scheffler, W., Kostenrechnung, 1991, S. 243. Das Prinzip des Barwertverfahrens entspricht einer Lebensversicherung gegen Einmalprämie. Das Barwertverfahren und das Gegenwartswertverfahren führen unter bestimmten Voraussetzungen zur gleichen Rückstellungshöhe. Unter den Voraussetzungen, daß jeweils der Barwert der zeitanteilig erdienten Anwartschaft - und nicht der Barwert der zukünftigen Rentenzahlungen - angesetzt wird und für die Zeit bis zum voraussichtlichen Pensionierungsalter ein gleichmäßig gestaffeltes Anwachsen des Versorgungsanspruchs vorgesehen ist, entsprechen sich die Rückstellungsbildung beim Gegenwartswert- und beim Barwertverfahren.
Die US-amerikanische Rechnungslegung wendet das Barwertverfahren nach der sog. „projected unit credit method" an (SFAS No. 87). Der jährliche Anwartschaftszuwachs, d.h. der erreichte Teilanspruch, ist nach versicherungsmathematischen Grundsätzen mittels einer Einmalprämie auszufinanzieren, vgl. Financial Accounting Standards Board (Hrsg.), SFAS 87, 1985. Die britischen Rechnungslegungsrichtlinien (SSAP 24) geben keine bestimmte Bewertungsmethode vor, vgl. Davies, M./Paterson, R./Wilson, A., UK GAAP, 1997, S. 1115-1116. Der internationale Rechnungslegungsstandard IAS 19 äußert eine Präferenz für das Barwertverfahren, vgl. Ahrend, P., International, 1995, S. 7-13; Budde, W. D., Bilanzierung, 1992, S. 367-370; Weismüller, A./Kürten, S., Pensionsverpflichtungen, 1996, S. 726.

358 Vgl. Ahrend, P./Förster, W./Rößler, N., Steuerrecht, 1995, 6. Teil, Rdnr. 37; Höfer, R., BetrAVG, Bd. II, 1997, Rdnr. 2029.

einkalkulieren.[359] Dieser Aufschlag ist zur Erfüllung des Fremdvergleichsgrundsatzes auch in die zu verrechnende Jahresprämie grundsätzlich einzubeziehen. Auf den Ansatz von Abschlußkosten kann ggfs. verzichtet werden, wenn das die Zusage erteilende Unternehmen einem Versicherer vergleichbar sein soll, der keine Provisionen bei Vertragsabschluß aufwendet.

Ein *Gewinnaufschlag* ist im Beitrag an ein gedachtes Versicherungsunternehmen regelmäßig enthalten; bei der Verrechnungspreisfestlegung ist der Gewinnaufschlag grundsätzlich einzubeziehen und einheitlich für die Vergütung und die Versorgung des Arbeitnehmers zu bestimmen.[360] Ausnahmen wurden in diesem Kapitel in den vorhergehenden Abschnitten „Arbeitnehmerüberlassung“ und „Arbeitskräftegestellung“ angesprochen.

Spätere *Erhöhungen* des Versorgungsumfangs aufgrund einer Berücksichtigung der Gehalts- und Rentendynamik werden bei einer fiktiven Jahresprämie auf den Zeitraum vom Jahr der Erhöhung bis zum vertraglichen Pensionsalter gleichmäßig verteilt.[361] Bereits zurückgelegte Beschäftigungsjahre werden nicht nachträglich belastet, so daß kein Nachfinanzierungsaufwand im Jahr der Erhöhung entsteht. Da der Erhöhungsbetrag auf einen kürzeren Zeitraum als die Grundzusage verteilt wird (Gegenwartswertprämie), kommt es bei einer gleichbleibenden prozentualen jährlichen Erhöhung zu einem überproportionalen Anstieg der Prämie.[362] Der überproportionale Anstieg der Prämie ist grundsätzlich fremdvergleichskonform. Auch in einem Versicherungsverhältnis, in dem die Ablaufleistung bei feststehendem Ablaufzeitpunkt des Versicherungsverhältnisses kontinuierlich erhöht wird, kommt es zu einem überproportionalen Prämienanstieg.[363]

Die *Risikokomponente*, die sowohl Aufwand (während der Anwartschafts- und Versorgungszeit) als auch Ertrag (bei Wegfall aller Versorgungsrisiken) darstellen kann, steht demjenigen zu, der die wirtschaftlichen Risiken aus Abweichungen zum erwarteten Verlauf der Anwartschaften und Versorgungsfälle trägt.[364] Die im erwarteten Verlauf vorhandenen biometrischen Risiken sind bereits in der versicherungsmathematischen Berechnung des Jahresbeitrages berücksich-

---

359 Vgl. Kratzenberg, H., Verrechnungspflicht, 1989, S. 207; Richter, G./Schanz, T., Personalentsendungen, 1994, S. 404.

360 Vgl. Wacker, W.H., Entsendung, 1996, S. 434-435.

361 Vgl. Weismüller, A./Kürten, S., Pensionsverpflichtungen, 1996, S. 729.

362 Vgl. Höfer, R., BetrAVG, Bd. II, 1997, Rdnr. 2030.

363 Vgl. Herrmann, R., Aufwandserstattung, 1995, S. 125. Die Finanzverwaltung umgeht bei der Angemessenheitsprüfung diese Problematik, indem eine laufende Erhöhung des Versorgungsumfangs, die zur Anpassung an gestiegene Lebenshaltungskosten erfolgt, mit Rücksicht auf den überproportionalen Prämienanstieg nicht zu berücksichtigen ist, Abschn. 32 Abs. 3 S. 4 KStR.

364 Vgl. hierzu das Berechnungsbeispiel bei Scheffler, W., Kostenrechnung, 1991, S. 245.

tigt.[365] Die Risikokomponente ist kein Bestandteil der Jahresprämie und daher nicht dem Gastunternehmen zu belasten, bei dem der Arbeitnehmer vorübergehend tätig ist. Auch eine gedachte Versicherungsgesellschaft würde neben dem versicherungsmathematisch berechneten Beitrag, der den empirisch zu erwartenden Versorgungsverlauf berücksichtigt, keinen weiteren Beitrag zur Dekkung des kollektiven Versicherungsrisikos fordern. Insbesondere bei kleineren Beständen, d.h. bei Entsendung nur eines oder weniger Arbeitnehmer, ist die Risikokomponente von erheblicher Bedeutung; bei Weiterbelastung würde der Verrechnungspreis für die konzerninterne Dienstleistung zufallsbedingten Schwankungen unterliegen, die betriebswirtschaftlich nicht zu rechtfertigen sind.[366]

Ebenso ist der *Zinsanteil* der Zuführung zur Pensionsrückstellung kein Bestandteil der Jahresprämie.[367] Eine gedachte Versicherungsgesellschaft würde die überlassenen Mittel selber investieren, um daraus Erträge zu erzielen. Wenn die Verrechnung des Jahresbeitrages erst am Ende des Geschäftsjahres erfolgt, ist ein *Zinsaufschlag auf den Jahresbeitrag* zu verrechnen, da die Zuführung zur Pensionsrückstellung zum 1.1. des Geschäftsjahres vorgenommen wird.[368]

(c) Gewinnkorrekturen

Im Verhältnis Deutschland-Großbritannien gilt u.a. das „Übereinkommen über die Beseitigung der Doppelbesteuerung im Falle von Gewinnberichtigungen zwischen verbundenen Unternehmen“ vom 23.7.1990, das am 1.1.1995 in Kraft getreten und dessen Gültigkeit auf fünf Jahre begrenzt ist.[369] Das Abkommen soll mit Hilfe eines Verständigungs- bzw. Schlichtungsverfahrens sicherstellen, daß eine Doppelbesteuerung als ein mögliches Hindernis gegen die wirtschaftliche Betätigung von Unternehmen in anderen EG-Mitgliedstaaten in jedem Fall vermieden wird.[370]

---

365 Vgl. Rößler, N./Dernberger, M./Schmandt, E.M., Aufspaltung, 1996, S. 1786; Scheffler, W., Kostenrechnung, 1991, S. 244; Scheffler, W., Jahresabschlußanalyse, 1993, S. 469.

366 Werden Pensionsverpflichtungen zentral bei einer Konzernholding bilanziert, soll das wirtschaftliche Risiko aber bei den Konzernunternehmen liegen, ist auch der Risikoanteil in die Verrechnung einzubeziehen, vgl. Herrmann, R., Aufwandserstattung, 1995, S. 125-126, S. 128.

367 Vgl. Scheffler, W., Kostenrechnung, 1991, S. 244; Weismüller, A./Kürten, S., Pensionsverpflichtungen, 1996, S. 723-724; a.A. Wimmer, K., Zuführungsbeträge, 1992, S. 1297.

368 Vgl. Herrmann, R., Aufwandserstattung, 1995, S. 126.

369 Übereinkommen über die Beseitigung der Doppelbesteuerung im Falle von Gewinnberichtigungen zwischen verbundenen Unternehmen vom 23.07.1990, 90/436/EWG, BStBl 1993 I, S. 818-825; BMF-Bekanntmachung vom 27.12.1994, BStBl 1995 I, S. 166.

370 Vgl. Vögele, A. u.a., Verrechnungspreise, 1997, Einl. 12-13 sowie D 184-198.

Die Vorschriften zur Gewinnkorrektur schaffen keinen steuerlichen Gestaltungsspielraum; im Sinne der steuerlichen Arbeitgeberzielsetzungen[371] werden jedoch im Überblick mögliche Korrekturfälle aufgezeigt: die Darstellung macht deutlich, daß von vornherein eine von beiden beteiligten Staaten anzuerkennende Verrechnungspreisgestaltung anzustreben ist, da andernfalls erhöhter Verwaltungsaufwand aus nachträglichen Berichtigungen resultiert.

- Verdeckte Gewinnausschüttung

Eine verdeckte Gewinnausschüttung (§ 8 Abs. 3 S. 2 KStG) liegt bei einer Vermögensminderung oder verhinderten Vermögensmehrung der Tochtergesellschaft vor, die durch das Gesellschaftsverhältnis veranlaßt ist, eine Zuwendung an den Gesellschafter oder eine ihm nahestehende Person darstellt, Auswirkung auf die Höhe des Einkommens hat und keinen Zusammenhang mit einer offenen Ausschüttung aufweist.[372] Eine verdeckte Gewinnausschüttung liegt z.B. vor, wenn

- die Muttergesellschaft für die Fortführung der betrieblichen Altersversorgung des entsandten Arbeitnehmers ein zu hohes Entgelt von der Tochtergesellschaft erhält;
- die Tochtergesellschaft die Pensionsanwartschaft fortführt und eine zu geringe Aufwandserstattung für die betrieblich bzw. gesellschaftsrechtlich seitens der Muttergesellschaft veranlaßten Aufwendungen erhält;
- bei Übertragung der Anwartschaft die Muttergesellschaft einen zu geringen Transferwert zahlt.

Bei der britischen Tochtergesellschaft ist aufgrund nationaler britischer Vorschriften im Rahmen des Art. IV DBA-GB eine Einkommenskorrektur vorzunehmen; ihr Einkommen wird um die Gewinne erhöht, die sie hätte erzielen können, aber nicht erzielt hat.[373] Die Verpflichtung zu einer entsprechenden Gegenkorrektur auf deutscher Seite ist in Art. IV DBA-GB nicht verankert. Diese Abkommensgestaltung entspricht der früheren Abkommenspraxis der Bundesrepublik Deutschland, die sich zu freiwilligen Gegenberichtigungen im Sinne des Art. 9 Abs. 2 OECD-MA bereiterklärt hat.[374] Da die verdeckte Ge-

---

371 Vgl. Kap. „Interessenlage des Arbeitgebers“, S. 83.

372 Vgl. BFH vom 22.02.1989, I R 44/85, BStBl 1989 II, S. 476; BFH vom 11.10.1989, I R 12/87, BStBl 1990 II, S. 89. Siehe auch R 31 Abs. 3 KStR sowie Mössner, J.M. u.a., Steuerrecht, 1998, Rz. C 233-239.

373 Art. IV DBA-GB, der im Wesenskern mit Art. 9 Abs. 1 OECD-MA übereinstimmt, schafft keinen neuen Rechtsgrund für eine Gewinnberichtigung, sondern schränkt die bestehenden nationalen Gewinnberichtigungsvorschriften ein. Werden verdeckte Gewinnausschüttungen als Dividende klassifiziert, beschränkt sich der Anwendungsbereich dieser Vorschrift auf die Fälle des § 1 AStG, vgl. Mössner, J.M. u.a., Steuerrecht, 1998, Rz. E 316.

374 Vgl. Becker, H. u.a. (Hrsg.), 1997, DBA-GB, Art. IV Rn. 2; Mössner, J.M. u.a., Steuerrecht, 1998, Rz. C 239.

winnausschüttung unter den Dividendenbegriff des Art. VI DBA-GB fällt, ist die Steuerbefreiung durch das internationale Schachtelprivileg anzuwenden.[375]

- Verdeckte Einlage

Eine verdeckte Einlage liegt vor, wenn ein einlagefähiger Vermögensvorteil von der Muttergesellschaft an die Tochtergesellschaft zugewendet wird, der seine Veranlassung im Gesellschaftsverhältnis hat. Eine verdeckte Einlage liegt z.B. vor, wenn

- die Tochtergesellschaft die Pensionsanwartschaft des entsandten Mitarbeiters fortführt und eine zu hohe Aufwandserstattung für die betrieblich bzw. gesellschaftsrechtlich seitens der Muttergesellschaft veranlaßten Aufwendungen erhält;
- bei Übertragung der Anwartschaft die Muttergesellschaft einen zu hohen Transferwert zahlt.

Der bei der Muttergesellschaft entstandene Aufwand ist nach nationalen Vorschriften (§ 8 Abs. 1 KStG i.V.m. § 4 Abs. 1 EStG) im Rahmen des Art. IV DBA-GB ihrem Einkommen hinzuzurechnen. Sofern es sich um ein einlagefähiges Wirtschaftsgut handelt, sind die Anschaffungskosten der Beteiligung entsprechend zu erhöhen.[376] Als Gegenberichtigung bei der britischen Tochterkapitalgesellschaft ist eine Aktivierung im Umfang der verdeckten Einlage vorzunehmen; eine Verpflichtung ist jedoch nicht im Art. IV DBA-GB festgelegt.

- Korrektur nach § 1 AStG

Stellt der Vorteil für die Tochtergesellschaft kein bilanzierungfähiges Wirtschaftsgut dar, wie es z.B. bei unentgeltlichen Nutzungsüberlassungen oder Dienstleistungen der Fall ist, handelt es sich nicht um eine verdeckte Einlage. Dieser Fall liegt z.B. vor, wenn

- die Muttergesellschaft für die Fortführung der betrieblichen Altersversorgung des entsandten Arbeitnehmers ein zu geringes oder gar kein Entgelt von der Tochtergesellschaft erhält, obwohl die Tätigkeit im ausschließlichen oder überwiegenden Interesse des Tochterunternehmens liegt.[377]

In diesem Fall wird die Einkommensminderung bei der Mutterkapitalgesellschaft subsidiär nach § 1 AStG berichtigt. Nach § 1 AStG werden Gewinnberichtigungen vorgenommen, wenn Einkünfte aus Geschäftsbeziehungen zu

---

375 Dies gilt unter der Annahme, daß die Voraussetzungen des internationalen Schachtelprivilegs erfüllt sind, vgl. Becker, H. u.a. (Hrsg.), 1997, DBA-GB, Art. XVIII Rn. 17. Siehe auch Vogel, K., DBA, 1996, Art. 10 Rz. 22 i.V.m. Rz. 186, der die Reichweite des Begriffs „Einkünfte" ausschließlich nach dem Recht des Quellenstaates, also hier Großbritanniens, bestimmt.

376 Vgl. BMF-Schreiben vom 23.02.1983, IV C 5 - S 1341 - 4/83, BStBl 1983 I, S. 218, Tz. 8.1.1. Buchst. b.

377 Vgl. BFH vom 11.04.1984, I R 175/79, BStBl 1984 II, S. 535; Dahnke, H., Kostenverrechnung, 1992, S. 100; Kratzenberg, H., Verrechnungspflicht, 1989, S. 208.

nahestehenden Personen nicht wie zwischen fremden Dritten üblich angesetzt sind.[378] Es erfolgt eine Zurechnung außerhalb der Bilanz. Nachträgliche Anschaffungskosten können nicht angesetzt werden, so daß Teilwertabschreibungen hinsichtlich dieses Teilbetrages nicht möglich sind.[379] Die Hinzurechnung ist im Rahmen des Art. IV DBA-GB zulässig; für eine Gegenberichtigung besteht in diesem Fall regelmäßig keine Verpflichtung.

(d) Begründung einer Betriebsstätte

Im Rahmen einer Personalentsendung ins Ausland kann es zu einer Betriebsstättenbegründung durch die Tätigkeit des Mitarbeiters kommen. Die Betriebsstättendefinition in Art. II Abs. 1 Buchst. 1 DBA-GB weist keine substantiellen Unterschiede zur Betriebsstättendefinition des Art. 5 OECD-MA auf.[380] Die Tatsache, daß eine in Deutschland ansässige Gesellschaft eine in Großbritannien ansässige Tochterkapitalgesellschaft beherrscht, macht für sich allein die Tochterkapitalgesellschaft nicht zur Betriebsstätte der Muttergesellschaft.[381] Auch die Tatsache, daß die Geschäftstätigkeit der Tochtergesellschaft von der Muttergesellschaft gelenkt wird, führt nicht zur Betriebsstätteneigenschaft der Tochtergesellschaft.[382] Wird ein Arbeitnehmer im Rahmen eines Dienstleistungsverhältnisses von der Mutter- an die Tochtergesellschaft gegen Entgelt überlassen, und sind die Tätigkeiten dieses entsandten Mitarbeiters der Tochtergesellschaft zuzurechnen, wird ebenfalls keine Betriebsstätte der Muttergesellschaft begründet.[383] Erst wenn die Tätigkeit des Arbeitnehmers auf Rechnung und Gefahr der Muttergesellschaft erfolgt, also die Muttergesellschaft *ihre*

---

378 Vgl. Dahnke, H., Kostenverrechnung, 1992, S. 100; Fischer, L./Warneke, P., International, 1998, S. 96-106.

379 Vgl. BMF-Schreiben vom 23.02.1983, IV C 5 - S 1341 - 4/83, BStBl 1983 I, S. 218, Tz. 8.1.1. Buchst. c. Um eine erneute Berücksichtigung der Zuwendung im Fall der Veräußerung der Beteiligung zu vermeiden und um einen späteren Vermögensverfall im Wege der Teilwertabschreibung berücksichtigen zu können, wird eine Zurechnung innerhalb der Bilanz gefordert, vgl. Flick, H./Wassermeyer, F./Becker, H., Außensteuerrecht, Bd. 4, Erläuternde Stellungnahme zu den Verwaltungsgrundsätzen, Tz. 8.1.1. m.w.N.

380 Vgl. Becker, H. u.a. (Hrsg.), 1997, DBA-GB, Art. 2 Rn. 21-24.

381 Vgl. Art. II Abs. 1 Buchst. 1 (vi) DBA-GB; Art. 5 Abs. 7 OECD-MA; so auch bereits Friedrich, W., Betriebsstätte, 1959, Sp. 15.

382 Vgl. MK 40 zu Art. 5 OECD-MA.

383 Vgl. Debatin, H./Wassermeyer, F., Doppelbesteuerung 1998, Art. 15 MA Rz. 119; Vogel, K., DBA, 1996, Art. 5 Rz. 192a.

Tätigkeit durch den Arbeitnehmer in der festen Geschäftseinrichtung der Tochtergesellschaft ausübt, kommt es zur Begründung einer Betriebsstätte.[384]

Unter dieser Voraussetzung unterliegt die Muttergesellschaft der Betriebsstättenbesteuerung mit dem Gewinn, den sie aus solchen Tätigkeiten des Arbeitnehmers erzielt, die auf ihr wirtschaftliches Risiko erfolgt sind. Die Tochtergesellschaft bleibt mit ihren eigenen Einkünften unabhängig davon steuerpflichtig.[385]

Da in Art. 18 Abs. 2 Buchst. a DBA-GB die in Großbritannien erzielten Betriebsstättengewinne von der Besteuerung in Deutschland freigestellt werden, entstehen bei einer ungewollten Betriebsstättenbegründung keine Risiken in der Weise, daß es zu einer wirtschaftlichen Doppelbesteuerung der anteiligen Erträge der Tochterkapitalgesellschaft kommt.

(6) Steuerrechtliche Entwicklungstendenzen

Der Rechtsgestalter muß steuerrechtliche Entwicklungstendenzen im Bereich bilateralen und multilateralen Rechts einbeziehen, soweit diese für den Gestaltungsfall von Einfluß sein können.

(a) Vereinbarkeit des DBA-GB mit dem EG-Vertrag

Die Überprüfung der bilateralen Doppelbesteuerungsabkommen zwischen den EU-Mitgliedstaaten durch den EuGH im Hinblick auf die Vereinbarkeit mit dem EG-Vertrag kann im Gestaltungsfall von Bedeutung sein. Doppelbesteuerungsabkommen bewirken keine steuerliche Belastung, sondern verteilen Steueransprüche zwischen den beteiligten Staaten. Steuerverteilungsregelungen können diskriminierend sein, wenn sie einen Steuerpflichtigen, der von seinen im EG-Vertrag vorgesehen Grundfreiheiten Gebrauch macht, schlechter stellen als einen vergleichbaren Steuerpflichtigen des Tätigkeitsstaates. Anknüpfungspunkte der Beurteilung entstehen zum einen bei Zuweisung des Besteuerungsrechts zu einem der Staaten, zum anderen bei Auswahl der Methode, mit der die Doppelbesteuerung in den Fällen vermieden werden soll, in denen beiden Staaten ein Besteuerungsrecht zusteht.[386]

---

384 Vgl. Vogel, K., DBA, 1996, Art. 5 Rz. 30. Zu den eine Betriebsstätte begründenden Räumlichkeiten siehe Debatin, H./Wassermeyer, F., Doppelbesteuerung, 1998, Art. 5 MA Rz. 32. Auch wenn die Tätigkeit des Arbeitnehmers nicht in der festen Geschäftseinrichtung der Tochtergesellschaft ausgeübt wird, kann es zur Begründung einer Betriebsstätte kommen. Dazu ist erforderlich, daß der Arbeitnehmer berechtigt ist, im Namen des Mutterunternehmens in Großbritannien Verträge abzuschließen, die sich nicht nur auf den Einkauf von Gütern oder Waren beschränken, Art. II Abs. 1 Buchst. l (iv) DBA-GB.

385 Vgl. Vogel, K., DBA, 1996, Art. 5 Rz. 193.

386 Vgl. Dautzenberg, N., Doppelbesteuerungsabkommen, 1997, S. 1354. Zum Spannungsverhältnis EG-Recht zu DBA siehe auch Schmidt, L. (Hrsg.), Einkommensteuergesetz, 1999, § 49 Rz. 9 m.w.N.; zum Einfluß des EG-Rechts auf die deutsche Einkommensbesteuerung siehe Schmidt, L. (Hrsg.), Einkommensteuergesetz, 1999, § 1 Rz. 6-8.

Nach dem EG-Vertrag gilt, daß diejenigen Arbeitnehmer, die von dem Recht auf Freizügigkeit Gebrauch gemacht haben,

- in bezug auf die Entlohnung und sonstigen Arbeitsbedingungen nicht aufgrund ihrer Staatsangehörigkeit anders behandelt werden dürfen als Staatsangehörige des Tätigkeitsstaates (Art. 48 Abs. 2 EGV);
- ihre Beschäftigung im Tätigkeitsstaat nach den für die Arbeitnehmer dieses Staates geltenden Rechts- und Verwaltungsvorschriften ausüben müssen (Art. 48 Abs. 3 Buchst. c EGV).

Eine mögliche Auslegung dieser Vorschriften des EG-Vertrages untersagt jegliche Differenzierung der Besteuerung nach dem Wohnsitz oder der Staatsangehörigkeit und stellt allein auf das Tätigkeitsstaatprinzip ab. Für den Herkunftsstaat wird die Konsequenz abgeleitet, daß er einen im anderen Mitgliedstaat tätigen Arbeitnehmer, der dort zu gleichen Bedingungen wie die dortigen Arbeitnehmer besteuert wird, durch seine Besteuerung nicht zusätzlich belasten darf. Nur wenn das einschlägige DBA eine ausschließliche Zuweisung des Besteuerungsrechts zum Tätigkeitsstaat vorsieht, liegt nach dieser Auslegung eine Konformität zum EG-Vertrag vor.[387] Abweichungen vom Tätigkeitsstaatprinzip in diesem Sinne können nur aus Geringfügigkeits- und Vereinfachungsgesichtspunkten legitimiert werden: mit der 183-Tage-Klausel bestimmt das DBA-GB eine Abweichung vom Tätigkeitsstaatprinzip für den Fall, daß der Arbeitnehmer sich ingesamt nicht länger als 183 Tage während des betreffenden Steuerjahres im Tätigkeitsstaat aufhält und die Vergütung nicht im Tätigkeitsstaat zum Abzug gelangt (Art. XI Abs. 3 DBA-GB).

Bei einer Entsendung von mehr als 183 Tagen wird der Arbeitnehmer steuerlich im Wohnsitz- und im Tätigkeitsstaat erfaßt (Art. XI Abs. 2 DBA-GB). Deutschland als Wohnsitzstaat vermeidet die Doppelbesteuerung mit einer Freistellung der Einkünfte unter Progressionsvorbehalt (Art. XVIII Abs. 2 Buchst. a DBA-GB). Grundsätzlich entspricht die Freistellungsmethode dem Ideal einer Besteuerung nach den Vorschriften des Tätigkeitsstaates. Der im Wohnsitzstaat geltende Progressionsvorbehalt führt zu keinem Verstoß gegen die Freizügigkeitsvorschriften des Art. 48 EGV, da die Besteuerung der Bezüge des Arbeitnehmers sich nach den Vorschriften des Tätigkeitsstaates richtet und keine auf Wohnsitz oder Staatsangehörigkeit beruhenden Unterschiede zu anderen im gleichen Staat tätigen Arbeitnehmern bestehen. Hinsichtlich der übrigen, im Wohnsitzstaat erzielten (inländischen) Einkommensteile des Arbeitnehmers kann gerechtfertigt werden, daß diese einem durch den Progressionsvorbehalt bedingten höheren Steuersatz unterliegen: nur so werden Steuerpflichtige, die nur im Inland Einkünfte erzielen, materiell nicht schlechter gestellt als Steuerpflichtige, die einen Teil ihrer Einkünfte aus dem Ausland erzielen.[388]

---

387 Vgl. Dautzenberg, N., Doppelbesteuerungsabkommen, 1997, S. 1355.

388 Vgl. Saß, G., EU-Vertrag, 1998, S. 1484.

Keine Doppelbesteuerungsproblematik besteht im Gestaltungsfall bei Ansässigkeit im Vereinigten Königreich, da Ansässigkeits- und Tätigkeitsstaat identisch sind, sowie bei Ruhegehältern, die nach Art. X DBA-GB nur im Wohnsitzstaat besteuert werden.

Der EuGH hat bezüglich der Auslegung der o.g. Vorschriften des EG-Vertrages in der Sache „Gilly" entschieden, daß die Kriterien, nach denen die Vertragsstaaten ihre Besteuerungskompetenzen abgrenzen und aufteilen, keine Diskriminierung begründen können. Nur durch nationales Recht kann eine Diskriminierung verursacht werden. Mehrbelastungen, die daraus entstehen, daß die Steuerbelastungen in der EU nicht harmonisiert sind, können keine Diskriminierung begründen.[389] Im vorliegenden Gestaltungsfall kann mithin eine EG-rechtliche Überprüfung des DBA-GB kein gestalterisches Potential mit sich bringen, da weder der deutsche noch der britische Staat eine steuerliche Mehrbelastung vornehmen, die für den entsandten Arbeitnehmer diskriminierend wirkt, d.h. auf Wohnsitz oder Staatsangehörigkeit beruht.

(b) OECD-Vorschlag zur Behandlung von Pensionsbeiträgen international entsendeter Arbeitnehmer

In den Kommentar zum OECD-Musterabkommen wurde im Jahr 1992 ein Textvorschlag aufgenommen, der die steuerliche Behandlung von Beiträgen an ausländische Pensionskassen betrifft.[390] Für den Steuergestalter hat dieser Textvorschlag zunächst keine unmittelbare Bedeutung, da nur das DBA-GB vom 26.11.1964 i.d.F. vom 23.3.1970[391] für das bilaterale Steuerverhältnis maßgebend ist. Das Abkommen enthält zu Beiträgen an ausländische Pensionskassen keine Regelung. Dennoch ist es nicht auszuschließen, daß bei einer Überarbeitung des DBA-GB der Formulierungsvorschlag in die Neufassung aufgenommen wird. Dafür spricht, daß das Vereinigte Königreich bereits vor der Neufassung des OECD-MK vergleichbare Regelungen in den Abkommen mit Dänemark (1980) und Frankreich (1987) verankert hat.[392] Der Vorschlag sieht vor, daß „Beiträge, die von einer in einem Vertragsstaat unselbständig tätigen Person getragen und an eine im anderen Vertragsstaat errichtete und dort steuerlich anerkannte Pensionkasse geleistet werden, ... im erstgenannten Staat bei der Ermittlung des steuerpflichtigen Einkommens dieser Person in der glei-

---

389 Vgl. EuGH vom 12.05.1998, C-336/96, DB 1998, S. 1381; Saß, G., EU-Vertrag, 1998, S. 1483.

390 Vgl. MK 4-45 zu Art. 18 OECD-MA; Günkel, M., Pensions, 1992, S. 691-693. Die vorgeschlagene Regelung betrifft nicht die Vermeidung oder Milderung einer Doppelbesteuerung, sondern die Vermeidung einer Funktionsstörung in internationalen steuerlichen Beziehungen, und geht somit über die herkömmliche Zielsetzung eines Doppelbesteuerungsabkommens hinaus, vgl. Firlinger, R., Arbeitnehmerbeiträge, 1994, S. 278.

391 DBA-GB vom 26.11.1964 i.d.F. vom 23.03.1970, BStBl 1966 I, S. 730, BStBl 1971 I, S. 140.

392 Vgl. Firlinger, R., Arbeitnehmerbeiträge, 1994, S. 275, Fn. 53.

chen Weise, unter den gleichen Bedingungen und Einschränkungen abzuziehen und zu behandeln [sind] wie Beiträge, die an eine im erstgenannten Staat steuerliche anerkannte Pensionskasse gezahlt werden".[393] Es folgen noch weitere Bedingungen und Begriffsbestimmungen.

Dem Wortlaut nach ist die Weiterführung einer unmittelbaren Versorgungszusage nicht vom Vorschlag des OECD-MK erfaßt, da weder Arbeitnehmerbeiträge geleistet werden noch Zahlungen an eine Pensionskasse erfolgen. Eine weite Auslegung des Begriffs der Pensionskasse, die auch den entsendenden Arbeitgeber umfaßt, scheitert an dem Hinweis, daß nur Beiträge an solche Einrichtungen abzugsfähig sein sollen, die denen des Gaststaates entsprechen.[394] In Großbritannien sind Zuführungen zu einer unmittelbaren Versorgungszusage steuerlich nicht abzugsfähig. Die mögliche Abkommensbestimmung würde also im Gestaltungsfall keine Wirkung entfalten. Ein anderes Ergebnis würde eintreten, wenn der Arbeitnehmer während seiner Tätigkeit in Deutschland Gehaltsbestandteile für Beiträge an eine Direktversicherung verwendet hat (Gehaltsumwandlung) und auch während des Zeitraums der Entsendung die Gehaltsumwandlung fortführt, d.h. in Großbritannien erzielte Gehaltsteile unter Abzug der dort anfallenden Steuerbelastung zur Beitragszahlung an ein in Deutschland ansässiges Lebensversicherungsunternehmen verwendet. Aus einer möglichen Überarbeitung des DBA-GB können von daher keine Gestaltungspotentiale für den vorliegenden Fall abgeleitet werden.

(c) Währungsunion

Die mit dem 1.1.1999 in Kraft getretene europäische Währungsunion hat grundsätzlich auch Auswirkung auf die Bestimmung von Konzernverrechnungspreisen. Werden im Rahmen der Kostenaufschlagmethode Währungsrisiken als Bestandteil der Kostenbasis oder des Gewinnaufschlages erfaßt, entfällt mit der Einführung der gemeinsamen Währung „Euro" dieses Element.[395] Da das Vereinigte Königreich zum 1.1.1999 nicht an der europäischen Währungsunion teilnimmt, sind im vorliegenden Gestaltungsfall in dieser Hinsicht keine Überlegungen erforderlich.

b) Internationales Arbeitsrecht

(1) Bestimmung des anwendbaren Rechts

Das deutsche Arbeitsrecht gewährt dem Arbeitnehmer hinsichtlich seiner betrieblichen Altersversorgung Schutz durch Regelungen zur Anpassung von laufenden Ansprüchen, durch die gesetzliche Unverfallbarkeit erworbener Ansprüche, durch Regelungen zur Abfindung und Übertragung von Anwartschaften und zur Insolvenzsicherung von Anwartschaften und laufenden Ansprüchen.

---

393 MK 11 zu Art. 18 OECD-MA.

394 Vgl. MK 23 zu Art. 18 OECD-MA.

395 Vgl. Borstell, T./Hillringhaus, D., Euro, 1998, S. 207.

Bei internationalem Einsatz eines Arbeitnehmers ist daher von grundlegender Bedeutung, unter welchen Bedingungen das deutsche Arbeitsrecht für den entsandten Arbeitnehmer in bezug auf seine Betriebsrentenansprüche anwendbar ist.

Für vertragliche Schuldverhältnisse mit Auslandsbezug besteht grundsätzlich Rechtswahlfreiheit (Art. 27 EGBGB), die sich auf den ganzen Vertrag oder auf einen Teil desselben beziehen kann. Wird das Wahlrecht nicht ausgeübt, werden Schuldverträge oder Teile von ihnen nach dem Recht des Staates behandelt, zu dem diese die engsten Bindungen aufweisen (Art. 28 EGBGB).[396] Die abstrakten Bestimmungen zur Rechtswahl werden für individualrechtliche Arbeitsverträge und Arbeitsverhältnisse in Art. 30 EGBGB spezifiziert.[397] Die Möglichkeit der Rechtswahl wird insoweit eingeschränkt, daß die zwingenden Schutzbestimmungen des Rechts, das ohne die Vereinbarung gelten würde, in jedem Fall anzuwenden sind. Wird das Wahlrecht nicht ausgeübt, gilt bei vorübergehender Entsendung in einen anderen Staat das Recht des Staates, in dem der Arbeitnehmer gewöhnlich seine Arbeit verrichtet.[398] Dies gilt nur dann nicht, wenn sich aus der Gesamtheit der Umstände ergibt, daß das Arbeitsverhältnis engere Verbindungen zu einem anderen Staat aufweist.[399] Klärungsbedürftig ist daher unabhängig von einer vertraglichen Rechtswahl,

- welches Recht ohne Rechtswahl anzuwenden wäre,
- in welchem Staat der Arbeitnehmer gewöhnlich seine Arbeit verrichtet und
- zu welchem Staat das Arbeitsverhältnis engere Verbindungen aufweist.

Erst nach Feststellung des gewöhnlichen Erfüllungsortes bzw. des Staates mit der engeren Verbindung des Arbeitsverhältnisses kann geklärt werden, welches Recht ohne Rechtswahl anwendbar ist, ob eine Rechtswahl getroffen wurde und inwieweit diese verbindlich ist.[400] Im folgenden kann auf die Differenzierung nach der Aufenthaltsdauer zurückgegriffen werden.[401]

Bei einer *Abordnung* bleibt der Arbeitnehmer grundsätzlich dem Stammhaus verbunden. Ein eigener Arbeitsvertrag zwischen entsandtem Mitarbeiter und

---

396 Zu grundsätzlichen Vorbehalten der Anwendung ausländischen Rechts in Art. 6, 34 EGBGB siehe Ahrend, P./Förster, W./Rößler, N., Steuerrecht, 1995, 9. Teil, Rdnr. 51-52.

397 Vgl. Eser, G., Arbeitsrecht, 1994, S. 39-48; Oechsler, W.A., Arbeitsrecht, 1996, S. 403-404. Kollektivrechtliche Regelungen werden von Art. 30 EGBGB nicht berührt, vgl. Ahrend, P./Förster, W./Rößler, N., Steuerrecht, 1995, 9. Teil, Rdnr. 20.

398 Art. 30 Abs. 2 Nr. 1 EGBGB. Der Gestaltungsfall geht davon aus, daß der Arbeitnehmer *gewöhnlich* in *einem* Staat seine Arbeit verrichtet. Ohne diese Annahme gilt das Recht des Staates, in dem sich die Niederlassung befindet, die den Arbeitnehmer eingestellt hat, Art. 30 Abs. 2 Nr. 2 EGBGB.

399 Art. 30 Abs. 2 letzter Hs. EGBGB.

400 Vgl. Ahrend, P./Förster, W./Rößler, N., Steuerrecht, 1995, 9. Teil, Rdnr. 25; Blomeyer, W./Otto, K., BetrAVG, 1997, Einl. Rdnr. 1018.

401 Zur Definition und Abgrenzung der Begriffe siehe Kap. „Personalentsendung", S. 25.

aufnehmendem Unternehmen wird nicht geschlossen. Der gewöhnliche Erfüllungsort des Arbeitsverhältnisses wird nicht berührt (Art. 30 Abs. 2 Nr. 1 EGBGB). Ohne Rechtswahl ist das Arbeitsrecht des entsendenden Staates anzuwenden. Besonderheiten, aus denen folgen könnte, daß das Arbeitsverhältnis zum Ausland engere Verbindungen aufweist, liegen regelmäßig nicht vor.

Eine *Delegation* geht zeitlich über eine Abordnung hinaus. Auch hier bleibt der gewöhnliche Arbeitsort erhalten, da keine Integration in das ausländische Unternehmen erfolgt. Die Leistung des Arbeitnehmers wird im Auftrag des inländischen Unternehmens erbracht. Es ergeben sich die gleichen Konsequenzen wie bei der Abordnung, da der Arbeitnehmer vorübergehend in ein ausländisches Unternehmen entsandt ist (Art. 30 Abs. 2 Nr. 1 EGBGB). Nicht die Länge der Zeit, sondern die Befristung ist für diese Beurteilung als „vorübergehend" maßgeblich.[402]

Die *befristete Versetzung* führt hingegen zu einer Integration in das aufnehmende Unternehmen, mit dem ein Arbeitsvertrag abgeschlossen wird. Durch Abschluß eines Ruhensvertrages bleibt ein latentes Arbeitsverhältnis zum entsendenden Unternehmen bestehen, gegenüber dem die Hauptleistungspflichten ruhen. Die Erbringung der Hauptleistungspflichten für das aufnehmende Unternehmen führt zu einem Wechsel des gewöhnlichen Arbeitsortes ins Ausland. Für den ruhenden Arbeitsvertrag erfolgt nur dann kein Wechsel des Arbeitsstatutes, wenn sich aus der Gesamtheit der Umstände eine engere Verbindung des Arbeitsvertrages oder Arbeitsverhältnisses zum Inland ergibt. Objektive Anknüpfungspunkte sind hierfür neben dem Erfüllungsort die Staatsangehörigkeit der Parteien und der Sitz des Arbeitgebers. Als Indizien können der Wohnsitz des Arbeitnehmers, der Ort des Vertragsabschlusses, die Vertragssprache und die Währung, in der die Vergütung gezahlt wird, gelten. Ein Rumpfarbeitsverhältnis kann nicht angenommen werden, wenn Inhalt der Vereinbarung nur die Weiterführung einer Versorgungszusage im Inland ist, auch wenn die Personalakten und Lohnbuchhaltung im Inland geführt werden. Vielmehr ist erforderlich, daß noch weitere Vereinbarungen wie z.B. Rückkehrvoraussetzungen und Kündigungsbeschränkungen getroffen werden.[403] Unschädlich ist, daß auf den ausländischen Arbeitsvertrag regelmäßig ausländisches Arbeitsrecht angewendet wird.[404] Ohne Rechtswahl kann daher bei Beachtung der vertraglichen Erfordernisse für die Versorgungszusage im Regelfall das Recht des entsendenden Staates zur Anwendung kommen.

---

402 Vgl. Ahrend, P./Förster, W./Rößler, N., Steuerrecht, 1995, 9. Teil, Rdnr. 31-35; Blomeyer, W./Otto, K., BetrAVG, 1997, Einl. Rdnr. 1022.

403 Vgl. BAG vom 24.08.1989, 2 AZR 3/89, BAGE 63, S. 17-34; BAG vom 29.10.1992, 2 AZR 267/92, BAGE 71, S. 297-320; Ahrend, P./Förster, W./Rößler, N., Steuerrecht, 1995, 9. Teil, Rdnr. 72; Blomeyer, W./Otto, K., BetrAVG, 1997, Einl. Rdnr. 1026-1027, 1050.

404 Vgl. Ahrend, P./Förster, W./Rößler, N., Steuerrecht, 1995, 9. Teil, Rdnr. 36-41.

Bei einer *unbefristeten Versetzung* kommt es regelmäßig zum Wechsel des gewöhnlichen Arbeitsortes ins Ausland. Nur im Ausnahmefall kann die Gesamtheit der Umstände für eine engere Verbindung zum Inland sprechen. Indizien können ein Rückrufrecht des Unternehmens oder ein einseitiges Rückkehrrecht des Entsandten sein. Unter diesen Voraussetzungen bleibt deutsches Arbeitsrecht anwendbar (Art. 30 Abs. 2 letzter Hs. EGBGB). Ein *Übertritt* hinterläßt keine latenten Bindungen zum Stammhaus. Hier wird zwingend ausländisches Arbeitsrecht anwendbar.[405]

Zusammenfassend kommt ohne Ausübung einer Rechtswahl bei Abordnung und Delegation für das Arbeits- bzw. Rumpfarbeitsverhältnis einschließlich der Versorgungszusage grundsätzlich deutsches Arbeitsrecht zur Anwendung.[406] Bei befristeter und unbefristeter Versetzung tritt diese Rechtsfolge nur bei Realisation bestimmter tatbestandlicher Indizien ein. Für die Versorgungszusage ist eine eigenständige Rechtswahl möglich, da die Versorgungszusage keine Folge des Arbeitsverhältnisses ist, sondern nur aus Anlaß eines Arbeitsverhältnisses erteilt wurde. Bei abweichender Rechtswahl gewährt Art. 30 Abs. 1 EGBGB einen Mindestschutz, indem die zwingenden Vorschriften des ohne Rechtswahl anwendbaren - also deutschen - Rechts anzuwenden sind, sofern diese günstiger als das ausländische Recht sind. Dieser Vergleich ist hinsichtlich der Unverfallbarkeit, der Insolvenzsicherung und der Rentenanpassung in einer Betrachtung abgrenzbarer Teilbereiche durchzuführen.[407]

Wird vom ausländischen Unternehmen eine Zusage auf Leistungen des ausländischen Betriebsrentensystems an den entsandten Arbeitnehmer erteilt, kommt ohne Rechtswahl deutsches Arbeitsrecht *nicht* zur Anwendung, wenn auf das Arbeitsverhältnis im Ganzen ausländisches Recht anzuwenden ist, d.h., wenn der Arbeitnehmer im Ausland gewöhnlich tätig ist und die Gesamtheit der Umstände auf keine engere Verbindung zum Inland hinweist. Eine Zusage auf Leistungen des ausländischen Betriebsrentensystems weist regelmäßig auf eine engere Verbindung zum Ausland hin.[408]

(2) Rentenanpassung

Unterliegt die Versorgungszusage deutschem Arbeitsrecht, gilt dies auch während der Versorgungsphase. Die Belange des Versorgungsempfängers werden

---

405 Vgl. Ahrend, P./Förster, W./Rößler, N., Steuerrecht, 1995, 9. Teil, Rdnr. 42-46; Blomeyer, W./Otto, K., BetrAVG, 1997, Einl. Rdnr. 1023.

406 Vgl. Ahrend, P./Förster, W./Rößler, N., Steuerrecht, 1995, 9. Teil, Rdnr. 57; Blomeyer, W./Otto, K., BetrAVG, 1997, Einl. Rdnr. 1012-1013; a.A. Eichenhofer, E., Insolvenzsicherung, 1992, S. 76.

407 Zur Durchführung eines Günstigkeitsvergleiches siehe Eser, G., Arbeitsrecht, 1994, S. 45-46; Blomeyer, W./Otto, K., BetrAVG, 1997, Einl. Rdnr. 1033-1039. Ein „Herauspicken" günstiger Regelungen soll mit einem Vergleich abgrenzbarer Teilbereiche (Gruppenvergleich) vermieden werden.

408 Vgl. Ahrend, P./Förster, W./Rößler, N., Steuerrecht, 1995, 9. Teil, Rdnr. 63.

dadurch berücksichtigt, daß grundsätzlich der Preisindex bzw. die Nettolöhne (§ 16 Abs. 2 BetrAVG) des Staates angewendet werden, in dem der Berechtigte seinen Ruhestand verbringt. Eine Anpassung über die Preis- bzw. Lohnentwicklung in Deutschland hinaus kommt nicht in Betracht.[409]

(3) Unverfallbarkeit

Eine rechtliche Unterbrechung des Arbeitsverhältnisses vor Eintritt der Unverfallbarkeit hemmt grundsätzlich den Lauf der Unverfallbarkeitsfrist und damit den Eintritt des Insolvenzschutzes. In Ausnahme hierzu führt eine tatsächliche Unterbrechung aufgrund einer vertraglichen Ruhensabrede zur fiktiven Fortdauer der Betriebszugehörigkeit, wenn die Anrechung der Ruhenszeiten vereinbart wird.[410] Im nationalen und internationalen Konzern gelten grundsätzlich keine Besonderheiten, die auf der wirtschaftlichen Einheit der Unternehmen beruhen.[411]

(4) Abfindung und Übertragung

Ist das BetrAVG anwendbar, so sind für die Abfindung und Übertragung der Anwartschaft die Einschränkungen der § 3, § 4 BetrAVG zu beachten.[412] Hat der Arbeitnehmer im Ausland eigene Ansprüche auf betriebliche Altersversorgung erworben, die mindestens zur Hälfte auf Beiträgen oder Zuschüssen des Arbeitgebers beruhen, ist eine Anrechnung nach § 5 Abs. 2 BetrAVG zulässig.[413]

(5) Insolvenzsicherung

Die Insolvenzsicherung der Versorgungsansprüche nach § 7 - § 15 BetrAVG beruht auf einem Rechtsverhältnis öffentlich-rechtlicher Natur und unterfällt daher nicht den privatrechtlichen Kollisionsnormen in Art. 27, Art. 30 EGBGB. Die Versorgungszusage des entsandten Arbeitnehmers ist unter Umständen nicht insolvenzgeschützt, obwohl nach Art. 30 EGBGB die arbeitsrechtlichen Schutzvorschriften des BetrAVG anzuwenden sind. Dieser Fall tritt ein, wenn das verpflichtete Unternehmen in Deutschland über keine insolvenzfähige Niederlassung nach § 7 BetrAVG verfügt.[414] Weiterhin leistet der PSVaG Insolvenzschutz nur dann, wenn der Arbeitgeber, der die Versorgungszusage erteilt

---

409 Vgl. Ahrend, P./Förster, W./Rößler, N., Steuerrecht, 1995, 9. Teil, Rdnr. 79-82; Blomeyer, W./Otto, K., BetrAVG, 1997, Einl. Rdnr. 1057.

410 Vgl. PSVaG, Merkblatt 300/M 5, 1995, Tz. 2.1.1., 3.2.3.

411 Vgl. Blomeyer, W./Otto, K., BetrAVG, 1997, § 1 Rdnr. 117-120; PSVaG, Merkblatt 300/M 5, 1995, Tz. 4.

412 Siehe auch Kap. „Abfindung und Übertragung", S. 147.

413 Vgl. Ahrend, P./Förster, W./Rößler, N., Steuerrecht, 1995, 9. Teil, Rdnr. 78.

414 Vgl. Birk, R., Insolvenzsicherung, 1984, S. 139; Blomeyer, W./Otto, K., BetrAVG, 1997, Einl. Rdnr. 1065-1067. Zur Insolvenzsicherung aus internationaler Sicht siehe auch Engzell, G., Insolvenzsicherung, 1985, S. 134-142.

hat, seinen Sitz in Deutschland hat.[415] Zudem muß der Schwerpunkt des Arbeitsverhältnisses sowohl der Arbeitsvertragsgestaltung als auch der Durchführung nach im Einsatz für den deutschen Arbeitgeber liegen. Hierfür ist der Ort der Erbringung der Arbeitsleistung ohne Belang. Auch ein separater Arbeitsvertrag mit dem ausländischen Unternehmen ist nicht schädlich, wenn das Arbeitsverhältnis mit dem inländischen Arbeitgeber als ruhend vereinbart und zudem festgelegt wird, daß die Versorgungszusage fortgeführt wird und die Beschäftigungszeiten bei dem ausländischen Arbeitgeber auf die Betriebszugehörigkeit im Inland angerechnet werden. Das ruhende Arbeitsverhältnis muß entweder von vornherein zeitlich oder durch die Erfüllung eines Zwecks begrenzt sein.[416] Anstelle eines Ruhensvertrages eignet sich auch ein Dienstleistungsvertrag (Beratervertrag) mit dem entsendenden Unternehmen, wobei die Beratungsleistung als Anlaß zur Fortführung der Versorgungszusage zu vereinbaren ist, zur Aufrechterhaltung des Insolvenzschutzes.[417]

Der Insolvenzschutz entfällt für den gesamten unverfallbaren Anspruch, wenn der Arbeitnehmer ins Ausland unbefristet versetzt wird oder dorthin übertritt, d.h., wenn keine vertragliche Bindung bestehen bleibt, die eine Grundlage für die Aufrechterhaltung des insolvenzgeschützten Versorgungsanspruchs bilden könnte. Die bloße Verpflichtung des Arbeitgebers zur Wiedereinstellung, verbunden mit der Aufrechterhaltung der Versorgungszusage, reicht für die Aufrechterhaltung des Insolvenzschutzes nicht aus.[418] Ein Beratervertrag kann auch im Fall des Übertritts den Fortbestand der Betriebszugehörigkeit vermitteln, sofern die betriebliche Altersversorgung aus Anlaß der Beratungstätigkeit gewährt wird.[419]

Unabhängig von den gesetzlichen Regelungen zum Insolvenzschutz kann der entsandte Arbeitnehmer durch die Verpfändung einer angemessenen Rückdeckungsversicherung gegen Insolvenzrisiken geschützt werden.[420]

---

415 Vgl. PSVaG, Merkblatt 300/M 7, 1986, Tz. 2.1.1.

416 Vgl. PSVaG, Merkblatt 300/M 5, 1995, Tz. 3.2.3; PSVaG, Merkblatt 300/M 7, 1986, Tz. 2.1.2.

417 Vgl. § 17 Abs. 1 S. 2 BetrAVG; Höfer, R., BetrAVG, Bd. II, 1997, Rdnr. 2316; Kap. „Einkünfte aus selbständiger Arbeit“, S. 101; PSVaG, Merkblatt 300/M 5, 1995, Tz. 1.1.

418 Vgl. PSVaG, Merkblatt 300/M 7, 1986, Tz. 2.2.1.-2.2.3. A.A. Blomeyer, der bei Aufnahme der ausländischen Tätigkeit im Interesse und auf Veranlassung des inländischen Konzernunternehmens den Insolvenzschutz als fortgeltend ansieht, vgl. Blomeyer, W./Otto, K., BetrAVG, 1997, Einl. Rdnr. 1067.

419 Vgl. PSVaG, Merkblatt 300/M 1, 1995, Tz. 1.2.; PSVaG, Merkblatt 300/M 5, 1995, Tz. 1.1.

420 Vgl. Blomeyer, W./Otto, K., BetrAVG, 1997, Einl. Rdnr. 1069.

c) Internationales Sozialversicherungsrecht

Für Entsendungen in das Vereinigte Königreich sind auf dem Gebiet der sozialen Sicherheit die EWG-Verordnungen 1408/71 und 574/72 maßgebend, soweit der betroffene Arbeitnehmer ein Staatsangehöriger eines EG-Staates ist.[421] Grundsätzlich unterliegt eine Person, die im Gebiet eines EG-Mitgliedstaates in einem Lohn- oder Gehaltsverhältnis beschäftigt ist, den Rechtsvorschriften dieses Staates über die Sozialversicherungspflicht, und zwar auch dann, wenn sie im Gebiet eines anderen Mitgliedstaates wohnt oder ihr Arbeitgeber oder das Unternehmen, das sie beschäftigt, seinen Sitz im Gebiet eines anderen Mitgliedstaates hat (Art. 13 Abs. 2 EWG-VO 1408/71). Wird eine Person vom Arbeitgeber für dessen Rechnung in das Gebiet eines anderen Mitgliedstaates entsandt, unterliegt sie weiterhin den Vorschriften des ersten Mitgliedstaates, sofern grundsätzlich die voraussichtliche Dauer der Arbeit zwölf Monate nicht überschreitet. Das Beschäftigungsverhältnis muß im entsendenden Staat fortbestehen; ein Indiz hierfür ist die dort erfolgende Gehaltsabrechnung. Eine Doppelversicherung, d.h. eine Versicherungspflicht in beiden beteiligten Staaten, ist ausgeschlossen.[422] Geht die Tätigkeit aus nicht vorhersehbaren Gründen über die vorgesehene Zeit hinaus, kann mit Genehmigung der Behörden des Tätigkeitsstaates eine Verlängerung um höchstens 12 Monate vorgenommen werden (Art. 14 Abs. 1 EWG-VO 1408/71). Ist von vornherein absehbar, daß die Tätigkeit länger als 12 Monate dauert oder wenn sich während der Entsendung eine Dauer von über 24 Monaten herausstellt, muß zur Vermeidung der Anwendung der Rechtsvorschriften des Beschäftigungsstaates eine Ausnahmevereinbarung i.S.d. Art. 17 EWG-VO 1408/71 zwischen den von den jeweiligen Staaten benannten Stellen getroffen werden. Die Ausnahmevereinbarung bezieht sich auf alle Zweige der Sozialversicherung. Die Zustimmung der deutschen Behörden zur Ausnahmevereinbarung kann grundsätzlich vorausgesetzt werden.[423]

Ist die Fortdauer der Mitgliedschaft in der Sozialversicherung nach EU-rechtlichen Vorschriften nicht möglich, besteht grundsätzlich die Möglichkeit, die Mitgliedschaft in der deutschen gesetzlichen Rentenversicherung auf Antrag als Pflichtmitgliedschaft fortzusetzen, jedoch nicht, wenn Versicherungspflicht im Tätigkeitsstaat eintritt (§ 4 Abs. 1 Nr. 2 SGB VI).[424] Darüber hinaus können

---

421 Kommission der Europäischen Gemeinschaften, VO 1408/71, 1971. Siehe hierzu z.B. Bertram, F., Sozialversicherungsrecht, 1996, S. 443-448; Költzsch, M., Altersrentenansprüche, 1988, S. 79-86.

422 Vgl. Ahrend, P./Förster, W./Rößler, N., Steuerrecht, 1995, 9. Teil, Rdnr. 133-137.

423 Vgl. BKK Bundesverband, Entsendung, 1996, S. 24-25; Bertram, F., Sozialversicherungsrecht, 1996, S. 447.

424 Eine entsprechende Möglichkeit der Antragspflichtversicherung besteht nicht für die Krankenversicherung.

Anwartschaften in der Rentenversicherung durch eine freiwillige Versicherung nach § 7 SGB VI fortgeführt werden.[425]

Bei Erreichen des gesetzlichen Ruhestandsalters werden fällige Rentenansprüche eines Arbeitnehmers aus mehreren Mitgliedstaaten nicht zusammengefaßt, so daß keine konsolidierten Zahlungen erfolgen.[426]

Nach den dargestellten sozialversicherungsrechtlichen Normen besteht für die Mitgliedschaft in der deutschen gesetzlichen Rentenversicherung ein Gestaltungsspielraum, der an eine Beibehaltung des inländischen Arbeitsverhältnisses geknüpft ist.[427] Alternativ kann eine Antragspflichtversicherung oder eine freiwillige Versicherung die Mitgliedschaft im Rentenversicherungssystem aufrechterhalten.

d) Europäisches Arbeits- und Sozialrecht

Eine der wesentlichen Grundlagen des gemeinsamen Marktes ist die Freizügigkeit der Arbeitnehmer. Auf dem Gebiet der einzelstaatlichen Sozialversicherungssysteme wurden territoriale Einschränkungen durch die EWG-Verordnungen 1408/71 und 574/72 überwunden.[428] Die Regelungen entfalten jedoch keine Wirkung auf dem Gebiet der Zusatzrenten.[429] Die EG-Kommission hat eine Richtlinie zur Wahrung ergänzender Rentenansprüche von Arbeitnehmern und Selbständigen, die innerhalb der Europäischen Gemeinschaft zu- und abwandern, erlassen, die einige der im Bereich der zusätzlichen Altersversorgung bestehenden Hindernisse für die grenzüberschreitende Mobilität von Arbeitnehmern beseitigen soll.[430] Die Richtlinie ist nur anwendbar auf Arbeitnehmer, die unter die Art. 13-17a EWG-VO 1408/71 fallen,[431] d.h. die bei fortbestehendem Arbeitsverhältnis vom Arbeitgeber für dessen Rechnung in das Gebiet eines anderen Mitgliedstaates entsandt werden, sofern die voraussichtliche Dauer der Tätigkeit 12 bzw. 24 Monate nicht überschreitet oder sofern bezüglich der zeitlichen Ausdehnung eine Ausnahmevereinbarung

---

425 Vgl. BKK Bundesverband, Entsendung, 1996, S. 28-29.

426 Vgl. Foster, H., Employee Benefits, 1994, S. 3.

427 Vgl. Fajen, H.-G., Steuerfragen, 1995, S. 472.

428 Kommission der Europäischen Gemeinschaften, VO 1408/71, 1971.

429 Vgl. Blomeyer, W./Otto, K., BetrAVG, 1997, Einl. Rdnr. 1082-1086; Hinton, I./Auxenfans, E., Pension Mobility, 1996, S. 2-6. Zur Harmonisierung von Zusatzrentensystemen in der EU siehe Kapl, H., Internationale Pension, 1992, S. 12-17.

430 Vgl. EG-Richtlinie vom 29.06.1998 zur Wahrung ergänzender Rentenansprüche von Arbeitnehmern und Selbständigen, die innerhalb der Europäischen Gemeinschaft zu- und abwandern, 98/49/EG, ABlEG 25.07.1998, Nr. L 209. Die Richtlinie muß bis spätestens zum 25.07.2001 in einzelstaatliches Recht umgesetzt sein. Siehe kritisch zu einem Entwurf dieser Richtlinie Rößler, N., Umfeld, 1995, S. 302-303; Tiemann, S., Freizügigkeitsgebot, 1996, S. 18-21; Verlinden, J., Cross-Border, 1997, S. 18-22.

431 Vgl. Art. 3 Buchst. e EG-Richtlinie vom 29.06.1998, 98/49/EG, ABlEG 25.07.1998, Nr. L 209.

i.S.d. Art. 17 EWG-VO 1408/71 getroffen wurde. Für diesen Personenkreis schreibt die Richtlinie u.a. eine Gleichbehandlung von entsandten und im Mitgliedstaat verbliebenen Personen im Fall der Beitragseinstellung hinsichtlich ihrer erworbenen, d.h. unverfallbaren, Ansprüche vor.[432] Weitere Regelungen werden zu Auszahlungsmodalitäten und der Möglichkeit, weiterhin Beiträge für den Arbeitnehmer leisten zu können, getroffen.[433] Im Gestaltungsfall vergrößert sich der rechtliche Handlungsspielraum mithin durch die Richtlinie nicht, da zum einen bei fortbestehendem Arbeitsverhältnis bereits nach nationalem Recht keine Benachteiligung entsandter Personen bei Beitragseinstellung hinsichtlich unverfallbarer Ansprüche erfolgt. Zum anderen ist bei Direktzusagen eine Beitragsleistung des Arbeitnehmers, abgesehen von Fällen der Gehaltsumwandlung, nicht möglich.

Die Richtlinie verpflichtet die Mitgliedstaaten nicht, die Rahmenbedingungen für betriebliche Versorgungssysteme so zu gestalten, daß auch ein Arbeitsplatzwechsel zu keiner Reduktion von erworbenen Ansprüchen führt und daß Übertragungen von Kapitalbeträgen auf einen anderen Arbeitgeber auf versicherungsmathematischer Grundlage unter Berücksichtigung von Arbeitnehmer- und Arbeitgeberinteressen angemessen berechnet werden.[434] Im britischen Betriebsrentenrecht sind diese Forderungen bereits weitgehend realisiert.[435] Auf deutscher Seite sind die Verkürzung der Unverfallbarkeitsfristen, die Preisanpassung von aufrechtzuerhaltenden Versorgungsanwartschaften sowie die uneingeschränkte Übertragbarkeit von Anwartschaftsgegenwerten noch nicht realisiert. In diesen Punkten ist langfristig mit weiteren EG-rechtlichen Maßnahmen zu rechnen.

3. Tatbestandsanalyse nationalen Rechts im Heimatstaat

a) Grundlagen des deutschen Steuersystems

(1) Unbeschränkte Steuerpflicht

Bei der Entsendung von Mitarbeitern ins Ausland ist ein steuerrechtliches Hauptmerkmal, ob der Arbeitnehmer im Inland weiterhin der unbeschränkten Einkommensteuerpflicht unterliegt. Nach § 1 Abs. 1 EStG ist dies davon abhängig, ob der Steuerpflichtige im Inland seinen Wohnsitz oder gewöhnlichen Aufenthalt hat. Liegt unbeschränkte Steuerpflicht vor, gilt das Welteinkom-

---

432 Vgl. Art. 4 EG-Richtlinie vom 29.06.1998, 98/49/EG, ABlEG 25.07.1998, Nr. L 209.

433 Vgl. Art. 5, 6 EG-Richtlinie vom 29.06.1998, 98/49/EG, ABlEG 25.07.1998, Nr. L 209.

434 Vgl. Blomeyer, W./Otto, K., BetrAVG, 1997, Einl. Rdnr. 1087. Zu Ansprüchen, die sich bei Übertragung von Rentenanwartschaften unmittelbar aus Art. 119 EGV gegen das übertragende als auch das übernehmende Unternehmen richten, siehe Borchardt, K.-D., EuGH-Rechtsprechung, 1995, S. 37-38.

435 Vgl. Kap. „Übertragung", S. 171; Kap. „Weiterführung einer ausländischen Anwartschaft", S. 174.

mensprinzip, wonach alle Einkünfte des Steuerpflichtigen, egal ob sie aus dem Inland oder Ausland stammen, erfaßt werden. Die Besteuerung des Welteinkommens kann zu einer doppelten Besteuerung solcher Einkünfte führen, die in einem ausländischen Quellenstaat erzielt wurden. Die Doppelbesteuerung wird unter Anwendung von DBA-Regelungen als auch durch nationales Recht gemildert bzw. beseitigt.

(a) Wohnsitz

Einen Wohnsitz im steuerlichen Sinn hat jemand dort, wo er eine Wohnung unter Umständen innehat, die darauf schließen lassen, daß er die Wohnung beibehalten und benutzen wird (§ 8 AO). Nicht die tatsächliche Nutzung der Wohnung ist entscheidend, sondern das Beibehalten der Wohnung und die Möglichkeit, die Wohnung zu nutzen. Ein Wohnsitz i.S.d. § 8 AO setzt nicht voraus, daß der Steuerpflichtige von dort aus seiner täglichen Arbeit nachgeht. Es ist auch nicht erforderlich, daß der Steuerpflichtige sich während einer Mindestzahl von Tagen oder Wochen pro Jahr in der Wohnung aufhält. Das Innehaben eines Wohnsitzes steht nicht in Zusammenhang mit dem Ort des Mittelpunktes der Lebensinteressen.[436]

Eine formale Abmeldung bei der Meldebehörde führt nicht zu einer Wohnsitzaufgabe, vielmehr sind die tatsächlichen Verhältnisse entscheidend. Bleibt die Familie des Arbeitnehmers im Inland wohnen oder steht die Wohnung dem Arbeitnehmer noch weiter zur Verfügung, liegt keine Wohnsitzaufgabe vor.[437] Eine Aufgabe des Wohnsitzes im Inland hat bei verheirateten Arbeitnehmern zur Voraussetzung, daß sie mit der Familie umziehen und keine eingerichtete Wohnung im Heimatstaat zurücklassen.[438]

Bei einer Wohnsitzaufgabe ist zu berücksichtigen, daß personenbezogene Vergünstigungen, insbesondere das Ehegattensplitting (§ 32a Abs. 5 EStG) und das Kindergeld (§ 62 EStG), entfallen.

(b) Gewöhnlicher Aufenthalt

Seinen gewöhnlichen Aufenthalt im steuerlichen Sinne hat jemand dort, wo er sich unter Umständen aufhält, die erkennen lassen, daß er an diesem Ort nicht nur vorübergehend verweilt. In jedem Fall gilt ein zeitlich zusammenhängender Aufenthalt von mehr als sechs Monaten Dauer als gewöhnlicher Aufenthalt (§ 9 AO). Die Frist von sechs Monaten nach § 9 AO ist nicht auf das Kalenderjahr beschränkt.[439] Geht der Auslandsaufenthalt des nach Großbritannien entsandten

---

436 Vgl. BFH vom 19.03.1997, I R 69/96, BStBl 1997 II, S. 447. Siehe auch Herrmann, C./Heuer, G./Raupach, A., EStG, 1996, § 1 EStG Anm. 62-70.

437 Vgl. Schieber, P.-H., Steuerfragen, 1990, S. 39; Schmidt, L. (Hrsg.), Einkommensteuergesetz, 1999, § 1 Rz. 24.

438 Vgl. kritisch zum Tatbestand der Wohnsitzaufgabe Siefert, B., Entsendung, 1985, S. 70-75.

439 Vgl. Schmidt, L. (Hrsg.), Einkommensteuergesetz, 1999, § 1 Rz. 27.

Arbeitnehmers über einen Jahreswechsel hinaus und umfaßt mehr als sechs Monate, entfällt für den Zeitraum der Entsendung der gewöhnliche Aufenthalt in Deutschland.[440]

(c) Berücksichtigung von Vorsorgeaufwendungen

Sonderausgaben sind Aufwendungen des Steuerpflichtigen, die zum Abzug zugelassen sind, obwohl sie nicht zur Erzielung von Einkünften dienen. Zu diesen Aufwendungen gehören u.a. Vorsorgeaufwendungen, d.h. Beiträge zu Kranken-, Pflege-, Unfall- und Haftpflichtversicherungen, zur gesetzlichen Rentenversicherung, an die Bundesanstalt für Arbeit, zu bestimmten Versicherungen auf den Erlebens- oder Todesfall und zu einer zusätzlichen freiwilligen Pflegeversicherung (§ 10 Abs. 2 Nr. 1 EStG). Zahlungen an Sozialversicherungsträger sind auch abzugsfähig, wenn sich diese Einrichtungen im Ausland befinden (§ 10 Abs. 2 S. 1 Nr. 2 Buchst. c EStG).[441] Die abzugsfähigen Vorsorgeaufwendungen sind der Höhe nach beschränkt (§ 10 Abs. 3 EStG); zur Bemessungsgrundlage des Vorwegabzugs gehört nicht Arbeitslohn, der aufgrund eines Doppelbesteuerungsabkommens steuerfrei gestellt ist.[442]

Vorsorgeaufwendungen können dem Grunde nach nur bei unbeschränkt Steuerpflichtigen berücksichtigt werden; bei beschränkter Steuerpflicht ist ein Abzug nicht zulässig (§ 50 Abs. 1 S. 5 EStG). Bei unbeschränkter Steuerpflicht ist ein Abzug solcher Vorsorgeaufwendungen nicht zulässig, die in unmittelbarem wirtschaftlichen Zusammenhang mit steuerfreien Einnahmen stehen (§ 10 Abs. 2 Nr. 1 EStG). Dieser Zusammenhang ist grundsätzlich bei Steuerfreiheit des Arbeitslohns aufgrund eines Doppelbesteuerungsabkommens gegeben.[443] Das Abzugsverbot betrifft Arbeitgeber- und Arbeitnehmeranteile zur gesetzlichen Sozialversicherung, nicht aber Beiträge zu freiwilligen Kranken-, Pflege-, Unfall-, Haftpflicht- und Lebensversicherungen, da hier lediglich ein mittelbarer Zusammenhang mit steuerfreien Einkünften vorliegt.[444]

---

440 Vgl. zur Bestimmung des Zeitpunkts der Beendigung des gewöhnlichen Aufenthalts Herrmann, C./Heuer, G./Raupach, A., EStG, 1996, § 1 EStG Anm. 84; Siefert, B., Entsendung, 1985, S. 80-84.

441 Vgl. Schmidt, L. (Hrsg.), Einkommensteuergesetz, 1999, § 10 Rz. 35.

442 Vgl. Abschn. 60 S. 3 LStR.

443 Vgl. BFH vom 29.04.1992, I R 102/91, BStBl 1993 II, S. 149; H 87a EStR, Hinweise (H) zu „Nichtabziehbaren Vorsorgeaufwendungen".

444 Vgl. BFH vom 18.07.1980, VI R 97/77, BStBl 1981 II, S. 18; Schmidt, E., Steuerfreiheit, 1984, S. 75; Schmidt, L. (Hrsg.), Einkommensteuergesetz 1999, § 10 Rz. 181. Sind die aus ausländischen, z.B. britischen Quellen gezahlten Vergütungen in Deutschland unter Progressionsvorbehalt von der Besteuerung ausgenommen, sollen die mit den Vergütungen in wirtschaftlichem Zusammenhang stehenden Vorsorgeaufwendungen ausnahmsweise abziehbar sein, vgl. BFH vom 29.04.1992, I R 102/91, BStBl 1993 II, S. 149; Schmidt, E., Steuerfreiheit, 1984, S. 76.

Der Abzug von Vorsorgeaufwendungen ist durch Höchstbeträge beschränkt (§ 10 Abs. 3 EStG), auf die auch Pflichtbeiträge zur gesetzlichen Sozialversicherung angerechnet werden, so daß faktisch ein Abzug privater Vorsorgeaufwendungen häufig nicht möglich ist.

(d) Berücksichtigung von Werbungskosten

In Deutschland anfallende Werbungskosten sind unter der Voraussetzung einer unbeschränkten Steuerpflicht dann abzugsfähig, wenn die Aufwendungen zur Erwerbung, Sicherung und Erhaltung von Einnahmen dienen (§ 9 Abs. 1 EStG). Werbungskosten sind jedoch nicht abzugsfähig, wenn sie in unmittelbarem wirtschaftlichen Zusammenhang mit steuerfreien Einnahmen stehen (§ 3c EStG).[445] Das Abzugsverbot findet keine Anwendung, soweit ein unmittelbarer wirtschaftlicher Zusammenhang mit der Erzielung von steuerpflichtigen Einnahmen aus einem ruhenden inländischen Arbeitsverhältnis oder mit der späteren Wiederaufnahme des inländischen Arbeitsverhältnisses besteht.[446]

(2) Beschränkte Steuerpflicht

(a) Wechsel zur beschränkten Steuerpflicht

Hat der entsandte Arbeitnehmer weder seinen Wohnsitz noch seinen gewöhnlichen Aufenthalt in Deutschland, unterliegt er mit inländischen Einkünften im Sinne des § 49 EStG der beschränkten Steuerpflicht (§ 1 Abs. 4 EStG).[447] Auf Antrag kann er als unbeschränkt einkommensteuerpflichtig behandelt werden, wenn sein Einkommen überwiegend im Inland bezogen wird, d.h., wenn seine Einkünfte im Kalenderjahr zu mindestens 90 % der deutschen Einkommensteuer unterliegen oder die nicht der deutschen Einkommensteuer unterliegenden Einkünfte nicht mehr als 12.000 DM im Kalenderjahr betragen (§ 1 Abs. 3 EStG).

Vollzieht sich der Wechsel zur beschränkten Steuerpflicht während eines Kalenderjahres, sind sämtliche während der beschränkten Einkommensteuerpflicht erzielten inländischen Einkünfte dieses Jahres in eine Veranlagung zur unbeschränkten Einkommensteuerpflicht einzubeziehen (§ 2 Abs. 7 S. 3 EStG). Die in die Zeit der beschränkten Steuerpflicht fallenden in- und ausländischen Ein-

---

445 Die Werbungskosten sind in einen abziehbaren und einen nichtabziehbaren Teil aufzuspalten; letzterer ist nach dem Verhältnis der steuerfreien Einnahmen zu den Gesamteinnahmen zu bemessen, vgl. BFH vom 11.02.1993, VI R 66/91, BStBl 1993 II, S. 450.

446 Vgl. BFH vom 17.04.1996, I R 78/95, BStBl 1996 II, S. 571. Siehe zu Ausnahmen vom Abzugsverbot Grützner, D., Auslandsbeziehungen, 1997, Rn. 368; Schmidt, L. (Hrsg.), Einkommensteuergesetz, 1999, § 3c Rz. 14-15.

447 Die Voraussetzungen der erweiterten unbeschränkten Einkommensteuerpflicht nach § 1 Abs. 2 EStG (Dienstverhältnis zu einer inländischen juristischen Person des öffentlichen Rechts und Bezug von Arbeitslohn aus einer inländischen öffentlichen Kasse) sind für den im Anwendungsfall betrachteten Personenkreis nicht erfüllt.

künfte werden progressionswirksam berücksichtigt.[448] Die in § 50 Abs. 5 S. 1 EStG vorgesehene Abgeltungswirkung für Steuerabzüge vom Arbeitslohn oder vom Kapitalertrag ist im Veranlagungszeitraum des Wechsels ausgeschlossen.[449] Im Veranlagungszeitraum des Wechsels kommt der Grundfreibetrag nur einmal zur Anwendung. Die aufgrund der beschränkten Einkommensteuerpflicht einbehaltenen Steuerabzugsbeträge sind auf die Einkommensteuerschuld anzurechnen.

(b) Nichtselbständige Tätigkeit

Bei Einkünften aus nichtselbständiger Arbeit kommt es nur dann zur beschränkten Steuerpflicht, wenn die im Ausland ausgeübte Tätigkeit im Inland verwertet wird oder worden ist (§ 49 Abs. 1 Nr. 4 EStG).[450] Unter Verwerten i.S.d. § 49 Abs. 1 Nr. 4 EStG ist der Vorgang zu verstehen, durch den der Arbeitnehmer das Ergebnis seiner nichtselbständigen Arbeit seinem Arbeitgeber zuführt. Eine Zuführung im Inland mit der Konsequenz der beschränkten Steuerpflicht liegt beispielsweise vor, wenn die ausgeübte Tätigkeit in Form der Anfertigung von Marktanalyseberichten als Grundlage für die von der inländischen Geschäftsleitung des Arbeitgebers zu treffenden Entscheidungen dient oder Forschungsarbeiten im Ausland in einem abschließenden Bericht resultieren, der im Inland Auswirkungen auf ein Produktionsverfahren hat.[451] Da das DBA-GB den Tatbestand der Verwertung nicht kennt,[452] kann eine in Großbritannien ausgeübte Tätigkeit keine inländischen Steuerfolgen im Rahmen einer beschränkten Steuerpflicht begründen.

(c) Einkünfte aus Kapitalvermögen

Einkünfte aus Kapitalvermögen unterliegen unabhängig von einer beschränkten Steuerpflicht aufgrund § 49 Abs. 1 Nr. 5 EStG dem Abzug von Kapitalertragsteuer (§ 43, § 43a EStG). Bei einer Antragsveranlagung, die für Steuerpflichtige mit Staatsangehörigkeit und Wohnsitz in einem EU-Mitgliedstaat (§ 50 Abs. 5 S. 4 Nr. 2 EStG) möglich ist, verbleibt es für Einkünfte aus Kapitalvermögen beim Steuerabzug; ein Einbezug in die Veranlagung findet nur zum Zwecke des Progressionsvorbehaltes statt (§ 50 Abs. 5 S. 4 Nr. 2 S. 6 EStG).

---

448 Siehe kritisch Mössner, J.M., Steuerpflicht, 1997, S. 227-228. Siehe auch Schmidt, L. (Hrsg.), Einkommensteuergesetz, 1999, § 1 Rz. 85 und § 2 Rz. 62.

449 Vgl. Grützner, D., Auslandsbeziehungen, 1997, Rn. 46.

450 Vgl. Debatin, H./Wassermeyer, F., Doppelbesteuerung, 1998, Art. 15 MA Rz. 11.

451 Vgl. BFH vom 12.11.1986, I R 38/83, BStBl 1987 II, S. 377; BFH vom 12.11.1986, I R 69/83, BStBl 1987 II, S. 381. Ein weiteres Beispiel für Verwertung im Inland ist die Tätigkeit von Handelsvertretern zur Beschaffung von Aufträgen für die inländischen Arbeitgeber, vgl. BKK Bundesverband, Entsendung, 1996, S. 47.

452 Vgl. BFH vom 26.05.1971, I R 27/70, BStBl 1971 II, S. 804; Reuter, H.-P., Doppelbesteuerung, 1993, S. 556.

Werbungskosten werden nicht berücksichtigt; Kapitalertragsteuer wird nicht angerechnet (§ 50 Abs. 5 S. 2 EStG).[453]

(d) Ruhestandseinkünfte

Verbringt der Arbeitnehmer den Ruhestand in Großbritannien und besteht keine unbeschränkte Steuerpflicht in Deutschland, unterliegen Bezüge, die im Hinblick auf eine frühere Tätigkeit in Deutschland gezahlt werden, nach nationalem Recht in Deutschland der beschränkten Steuerpflicht (§ 49 Abs. 1 Nr. 4 i.V.m. § 24 Nr. 2 EStG). Da nach den vorrangigen Vorschriften des DBA-GB das Besteuerungsrecht für Ruhegeldbezüge ausschließlich dem Wohnsitzstaat zusteht (Art. X Abs. 1 DBA-GB), können die Ruhestandseinkünfte in Deutschland steuerlich grundsätzlich nicht erfaßt werden. Die steuerliche Erfassung in Großbritannien hängt vom Ansässigkeitsstatus (residence, ordinarily residence und domicil)[454] im Zeitpunkt des Ruhegeldbezuges ab. Kommt es aufgrund der Besteuerung nach der Remittance-Basis zu keiner britischen Besteuerung, fällt das Besteuerungsrecht an Deutschland zurück (Art. II Abs. 2 DBA-GB).[455]

(3) Steuerrechtliche Entwicklungstendenzen

Der deutsche Gesetzgeber plant eine grundlegende Reform der Unternehmensbesteuerung bis zum Jahr 2000 mit dem Ziel, eine rechtsformunabhängige Besteuerung aller Unternehmenseinkünfte mit einem einheitlichen Steuersatz von höchstens 35 % einzuführen.[456] Obwohl die Realisierung dieses Gesetzesvorhabens noch erheblicher Unsicherheit unterliegt, sind die geplanten Steuertarife im Rahmen der Teilproblemformulierung zu berücksichtigen.[457]

b) Spezielles Steuerrecht der betrieblichen Altersversorgung

(1) Besteuerung beim Arbeitnehmer

(a) Anwartschaftszeit

Bei der Direktzusage fallen beim Arbeitnehmer während der Anwartschaftszeit, also auch im Zeitraum der Entsendung, keine steuerlichen Einkünfte an. Eine Aufwandserstattung des ausländischen Arbeitgebers hat keine Auswirkungen auf die Besteuerung des Arbeitnehmers. Lohnsteuerliche Fragen sind daher hinsichtlich der betrieblichen Altersversorgung nicht zu bedenken.[458]

---

453 Vgl. Herrmann, C./Heuer, G./Raupach, A., EStG, 1996, Vor §§ 1, 1a EStG Anm. 43; Schmidt, L. (Hrsg.), Einkommensteuergesetz, 1999, § 50 Rz. 5-8.

454 Vgl. Kap. „Aufenthaltsstatus“, S. 156.

455 Vgl. Debatin, H./Wassermeyer, F., Doppelbesteuerung, 1998, Art. II Rz. 55 DBA-GB; Tiley, J./Collison, D., UK Tax Guide, 1998-99, Tz. 6:11, 34:01.

456 Vgl. BT-Drs. 14/23 vom 09.11.1998.

457 Siehe Kap. „Lokalisierung des Abzugs von Personal- und Versorgungsaufwand“, S. 189.

458 Vgl. Höfer, R., BetrAVG, Bd. II, 1997, Rdnr. 2317-2318, 2376.

Eigenbeiträge zur betrieblichen Altersversorgung können nur indirekt im Wege der Gehaltsumwandlung geleistet werden. Dazu sind zukünftige, noch nicht erdiente Entgeltbestandteile vom Arbeitgeber in eine wertgleiche Anwartschaft auf Versorgungsleistungen umzuwandeln (§ 1 Abs. 5 BetrAVG).[459]

(b) Abfindung und Übertragung

- Abfindung

Eine Abfindung der Anwartschaft nach § 3 BetrAVG ist grundsätzlich in voller Höhe einkommensteuerpflichtig. Abfindungen unverfallbarer Anwartschaften sind von der Steuerbefreiung nach § 3 Nr. 9 EStG ausgeschlossen, da ein Rechtsanspruch unabhängig von der Auflösung des Arbeitsverhältnisses besteht und die Abfindung nicht als Ausgleich für den Verlust des Arbeitsplatzes gewährt wird.[460] Bei verfallbaren Anwartschaften erfolgt eine Steuerbefreiung nach § 3 Nr. 9 EStG bis zum Regelfreibetrag in Höhe von 16.000 DM nur dann, wenn eine Auflösung des Arbeitsverhältnisses vorliegt, die vom Arbeitgeber veranlaßt wurde. Für die Veranlassung ist nicht entscheidend, wer die Kündigung ausgesprochen hat, sondern wem die eigentliche Verursachung zuzurechnen ist. Ein Rumpfarbeitsverhältnis darf nicht bestehen bleiben. Zulässig ist aber eine neue Tätigkeit im Rahmen eines anderen Rechtsverhältnisses, z.B. eines Beratervertrages.

Eine Progressionsminderung kann unabhängig von der Art der Anwartschaft nach der sog. Fünftelregelung (§ 34 Abs. 1 EStG) erfolgen, sofern das Arbeitsverhältnis in mehr als einem Kalenderjahr bestand und die Abfindung für mehrere Jahre erbracht wird oder wenn die Abfindung als Entschädigung für den Wegfall einer verfallbaren Anwartschaft gezahlt wird.[461]

- Übertragung

Bei einer nach § 4 BetrAVG zulässigen Übertragung der Anwartschaft auf einen neuen Arbeitgeber und einer Weiterführung als *unmittelbare* Versorgungszusage entstehen keine einkommensteuerlichen Konsequenzen für den Arbeitnehmer.

Bei Übertragung auf eine *mittelbare* Versorgungszusage (Direktversicherung, Pensionskasse) stellt der gesamte Übertragungswert eine Einmalprämie dar, die beim Arbeitnehmer lohnsteuerpflichtig ist (§ 19 Abs. 1 Nr. 1 EStG i.V.m. § 2

---

459 Siehe zur Entgeltumwandlung z.B. Höfer, R., Entgeltumwandlung, 1998, S. 2266-2269; Kolvenbach, P./Langohr-Plato, U., Deferred Compensation, 1995, S. 651-657 und S. 685-691; Ophoff, J./Walkiewicz, N., Kostenneutral, 1996, S. 2240-2244; Schanz, T., Gehaltsumwandlung, 1997, S. 602-610.

460 Vgl. BFH vom 24.04.1991, XI R 9/87, BStBl 1991 II, S. 723; Blomeyer, W./Otto, K., BetrAVG, 1997, StR B Rdnr. 11-22.

461 Vgl. BFH vom 11.12.1970, VI R 218/66, BStBl 1971 II, S. 266; BFH vom 09.07.1992, XI R 5/91, BStBl 1993 II, S. 27; Schmidt, L. (Hrsg.), Einkommensteuergesetz, 1999, § 34 Rz. 56.

Abs. 2 Nr. 3 LStDV). Die Einmalprämie deckt die in der Vergangenheit bereits erdienten Versorgungsrechte ab. Steuerliche Erleichterungen können grundsätzlich durch einen Sonderausgabenabzug, eine Ermäßigung des Steuersatzes oder durch pauschale Versteuerung erfolgen. Ein Sonderausgabenabzug für Einmalbeiträge an Rentenversicherungen ist nur zulässig, wenn diese kein Kapitalwahlrecht gewähren (§ 10 Abs. 1 Nr. 2 Buchst. b EStG). Für die Steuersatzermäßigung nach § 34 Abs. 1 EStG gelten die gleichen Voraussetzungen wie bei der Abfindung. Anstelle der lohnsteuerlichen Erfassung kann der Transferwert grundsätzlich auch pauschal versteuert werden (§ 40b EStG). Der Höchstbetrag von 3.408 DM vervielfältigt sich im Fall der Beendigung des Dienstverhältnisses mit der Zahl der Kalenderjahre des Arbeitsverhältnisses (§ 40b Abs. 2 S. 3-4 EStG).

(c) Versorgungszeitraum

Bei unbeschränkt Steuerpflichtigen sind Leistungen aus einer unmittelbaren Versorgungszusage im Inland vorbehaltlich abkommensrechtlicher Regelungen als Einkünfte aus nichtselbständiger Tätigkeit steuerpflichtig (§ 19 Abs. 1 Nr. 2 EStG). Die Einkünfte werden um den Versorgungsfreibetrag in Höhe von 40 % des Ruhegeldes, maximal um 6.000 DM, gemindert (§ 19 Abs. 2 EStG).

Bei Leistungen aus einem britischen Betriebsrentensystem kommt der lohnsteuerrechtlichen Behandlung, anders als bei im Inland erworbenen Versorgungsanwartschaften, keine Bedeutung zu. Maßgeblich für die Beurteilung eines steuerlichen Zuflusses ist allein deutsches Recht.[462] Zu klären ist in diesem Zusammenhang, ob die Leistungen als steuerbares Ruhegeld nach § 19 Abs. 1 Nr. 2 EStG oder als wiederkehrende Bezüge nach § 22 Nr. 1 EStG qualifiziert werden. Dabei ist zu beachten, daß § 22 Nr. 1 EStG subsidiär zu § 19 EStG anzuwenden ist.

Bei Leistungen eines britischen Betriebsrentensystems ist einerseits von einem Ruhegeld nach § 19 Abs. 1 Nr. 2 EStG auszugehen, da es sich um Bezüge handelt, die der Arbeitnehmer als Gegenleistung dafür erhält, daß er seine individuelle Arbeitskraft zur Verfügung gestellt hat, ohne daß er darüber hinaus eine nennenswerte Eigenleistung erbringt.[463] Andererseits entspricht ein britisches Betriebsrentensystem einer deutschen Pensionskasse, deren Leistungen als wiederkehrende Bezüge nach § 22 Nr. 1 EStG qualifiziert werden, da der Arbeitgeber Beiträge an eine Versorgungseinrichtung leistet, die dem Arbeitnehmer eigene Rechtsansprüche auf Versorgung gewährt.[464] Der Anspruch des ehemaligen Arbeitnehmers richtet sich unmittelbar gegen den Pensionsfonds.[465] Dabei

---

462 Vgl. BFH vom 07.02.1990, X R 36/86, BStBl 1990 II, S. 1064; Höfer, R., BetrAVG, Bd. II, 1997, Rdnr. 2399.

463 Vgl. Schmidt, L. (Hrsg.), Einkommensteuergesetz, 1999, § 22 Rz. 52.

464 Vgl. Spengel, C./Schmidt, F., Vergleich, 1997, S. 125.

465 Vgl. Hübner, P.B., Pensionsfonds, 1991, S. 107.

kommt es nicht darauf an, ob die Ansprüche rechtlich oder wirtschaftlich als sicher anzusehen sind. Ansprüche gegenüber dem früheren Arbeitgeber bestehen nicht. Die (früheren) Arbeitgeberbeiträge gelten daher wie Beiträge an eine deutsche Pensionskasse als Arbeitslohn,[466] so daß die Leistungen des Betriebsrentensystems nicht als Arbeitslohn, sondern als wiederkehrende Bezüge nach § 22 Nr. 1 EStG zu qualifizieren sind.[467] Diese zweite Auslegung führt zu dem für den ehemaligen Arbeitnehmer günstigen Ergebnis, daß mögliche Eigenbeiträge zum britischen Betriebsrentensystem bei Ansässigkeit im Vereinigten Königreich steuerlich abzugsfähig waren und die Leistungen als wiederkehrende Bezüge nach § 22 Nr. 1 S. 3 EStG nur mit dem Ertragswert erfaßt werden. Arbeitgeberbeiträge zu Betriebsrentensystemen sind nach britischem Recht grundsätzlich immer abzugsfähig; bei anerkannten Systemen werden dem Arbeitnehmer keine Einkünfte zugerechnet. Die Schlußfolgerung beruht auf der zweiten Auslegung, nach der die Beiträge zum britischen Betriebsrentensystem nach deutschem Recht als Arbeitslohn erfaßt worden wären. Im Zusammenhang mit der Auslandsentsendung kann es insofern zu einer effektiven Minderbelastung der für die betriebliche Altersversorgung eingesetzten Mittel kommen, da die steuerliche Behandlung im Tätigkeitsstaat und im Wohnsitzstaat nicht aufeinander abgestimmt sind.[468]

Einschlägige Rechtsprechung liegt zu diesem Problem noch nicht vor, so daß unter Umständen auch mit einer Qualifikation der Versorgungsleistungen durch die Finanzverwaltung als steuerbares Ruhegeld nach § 19 Abs. 1 Nr. 2 EStG zu rechnen ist. Da die steuerliche Qualifikation grundsätzlich erst nach Eintritt des Versorgungsfalles bei Veranlagung des ehemaligen Arbeitnehmers erfolgt, kann eine Klärung mit der Finanzverwaltung noch während der Entsendungsplanung empfehlenswert sein.

(2) Besteuerung beim Arbeitgeber

(a) Beiträge

Die steuerlich abzugsfähigen Beiträge des Arbeitgebers zur Altersversorgung berechnen sich grundsätzlich als Differenz des Teilwerts der Pensionsverpflichtung am Schluß des Wirtschaftsjahres und des Teilwerts am Schluß des vorangegangenen Wirtschaftsjahres (§ 6a Abs. 4 EStG). Der Teilwert einer Pensionsanwartschaft wird gemäß § 6a Abs. 3 EStG nicht anhand einer Gleichverteilung des Aufwandes vom Zeitpunkt der Erteilung der Versorgungszusage bis zum voraussichtlichen Eintritt des Versorgungsfalles berechnet (Gegenwartswertverfahren); vielmehr erfolgt die Aufwandsverteilung bereits ab Beginn des Beschäftigungsverhältnisses (Teilwertverfahren). Auf diesem Wege

466 Vgl. BFH vom 27.05.1993, VI R 19/92, BStBl 1994 II, S. 246.
467 Vgl. BFH vom 07.02.1990, X R 36/86, BStBl 1990 II, S. 1064.
468 Vgl. Richter, G./Schanz, T., Personalentsendungen, 1994, S. 405.

wird der Versorgungsaufwand periodengerecht verteilt, da eine Pensionszusage als Gegenleistung für die vom Arbeitnehmer insgesamt geleistete Betriebstreue verstanden wird.[469] Wird eine Pensionszusage später als zu Dienstbeginn erteilt, kommt es somit zu einer rückwirkenden Aufwandsverteilung. Das 30. Lebensjahr des Pensionsberechtigten bildet die Untergrenze für den Ansatz von Pensionsrückstellungen dem Grunde nach als auch für die Berechnung der Höhe nach. Eine Pensionsrückstellung darf frühestens für das Wirtschaftsjahr gebildet werden, bis zu dessen Mitte der Pensionsberechtigte das 30. Lebensjahr vollendet hat (§ 6a Abs. 2 Nr. 1 EStG); zugleich gilt der Beginn dieses Wirtschaftsjahres für die Berechnung des Teilwertes als Beginn des Dienstverhältnisses, soweit dieses schon vorher bestanden hat (§ 6a Abs. 3 Nr. 1 S. 6 EStG).

Als Aufwand sind neben der Zuführung zur Pensionsrückstellung auch die Beiträge an den Pensions-Sicherungs-Verein a.G. (PSVaG) zu berücksichtigen. Während in einigen Staaten (z.B. Finnland, Schweden) Beiträge für die Insolvenzsicherung unter Berücksichtigung des speziellen betrieblichen Risikos kalkuliert werden,[470] erfolgt in Deutschland die Prämienberechnung grundsätzlich allein auf Grundlage der im laufenden Kalenderjahr beim PSVaG entstehenden Ansprüche auf Leistungen der Insolvenzsicherung (§ 10 BetrAVG). Für die Berechnung des Barwerts der Ansprüche ist der Rechnungszinsfuß nach § 65 VAG zu verwenden, der zur Zeit 4 % beträgt,[471] so daß vom PSVaG im Vergleich zur steuerlich zulässigen Rückstellungsbildung ein erheblich höheres Deckungskapital gebildet wird. Das aufzubringende Deckungskapital wird von den Arbeitgebern aufgebracht, die durch unverfallbare Versorgungsanwartschaften verpflichtet sind oder laufende Versorgungsleistungen erbringen.

(b) Aufrechterhaltung der Anwartschaft

Wird eine Anwartschaft bei Ausscheiden des Arbeitnehmers aus dem inländischen Arbeitsverhältnis fortgeführt, ist als Teilwert der versicherungsmathematische Barwert der künftigen Pensionsleistungen am Schluß des Wirtschaftsjahres anzusetzen (§ 6a Abs. 3 S. 2 Nr. 2 EStG). Wird eine Anwartschaft auf vertraglicher Basis für einen Arbeitnehmer aufrechterhalten, der noch nicht das 30. Lebensjahr vollendet hat, ist eine Rückstellungsbildung nicht zulässig (§ 6a Abs. 2 Nr. 1 EStG).

Hinsichtlich der Gründe für einen Wegfall oder eine Änderung der Verpflichtung braucht das Unternehmen keine besonderen Feststellungen zu treffen. Die Pensionsrückstellung kann bis zum Erreichen der vertraglich vereinbarten Altersgrenze planmäßig fortgeführt werden, es sei denn, dem Unternehmen wird

---

469 Vgl. Littmann, E./Bitz, H./Hellwig, P., Einkommensteuerrecht, 1998, § 6a, Tz. 3.

470 Vgl. Callund, D./Green, M., Insolvency Guarantees, 1992, S. 26. Siehe dort auch zu Darstellungen weiterer ausländischer Insolvenzsicherungssysteme.

471 Vgl. § 65 VAG i.V.m. § 2 Abs. 1 der BMF-Verordnung über Rechnungsgrundlagen für die Deckungsrückstellungen vom 06.05.1996, BGBl 1996 I, S. 670.

bereits vorher bekannt, daß Leistungen nicht zu gewähren sind (R 41 Abs. 19 EStR).[472]

(c) Abfindung und Übertragung

Sowohl die Abfindung als auch die Übertragung der Pensionsrückstellung führen beim Arbeitgeber zu einer gewinnerhöhenden Auflösung der Pensionsrückstellung. Das vom bisher verpflichteten Arbeitgeber zu zahlende Entgelt ist als Betriebsausgabe abzugsfähig. Dies gilt unabhängig davon, ob die Zusage als unmittelbare oder als mittelbare Versorgungsverpflichtung (Direktversicherungs- bzw. Pensionkassenzusage) weitergeführt wird. Entspricht die Höhe der Pensionsrückstellung dem gezahlten Transferwert, liegt per Saldo keine Gewinnwirkung vor. Im Regelfall ist das Entgelt höher, da eine Bemessung der Verpflichtung nach kaufmännischen Gesichtspunkten erfolgt und der steuerlich zulässige Wert der Pensionsrückstellung unter dem Wert der tatsächlichen Verpflichtung liegt.[473] Auch der Teil, der die aufzulösende Pensionsrückstellung übersteigt, ist abzugsfähig.

Die steuerlichen Konsequenzen bei einem übernehmenden irländischen Arbeitgeber sind hier nicht zu analysieren, da im Gestaltungsfall nur eine Übertragung an einen britischen Betriebsrentenfonds vorgesehen ist.

(3) Steuerrechtliche Entwicklungstendenzen

Der Steuergestalter hat nach möglichen Entwicklungen der relevanten Rechtsmaterie zu forschen, die von Einfluß auf seine Gestaltungsaufgabe sind. Im nationalen Bereich des Steuerrechts der betrieblichen Altersversorgung ist die steuerliche Flankierung der mit dem Rentenreformgesetz 1999[474] eingeführten arbeitsrechtlichen Verbesserungen der betrieblichen Altersversorgung in der politischen Diskussion. Gesetzgeberische Initiativen könnten folgende Bereiche betreffen:

- steuerliche Berücksichtigung zukünftiger Gehaltssteigerungen,
- Berücksichtigung von Betriebsrentenanpassungen bereits in der Anwartschaftsphase,
- Senkungen des Rechnungszinsfußes.

Die Realisierung der Initiativen erscheint jedoch unwahrscheinlich, sofern Steuermindereinnahmen damit verbunden sind. Hinsichtlich einer geforderten Verbesserung der Rahmenbedingungen für die betriebliche Altersversorgung ist

---

472 Beispiel: Der Anwärter verstirbt, ohne daß anspruchsberechtigte Hinterbliebene vorhanden sind. Siehe hierzu Höfer, R., BetrAVG, Bd. II, 1997, Rdnr. 362-367.

473 Vgl. Blomeyer, W./Otto, K., BetrAVG, 1997, StR A Rdnr. 406-407; Höfer, R., BetrAVG, Bd. II, 1997, Rdnr. 1892-1894.

474 Gesetz zur Reform der gesetzlichen Rentenversicherung vom 16.12.1997, BStBl 1997 I, S. 2998.

für den Gesetzgeber bereits die Frage offen, ob dies auf Seiten der Arbeitgeber oder der Arbeitnehmer geschehen soll.[475]

c) Arbeitsrecht der betrieblichen Altersversorgung

(1) Rentenanpassung

Sowohl die im Falle eines vorzeitigen Ausscheidens erworbenen Versorgungsansprüche als auch laufende Leistungen der betrieblichen Altersversorgung unterliegen einem inflationsbedingten Wertverfall. Das Betriebsrentengesetz sieht lediglich für laufende Leistungen eine Anpassungsprüfungspflicht vor (§ 16 BetrAVG). Grundsätzlich hat der Arbeitgeber alle drei Jahre eine Anpassung der laufenden Leistungen vorzunehmen. Dabei sind sowohl die Belange des Versorgungsempfängers als auch die wirtschaftliche Lage des Arbeitgebers zu berücksichtigen.[476] Die Anpassung hat grundsätzlich in Höhe des Anstiegs des Lebenshaltungskostenindexes oder der Nettolöhne vergleichbarer Arbeitnehmer des Unternehmens im dreijährigen Prüfungszeitraum zu erfolgen.[477] Die Anpassungsprüfungspflicht entfällt, wenn sich der Arbeitgeber bei der Direktzusage zu einer jährlichen Rentenanpassung von mindestens 1 % verpflichtet.[478] Eine vertraglich fest zugesagte Rentenerhöhung ist aufgrund des Stichtagsprinzips schon während der Anwartschaftszeit steuerlich anzuerkennen.[479] Eine aufgrund der wirtschaftlichen Lage des Unternehmens zu Recht unterbliebene Anpassung braucht zu einem späteren Zeitpunkt nicht nachgeholt werden.[480]

(2) Unverfallbarkeit

Erworbene Versorgungsansprüche sind bei Beendigung des Arbeitsverhältnisses vor Eintritt des Versorgungsfalles gesetzlich unverfallbar, wenn der Arbeitnehmer mindestens das 35. Lebensjahr vollendet hat und die Versorgungszusage für ihn mindestens zehn Jahre bestanden hat oder der Beginn der Betriebszugehörigkeit mindestens zwölf Jahre zurückliegt und die Versorgungszusage für ihn mindestens drei Jahre bestanden hat.[481]

---

475 Vgl. Beyer, J., Perspektiven, 1996, S. 38.

476 Vgl. § 16 Abs. 1 BetrAVG.

477 Vgl. § 16 Abs. 2 BetrAVG; Doetsch, P.A./Förster, W./Rühmann, J., Rentenreformgesetz, 1998, S. 262; Höfer, R., Betriebsrentenanpassung, 1998, S. 2362-2363; Langohr-Plato, U., Novellierung, 1998, S. 594.

478 Vgl. § 16 Abs. 3 BetrAVG. Dies gilt nur für Neuzusagen nach dem 31.12.1998, § 30c Abs. 1 BetrAVG.

479 Vgl. BFH vom 17.05.1995, I R 16/94, BStBl 1996 II, S. 420.

480 Vgl. § 16 Abs. 4 BetrAVG. Dies gilt für nach dem 31.12.1998 zu Recht unterbliebene Anpassungen, § 30c Abs. 2 BetrAVG, vgl. Doetsch, P.A./Förster, W./Rühmann, J., Rentenreformgesetz, 1998, S. 263.

481 Vgl. § 1 Abs. 1 BetrAVG.

(3) Abfindung und Übertragung

Für den Fall der Beendigung des Arbeitsverhältnisses regelt das Betriebsrentengesetz neben der Unverfallbarkeit auch die Abfindung und Übertragung von Anwartschaften (§ 3, § 4 BetrAVG). Die rechtlichen Konsequenzen hängen davon ab, ob die gesetzliche Unverfallbarkeit nach § 1 BetrAVG eingetreten ist. Sind Versorgungsanwartschaften verfallbar, können eine vertragliche Aufrechterhaltung, eine Abfindung oder eine Übertragung der Anwartschaft durch den Arbeitgeber erfolgen. Bei Auflösung des Arbeitsverhältnisses verfällt andernfalls die Anwartschaft.[482]

Bei unverfallbaren Anwartschaften bestehen enge Grenzen, innerhalb derer eine **Abfindung** möglich ist, da die Schutzvorschriften des BetrAVG nicht mehr anwendbar werden.[483] Sowohl Arbeitgeber als auch Arbeitnehmer besitzen bei Beendigung des Arbeitsverhältnisses ein einseitiges Recht, die Abfindung der Versorgungsanwartschaft zu fordern, wenn bei Erreichen der vorgesehenen Altersgrenze die voraussichtliche laufende Versorgungsleistung 1 % der monatlichen Bezugsgröße nach § 18 SGB IV nicht übersteigt. Eine Kapitalleistung darf 120 % der monatlichen Bezugsgröße nicht übersteigen.[484] Die Abfindungsgrenzen berechnen sich *vor* einer ratierlichen Minderung aufgrund der Beendigung des Arbeitsverhältnisses; sie betragen (1999):[485]

- Monatsbetrag einer laufenden Versorgungsleistung:
  1 % * 4.410 = 44,10 DM
- Kapitalleistung: 120 % * 4.410 = 5.292 DM

Mit Zustimmung des Arbeitnehmers kann eine Versorgungsanwartschaft bis zur *doppelten* Höhe dieser Grenzen abgefunden werden.[486] Die Abfindungsgrenzen erhöhen sich auf das *vierfache* der genannten Beträge, wenn der Abfindungsbetrag vom Arbeitgeber unmittelbar zur Zahlung von Beiträgen an die gesetzliche Rentenversicherung oder zum Aufbau einer Versorgungsleistung bei einer Di-

482 Vgl. Höfer, R., BetrAVG, Bd II, 1997, Rdnr. 2313.

483 Der Übertragung unverfallbarer Anwartschaften wird bei grenzüberschreitender Mobilität des Arbeitnehmers ohnehin nur geringe Bedeutung beigemessen, da die Leistungen auch bei Aufenthalt in einem anderen Staat bezogen werden können, vgl. GVG (Hrsg.), Zusatzversorgungssysteme, 1995, S. 74.

484 Vgl. § 3 Abs. 1 S. 2 BetrAVG. Für die Abfindung unverfallbarer Anwartschaften bei Ausscheiden des Arbeitnehmers ist mit Wirkung ab 01.01.1999 nicht mehr das Kriterium des zeitlichen Bestands der Versorgungszusage, sondern die Höhe der Anwartschaft entscheidend, vgl. Doetsch, P.A./Förster, W./Rühmann, J., Rentenreformgesetz, 1998, S. 259.

485 Vgl. Figge, G., Sozialversicherung, 1998, S. 2525; Langohr-Plato, U., Novellierung, 1998, S. 594.

486 Vgl. § 3 Abs. 1 S. 3 Nr. 1 BetrAVG.

rektversicherung oder Pensionskasse verwendet wird.[487] *Ohne* Betragsbeschränkung kann eine Anwartschaft abgefunden werden, wenn die Beiträge zur gesetzlichen Rentenversicherung erstattet worden sind.[488] Die Voraussetzungen zur Beitragserstattung können bei einer befristeten Entsendung nach Großbritannien nicht erfüllt werden.[489]

Für die Berechnung der Abfindung wird der Barwert der künftigen Versorgungsleistungen entsprechend der verkürzten Betriebszugehörigkeit reduziert (§ 3 Abs. 2 i.V.m. § 2 Abs. 1 BetrAVG), ggfs. zum Zwecke einer Kapitalleistung kapitalisiert, auf den Zeitpunkt des Ausscheidens bzw. der späteren Abfindung abgezinst und gemäß der Wahrscheinlichkeit, mit der der Eintritt des Versorgungsfalles zu erwarten ist, verringert, so daß sich regelmäßig eine geringe Abfindungssumme ergibt.[490]

Eine Begünstigung der Abfindung einer Anwartschaft mit Verwendung des Abfindungsbetrages zum Aufbau einer Versorgungsanwartschaft bei einem in Großbritannien steuerlich anerkannten Betriebsrentenfonds kann dem Gesetzeswortlaut nicht entnommen werden. Die Höchstgrenzen betragen in diesem Fall bei Zustimmung des Arbeitnehmers das doppelte der Grundbeträge; sie betragen nur dann das vierfache der genannten Abfindungsgrenzen, wenn in analoger Erweiterung der Gesetzesformulierung die Einzahlung in den britischen Fonds einer Einzahlung in eine Direktversicherung oder Pensionskasse gleichsteht. Hiervon ist in wirtschaftlicher Hinsicht prinzipiell auszugehen:

- Kleinere Pensionsfonds legen die ihnen zugeführten Beiträge an, indem sie individuell aufgeschobene Rentenverträge zugunsten der Arbeitnehmer erwerben. Die Leistungen sind in vollem Umfang versichert; Anlageüberschüsse werden über jährliche oder Schluß-Gewinnanteile vergütet.[491] Die Tatbe-

---

487 Vgl. § 3 Abs. 1 S. 3 Nr. 2 BetrAVG. Die gesetzliche Formulierung schließt Abfindungen zum Aufbau einer Versorgungsleistung mittels privater Lebensversicherungen aus. Hierfür spricht auch, daß im Zuge des Gesetzgebungsverfahrens zum Rentenreformgesetz 1999 die ursprüngliche Formulierung „(private) Lebensversicherung" in „Direktversicherung" geändert wurde; vgl. Doetsch, P.A./Förster, W./Rühmann, J., Rentenreformgesetz, 1998, S. 260.

488 Vgl. § 3 Abs. 1 S. 3 Nr. 3 BetrAVG.

489 Eine Beitragsrückerstattung kann beantragt werden, wenn die Versicherungspflicht in der gesetzlichen Rentenversicherung erlischt und auch das Recht zur freiwilligen Versicherung entweder nicht besteht oder endet. Dies ist der Fall, wenn der Arbeitnehmer seinen Wohnsitz oder gewöhnlichen Aufenthalt im Ausland nimmt (§ 30 SGB I, § 210 SGB VI) und nicht das Recht zur freiwilligen Versicherung besteht, vgl. Blomeyer, W./Otto, K., BetrAVG, 1997, § 3 Rdnr. 29, 63. Nach § 7 Abs. 1 SGB VI besteht für Deutsche, die ihren gewöhnlichen Aufenthalt im Ausland haben, das Recht zur freiwilligen Versicherung, so daß eine Beitragsrückerstattung nicht in Betracht kommt, vgl. BKK Bundesverband, Entsendung, 1996, S. 28-29.

490 Vgl. Blomeyer, W./Otto, K., BetrAVG, 1997, § 3 Rdnr. 96-118; Doetsch, P.A./Förster, W./Rühmann, J., Rentenreformgesetz, 1998, S. 260.

491 Vgl. Stephen, R., Großbritannien, 1992, S. 69.

standsmerkmale einer Direktversicherungszusage nach § 1 Abs. 2 BetrAVG sind erfüllt: auf das Leben des Arbeitnehmers ist durch den Arbeitgeber[492] eine Lebensversicherung abgeschlossen und der Arbeitnehmer ist hinsichtlich der Leistungen des Versicherers bezugsberechtigt.

- Größere Pensionsfonds entsprechen einer Pensionskasse i.S.d. § 1 Abs. 3 BetrAVG: als rechtsfähige Versorgungseinrichtung gewähren sie dem Arbeitnehmer und den Hinterbliebenen einen Rechtsanspruch auf Leistungen.[493]

Bei einer **Übertragung** des Abfindungsbetrages auf ein britisches, steuerlich anerkanntes Betriebsrentensystem bleibt der Regelungszweck des § 3 BetrAVG, die Verhinderung einer vorzeitigen Inanspruchnahme des Abfindungsbetrages für die private Vermögensbildung oder den Konsum,[494] gewahrt. Rückzahlungen von Beiträgen an den Arbeitnehmer und vorzeitige Kapitalisierungen sind nach britischem Recht nicht zulässig.[495] Der § 3 Abs. 1 S 3 Nr. 2 BetrAVG kann prinzipiell auch auf ein britisches, steuerlich anerkanntes Betriebsrentensystem angewendet werden; die Vorschrift unterscheidet nicht zwischen in- und ausländischen Versorgungsträgern.[496] In Anbetracht der unterschiedlichen Fondstypen muß im Einzelfall eine Zuordnung zur Direktversicherungs- bzw. Pensionskassenzusage erfolgen.

Die Übertragung einer unverfallbaren Versorgungsanwartschaft auf einen ausländischen Versorgungsträger ist formal grundsätzlich zulässig. Die Verbindlichkeit muß in den Grenzen des § 4 BetrAVG übertragen werden, d.h., von einem Arbeitgeber, einer Pensionskasse, einem Lebensversicherungsunternehmen oder einem öffentlich-rechtlichen Versorgungsträger mit Zustimmung des Arbeitnehmers übernommen werden. Das Gesetz unterscheidet nicht zwischen einem in- und ausländischem Arbeitgeber. Dem Schutzzweck der Vorschrift entsprechend muß das BetrAVG anwendbar bleiben.[497] Insbesondere ist eine Übertragung nach § 4 BetrAVG auf Versorgungsträger, für die kein Insolvenzschutz nach § 7 BetrAVG besteht, unzulässig.[498] Der Insolvenzschutz setzt das Vorhandensein einer insolvenzfähigen, d.h. inländischen Niederlassung des

492 Die Rechtsnatur eines britischen Pensionsfonds ist umstritten. Nach verschiedenen Auffassungen betrachten sich sowohl die Mitglieder, die Arbeitgeber als auch der Staat als Eigentümer. Da Defizite in der Kapitaldeckung eines Pensionsfonds stets zu Lasten der Arbeitgeber gehen und Überschüsse grundsätzlich den Arbeitgebern zustehen, sind diese zumindest als wirtschaftliche Eigentümer zu betrachten, vgl. IVSS, Zusatzrentensysteme, 1994, S. 85.

493 Vgl. Spengel, C./Schmidt, F., Vergleich, 1997, S. 125.

494 Vgl. Blomeyer, W./Otto, K., BetrAVG, 1997, § 3 Rdnr. 2.

495 Vgl. Sec. 590 (2) ICTA 1988; Tiley, J./Collison, D., UK Tax Guide, 1998-99, Tz. 30:11.

496 Vgl. Blomeyer, W./Otto, K., BetrAVG, 1997, Einl. Rdnr. 1059-1060.

497 Vgl. Blomeyer, W./Otto, K., BetrAVG, 1997, Einl. Rdnr. 1053.

498 Vgl. Blomeyer, W./Otto, K., BetrAVG, 1997, § 4 Rdnr. 7.

Arbeitgebers voraus. Die Aufrechterhaltung des Insolvenzschutzes liegt auch im Interesse des übertragenden Unternehmens. Die Befreiung aus der Leistungsverpflichtung tritt nicht ein, wenn die Schuldübernahme wegen des Wegfalls des Insolvenzschutzes arbeitsrechtlich nichtig ist.[499] Eine Übertragung erfolgt nur dann mit schuldbefreiender Wirkung, wenn die Versorgungsanwartschaft des Arbeitnehmers einem vergleichbaren Schutz unterliegt, wie er vom BetrAVG gewährleistet wird.[500] Dies gilt insbesondere für Übertragungen von Versorgungsanwartschaften ins Ausland.

(4) Insolvenzsicherung

Wird über das Vermögen des Arbeitgebers das Insolvenzverfahren eröffnet (Sicherungsfall), sind unverfallbare Versorgungsanwartschaften und laufende Rentenverpflichtungen vor einem Wertverlust grundsätzlich geschützt.[501] Versorgungsanwärter haben bei Eintritt des Versorgungsfalls, Versorgungsempfänger mit Beginn des auf den Sicherungsfall folgenden Monats einen Anspruch gegen den Pensionssicherungsverein a.G. (PSVaG). Die Höhe des insolvenzgeschützten Anspruchs wird ratierlich ermittelt; sie berechnet sich als der Teil der ohne Eintreten des Insolvenzfalles zustehenden Leistung, der dem Verhältnis der Zeit vom Beginn der Betriebszugehörigkeit bis zum Eintritt des Sicherungsfalles zu der Zeit vom Beginn der Betriebszugehörigkeit bis zur Vollendung des 65. Lebensjahres bzw. eines als Altersgrenze vorgesehenen Zeitpunktes entspricht.[502]

Rentenleistungen sind der Höhe nach begrenzt auf das Dreifache der im Zeitpunkt der ersten Fälligkeit maßgebenden monatlichen Bezugsgröße nach § 18 SGB IV. Die Höchstgrenze reduziert sich bei Entgeltumwandlungen auf drei Zehntel der Bezugsgröße. Diese Reduzierung um den Faktor 10 entfällt, wenn der Arbeitgeber eine nach Barwert oder Deckungskapital mindestens gleichwertige betriebliche Altersversorgung finanziert. Für Kapitalleistungen gelten die Höchstgrenzen für Rentenleistungen entsprechend; dabei gelten 10 % der Kapitalleistung als Jahresbetrag einer laufenden Leistung.[503]

---

499 Vgl. Höfer, R., BetrAVG, Bd. I, 1995, ART Rdnr. 1232-1233.

500 Vgl. Richter, G./Schanz, T., Personalentsendungen, 1994, S. 402.

501 Zu gleichstehenden Voraussetzungen des Sicherungsfalls siehe § 7 Abs. 1 S. 4 BetrAVG. Der Tatbestand der wirtschaftlichen Notlage des Arbeitgebers, der in § 7 Abs. 1 S. 3 Nr. 5 BetrAVG a.F. geregelt war, entfällt ab dem 01.01.1999, vgl. § 31 BetrAVG. Die Eintrittspflicht des PSVaG wird damit auf eine objektivere rechtliche Grundlage gestellt, siehe hierzu Matthießen, V., Rechtsentwicklungstendenzen, 1996, S. 1034-1035.

502 Vgl. § 7 Abs. 2 S. 3 i.V.m. § 2 Abs. 1 BetrAVG.

503 Vgl. § 7 Abs. 3 BetrAVG.

Insolvenzgeschützte Höchstbeträge (1999):[504]

- Rentenleistungen: 3 * 4.410 = 13.230 DM
- Rentenleistungen aus Entgeltumwandlung: 3/10 * 4.410 = 1.323 DM
- Kapitalleistungen: 13.230 * 12 Monate / 10 % = 1.587.600 DM
- Kapitalleistungen aus Entgeltumwandlung: 1.323 * 12 Monate / 10 % = 158.760 DM

Zur Verhinderung von Mißbräuchen sind Leistungsverbesserungen aus der Insolvenzsicherung ausgeschlossen, die auf vertraglichen Vereinbarungen in den letzten zwei Jahren vor dem Insolvenzfall beruhen.[505]

(5) Arbeitsrechtliche Entwicklungstendenzen

(a) Unverfallbarkeitsfristen

Erworbene Versorgungsansprüche sind bei Beendigung des Arbeitsverhältnisses vor Eintritt des Versorgungsfalles gesetzlich unverfallbar, wenn der Arbeitnehmer mindestens das 35. Lebensjahr vollendet hat und die Versorgungszusage für ihn mindestens zehn Jahre bestanden hat oder der Beginn der Betriebszugehörigkeit mindestens zwölf Jahre zurückliegt und die Versorgungszusage für ihn mindestens drei Jahre bestanden hat.[506] Auf politischer Ebene wird eine Verkürzung der Unverfallbarkeitsfrist von zehn auf fünf Jahre diskutiert.[507]
Im Rentenreformgesetz 1999[508] wurde die ursprünglich geplante Verkürzung der Unverfallbarkeitsfristen und die Absenkung des Mindestalters für die Unverfallbarkeit nicht vorgenommen. Die Unterlassung wird mit einer nicht durchsetzungsfähigen steuerlichen Flankierung der Maßnahmen begründet.[509] Aufgrund der Bestrebungen der EU-Kommission zur Verringerung der Unverfallbarkeitsfristen und des Mindestalters für die Unverfallbarkeit ist für einen späteren Zeitpunkt mit arbeits- und steuerrechtlichen Maßnahmen zu rechnen.[510]

---

504 Siehe hierzu z.B. Blomeyer, W./Otto, K., BetrAVG, 1997, § 7 Rdnr. 269, 277; Doetsch, P.A./Förster, W./Rühmann, J., Rentenreformgesetz, 1998, S. 261; Langohr-Plato, U., Novellierung, 1998, S. 592; Wohlleben, H.P., Insolvenzsicherung, 1998, S. 1231-1233. Vgl. Figge, G., Sozialversicherung, 1998, S. 2525.

505 Vgl. § 7 Abs. 5 BetrAVG.

506 Vgl. § 1 Abs. 1 BetrAVG.

507 Vgl. Beyer, J., Perspektiven, 1996, S. 40; GVG (Hrsg.), Zusatzversorgungssysteme, 1995, S. 73, S. 78; Matthießen, V., Rechtsentwicklungstendenzen, 1996, S. 1035-1036.

508 Gesetz zur Reform der gesetzlichen Rentenversicherung vom 16.12.1997, BStBl 1997 I, S. 2998.

509 Vgl. Beyer, J., Perspektiven, 1996, S. 41.

510 Vgl. Doetsch, P.A./Förster, W./Rühmann, J., Rentenreformgesetz, 1998, S. 263; Kommission der Europäischen Gemeinschaften (Mitteilung an den Rat), Ergänzende Systeme, 1991, S. 329.

(b) Anpassungsprüfung

Unverfallbare Anwartschaften sind nach geltender Rechtslage im Zeitraum zwischen Ausscheiden des Mitarbeiters und Rentenbeginn nicht inflationsgeschützt. Auch betriebstreue Arbeitnehmer erhalten keinen Ausgleich für den Realwertverlust einer Festrentenzusage. Ebenso besitzen die vom PSVaG gezahlten Renten nach geltender Rechtslage keinen Schutz vor inflationsbedingtem Wertverfall. Die Anpassungsprüfungsverpflichtung des früheren Arbeitgebers nach § 16 BetrAVG setzt erst mit Versorgungsbeginn ein. Die EU-Kommission fordert die Realwerterhaltung auch in der Anwartschaftsphase; Großbritannien weist eine entsprechende Rechtslage für den Fall vorzeitigen Ausscheidens bereits auf.[511]

Das Rentenreformgesetz 1999 hat lediglich die Anpassung von laufenden Renten an die Preis- oder Nettolohnentwicklung gesetzlich fixiert. Eine Anpassung von Versorgungsanwartschaften wurde nicht vorgeschrieben. Vielmehr wurden weitere Einschränkungen zur Anpassung dem Grunde und der Höhe nach vorgenommen. Die Anpassung an die Preis- oder Nettolohnentwicklung entfällt bei Direktzusagen, wenn der Arbeitgeber sich verpflichtet, die laufenden Leistungen jährlich um wenigstens 1 % anzupassen (§ 16 Abs. 3 Nr. 1 BetrAVG). Aus wirtschaftlichen Gründen zu Recht unterbliebene Anpassungen sind in Folgejahren nicht mehr nachzuholen (§ 16 Abs. 4 BetrAVG). Die Einschränkungen verfolgen das Ziel, Unsicherheit hinsichtlich der zukünftigen wirtschaftlichen Belastung bei den Arbeitgebern zu beseitigen und zu einer größeren Verbreitung der betrieblichen Altersversorgung beizutragen.[512]

d) Recht der gesetzlichen Altersversorgung

Der Beitragssatz zur gesetzlichen Rentenversicherung beträgt 19,5 % (1999). Die Beiträge werden je zur Hälfte von Arbeitnehmer und Arbeitgeber getragen.

Das Vereinigte Königreich hat kein Sozialversicherungsabkommen mit der Bundesrepublik Deutschland abgeschlossen. Als Mitgliedstaat der EU kommen die EWG-Verordnungen Nr. 1408/71 und 574/72 zur Anwendung und verdrängen nationales Recht, sofern dieses abweichende Regelungen hinsichtlich der Versicherungspflicht oder -berechtigung vorsieht.[513] Eine Detaillierung der Vorschriften zur sog. Ausstrahlung ist daher nicht erforderlich.[514] Die relevan-

511 Vgl. Beyer, J., Perspektiven, 1996, S. 40.

512 In einer Umfrage unter mehr als 500 Unternehmen aller Größenklassen beantworteten allerdings nur 29% der Unternehmen die Frage positiv, ob sie wegen der befreienden Vorschrift des § 16 Abs. 3 Nr. 1 BetrAVG ab 1999 eintretenden Arbeitnehmern Altersversorgung mit 1%iger Anpassungsgarantie gewähren würden. Das schlechte Ergebnis ist möglicherweise darauf zurückzuführen, daß die Verpflichtung zur Rentenerhöhung auch bei schlechter wirtschaftlicher Lage erfüllt werden muß, vgl. Höfer, H., Umfrage, 1998, S. 1563.

513 Vgl. Ahrend, P./Förster, W./Rößler, N., Steuerrecht, 1995, 9. Teil, Rdnr. 128-129.

514 Zu weiteren Einzelheiten siehe z.B. BKK Bundesverband, Entsendung, 1996, S. 7-10.

ten Regelungen zur Versicherungspflicht wurden vollständig in der Tatbestandsanalyse bilateralen und multilateralen Rechts behandelt.[515]

4. Tatbestandsanalyse nationalen Rechts im Tätigkeitsstaat am Beispiel des Vereinigten Königreiches

a) Grundlagen des britischen Steuersystems

(1) Rechtsquellen

Grundsätzlich kennt das britische Steuerrecht keine Einzelsteuergesetze. Eine Ausnahme ist der Income and Corporation Taxes Act 1988 (ICTA). Ähnlich einem Jahressteuergesetz werden durch jährliche Finanzgesetze (Finance Acts, FA) die Einkommen- und Körperschaftsteuer jährlich neu statuiert.

(2) Einkommensteuer

Das Vereinigte Königreich erhebt als Steuer vom Einkommen die Einkommensteuer (income tax). Das britische Steuersystem stellt statt auf Einkommensempfänger (receivers of income) auf Einkommenquellen (sources of income) ab und teilt diese Quellen in sechs Schedulen (A-F) ein, wovon das Schedule E wie folgt in die Cases I-III unterteilt ist:[516]

Schedule E:	Einkünfte aus nichtselbständiger Arbeit, Bezüge aufgrund eines früheren Arbeitsverhältnisses und Sozialversicherungsrenten.
Case I:	Arbeitslohn (*Welteinkommen*) bei Status „resident“ und „ordinarily resident“
Case II:	*Inländischer* Arbeitslohn, wenn nicht „resident“ oder nicht „ordinarily resident“
Case III:	*Ausländischer* Arbeitslohn bei Status „resident“, aber ohne britisches „domicile“ (Besteuerung nach der Remittance-Basis)

Abb. 14: Schedule E

Die Einkünfte aus den einzelnen Schedulen werden unter Abzug der zulässigen Aufwendungen zum Gesamteinkommen zusammengefaßt. Nach Steuerabzügen ergibt sich das zu versteuernde Einkommen, auf das der Steuertarif anzuwenden ist.[517] Vorsorgeaufwendungen, insbesondere für Krankenversicherungen, sind nicht abziehbar.[518]

515 Siehe Kap. „Internationales Sozialversicherungsrecht“, S. 133.

516 Vgl. Kern, S., Steuervorteile, 1985, S. 70-71; Tiley, J./Collison, D., UK Tax Guide, 1998-99, Tz. 6:04-6:12.

517 Vgl. Tiley, J./Collison, D., UK Tax Guide, 1998-99, Tz. 5:56-5:66.

518 Vgl. Sec. 17 (1) F(No 2)A 1997; Tiley, J./Collison, D., UK Tax Guide, 1998-99, Tz. 5:24.

Einkünfte aus den einzelnen Schedulen ./. Einkommensbelastungen (charges on income)
= **Gesamteinkommen** (total income) ./. Steuerabzüge (reliefs) • persönlicher Freibetrag (personal allowance)
= **zu versteuerndes Einkommen** (taxable income)
(tarifliche) Einkommensteuer (income tax) ./. Steueranrechnungen (tax credits) ./. Steuerabzüge (tax reductions) • Verheirateten-Freibetrag * 10 % = **(festzusetzende) Einkommensteuer**

Abb. 15: Ermittlung der Einkommensteuer im britischen Steuersystem

Ein persönlicher Freibetrag von £ 4.335 wird vom Gesamteinkommen abgezogen.[519] Der Freibetrag wird jährlich an die Entwicklung des Einzelhandelspreisindexes angepaßt. Da Ehegatten einzeln veranlagt werden, erhält einer von ihnen einen Verheirateten-Freibetrag (married couples allowance) von £ 1.970, der zu einem Steuersatz von 10 % berücksichtigt wird.[520] Die Einkommensteuer-Freibeträge stehen auch Staatsangehörigen aller Mitgliedstaaten der Europäischen Union unabhängig vom Status der Ansässigkeit zu.[521] Beginnt oder endet die Ansässigkeit während eines Steuerjahres, werden die Freibeträge ungemindert gewährt.[522]

Das zu versteuernde Einkommen unterliegt einem progressiven Tarif, der in drei Proportionalzonen unterteilt ist. Der Grenzsteuersatz beträgt 40 %.[523] Die tarifliche Einkommensteuer errechnet sich durch Aufteilung des zu versteuernden Einkommens auf die drei Einkommensbereiche, Anwendung der jeweiligen Steuersätze und Addition der sich ergebenden Steuerbeträge.

519 Vgl. HM Treasury, Budget 99, 1999, IR 1.

520 Die Freibeträge erhöhen sich bei Steuerpflichtigen ab einem Lebensalter von 65 Jahren auf £ 5.720 (persönlicher Freibetrag) und £ 5.125 (Verheirateten-Freibetrag), sofern das Gesamteinkommen £ 16.800 nicht übersteigt. Der Verheirateten-Freibetrag entfällt ab dem Steuerjahr 2000/2001; ab dem Steuerjahr 2001/2002 wird anstelle dessen ein Familienfreibetrag von £ 4.160 gewährt, vgl. HM Treasury, Budget 99, 1999, IR 1.

521 Vgl. Secular, L., Budget, 1996, S. 77; Tiley, J./Collison, D., UK Tax Guide, 1998-99, Tz. 4:16.

522 Vgl. Inland Revenue, IR 20, 1996, p. 8.4; siehe auch Kap. „Begründung der Ansässigkeit", S. 157.

523 Vgl. Jones, J.F.A. u.a. (Hrsg.), SDTS, 1995, Tax tables, S. 7021-7022; Spengel, C., Steuerbelastungsvergleiche, 1995, S. 137.

Teil des zu versteuernden Einkommens in £	Satz in %	
bis 1.500	10	lower rate band
1.501 - 28.000	23	basic rate band
über 28.000	40	higher rate band

Abb. 16: Einkommensteuertarif 1999/2000 in Großbritannien[524]

Zuschlagsteuern zur Einkommensteuer existieren in Großbritannien nicht.

(3) Körperschaftsteuer

Neben der Einkommensteuer erhebt das Vereinigte Königreich die Körperschaftsteuer (corporation tax) als Steuer vom Einkommen. Der Körperschaftsteuer unterliegt grundsätzlich jede Kapitalgesellschaft (company bzw. corporate body).[525] Im Inland ansässige Kapitalgesellschaften unterliegen mit ihrem Welteinkommen der Körperschaftsteuer. Nichtansässige Kapitalgesellschaften, die in Großbritannien eine Betriebsstätte unterhalten, sind mit den Betriebsstätteneinkünften steuerpflichtig.

Für die körperschaftsteuerliche Einkommensermittlung kommen die für die verschiedenen Einkommensquellen maßgeblichen Regeln zur Anwendung. Die Einkommensergebnisse werden zu einem Gesamtgewinn zusammengefaßt. Die Körperschaftsteuer wird grundsätzlich mit einem Steuersatz von 30 % (full rate) erhoben (1999/2000). Bei Unternehmen mit steuerpflichtigen Gewinnen von weniger als £ 300.000 beträgt der Steuersatz 20 % (small companies rate).[526] Bei steuerpflichtigen Gewinnen zwischen £ 300.000 und £ 1.500.000 gilt für den Steuersatz ein Zwischenwert.[527]

Dividenden, die ein in Großbritannien ansässiges Unternehmen an seine Anteilseigner ausschüttet, unterliegen bis zum 05.04.1999 der Advance Corporation Tax (ACT).[528] Die Advance Corporation Tax wird mit Beginn des Steuerjahres 1999/2000 abgeschafft.[529] Ausschüttungen begründen ab diesem Zeitpunkt beim ausschüttenden Unternehmen keine steuerlichen Verpflichtungen mehr. Eine an der Quelle erhobene Kapitalertragsteuer wird im Vereinigten Königreich bei Ausschüttungen ins Ausland nicht erhoben.[530]

524 Vgl. HM Treasury, Budget 99, 1999, IR 1. Der Steuersatz des „basic rate band" wird zum Steuerjahr 2000/2001 auf 22 % gesenkt.

525 Zur Unternehmensbesteuerung siehe Theisen, M.R./Wenz, M., Großbritannien, 1994, S. 397-414; Wenz, M., Unternehmensbesteuerung, 1994 S. 317-346.

526 Vgl. Sec. 29 FA 1998; HM Treasury, Budget 98, 1998, IR 8.

527 Vgl. HM Treasury, Budget 99, 1999, IR 19.

528 Vgl. Sec. 14 ICTA 1988.

529 Vgl. Sec. 31 FA 1998; HM Treasury, Budget 98, 1998, HMT 1.

530 Vgl. IBFD Publications (Hrsg.), European Taxation, 1998, Section A, United Kingdom, Tz. 6.1; Tiley, J./Collison, D., UK Tax Guide, 1998-99, Tz. 26:09.

Der Steuerpflicht unterliegt beim Anteilseigner, sofern er in Großbritannien ansässig ist, grundsätzlich die Bruttodividende, d.h. die Summe aus zugeflossener Nettodividende und einem Steuerguthaben in Höhe von 10 %.[531] Anteilseignern, die keiner britischen Steuer unterliegen, steht ein Steuerguthaben nicht zu.[532] Ebenso ist für britische Pensionsfonds die Anrechnung eines Steuerguthabens ausgeschlossen.[533]

(4) Aufenthaltsstatus

Die unbeschränkte Steuerpflicht im britischen Steuerrecht wird durch den Status „residence", „ordinary residence" und „domicile" abgegrenzt. Die Abgrenzung unterscheidet sich erheblich von der dem deutschen Steuerrecht eigenen Differenzierung nach Wohnsitz und gewöhnlichem Aufenthalt. Die Definition der Begriffe residence, ordinary residence und domicile und die Interaktion zwischen diesen ist außerordentlich kompliziert.[534] Die britischen Finanzbehörden empfehlen in jedem Fall eine Kontaktaufnahme bei Einreise in das Vereinigte Königreich, um den Aufenthaltsstatus zu klären.[535] Die folgende Tabelle gibt eine grobe Zuordnung:

Status	**Übersetzung**	**Entsprechung im deutschen Steuerrecht**
residence	Ansässigkeit	Unbeschränkte Steuerpflicht durch Wohnsitz oder gewöhnlichen Aufenthalt
ordinary residence	gewöhnliche Ansässigkeit	--
domicile	Domizil[536]	--

Abb. 17: Anknüpfungspunkte der Steuerpflicht in Großbritannien

Die Bedeutung der Begriffe ist nicht durch Steuergesetze, sondern durch die Rechtsprechung festgelegt und in einem Schreiben der Finanzverwaltung zusammengefaßt.[537]

531 Vgl. Tiley, J./Collison, D., UK Tax Guide, 1998-99, Tz. 24:14.

532 Die Erstattung des Steuerguthabens aufgrund abkommensrechtlicher Regelungen ist nicht möglich, da das DBA-GB keine solche Regelung vorsieht, vgl. IBFD Publications (Hrsg.), European Taxation, 1998, Section A, United Kingdom, Tz. 1.5, 6.5; Whitehouse, C., Revenue, 1997, Tz. 29.64, Tz. 29.66 (4).

533 Vgl. Sec. 19 F(No 2)A 1997; Redhead, P., Developments, 1997, S. 23.

534 Siehe hierzu z.B. Davies, D., Residence, 1997, insb. Kap. 2, 3 und 7; Kern, S., Steuervorteile, 1985, S. 9-36; Mössner, J.M., Domicile, 1997, S. 195-213.

535 Vgl. Inland Revenue, IR 20, 1996, p. 3.14.

536 Kapl, H., Internationale Pension, 1992, S. 115 verwendet die Übersetzung „Beheimatung", Kramer, J.-D., DBA-GB, 1988, S. 248, den Begriff „Heimat".

537 Inland Revenue, IR 20, 1996. Siehe hierzu auch Tiley, J./Collison, D., UK Tax Guide, 1998-99, Tz. 32:01-32:14; Whitehouse, C., Revenue, 1997, Tz. 13.2-13.9.

(a) Begründung der Ansässigkeit

Die Begründung der Ansässigkeit (**residence**) erfordert im britischen Steuerrecht grundsätzlich die körperliche Anwesenheit während des Steuerjahres.

- Bei einer Anwesenheit von 183 Tagen oder mehr während des Steuerjahres (6.4.-5.4.) liegt in jedem Fall eine Ansässigkeit vor. Mehrere Aufenthalte im Laufe eines Steuerjahres werden zusammengezählt.
- Ansässigkeit kann ausnahmsweise auch vorliegen, wenn keine 183 Tage im Steuerjahr erreicht werden. Ansässigkeit tritt mit dem Tag der Ankunft ein, wenn zu einem bestimmten Zweck, wie z.B. einem Arbeitsverhältnis, ein Aufenthalt für mindestens zwei Jahre vorgesehen ist oder eine Unterkunft (available accomodation) im Vereinigten Königreich im Jahr der Ankunft erworben oder gemietet wird.[538]

Bei der Berechnung der 183-Tage-Frist werden die Tage der Ankunft und Abfahrt im Vereinigten Königreich nicht berücksichtigt. Eine Ausnahme gilt für den Fall, daß der Status der Ansässigkeit ausnahmsweise nicht für ein Steuerjahr im Ganzen gilt, sondern daß das Jahr geteilt wird (concessionary split year treatment). In diesem Fall werden der Ankunftstag bzw. der Abfahrtstag mitgezählt.[539]

Neben der Ansässigkeit im Vereinigten Königreich kann der Status zugleich in anderen Staaten vorliegen. In einem solchen Fall sieht das deutsch-britische Doppelbesteuerungsabkommen spezielle Regelungen vor und beschränkt den Ansässigkeitsstatus auf einen der Staaten (Art. II Abs. 1h DBA-GB).[540]

Die Ansässigkeit (residence) stellt auf die faktische Anwesenheit einer natürlichen Person ab. Ein Niederlassungswillen, der sich in Regelmäßigkeit und Dauer der Anwesenheit zeigt, wird mit dem Status der gewöhnlichen Ansässigkeit (**ordinary residence**) ausgedrückt.[541] Ansässigkeit, aber noch keine gewöhnliche Ansässigkeit liegt vor, wenn ein Steuerpflichtiger gewöhnlich außerhalb des Vereinigten Königreichs wohnt und sich nur während *eines* Steuerjahres mehr als 183 Tage dort aufhält. Eine Ansässigkeit über mehrere Jahre führt in folgenden Fällen zum Vorliegen einer gewöhnlichen Ansässigkeit (ordinary residence): Die gewöhnliche Ansässigkeit tritt mit dem Tag der Ankunft ein, wenn die Absicht besteht, für mindestens drei Jahre zu verbleiben. Ein bestimmter Zweck des Aufenthaltes ist nicht erforderlich.[542] Die gewöhnliche Ansässigkeit tritt spätestens drei Jahre nach dem Tag der Ankunft ein, wenn die Person auch weiter im Vereinigten Königreich verbleibt, ohne dies ursprünglich

538 Siehe Inland Revenue, IR 20, 1996, p. 3, insb. p. 3.7; zum Wegfall der Ansässigkeit siehe Inland Revenue, IR 20, 1996, p. 2.

539 Vgl. Inland Revenue, IR 20, 1996, p. 1.2.

540 Vgl. Inland Revenue, IR 20, 1996, p. 1.4 sowie Kap. „Persönlicher Geltungsbereich“, S. 95.

541 Vgl. Becker, H. u.a. (Hrsg.), 1997, DBA-GB, Art. I Rn. 10.

542 Vgl. Inland Revenue, IR 20, 1996, p. 3.8.

geplant zu haben und ohne eine Unterkunft erworben oder gemietet zu haben.[543] Wird die Entscheidung, mindestens drei Jahre seit dem Tag der ursprünglichen Einreise im Vereinigten Königreich zu verbleiben, nach der Einreise getroffen, tritt die gewöhnliche Ansässigkeit entweder mit dem Tag der Einreise ein, wenn die Entscheidung noch im ersten Jahr getroffen wird, andernfalls mit dem Beginn des Steuerjahres, in dem die Entscheidung fällt.[544] In allen anderen Fällen beginnt die gewöhnliche Ansässigkeit mit dem Tag der Einreise, wenn bereits Eigentum an einer Unterkunft vorliegt oder im Jahr der Einreise erworben bzw. gemietet wird, ansonsten mit Beginn des Steuerjahres, in dem eine solche Unterkunft verfügbar wird, sofern dies nach dem Steuerjahr der Ankunft erfolgt.[545] Besteht die gewöhnliche Ansässigkeit allein wegen einer Unterkunft und wird die Unterkunft aufgegeben sowie das Vereinigte Königreich innerhalb von drei Jahren seit der Ankunft verlassen, kann der Steuerpflichtige auf Antrag den Status der gewöhnlichen Ansässigkeit von Anfang an entfallen lassen.[546]

(b) Aufteilung des Steuerjahres bei Ankunft und Abreise

Grundsätzlich gilt der Status der Ansässigkeit für ein ganzes Steuerjahr. Die Finanzbehörden können allerdings einer Aufteilung des Steuerjahres zustimmen.[547] Der Steuerpflichtige wird dann für einen Teil des Steuerjahres als ansässig behandelt. Voraussetzung ist, daß er bislang keine gewöhnliche Ansässigkeit im Vereinigten Königreich innehat und dauerhaft oder zumindest zwei Jahre dort verbleiben will. Der Status der Ansässigkeit beginnt mit Beginn des Ankunftstages.[548] Stimmen die Finanzbehörden einer Aufteilung des Steuerjahres zu, wird die Steuerschuld, soweit sie vom Status der Ansässigkeit abhängt, anteilig berechnet. Eine Aufteilung des Steuerjahres erfolgt nicht bei kurzanhaltenden Besuchen im Vereinigten Königreich und bei nur begrenzten Aufenthalten, denen nicht die Absicht zugrundeliegt, dauerhaft oder mindestens zwei Jahre dort zu leben.[549]

(c) Begründung eines Domizils

Das Domizil (domicile) ist ein unbestimmter Rechtsbegriff im Steuerrecht des Vereinigten Königreiches. Das „domicile" ist ein im persönlichen Bereich liegendes Kriterium. Es orientiert sich im Gegensatz zum Begriff der Ansässigkeit (residence) nicht an tatsächlichen Verhältnissen.[550] Vereinfachend kann fest-

---

543 Vgl. Inland Revenue, IR 20, 1996, p. 3.9.
544 Vgl. Inland Revenue, IR 20, 1996, p. 3.10.
545 Vgl. Inland Revenue, IR 20, 1996, p. 3.11.
546 Vgl. Inland Revenue, IR 20, 1996, p. 3.12.
547 Vgl. Inland Revenue, IR 20, 1996, p. 6.4.
548 Vgl. Inland Revenue, IR 20, 1996, p. 1.5.
549 Vgl. Inland Revenue, IR 20, 1996, p. 1.6.
550 Vgl. Becker, H. u.a. (Hrsg.), 1997, DBA-GB, Art. I Rn. 11.

gestellt werden, daß das Domizil (domicile) der Staat ist, mit dem eine Person besonders eng aufgrund ihrer gesamten Lebensumstände verbunden ist.[551] Das Domizil ist von Staatsangehörigkeit und Ansässigkeit zu unterscheiden. Ein Steuerpflichtiger kann zu einem Zeitpunkt nur ein Domizil innehaben.[552] Das Domizil bestimmt sich nach der Herkunft, nach einem Abhängigkeitsverhältnis oder nach freier Wahl des Steuerpflichtigen. Das Domizil der Herkunft nach (domicile of origin) entspricht grundsätzlich dem Domizil des Vaters. Für den Zeitraum der rechtlichen Abhängigkeit (bis zum 16. Lebensjahr) folgt die Zuordnung des „domicile" dem Domizil des gesetzlichen Vertreters (domicile of dependency). Erst wenn der gesetzlich mündige Steuerpflichtige das Land verläßt und sich in einem anderen Staat dauerhaft oder auf unbestimmte Zeit niederläßt, verliert er sein Domizil im Vereinigten Königreich (domicile of choice). Der langfristige Aufenthalt in einem anderen Staat reicht für sich allein nicht aus, um das Domizil zu ändern.[553] Der Erwerb des Domizils im Vereinigten Königreich tritt dementsprechend bei dauerhafter oder auf unbestimmte Zeit erfolgender Niederlassung im Vereinigten Königreich ein, z.B. um dort den Ruhestand zu verbringen.

(5) Steuerliche Konsequenzen des Aufenthaltsstatuts

- Einkünfte aus nichtselbständiger Tätigkeit

Der Status der Ansässigkeit im Vereinigten Königreich (residence) führt grundsätzlich zur Steuerpflicht des Welteinkommens. Die Erfassung ganz oder teilweise außerhalb des Vereinigten Königreiches erzielter Einkünfte wird zusätzlich durch die gewöhnliche Ansässigkeit (ordinary residence) beeinflußt. Wird die nichtselbständige Arbeit insgesamt oder teilweise außerhalb des Vereinigten Königreiches ausgeübt, werden die Einkünfte bei gewöhnlicher Ansässigkeit grundsätzlich voll, ohne Vorliegen gewöhnlicher Ansässigkeit unter Anwendung der Remittance-Basis, d.h. nur bei Überweisung ins Vereinigte Königreich, erfaßt.[554] Vom Grundsatz der Erfassung des Welteinkommens bei gewöhnlicher Ansässigkeit besteht eine Ausnahme. Alle Einkünfte, die ein nicht domizilierender Arbeitnehmer eines nicht im Vereinigten Königreich ansässigen Arbeitgebers aus Tätigkeiten innerhalb oder außerhalb des Vereinigten Königreiches erzielt, werden als „foreign emoluments" bezeichnet. Die Remittance-Basis findet für diese Einkünfte auch dann Anwendung, wenn der Steuerpflichtige ansässig und gewöhnlich ansässig ist.[555]

551 Vgl. Mössner, J.M., Domicile, 1997, S. 199.

552 Vgl. Inland Revenue, IR 20, 1996, p. 5.1-5.2.

553 Vgl. Inland Revenue, IR 20, 1996, p. 5.3-5.5.

554 Siehe hierzu Ehlermann, C., Remittance, 1998, S. 579-580.

555 Vgl. Inland Revenue, IR 20, 1996, p. 6.1; Tiley, J./Collison, D., UK Tax Guide, 1998-99, Tz. 6:02-6.03.

Nichtansässige Personen werden grundsätzlich mit den im Vereinigten Königreich erzielten Einkünften aus nichtselbständiger Tätigkeit erfaßt. Wird die Tätigkeit teilweise im und teilweise außerhalb des Vereinigten Königreiches ausgeübt, erfolgt eine Aufteilung der Einkünfte.

Arbeitnehmer	**Arbeitgeber**	**Ort der Tätigkeitsausübung**	**Steuerbare Einkünfte**	**Schedule E Case**
Resident und ordinarily resident und domiciled	Resident oder nicht resident	Ganz oder teilweise im UK	Alle Einkünfte	I
		Außerhalb des UK	Alle Einkünfte	I
Resident und ordinarily resident und nicht domiciled	Nicht resident	Ganz oder teilweise im UK	Alle Einkünfte	I
		Außerhalb des UK	In das UK überwiesene Einkünfte	III
	Resident	Ganz oder teilweise im UK	Alle Einkünfte	I
		Außerhalb des UK	Alle Einkünfte	I
Resident, aber nicht ordinarily resident	Resident oder nicht resident	Ganz im UK	Alle Einkünfte	II
		Teilweise im UK und teilweise außerhalb des UK	Anteilige Einkünfte	II
			In das UK überwiesener Anteil	III
		Außerhalb des UK	In das UK überwiesene Einkünfte	III
Nicht resident	Resident oder nicht resident	Ganz im UK	Alle Einkünfte	II
		Teilweise im UK und teilweise außerhalb des UK	Anteilige Einkünfte	II
			Anteil nicht steuerbar	--
		Außerhalb des UK	Nicht steuerbar	--

Abb. 18: Ansässigkeitsstatus und Einkünfte aus nichtselbständiger Tätigkeit[556]

Die steuerlichen Konsequenzen des Aufenthaltsstatuts korrespondieren mit der Zuordnung zu einer Fallgruppe (Case) innerhalb des Schedule E.[557] Personen, die resident und ordinarily resident sind, werden grundsätzlich dem *Case I* zugeordnet. Ihre gesamten Einkünfte unterliegen der britischen Besteuerung, unabhängig davon, in welchem Staat diese erzielt wurden. Eine Ausnahme hierzu

556 Vgl. Inland Revenue, IR 20, 1996, p. 6, Tab. 'Scope of liability to income tax of earnings'; Kapl, H., Internationale Pension, 1992, S. 119; Tiley, J./Collison, D., UK Tax Guide, 1998-99, Tz. 6:02.

557 Vgl. Sandison, F.G., Retirement, 1997, S. 40-41.

sind Personen, die nicht im Vereinigten Königreich domizilierend sind. Werden in diesem Fall Einkünfte aus einem Beschäftigungsverhältnis erzielt, und wurde die Tätigkeit weder im Vereinigten Königreich ausgeübt noch ist der Arbeitgeber dort ansässig, fallen diese Einkünfte unter die Remittance-Basis nach *Case III*.

Personen, die entweder nicht resident oder nicht ordinarily resident sind, werden grundsätzlich nach *Case II* besteuert. Nur Einkünfte aus Tätigkeiten innerhalb des Vereinigten Königreiches werden erfaßt. Wenn eine Person zwar resident, aber nicht ordinarily resident ist, werden Einkünfte aus im Ausland ausgeübter Tätigkeit nach *Case III* (Remittance-Basis) nur insoweit erfaßt, wie die Einkünfte in das Vereinigte Königreich überwiesen werden.

- Sonstige Einkünfte, insbesondere ausländische Ruhestandseinkünfte

Sonstige Einkünfte, insbesondere ausländische Ruhestandseinkünfte, unterliegen abweichenden Erfassungsregeln.[558] Bei Personen, die im Vereinigten Königreich ansässig sind, entscheidet das Domizil über die steuerliche Erfassung von nicht-britischen Ruhestandseinkünften sowie Einkünften aus Kapitalanlagen und Kapitalgewinnen.[559]

Ansässigkeitsstatus	Auszahlung der Einkünfte	Steuerbare Einkünfte
Resident und domiciled	Im UK	Alle Einkünfte
	Außerhalb des UK	Alle Einkünfte (abzüglich 10 % bei Ruhestandseinkünften)
Resident und nicht domiciled	Im UK	Alle Einkünfte
	Außerhalb des UK	In das UK überwiesene Einkünfte
Nicht resident	Im UK	Alle Einkünfte (vorbehaltlich DBA-Regelungen)
	Außerhalb des UK	Nicht steuerbar

Abb. 19: Ansässigkeitsstatus und ausländische Ruhestandseinkünfte

Kapitalzahlungen aus nicht-britischen Betriebsrentensystemen können auf Antrag von der britischen Besteuerung teilweise oder ganz befreit werden. Der Umfang der Befreiung hängt von der Dauer der außerhalb Großbritanniens ausgeübten Tätigkeit ab.[560]

558 Vgl. Inland Revenue, IR 20, 1996, p. 6, Tab. 'Scope of liability to income tax on individuals receiving pensions'.

559 Eine Ausnahme besteht für Staatsangehörige des Commonwealth und der Republik Irland, vgl. Inland Revenue, IR 20, 1996, p. 6.10., p. 7.2 , p. 9.5.

560 Extra-statutory concession A10; vgl. Inland Revenue, IR 20, 1996, p. 6.14.

- *Freibeträge*

Persönliche Freibeträge stehen Personen, die nicht ansässig (resident) sind, zwar grundsätzlich nicht zu, werden aber allen Staatsangehörigen von Mitgliedstaaten der EU gewährt.[561]

- *Anrechnung ausländischer Steuern*

Ist eine Person im Vereinigten Königreich abkommensrechtlich ansässig, wird eine in Deutschland erhobene Einkommensteuer nach Art. XVIII Abs. 1 Buchst. a DBA-GB auf die britische Steuer angerechnet.[562] Maßgebend für die Anrechnung im einzelnen sind die unilateralen Bestimmungen zur Vermeidung der Doppelbesteuerung.[563] Ein Anrechnungshöchstbetrag ist im Abkommensrecht nicht festgelegt. Nationales britisches Recht sieht jedoch eine betragsmäßige Beschränkung im Rahmen einer per-country-limitation auf die britische Steuer vor, welche auf die deutschen Einkünfte entfällt. Bei der britischen Einkommensteuer ist der Anrechnungshöchstbetrag für die verschiedenen Einkommensquellen separat zu ermitteln.[564] Anrechnungsüberhänge können nicht rück- oder vorgetragen werden.[565]

b) Recht der betrieblichen Altersversorgung

(1) Altersversorgungssysteme

Nationale Altersversorgungssysteme sind in einem langandauernden Prozeß gewachsen. Unterschiede bestehen daher in den Mitgliedschaftsvoraussetzungen, den Beiträgen und Leistungen sowie dem Finanzierungsverfahren der Systeme. Andererseits sind die Grundzüge der Systeme identisch, so daß Besonderheiten am leichtesten durch den Vergleich mit einem bekannten Altersversorgungssystem beschrieben werden können.[566]

In Deutschland wird zwischen gesetzlichen, betrieblichen und privaten Renten unterschieden. Gesetzliche Renten werden von der gesetzlichen Rentenversicherung erbracht, in der für Arbeitnehmer mit Einkommen bis zur Beitragsbemessungsgrenze Pflichtmitgliedschaft besteht. Rechtsgrundlage ist das Sozialgesetzbuch (SGB). Betriebliche Renten werden von Unternehmen freiwillig zugesagt. Den Unternehmen steht eine Auswahl an Durchführungswegen zur Verfügung, die sich in ihren steuerlichen und betriebswirtschaftlichen Auswirkungen unterscheiden. Rechtsgrundlage ist das Zivilrecht, insbesondere das Betriebsrentengesetz (BetrAVG). Private Rentenversicherungen weisen keiner-

---

561 Vgl. Becker, H. u.a. (Hrsg.), 1997, DBA-GB, Art. I Rn. 17.

562 Siehe Kap. „Wohnsitzstaat Großbritannien", S. 96.

563 Secs. 788-806 ICTA 1988.

564 Source of income limitation, Sec. 796 (1) und (2) ICTA 1988.

565 Siehe hierzu und zur Anwendbarkeit der Abzugsmethode Becker, H. u.a. (Hrsg.), 1997, DBA-GB, Art. XVIII Rn. 6-7.

566 Vgl. IVSS, Zusatzrentensysteme, 1994, S. 2-4.

lei rechtliche Verbindung zur gesetzlichen Sozialversicherung oder zur betrieblichen Altersversorgung auf. Es handelt sich um zivilrechtliche Spar- und Auszahlungsverträge.

In Großbritannien werden nur zwei Säulen der Alterssicherung unterschieden, die staatliche und die private Säule. Die private Alterssicherung umfaßt betriebliche Rentensysteme (occupational pension schemes) und persönliche Rentensysteme (personal pension schemes).[567] Insofern unterscheiden sich deutsche und britische Terminologie, ohne aber prinzipiell unterschiedliche Sachverhalte zu bezeichnen. Die gesetzliche Rentenversicherung umfaßt in Großbritannien die staatliche Grundrente sowie das verdienstbezogene Rentensystem (SERPS; State Earnings Related Pension Scheme). Für die Befreiung (contracting-out) vom gesetzlichen verdienstbezogenen Rentensystem ist die Mitgliedschaft in einem betrieblichen oder persönlichen Rentensystem erforderlich.

<table>
<tr><td rowspan="3">englisch</td><td colspan="2">state pension system</td><td colspan="2">private pension scheme</td></tr>
<tr><td>Grund-
rente</td><td colspan="3">Zusatzrentensystem im britischen Sinne</td></tr>
<tr><td></td><td>SERPS</td><td>occupational pension scheme</td><td>personal pension scheme</td></tr>
<tr><td rowspan="2">deutsch</td><td colspan="2"></td><td>Zusatzrentensystem im deutschen Sinne</td><td></td></tr>
<tr><td colspan="2">gesetzliche Rente</td><td>betriebliche Altersversorgung</td><td>private Rentenversicherung</td></tr>
</table>

Abb. 20: Gegenüberstellung der Terminologie im englischen und deutschen Rentensystem.

Als Rentensystem wird eine Institution bezeichnet, die einen (oder mehrere) Versorgungspläne anbietet. Ein Versorgungsplan ist ein vertragliches Übereinkommen über Rechte und Pflichten in einem Rentensystem.[568] Versorgungszusagen schaffen Ansprüche aus einem bestimmten Versorgungsplan. Rentenfonds sind Institutionen zur Anlage und Verwaltung der finanziellen Mittel. Nach britischem Recht errichtete Trusts sind gegenüber einem Unternehmen verselbständigte Vermögensmassen, die Treuhändern zugeordnet sind und von diesen verwaltet werden.[569]

Britische Arbeitnehmer sind nicht verpflichtet, an einem Zusatzrentensystem teilzunehmen. Sie können eine staatliche Grundversorgung aus der Grundrente und dem SERPS beziehen oder zusätzlich bzw. anstelle des SERPS einem be-

567 Eine umfangreiche Darstellung gibt Blake, D., Pensions, 1995.

568 Vgl. Bodie, Z./Mitchell, O.S./Turner, J.A. (Hrsg.), Pensions, 1996, S. 10.

569 Vgl. Hübner, P.B., Pensionsfonds, 1991, S. 107.

trieblichen oder persönlichen Versorgungsplan beitreten.[570] Ungefähr die Hälfte der Arbeitnehmerschaft ist durch betriebliche Versorgungspläne abgesichert. Von diesen sind ca. 90 % von der Mitgliedschaft im SERPS befreit. Ungefähr 25 % der Arbeitnehmer sind dagegen aufgrund eines angemessenen persönlichen Pensionsplans (personal pension scheme) vom SERPS befreit.[571]

Zusatzrentensysteme sind in Großbritannien seit den fünfziger Jahren dieses Jahrhunderts wichtiger als ähnliche Systeme in vergleichbaren europäischen Staaten; gleichzeitig ist die staatliche Grundrente im europäischen Vergleich niedriger als vergleichbare staatliche Leistungen. Das Verhältnis zwischen staatlicher und privater Versorgung beruht auf einer politischen Grundsatzentscheidung, die der britische Gesetzgeber wiederholt konsequent umgesetzt und damit die Position betrieblicher Rentensysteme in verschiedener Weise gestärkt hat.[572] Dazu gehören die Festlegung der Unverfallbarkeit von Ansprüchen nach zwei Jahren, weitgehende Offenlegungsvorschriften über die Bewertung, Beitragsberechnung, Mittelanlage und Investment-Performance der Systeme, eine Verbesserung des Inflationsschutzes von Rentenanwartschaften und von laufenden Renten, eine Verbesserung des Insolvenzschutzes sowie verbesserte Übertragungsmöglichkeiten zwischen den Systemen. Umfangreiche Gesetzesvorschriften machen jedoch sowohl die Einführung neuer Systeme als auch die Verwaltung bestehender Systeme aufwendig. Private Rentensysteme wurden vom Gesetzgeber gefördert, indem eine Mitgliedschaft zur Befreiung vom staatlichen, verdienstbezogenen Zusatzrentensystem (SERPS) berechtigt.

Occupational pension schemes sind als mittelbare Versorgungszusagen (funded schemes), die durch Einschaltung eines Pensionsfonds oder eines Versicherungsunternehmens verwaltet werden, oder als unmittelbare Versorgungszusagen (unfunded schemes), die direkt durch das Trägerunternehmen abgewickelt werden, organisiert.[573]

Bei den mittelbaren Versorgungszusagen können die Mittel am Kapitalmarkt durch selbstverwaltete Pensionsfonds investiert werden (selfadministered scheme). Der Arbeitgeber kann alternativ auch einen versicherungsbasierten Versorgungsplan auf das Leben des Arbeitnehmers abschließen (insured scheme). Dem Arbeitnehmer oder seinen Hinterbliebenen steht das Bezugsrecht auf die Versicherungsleistungen zu.[574] Versicherungsbasierte Pläne werden von kleineren Unternehmen bevorzugt. Neuabschlüsse können auf einer beitragsorientierten Basis (defined contribution) oder mit leistungsorientierter Ausrichtung

---

570 Vgl. IVSS, Zusatzrentensysteme, 1994, S. 83.

571 Vgl. Daykin, C.D., Pension, 1996, S. 33-34

572 Vgl. Bodie, Z./Mitchell, O.S./Turner, J.A. (Hrsg.), Pensions, 1996, S. 60-63; IVSS, Zusatzrentensysteme, 1994, S. 82-83.

573 Vgl. Spengel, C./Schmidt, F., Vergleich, 1997, S. 124.

574 Vgl. IVSS, Zusatzrentensysteme, 1994, S. 82.

(defined benefit) erfolgen.[575] Bei den mittelbaren Versorgungszusagen ist aus steuerlicher Sicht zwischen den befreiten, anerkannten Versorgungssystemen (exempt approved occupational schemes) und den nicht anerkannten Versorgungssystemen (unapproved schemes) zu unterscheiden. Steuerlich anerkannte Versorgungssysteme sind von der Einkommensteuer und der Kapitalzuwachssteuer (capital gains tax) befreit.[576] Während die exempt approved occupational schemes bei Erfüllung aller Voraussetzungen zwingend anerkannt werden müssen (mandatory approval), kann bei einem unapproved scheme die Finanzverwaltung nach ihrem Ermessen eine Anerkennung aussprechen (discretionary approval).[577]

Steuerlich nicht anerkannte Versorgungssysteme mit Mittelauslagerung (FURBS, Funded Unapproved Retirement Benefit Scheme) werden eingesetzt, wenn eine über die Beitragsbemessungsgrenze (£ 90.600 für 1999/2000) hinausgehende Versorgung gewährleistet werden soll. Arbeitgeberbeiträge sind abzugsfähig und beim Arbeitnehmer steuerpflichtig; die Systeme können die Ablaufleistung als Einmalbetrag steuerfrei auszahlen; ihre Vermögenserträge unterliegen der Einkommensteuer in Höhe der basic rate. Auf Arbeitgeberbeiträge werden keine Beiträge zur National Insurance erhoben.[578]

Unmittelbare Versorgungszusagen (unfunded promises) als Form der betrieblichen Altersversorgung haben in Großbritannien nur geringe Bedeutung, da Zuführungen zu einer Pensionsrückstellung steuerlich nicht abzugsfähig sind, allerdings beim Arbeitnehmer auch nicht zu steuerpflichtigen Einkünften führen.[579] Auf Arbeitgeberbeiträge werden keine Beiträge zur National Insurance erhoben. Rentenzahlungen sind beim Arbeitgeber abzugsfähig und beim Empfänger als reguläre Einkünfte zu versteuern.[580] Unmittelbare Versorgungszusagen werden ebenso wie FURBS-Zusagen bei Arbeitnehmern eingesetzt, deren Versorgungsbedarf Beiträge erfordert, die oberhalb der steuerlichen Höchstgrenzen liegen. Im Unterschied zu FURBS bieten unmittelbare Versorgungszusagen keinen Insolvenzschutz im Wege der Mittelauslagerung.[581]

---

575 Vgl. Daykin, C.D., Pension, 1996, S. 37.

576 Vgl. Sec. 592 (2), (3) ICTA 1988; Sec. 271(1)g Taxation of Chargeable Gains Act 1992.

577 Vgl. Sec. 590, 591 ICTA 1988; Tiley, J./Collison, D., UK Tax Guide, 1998-99, Tz. 30:11-30:14.

578 Vgl. Llanwarne, T., FURBS, 1993, S. 16; Tiley, J./Collison, D., UK Tax Guide, 1998-99, Tz. 30:20.

579 Das gilt auch für Arbeitgeberbeiträge zu einer in Deutschland durchgeführten Direktzusage, vgl. Inland Revenue, Pension Schemes Office, Nottingham, Schreiben vom 25.11.1998 an den Verfasser.

580 Vgl. Stephen, R., Großbritannien, 1992, S. 69.

581 Vgl. Daykin, C.D., Zusatzversorgungssysteme, 1995, S. 264-265. Eine Insolvenzsicherung kann bei rückstellungsfinanzierten Versorgungszusagen über private Versicherungsunternehmen bereitgestellt werden, vgl. Callund, D./Green, M., Insolvency Guarantees, 1992, S. 22.

Arbeitnehmer können ihre Altersversorgung auf individueller (persönlicher) Basis bei zugelassenen Versicherungsgesellschaften, Investmentfonds, Bausparkassen oder Banken abschließen (personal pension scheme). Ein zugelassener persönlicher Versorgungsplan kann als Leistungen nur Renten und Kapitalzahlungen an das Mitglied und seine Hinterbliebenen erbringen.[582]

Mitglieder eines betrieblichen Versorgungsplans können nur dann steuerlich abzugsfähige Beiträge auch an einen persönlichen Versorgungsplan zahlen, wenn der betriebliche Versorgungsplan ausschließlich die gesetzlichen Mindestleistungen erbringt oder nur Leistungen im Todesfall vorsieht. Die gleiche Einschränkung gilt für Arbeitnehmer, die ausländische Einkünfte, sog. foreign emoluments nach Sec. 192 ICTA 1988, beziehen und deren heimatliches Versorgungssystem zum Zweck der Abzugsfähigkeit der Beiträge als „corresponding" anerkannt wurde.[583]

(2) Beiträge

- Arbeitgeberbeiträge

Arbeitgeber sind verpflichtet, Beiträge an einen zum Zweck der Alters- und Hinterbliebenenversorgung von Arbeitnehmern ihres Unternehmens errichteten Plan zu zahlen. Ein Plan kann ausschließlich aus Arbeitgeberleistungen finanziert werden. Die Höhe der Arbeitgeberbeiträge sowie die Behandlung von Planüberschüssen und -defiziten werden grundsätzlich in den vertraglichen Grundlagen des Plans geregelt; darüber hinaus übernimmt der Arbeitgeber üblicherweise den Ausgleich von Planüberschüssen und -defiziten.[584]

Betriebliche Versorgungspläne unterteilen sich in leistungsbezogene Pläne (final-salary bzw. defined benefit plans) und in beitragsbezogene Pläne (money-purchase bzw. defined contribution plans). Eine Verpflichtung zur Beitragszahlung besteht bei beitragsorientierten Plänen für einen Mindestbeitrag in Höhe des befreiungsbedingten Nachlasses auf die Beiträge zur National Insurance; für das Leistungsniveau besteht keine Garantie.[585] Bei leistungsorientierten Plänen ist steuerlich kein spezielles Verfahren zur Beitragsberechnung vorgeschrieben. Die Beiträge müssen ausreichend sein, ein vorgeschriebenes Mindestfinanzierungsniveau (MFR, minimum funding requirement) zu gewährleisten.[586] Zugleich ist eine Überdotierung des Fonds nur in engen Grenzen zulässig.

---

582 Vgl. Daykin, C.D., Zusatzversorgungssysteme, 1995, S. 266; HM Treasury, Budget 98, 1998, IR 35, Notes Nr. 3; Inland Revenue Superannuation Funds Office, IR 76, 1991, Tz. 2.3, 2.10; Tiley, J./Collison, D., UK Tax Guide, 1998-99, Tz. 30:32.

583 Siehe Kap. „Weiterführung einer ausländischen Anwartschaft", S. 174. Vgl. Inland Revenue Superannuation Funds Office, IR 76, 1991, Tz. 3.8.

584 Vgl. Daykin, C.D., Pension, 1996, S. 44-45.

585 Vgl. Daykin, C.D., Pension, 1996, S. 36.

586 Vgl. Redhead, P., Developments, 1997, S. 22. Die Bewertung geht von einer Auflösung des Fonds zum Bewertungsstichtag aus und soll sicherstellen, daß entstandene Renten- und Anwartschaftsverpflichtungen gedeckt werden können.

Nach den gleichermaßen für leistungs- und beitragsorientierte Pläne und unabhängig von einer Mittelauslagerung anzuwendenden Bewertungsgrundsätzen muß das Verfahren zur Beitragsberechnung folgende Kriterien erfüllen:[587]

- Die Beiträge sind nach versicherungsmathematischen Grundsätzen zu bestimmen;
- der Aufwand ist auf systematische und rationale Art zu periodisieren;
- zwischen Versorgungsaufwand und Lohn-/Gehaltssumme ist eine möglichst feste Relation einzuhalten.

Zur Beitragsberechnung ist daher grundsätzlich ein Gleichverteilungsverfahren unter Zugrundelegung versicherungsmathematischer Verfahren anzuwenden. Ansammlungsverfahren (Barwertverfahren) gelten aber auch als zulässig. In der Praxis überwiegt die Anwendung des Gleichverteilungsverfahrens.[588] Als Kalkulationszinsfuß ist ein Schätzwert anzusetzen, der in der Praxis zwischen 0 % und 10 % variiert.[589] Bei gehaltsabhängigen Zusagen sind künftige Gehaltssteigerungen zu antizipieren, dabei kann ein Gehaltstrend von 3 % zugrundegelegt werden.[590] Ebenfalls zu antizipieren sind die späteren sozialversicherungsrechtlich vorgeschriebenen Anpassungen der Rentenzahlungen, dabei ist ein Anstieg der Lebenshaltungskosten bis zu 5 % berücksichtigungsfähig.[591] Die Anwendung des Gleichverteilungsverfahrens bei Leistungszusagen bzw. des Barwertverfahrens bei Beitragszusagen entspricht aufgrund der verursachungsgerechten Aufwandsperiodisierung betriebswirtschaftlichen Grundsätzen. Aufgrund der geringen Normierung des anzuwendenden Zinssatzes sowie der anzunehmenden zukünftigen Gehalts- und Rentensteigerungen ergibt sich ein großer Bewertungsspielraum hinsichtlich der Höhe der jährlichen Beiträge.[592]

Für den Arbeitgeber sind Beiträge zu anerkannten Alterssicherungssystemen steuerlich abzugsfähig.[593] Der Beitragsabzug bei nicht anerkannten Systemen ist an die steuerliche Erfassung der Beiträge beim Arbeitnehmer geknüpft.[594]

Die steuerliche Wirkung der Arbeitgeberbeiträge beim Arbeitnehmer hängt davon ab, ob es sich um ein befreites Alterssicherungssystem handelt. In diesem

---

587 Vgl. zu SSAP 24 Davies, M./Paterson, R./Wilson, A., UK GAAP, 1997, S. 1115-1116; Hopcroft, T./hrsg. v. Price Waterhouse GmbH, Rechnungslegung, 1995, S. D83-D85.

588 Vgl. Budde, W. D., Bilanzierung, 1992, S. 369; Spengel, C./Schmidt, F., Vergleich, 1997, S. 126.

589 Vgl. Spengel, C./Schmidt, F., Vergleich, 1997, S. 127.

590 Vgl. Stephen, R., Großbritannien, 1992, S. 71.

591 Vgl. Spengel, C./Schmidt, F., Vergleich, 1997, S. 127.

592 Vgl. Spengel, C./Schmidt, F., Vergleich, 1997, S. 131, S. 135.

593 Vgl. Sec. 592 (4)-(6) ICTA 1988.

594 Vgl. Sec. 76 FA 1989; Sandison, F.G., Retirement, 1997, S. 41.

Fall sind Arbeitgeberbeiträge beim Arbeitnehmer steuerfrei.[595] Bei nicht anerkannten Alterssicherungssystemen (unapproved schemes) sind Arbeitgeberbeiträge steuerpflichtige Arbeitseinkünfte, die unter Schedule E erfaßt werden. Die Erfassung der Beiträge verbunden mit der Besteuerung der späteren Rentenzahlung führt zu einer Doppelbesteuerung.[596]

- *Arbeitnehmerbeiträge*

Beiträge zu steuerlich nicht anerkannten Pensionsfonds (unapproved schemes) sind nicht abzugsfähig. Beiträge des Pensionsberechtigten an steuerlich anerkannte Pensionsfonds (exempt approved occupational schemes) sind grundsätzlich abzugsfähig. Die Höhe der abzugsfähigen Beiträge ist bis zum 50. Lebensjahr begrenzt auf 17,5 % der erzielten Einkünfte aus Schedule E und steigt danach gestaffelt bis 27,5 %. Die Beitragsbemessungsgrenze von £ 90.600 (1999/2000) wird jährlich gemäß dem Einzelhandelspreisindex angehoben.[597] Die Mehrzahl der Mitglieder mit leistungsorientierten Plänen leistet Beiträge in Höhe von 5-7 %.[598]

Alter zu Beginn des Veranlagungsjahres	**Beitragshöchstsatz** (in % der relevanten Einkünfte)	
	betriebliche Rentenpläne	persönliche Rentenpläne
35 oder jünger	17,5	17,5
36-45	17,5	20,0
46-50	17,5	25,0
51-55	20,0	30,0
56-60	22,5	35,0
61-74	27,5	40,0

Abb. 21: Beitragshöchstgrenzen für steuerlich berücksichtigungsfähige Beiträge an Personal Pension Schemes (1999/2000)[599]

Höhere abzugsfähige Beiträge sind zu persönlichen Versorgungssystemen (approved personal pension schemes) möglich. Die Abzugsfähigkeit richtet sich nach gestaffelten Prozentsätzen. Die Staffelung beginnt mit 17,5 % bei einem

595 Vgl. Sec. 596 (1)(a) ICTA 1988. Die steuerliche Behandlung entspricht einer Unterstützungskasse nach deutschem Recht, da versicherungsmathematisch berechnete Beiträge abzugsfähig sind, die Kasse selbst mit ihrem Vermögen und ihren Erträgen steuerfrei ist und die Begünstigten im Grundsatz erst bei Zufluß der Rentenleistungen besteuert werden, vgl. Etzel, H.A., Großbritannien, 1996, S. 97. Anders als bei einer Unterstützungskasse entsteht aber ein Rechtsanspruch gegenüber dem Pension Fund.

596 Vgl. Llanwarne, T., FURBS, 1993, S. 16; Tiley, J./Collison, D., UK Tax Guide, 1998-99, Tz. 30:09; 30:24.

597 Vgl. HM Treasury, Budget 99, 1999, IR 8.

598 Vgl. Daykin, C.D., Pension, 1996, S. 40, Table 4.

599 Vgl. Hazlewoods, Tax Facts, 1999/2000.

Alter bis zu 35 Jahren und geht bis 40 % bei einem Alter ab 51 Jahren.[600] Auch bei persönlichen Versorgungssystemen gilt die Bemessungsgrenze von £ 90.600.[601]

(3) Leistungen

Die Leistungsgestaltung betrieblicher Versorgungspläne muß Höchstgrenzen in Zusammenhang mit der steuerlichen Anerkennung des Versorgungssystems (approval) als auch Mindestleistungen zur Fähigkeit der Befreiung vom staatlichen Rentensystem SERPS einhalten. Ein steuerlich zwingend anerkannter Versorgungsplan (mandatory approval) muß eine Mindestversorgungsleistung von 1/80 der durchschnittlichen Beiträge zwischen oberer und unterer Beitragsbemessungsgrenze pro Beschäftigungsjahr für bis zu 40 Beschäftigungsjahre erbringen. Für den hinterbliebenen Ehegatten muß eine Rente in Höhe von mindestens 50 % der Rente des Mitglieds geleistet werden.[602]

Bei leistungsbezogenen Plänen hängt die maximal zulässige Versorgung von der Dauer der Planzugehörigkeit und vom Endgehalt ab. Die im Pensionsplan vorgesehenen Leistungen an den Arbeitnehmer dürfen grundsätzlich nur eine Altersrente vorsehen, die frühestens ab dem 60. Lebensjahr gezahlt werden kann und ein Sechzigstel der letzten Vergütung (Durchschnitt der letzten drei Jahresgehälter) des Arbeitnehmers für jedes geleistete Arbeitsjahr nicht übersteigen darf. Für die Berechnung der Rentenzahlungen können maximal 40 Arbeitsjahre zugrundegelegt werden. Es gilt eine Beitragshöchstgrenze (earnings cap) in Höhe von £ 90.600 (1999/2000). Die jährlichen Rentenzahlungen können insofern maximal zwei Drittel (40/60) des letzten Jahresgehalts betragen, also £ 60.400.[603]

Bei ermessensweise anerkannten Versorgungsplänen (discretionary approval) können maximal 20 Arbeitsjahre mit einem Dreißigstel der letzten Vergütung für jedes Arbeitsjahr berücksichtigt werden, so daß die Rentenzahlungen ebenfalls maximal zwei Drittel (20/30) des letzten Jahresgehalts betragen können. Diese Pläne können aufgrund der kürzeren Anwartschaftszeit auch für solche Arbeitnehmer zu einer höchstmöglichen Rente führen, die bis zum Alter von 40 Jahren in den Pensionsplan eingetreten sind.[604]

Leistungsorientierte Pläne gewähren oft auch Leistungen bei Invalidität, im Todesfall des Arbeitnehmers während der Anwartschaftszeit sowie Leistungen

---

600 Vgl. Jones, J.F.A. u.a. (Hrsg.), SDTS, 1995, Tax tables, S. 7291.

601 Vgl. HM Treasury, Budget 99, 1999, IR 8.

602 Vgl. Pope, A., Developments, 1995, S. 28; Redhead, P., Developments, 1997, S. 23. Bis April 1997 mußte in Höhe der Rente des SERPS eine Mindestrente garantiert werden (GMP, Guaranteed Minimum Pension), vgl. William M. Mercer Limited, Guidelines, 1995, S. 288.

603 Vgl. Inland Revenue, IR 129, 1995; Spengel, C./Schmidt, F., Vergleich, 1997, S. 128.

604 Vgl. Spengel, C./Schmidt, F., Vergleich, 1997, S. 130.

für Hinterbliebene.[605] Verstirbt der Arbeitnehmer während der Anwartschaftszeit, wird der Rentenberechnung gewöhnlich ein Zeitraum bis zum regulären Ruhestandsalter zugrundegelegt.[606]

Bei beitragsbezogenen Plänen bestimmt sich die Leistungshöhe nach Umfang der Arbeitnehmer- und Arbeitgeberbeiträge sowie der im Plan erzielten Rendite. Die meisten beitragsorientierten Pläne bieten vorgezogene Leistungen bei Invalidität an, die bis zu 100 % der voraussichtlichen Rente betragen können. Rentenzahlungen können auch schon bei vorgezogenem Ruhestand auf einem versicherungsmathematisch berechneten niedrigerem Niveau erfolgen. Bei einem späteren Rentenbeginn wird gewöhnlich ein fiktiver Zins auf die Rente aufgeschlagen.

Bei nahezu allen Plänen können Zahlungen nicht nur als Rente (pension), sondern auch als Kapitalzahlung (lump sum) erfolgen. Die Kapitalzahlung darf bei steuerlich anerkannten Versorgungsplänen für jedes geleistete Arbeitsjahr 3/80 des letzten Jahresgehalts des Arbeitnehmers bzw. der Höchstgrenze von £ 90.600 nicht übersteigen. Maximal 40 Arbeitsjahre können der Berechnung zugrundegelegt werden, so daß die maximale Kapitalzahlung das Eineinhalbfache (3*40/80) des letzten Jahresgehalts bzw. der Beitragsbemessungsgrenze und damit maximal £ 135.900 betragen kann.[607]

Die Leistungen persönlicher Rentenpläne (personal pension plans) hängen wesentlich von der Performance des Fond-Investments ab. Bei Erreichen der Altersgrenze muß der erreichte Wert des Rentenplans zum Erwerb einer Rentenleistung verwendet werden; höchstens ein Viertel des Wertes darf als Kapitalleistung ausgezahlt werden.[608] Die Rentenleistung muß jährlich mindestens um 3 % angehoben werden, und eine Rente für den hinterbliebenen Ehegatten in Höhe von 50 % der Rente des Mitglieds ist zu vereinbaren.[609]

Rentenzahlungen sind beim Versorgungsempfänger steuerpflichtig. Steuerpflichtigen wird ab dem 65. Lebensjahr ein erhöhter persönlicher Freibetrag gewährt (£ 5.720 statt £ 4.335). Die Erhöhung wird einkommensabhängig reduziert und entfällt ab einem Einkommen von £ 19.570.[610] Kapitalauszahlungen sind grundsätzlich steuerfrei, wenn sie aus einem steuerlich anerkannten

605 Vgl. Inland Revenue, IR 129, 1995.

606 Vgl. Daykin, C.D., Pension, 1996, S. 46. Alternativ werden risikoorientierte Leistungen für den vorzeitigen Todesfall (death in service) und den Invaliditätsfall auch unabhängig von der Rentenvorsorge in Einzel- oder Gruppenversicherungen bereitgestellt, vgl. Etzel, H.A., Großbritannien, 1996, S. 97.

607 Vgl. Sec. 590 (3), Sec. 590C ICTA 1988; IBFD Publications (Hrsg.), European Taxation, 1998, Section B, United Kingdom, Tz. 1.2.6.

608 Vgl. Inland Revenue Superannuation Funds Office, IR 76, 1991, Tz. 6.1., 6.12.

609 Vgl. Daykin, C.D., Pension, 1996, S. 55.

610 Vgl. HM Treasury, Budget 99, 1999, IR 1; Tiley, J./Collison, D., UK Tax Guide, 1998-99, Tz. 4:08.

Versorgungsplan erfolgen. Im internationalen Vergleich ist die steuerliche Freistellung zulässiger Kapitalzahlungen vorteilhaft, da nicht nur die Beiträge steuerlich abzugsfähig, sondern auch die Anlageerträge des Pensionsfonds steuerbefreit waren.[611]

(4) Anwartschafts- und Rentenanpassung

Die bis zu einem vorzeitigen Ausscheiden nach einer Beschäftigungszeit von mindestens 2 Jahren erworbenen Rechte sowie laufende Leistungen aus betrieblichen Versorgungsplänen sind gemäß dem Einzelhandelspreisindex, aber mit höchstens 5 % pro Jahr anzupassen (limited price indexation, LPI).[612] Die Anpassung bezieht sich auch auf die vorgeschriebenen Mindestleistungen.[613] Die gesetzliche Verpflichtung zur Inflationssicherung gilt nicht für Versorgungspläne, die eine einmalige Kapitalleistung erbringen.[614]

(5) Unverfallbarkeit

Arbeitnehmerbeiträge können im Falle des Ausscheidens bei einer Beschäftigungszeit von weniger als zwei Jahren zurückerstattet werden. Die Erstattung wird pauschal um eine Steuer in Höhe von 20 % gekürzt, um die auf die Beiträge gewährte Steuerbefreiung rückgängig zu machen.[615]

Nach einer Beschäftigungszeit von zwei Jahren tritt die Unverfallbarkeit erworbener Pensionsansprüche ein; die Ansprüche werden bei einem Ausscheiden bis zum Eintritt des Versorgungsfalles aufrechterhalten. Die Leistungsberechnung erfolgt nach der regulären Rentenformel, wobei das Ausscheidedatum als Ruhestandsdatum verwendet wird. Der erworbene, unverfallbare Anspruch muß bei leistungsbezogenen Plänen um jährlich 5 % angehoben werden, höchstens aber um die Preissteigerungsrate, wenn diese weniger als 5 % beträgt (limited price indexation, LPI).

(6) Übertragung

- Übertragung ins Ausland

Transferzahlungen aus einem Versorgungsplan sind grundsätzlich nur in einen anderen anerkannten Versorgungsplan zulässig, da der Transferwert auch den regelmäßig vom privaten Versorgungsplan abgedeckten Betrag der staatlichen verdienstbezogenen Rente enthält. Um den Transferwert in einen Versorgungsplan übertragen zu können, der keinen garantierten Anspruch auf eine

---

611 Vgl. Stephen, R., Großbritannien, 1992, S. 69.

612 Vgl. Daykin, C.D., Zusatzversorgungssysteme, 1995, S. 258-259; Spengel, C./Schmidt, F., Vergleich, 1997, S. 127; Stephen, R., Großbritannien, 1992, S. 70.

613 Vgl. William M. Mercer Limited, Guidelines, 1995, S. 289; Pope, A., Developments, 1995, S. 25.

614 Vgl. IVSS, Zusatzrentensysteme, 1994, S. 88.

615 Vgl. Daykin, C.D., Pension, 1996, S. 47; Inland Revenue, IR 129, 1995; William M. Mercer Limited, Guidelines, 1995, S. 291.

dem SERPS entsprechende Rente gewährt, muß dieser Anspruch an das staatliche System zurückverkauft werden.[616] Die Möglichkeit eines Transfers besteht sowohl bei betrieblichen als auch bei persönlichen Versorgungsplänen.[617] Den steuerlichen Vorschriften gemäß hat der Transferwert dem Barwert der Leistungen zu entsprechen, die bei einer Auszahlung unter Anwendung versicherungsmathematischer Prinzipien und unter Berücksichtigung des Marktzinssatzes anfallen würden. Für eingehende und ausgehende Transferzahlungen sind miteinander vereinbare Verfahren und Annahmen zu verwenden.[618]

Transferzahlungen ins Ausland sind gewissen Einschränkungen unterworfen. Insbesondere können solche Zahlungen *nicht* zu rückstellungsfinanzierten Systemen wie einer Pensionsrückstellung nach deutschem Recht geleistet werden.[619] Grundsätzlich zulässig sind Transferzahlungen zu Pensionsfonds und zu Versicherungsplänen.[620] Trotz der Möglichkeit zur Übertragung von Anwartschaften können Probleme auftreten, wenn das empfangende System in dem anderen Staat nicht bereit ist, eine sofortige Unverfallbarkeit der übertragenen Versorgungsansprüche zu garantieren.

- *Übertragung aus dem Ausland nach Großbritannien*

Transferzahlungen können an einen in Großbritannien anerkannten Pensionsfonds erfolgen, wenn das Einverständnis des Inland Revenue vorliegt. Das Einverständnis wird grundsätzlich erteilt, wenn dargelegt werden kann, daß die Übertragung nicht gleichbedeutend ist mit einem innerhalb Großbritanniens erfolgenden Transfer von einem steuerlich nicht anerkannten zu einem steuerlich anerkannten Versorgungssystem.[621] Die durch die Übertragung und durch folgende Zahlungen erworbenen Versorgungsansprüche unterliegen den gewöhnlichen Obergrenzen für Versorgungsleistungen. Versorgungsansprüche aus einem betrieblichen Rentenplan in anderen Staaten, deren Gegenwert nicht nach Großbritannien transferiert wurde, werden bei Berechnung der britischen Versorgungsgrenzen grundsätzlich nicht berücksichtigt.[622]

(7) Insolvenzsicherung

Für die gegenüber Pensionsfonds bestehenden Versorgungsansprüche besteht Schutz vor der Insolvenz des Arbeitgebers systembedingt aufgrund der Mittel-

---

616 Vgl. Daykin, C.D., Zusatzversorgungssysteme, 1995, S. 288.

617 Vgl. Inland Revenue Superannuation Funds Office, IR 76, 1991, Tz. 11.17.

618 Vgl. Daykin, C.D., Pension, 1996, S. 47. Umstritten ist, inwieweit der in Höhe eines „fair value" vorzunehmende Transfer für den Arbeitnehmer Nachteile im Vergleich zur Aufrechterhaltung der Anwartschaft mit sich bringt, vgl. Blake, D./Orszag, J.M., Portability, 1997; Blake, D./Orszag, J.M., Response, 1998, Tz. 4.1-4.3.

619 Vgl. Inland Revenue, Pension Schemes Office, Nottingham, Schreiben vom 25.11.1998 an den Verfasser.

620 Vgl. Daykin, C.D., Pension, 1996, S. 65-66.

621 Vgl. Sandison, F.G., Retirement, 1997, S. 43 Fn. 25.

622 Vgl. Daykin, C.D., Pension, 1996, S. 1996, S. 66.

auslagerung in einen Trust, d.h. der Trennung von Versorgungskapital und Vermögen des Trägerunternehmens.[623] Der Pensionsfonds ist vom Schicksal des Trägerunternehmens unabhängig. Daneben trägt die Struktur eines Pensionsfonds, insbesondere die Verwaltung durch Treuhänder (Trustees), zur Sicherung der Ansprüche bei. Die Treuhänder sind dafür verantwortlich, daß der Pensionsfonds über einen Kapitalbestand verfügt, der die Erfüllung der entstandenen Pensionsverpflichtungen ermöglicht.[624]

Bei Insolvenz oder Zahlungseinstellung eines oder mehrerer Trägerunternehmen haben die Treuhänder die Vermögenswerte des Fonds so zu verwenden, daß die Erfüllung der Pensionsverpflichtungen in Übereinstimmung mit der Satzung des Fonds so weit wie möglich gesichert wird. Eine Reduzierung des Leistungsniveaus oder eine Abwicklung des Fonds können die Folgen sein. Insolvenzgläubiger eines Trägerunternehmens haben keinen Zugriff auf die Vermögensgegenstände des Fonds. Bei Auflösung eines Fonds werden von den Treuhändern für die einzelnen Mitglieder üblicherweise Verträge über Rentenzahlungen bzw. über aufgeschobene Rentenzahlungen mit Versicherungsunternehmen abgeschlossen und ausfinanziert. Unterdeckungen eines Pensionsfonds führen zu einer Nachfinanzierungspflicht des Trägerunternehmens Im Falle einer Insolvenz des Trägerunternehmens ist die Nachfinanzierungsforderung des Pensionsfonds aber nicht vorrangig gegenüber den Forderungen anderer Gläubiger.[625]

Weitgehende Aufsichtsrechte liegen bei der OPRA (Occupational Pensions Regulatory Authority), von der die für die Verwaltung eines Fonds verantwortlichen Trustees dem Amt enthoben, mit einer Geldstrafe belegt oder ersetzt werden können. Zum Insolvenzschutz hat die OPRA eine umlagefinanzierte Versicherung für Pensionsfonds bereitzustellen, von der die Versicherten gegen Verluste bei einer Insolvenz des Arbeitgebers geschützt werden, wenn die Vermögenswerte des Fonds illegal gemindert wurden.[626]

Für die Rentenzahlungen besteht in der Höhe, in der diese ohne Befreiung vom SERPS zu zahlen gewesen wären, ein abweichender Insolvenzschutz. Bei Liquidierung eines befreienden Pensionsfonds können solche Verbindlichkeiten an das staatliche Rentensystem (SERPS) zurückübertragen werden. Auch wenn die zur Verfügung stehenden Vermögenswerte zur Ausfinanzierung dieser Ansprüche nicht ausreichen, übernimmt das staatliche Rentensystem die volle Verpflichtung zur Zahlung dieser Mindestversorgung.[627]

---

623 Zur Rechtsnatur eines Trust siehe Cunliffe, J., Guarantee, 1989, S. 178-180; Hübner, P.B., Pensionsfonds, 1991, S. 107-108.

624 Vgl. Daykin, C.D., Pension, 1996, S. 48; ausführlich zum Minimum Funding Requirement siehe Pope, A., Developments, 1995, S. 25-27.

625 Vgl. Daykin, C.D., Pension, 1996, S. 48.

626 Vgl. Etzel, H.A., Großbritannien, 1996, S. 98; Pope, A., Developments, 1995, S. 24.

627 Vgl. Daykin, C.D., Pension, 1996, S. 49.

(8) Weiterführung einer ausländischen Anwartschaft

Übernimmt der britische Arbeitgeber die Zuführung von Beiträgen zu einer in Deutschland bestehenden Versorgungsanwartschaft für den in Großbritannien ansässigen Arbeitnehmer, sind die Beiträge steuerlich nicht abzugsfähig.[628] Die Zuführungen stellen grundsätzlich steuerpflichtige Einkünfte beim Arbeitnehmer dar.[629] Eigenbeiträge des Arbeitnehmers sind nicht abzugsfähig. Eine steuerlich günstigere Behandlung kann auf zwei Wegen erreicht werden: durch eine Anerkennung des deutschen Versorgungssystems entweder im Wege des Discretionary Approval oder als Corresponding Scheme.

- Discretionary Approval

Ein Versorgungssystem kann von der britischen Finanzverwaltung anerkannt werden, auch wenn es nicht alle Voraussetzungen eines zwingend anerkannten Systems (mandatory approved) erfüllt. Die Anerkennung liegt im Ermessen der Finanzverwaltung (discretionary approval) und bezieht sich nur auf den Teil des Versorgungssystems, dessen Mitglieder mit ihren Einkünften im Vereinigten Königreich besteuert werden. Als Voraussetzung muß ein Zusammenhang des Versorgungssystems zu wirtschaftlichen Aktivitäten (trade or undertaking) bestehen, die teilweise im Vereinigten Königreich ausgeübt werden.[630] Das Unternehmen darf nicht im Vereinigten Königreich ansässig sein, muß aber mit den im Vereinigten Königreich erzielten Einkünften der britischen Besteuerung unterliegen. Die Voraussetzungen sind nur dann erfüllt, wenn ein Arbeitnehmer weiterhin in einem Beschäftigungsverhältnis mit dem entsendenden Unternehmen bleibt und der deutsche Arbeitgeber seine Tätigkeit wenigstens teilweise unmittelbar im Vereinigten Königreich ausübt, z.B. indem er durch den entsandten Arbeitnehmer eine Betriebsstätte begründet. Zur Anerkennung ist es weiterhin erforderlich, daß ein Fiskalvertreter, d.h. eine im Vereinigten Königreich ansässige Person, bestimmt wird, welche für die aus dem Versorgungssystem resultierenden steuerlichen Pflichten, insbesondere den Steuerabzug bei Rentenzahlungen, verantwortlich ist.[631]

Bei steuerlicher Anerkennung des Versorgungssystems sind die steuerlichen Konsequenzen für Beiträge und Leistungen identisch wie bei einem Versorgungssystem, das zwingend anerkannt wurde.[632]

---

628 Vgl. Sec. 76 FA 1989; Inland Revenue, Pension Schemes Office, Nottingham, Schreiben vom 25.11.1998 an den Verfasser; Sandison, F.G., Retirement, 1997, S. 41; Richter, G./Schanz, T., Personalentsendungen, 1994, S. 404, Fn. 71.

629 Vgl. Sec. 595 ICTA 1988.

630 Vgl. Sec. 591 (2) ICTA 1988.

631 Vgl. Inland Revenue, IR 12, Part 15, 1995, Tz. 15.1-15.5; Sandison, F.G., Retirement, 1997, S. 43.

632 Siehe Kap. „Beiträge“, S. 166, Kap. „Leistungen“, S. 168.

	Discretionary Approval	Corresponding Scheme
Ansässigkeit des Arbeitgebers im Vereinigten Königreich zulässig	nein	nein
Aktivitäten des Arbeitgebers müssen teilweise im Vereinigten Königreich ausgeübt werden und die zugehörigen Einkünfte dort besteuert werden	ja	nein
Domizil des Arbeitnehmers im Vereinigten Königreich steuerschädlich	nein	ja (einzelfallbezogen)
Fiskalvertreter im Vereinigten Königreich erforderlich	ja	nein
Steuerliche Konsequenzen	• Arbeitnehmerbeiträge (falls zulässig) sind abzugsfähig • Arbeitgeberbeiträge sind abzugsfähig • Keine Erfassung der Arbeitgeberbeiträge als Einkünfte • Kapitalleistungen wie bei zwingend anerkannten Versorgungssystemen steuerfrei	• Arbeitnehmerbeiträge (falls zulässig) sind abzugsfähig • Arbeitgeberbeiträge sind abzugsfähig • Keine Erfassung der Arbeitgeberbeiträge als Einkünfte

Abb. 22: Steuerliche Anerkennung nicht-britischer Versorgungssysteme

- *Corresponding Scheme Status*

Die Anerkennung eines deutschen Versorgungssystems durch die britische Finanzverwaltung als „corresponding approved scheme“ bezieht sich auf einen einzelnen Arbeitnehmer; sie erfolgt unter folgenden Voraussetzungen:[633]

- Der Versorgungsanwärter ist nicht im Vereinigten Königreich domizilierend *und* ist von einem nicht im Vereinigten Königreich ansässigen Arbeitgeber beschäftigt. Unter diesen Voraussetzungen stellen die Arbeitgeberbeiträge ausländische Einkünfte, sog. „foreign emoluments ‘ dar.
- Das Versorgungssystem ist in dem Staat belegen, in dem das Stammhaus oder die Konzernleitung des Arbeitgebers ansässig ist oder in dem der Ar-

633 Vgl. Sec. 595, 596 (2)(b) ICTA 1988; Inland Revenue, IR 12, Part 15, 1995, Tz. 15.13-15.17; Foreman, C., Leaving, 1996, S. 24-25; Foster, H., Employee Benefits, 1994, S. 77-78; Sandison, F.G., Retirement, 1997, S. 42-43.

beitnehmer vorher ansässig oder tätig war.[634] Das System ist von den ausländischen Behörden nach nationalem Steuerrecht als Betriebsrentensystem anerkannt. Bei Tod oder bei Eintritt in den Ruhestand, dann aber grundsätzlich nicht vor Beginn des 50. Lebensjahres, erbringt das System ähnliche Leistungen wie die britischen Systeme, zumindest keine höhere Rentenleistung als 70 % des Endgehaltes. Finanzierung und Leistungsgestaltung erfolgen auf Grundlage im Ansässigkeitsstaat anerkannter versicherungsmathematischer Methoden.

Als Folge der Anerkennung sind die Arbeitgeberbeiträge sowie Eigenbeiträge des Arbeitnehmers abzugsfähig; die Arbeitgeberbeiträge sind nicht als Einkünfte steuerpflichtig.[635] Weitergehende steuerliche Konsequenzen, insbesondere eine Steuerbefreiung von Kapitalleistungen, entstehen nicht.

Die Anerkennung als corresponding scheme ist nur dann möglich, wenn der Arbeitnehmer keinen Domizil-Status im Vereinigten Königreich innehat. Strebt der Arbeitnehmer hingegen an, seinen Ruhestand im Vereinigten Königreich zu verbringen, kann keine Anerkennung des ausländischen Versorgungssystems als „corresponding scheme" erfolgen, da nur Beiträge aus „foreign emoluments" von der Erfassung als Einkünfte ausgenommen werden. Die Zusammenhänge stellt Abb. 22 im Überblick dar.

(9) Rechtliche Entwicklungstendenzen

Der Pensions Act 1995 hat weitreichende Änderungen mit sich gebracht (u.a. Anwartschafts- und Rentenanpassung, Mindestfinanzierungserfordernisse, Gleichbehandlung von Männern und Frauen beim Pensionsalter), deren teilweise langfristigen Übergangsfristen noch laufen. Die hinzugekommenen rechtlichen Verpflichtungen und erhöhten Kosten lassen auf Seiten der Unternehmen - ähnlich wie in Deutschland - Bedenken aufkommen, angesichts eines hohen Maßes an Regulierung freiwilliger Leistungen die Bereitschaft zur Begründung und Weiterführung eines betrieblichen Versorgungssystems einzuschränken.[636] Eine Einschränkung steuerlicher Vorteile aus fiskalischen Gründen, etwa in Form einer Besteuerung von Beiträgen zu Versorgungssystemen mit einer korrespondierenden Freistellung der Leistungen, wird für möglich gehalten.[637] Konkrete Maßnahmen, die von gestaltungsrelevanter Bedeutung wären, sind aber nicht abzusehen.

---

634 Diese Bestimmung dient zum Ausschluß von Versorgungssystemen, die in sog. Steueroasen ansässig sind, vgl. Sandison, F.G., Retirement, 1997, S. 42 Fn. 21.

635 Vgl. Sec. 192 (3), Sec. 596 (2)(b) ICTA 1988, Sec. 76 (6C) FA 1989; Inland Revenue, IR 12, Part 15, 1995, Tz. 15.13; International Fiscal Association (IFA), Transferred, 1989, S. 12.

636 Vgl. Pope, A., Developments, 1995, S. 28.

637 Vgl. Redhead, P., Developments, 1997, S. 24.

c) Recht der gesetzlichen Altersversorgung

(1) Formen

Das staatliche Rentensystem hat zwei Bestandteile: die Grundrente und die verdienstabhängige Rente (SERPS). Das Leistungsniveau der Grundrente ist unabhängig vom Niveau des Einkommens.[638] Der Bezug einer Grundrente erfordert langjährige Beiträge zur National Insurance. Im Vergleich der EU-Staaten ist die britische Grundrente (Social Security) die niedrigste in der Europäischen Union.[639]

Das staatliche verdienstbezogene Zusatzrentensystem wurde unter der Bezeichnung SERPS (the State Earnings Related Pension Scheme) 1978 eingeführt. Von der Mitgliedschaft in der staatlichen Zusatzaltersversorgung (SERPS) können Arbeitnehmer befreit werden, wenn die Mitgliedschaft in einem betrieblichen Versorgungssystem (occupational pension scheme) oder in einem privaten Versorgungssystem (personal pension scheme) nachgewiesen wird und die Leistungen dieser Systeme mindestens denen des SERPS entsprechen. Unternehmen, die für ihre Arbeitnehmer betriebliche Versorgungspläne anbieten, erhalten bestimmte Steuer- und Sozialbeitragsvergünstigungen. Ein Arbeitgeber ist frei in der Entscheidung, einen betrieblichen Versorgungsplan anzubieten, ebenso wie ein Arbeitnehmer das Wahlrecht hat, im SERPS zu verbleiben oder einem betrieblichen oder persönlichen Versorgungsplan beizutreten. Zulässig ist auch der Verbleib im SERPS und der zusätzliche Beitritt zu einem betrieblichen oder persönlichen Versorgungsplan.[640]

(2) Beiträge

Beiträge für die staatliche Grundrente (Social Security, National Insurance) und die verdienstabhängige Rente (SERPS) werden einkommensabhängig erhoben. Das staatliche Rentensystem wird im Umlageverfahren finanziert. Alle abhängig und selbständig/freiberuflich Beschäftigten (employed and self-employed) in Großbritannien sind verpflichtet, Beiträge zur National Insurance zu zahlen, soweit ihr Einkommen eine Geringfügigkeitsschwelle überschreitet.[641] Als Anreiz für die Befreiung vom SERPS (contracting out) durch Mitgliedschaft in einem betrieblichen oder persönlichen Versorgungssystem wird Arbeitnehmern und Arbeitgebern ein Beitragsnachlaß (contracting out rebate) bei der National Insurance gewährt. Die Beitragsstruktur stellt folgende Abbildung dar:

---

638 Vgl. Daykin, C.D., Zusatzversorgungssysteme, 1995, S. 218.

639 Vgl. IVSS, Zusatzrentensysteme, 1994, S. 82.

640 Vgl. Daykin, C.D., Zusatzversorgungssysteme, 1995, S. 219; Daykin, C.D., Pension, 1996, S. 33.

641 Vgl. Daykin, C.D., Pension, 1996, S. 34.

Staatliches Renten-system	**Arbeitnehmer**	**Arbeitgeber**
	Freibetrag: £ 66 Bemessungsgrenze: £ 500	Freibetrag: £ 83
Contracted In	10 %	12,2 %
Contracted Out (leistungsbezogen)	8,4 %	9,2 % bis £ 500 12,2 % ab £ 500
Contracted Out (beitragsbezogen)	8,4 %	10,7 % bis £ 500 12,2 % ab £ 500 Die Sozialversicherungsbehörde zahlt einen altersabhängig steigenden Beitrag von bis zu 5,9 % direkt an den Versorgungsplan.
Freibeträge und Bemessungsgrenzen jeweils auf den Wochenverdienst bezogen. Jahresbeträge: Beitragsuntergrenze: £ 3.432 p.a. (= 66 * 52 Wochen) Beitragsbemessungsgrenze: £ 26.000 p.a. (= 500 * 52 Wochen)		

Abb. 23: Beiträge zur National Insurance (1999/2000)[642]

Arbeitgeberbeiträge zur National Insurance sind steuerlich abzugsfähig, dagegen nicht Arbeitnehmerbeiträge.[643] Dieselbe Regelung gilt für Beiträge zu einem ausländischen Sozialversicherungssystem.[644]

(3) Leistungen

Leistungen des staatlichen Grundrentensystems hängen vom Beitragszeitraum, aber nicht von der Beitragshöhe bzw. vom Einkommen ab (flat rate basic pension). Die Grundrente setzt mit Erreichen des staatlichen Rentenalters ein, d.h. mit 65 Jahren für Männer, für Frauen mit 60 Jahren; diese Grenze wird zwischen den Jahren 2010 bis 2020 auf 65 Jahre angehoben. Die volle Grundrente wird nur fällig, wenn Beiträge über 90 % des Arbeitslebens gezahlt wurden, beginnend im Alter von 16 Jahren. Anteilige Rentenzahlungen erfolgen, wenn mindestens für einen Zeitraum von 25 % des Arbeitslebens Beiträge gezahlt wurden. Die Grundrente wird zum April eines jeden Jahres an den Anstieg des Einzelhandelspreisindexes angepaßt. Andere Einkünfte oder Bezüge werden auf die Grundrente nicht angerechnet.[645]

---

642 Vgl. House of Commons, Budget 99, 1999, Kap. 1, Abb. 1.4.

643 Bei anerkannten Versorgungswerken (approved occupational schemes) sind sowohl Arbeitgeber- als auch Arbeitnehmerbeiträge abzugsfähig.

644 Vgl. Schulte, B., Vereinigtes Königreich, 1991, S. 512.

645 Vgl. Daykin, C.D., Pension, 1996, S. 33-34.

Die SERPS-Rente wird einkommensabhängig berechnet und beginnend mit dem staatlichen Pensionsalter an die berechtigten Mitglieder dieses Systems gezahlt. Berücksichtigt werden beim SERPS nur Lohnzahlungen zwischen einer oberen und einer unteren Einkommengrenze. Die Rentenhöhe beträgt 25 % des preisindexierten, durchschnittlichen Einkommens, das seit Begründung des Systems im Jahr 1978 erzielt wurde. Ab dem Jahr 2000 wird dieses Niveau stufenweise auf 20 % abgesenkt.[646] Die SERPS-Rente wird jährlich an den Einzelhandelspreisindex angepaßt.

Auch bei Befreiung vom verdienstbezogenen staatlichen Zusatzrentensystem (SERPS) kann es zur Zahlung einer Rente aus diesem System kommen. Dieser Fall tritt ein, wenn die vom betrieblichen oder privaten Rentensystem gezahlte Leistung den Betrag nicht erreicht, der ohne die Befreiung vom SERPS gezahlt würde. Den Differenzbetrag zahlt die National Insurance aus.[647]

III. Teilproblemformulierung

1. Überblick

Das Gestaltungsvorhaben ist auf dieser Stufe soweit fortgeschritten, daß die relevanten Rechtsnormen abgegrenzt und inhaltlich erarbeitet wurden. Dabei wurde der Schwerpunkt auf ergebnisrelevante Tatbestände und deren Rechtsfolgen gelegt. Zielgerechte Handlungsalternativen können zu diesem Zeitpunkt noch nicht formuliert werden, da die Vielzahl der steuer-, arbeits- und sozialversicherungsrechtlichen Details und deren Zusammenwirken nur schwer überschaubar sind. In der Teilproblemformulierung sind daher überschaubare Gestaltungsbereiche abzugrenzen, tatbestandliche Erfassungsalternativen zu bilden und zu beurteilen sowie interessengerechte Zwischenlösungen (Teilproblemlösungen) zu entwickeln. Auf die Zusammenführung der Teilprobleme und die Umsetzung auf Sachverhaltsebene ist noch keine Rücksicht zu nehmen; diese Aufgaben sind Gegenstand der Phase 3 (Ideenfindung und Ideenvorauswahl).[648]

Im folgenden werden Teilprobleme getrennt nach Steuer-, Arbeits- und Sozialversicherungsrecht gebildet. Strukturiert durch eine weitere Untergliederung werden die Ergebnisse der Tatbestandsanalyse wieder aufgegriffen und zur Konstruktion tatbestandlicher Erfassungsalternativen verwendet. Dabei wird auf die relevanten Kapitel der Tatbestandsanalyse verwiesen, da die Ausführungen in diesem Teil III (Teilproblemformulierung) im Vergleich zum Teil II (Tatbestandsanalyse) nicht mehr die Rechtsnormen, sondern deren Wirkungen in den Mittelpunkt stellen. Unter Einbezug der Interessenlage wird jeweils beur-

646 Vgl. Daykin, C.D., Pension, 1996, S. 34-35; William M. Mercer Limited, Guidelines, 1995, S. 288.

647 Vgl. Daykin, C.D., Zusatzversorgungssysteme, 1995, S. 225-226.

648 Ab S. 205.

teilt, welche Tatbestandsmerkmale im Hinblick auf die Rechtsfolgen erstrebenswert sind.

2. Steuerliche Teilprobleme

a) Einkünfteermittlung des Arbeitnehmers

- Betriebsrenteneinkünfte

Eine Zusage auf betriebliche Altersversorgung führt beim Arbeitnehmer, der im Gestaltungsfall in Großbritannien ansässig ist, grundsätzlich nicht zu Einkünften.

Beiträge eines britischen Arbeitgebers zu einem anerkannten britischen Betriebsrentensystem sind nicht als Einkünfte zu erfassen. Zuführungen eines deutschen Arbeitgebers an ein deutsches Betriebsrentensystem sind steuerbefreit, wenn das Betriebsrentensystem im Einzelfall als „corresponding scheme" anerkannt wurde. Die Anerkennung als „corresponding scheme" setzt zum einen voraus, daß sog. „foreign emoluments" in Großbritannien erzielt werden, d.h. Einkünfte aus einem Arbeitsverhältnis mit Sitz des formellen Arbeitgebers außerhalb Großbritanniens. Die Zuordnung des wirtschaftlichen Arbeitgebers ist in Zusammenhang mit der Anerkennung eines Versorgungssystems als „corresponding scheme" ohne Einfluß. Zum anderen darf kein Domizil-Status in Großbritannien vorliegen, d.h. es darf nicht die Absicht bestehen, den Ruhestand in Großbritannien zu verbringen.[649] Besteht kein Arbeitsverhältnis mit der deutschen Muttergesellschaft mehr, können Zuführungen an ein deutsches Betriebsrentensystem nicht steuerbefreit werden. Die tatbestandliche Interessenlage geht somit dahin, das deutsche Arbeitsverhältnis aufrechtzuerhalten und keinen Domizil-Status zu begründen.

- Barlohneinkünfte

Auch für das Vergütungsverhältnis sind tatbestandliche Interessenlagen zu ermitteln, um Rückwirkungen auf das Versorgungsverhältnis erkennen zu können. Bei einer Personalentsendung von *mehr als 183 Tagen* werden die Einkünfte aus nichtselbständiger Arbeit nach Abkommensrecht im Tätigkeitsstaat Großbritannien erfaßt. Sofern Deutschland abkommensrechtlich als Wohnsitzstaat gilt, erfolgt dort eine Freistellung unter Progressionsvorbehalt.[650] Besteht abkommensrechtliche Ansässigkeit in Großbritannien, erfolgt ausschließlich dort eine Besteuerung der Einkünfte aus nichtselbständiger Arbeit; der abkommensrechtliche Progressionsvorbehalt wird in Deutschland für weitere dort erzielte Einkünfte nicht wirksam.

Nach nationalem Recht Großbritanniens entscheidet der Ansässigkeitsstatus des Arbeitnehmers darüber, ob Einkünfte aus nichtselbständiger Arbeit, die ganz

---

649 Vgl. Kap. „Begründung eines Domizils", S. 158; Kap. „Weiterführung einer ausländischen Anwartschaft", S. 174.

650 Vgl. Kap. „Einkünfte aus nichtselbständiger Tätigkeit", S. 98.

oder teilweise nicht in Großbritannien ausgeübt wurde, der dortigen Besteuerung unterliegen.[651] Einkünfte aus in Großbritannien ausgeübter Tätigkeit sind in jedem Fall steuerpflichtig. Ist der Arbeitnehmer ansässig und gewöhnlich ansässig, aber nicht domizilierend, sind Einkünfte in Großbritannien nicht steuerbar, wenn sie aus nichtselbständiger Arbeit stammen, welche *im Ganzen* außerhalb des Vereinigten Königreiches ausgeübt, aber nicht dorthin überwiesen wurde und der Arbeitgeber nicht im Vereinigten Königreich ansässig ist. Ist der Arbeitnehmer ansässig, aber nicht gewöhnlich ansässig, bleibt zusätzlich auch der nicht in Großbritannien erzielte und auch nicht dorthin überwiesene *Anteil* solcher Einkünfte von der britischen Besteuerung ausgeschlossen, die anteilig im und anteilig außerhalb des Vereinigten Königreiches erzielt wurden. Da im Gestaltungsfall vorgesehen ist, daß die Tätigkeit im Entsendungszeitraum ganz in Großbritannien ausgeübt wird, ergeben sich nach nationalem Recht keine steuerwirksamen Alternativen.

Auch nach Abkommensrecht, das vorrangig vor nationalem Recht ist, besteht bezüglich der im Gestaltungsfall ausgeübten Tätigkeit kein Gestaltungsspielraum hinsichtlich der Lokalisierung der Steuerpflicht und damit des anzuwendenden Steuerniveaus. Eine explizite tatbestandliche Interessenlage und damit eine Rückwirkung auf das Versorgungsverhältnis liegt hinsichtlich des Barlohnanteils nicht vor.

Das Tätigkeitsstaatprinzip wird allerdings durchbrochen, soweit eine in Großbritannien ausgeübte selbständige Tätigkeit, z.B. im Rahmen eines Beratervertrages, in wirtschaftlichem Zusammenhang mit dem deutschen Stammhaus steht. Für die daraus resultierenden Einkünfte liegt das abkommensrechtliche Besteuerungsrecht grundsätzlich beim Wohnsitzstaat, d.h. auf deutscher Seite.[652] Die Vereinbarung eines Beraterverhältnisses ist insofern tatbestandlich interessengerecht, um das Besteuerungsrecht für diese Einkünfte abkommensrechtlich dem Wohnsitzstaat Deutschland zuzuweisen.

Bei einer Personalentsendung von *bis zu 183 Tagen* ist zu unterscheiden: Ist die Tochtergesellschaft in Großbritannien der wirtschaftliche Arbeitgeber, kommt für den Arbeitnehmer das britische Besteuerungsniveau zur Anwendung. Die freigestellten Einkünfte werden in Deutschland nur im Rahmen des Progressionsvorbehaltes berücksichtigt. Ist das deutsche Stammhaus der wirtschaftliche Arbeitgeber, unterliegen die Einkünfte ausschließlich der deutschen Besteuerung. Die tatbestandliche Interessenlage des Arbeitnehmers betrifft bei Entsendungen von nicht mehr als 183 Tagen somit mittelbar die wirtschaftliche Zuordnung der Personalaufwendungen: der Abzug in Großbritannien korrespondiert mit einer dortigen Erfassung der Arbeitnehmereinkünfte und einem inländischen Progressionseffekt, der Betriebsausgabenabzug in Deutschland führt

651 Vgl. Kap. „Steuerliche Konsequenzen des Aufenthaltsstatuts“, S. 159.

652 Vgl. Kap. „Einkünfte aus selbständiger Arbeit“, S. 101.

hingegen nur zu Steuerwirkungen im Inland. Die Interessenlage des Arbeitnehmers ist aus quantitativer Sicht zu bestimmen. Da Einkommen bis zu £ 28.000 (entspricht 77.000 DM bei einem Kurs von £ 1 = DM 2,75) mit einem maximalen Grenzsteuersatz von 23 % besteuert werden und der persönliche Freibetrag auch bei kürzerer Ansässigkeit als ein Steuerjahr ungemindert gewährt wird,[653] besteht für die im 183-Tage-Zeitraum erzielten Einkünfte regelmäßig ein Besteuerungsvorteil beim britischen Einkommensteuertarif, da bereits der Eingangssteuersatz des deutschen Tarifs 23,9 % (1999) beträgt. Die geplante Senkung des Eingangssteuersatzes auf 19,9 % (2002) ändert die Vorteilhaftigkeit bei einer Grenzsteuersatzbetrachtung regelmäßig nicht. Die Beurteilung unterstellt, daß die unbeschränkte Steuerpflicht in Deutschland während der kurzfristigen Entsendung bestehen bleibt und die Wirkung des Progressionseffektes auf weitere deutsche Einkünfte den Tarifvorteil nicht übersteigt. Die Vorteile aus dem Grundfreibetrag, der Berücksichtigung von Werbungskosten, dem Arbeitnehmer-Pauschbetrag nach § 9a S. 1 Nr. 1 EStG und dem Sonderausgaben-Pauschbetrag nach § 10c Abs. 1 EStG bleiben von der Zuweisung des Besteuerungsrechtes an Großbritannien unberührt. Das tatbestandliche Interesse besteht insofern zusammenfassend an einer wirtschaftlichen Verursachung des Personalaufwandes in Großbritannien, um mittelbar eine Besteuerung der Einkünfte nach dem britischen Einkommensteuertarif zu erreichen.

- *Vorsorgeaufwendungen*

Setzt der in Großbritannien tätige Arbeitnehmer sein Arbeitsverhältnis mit dem entsendenden deutschen Stammhaus als auch die Mitgliedschaft in der deutschen Sozialversicherung fort, fallen im Inland weiterhin Vorsorgeaufwendungen an, die durch das Arbeitsverhältnis veranlaßt sind, so u.a. Beiträge zur gesetzlichen Rentenversicherung. Diese Aufwendungen können grundsätzlich nur bei unbeschränkter Steuerpflicht berücksichtigt werden, aber auch unter dieser Voraussetzung nicht, wenn sie in unmittelbarem wirtschaftlichen Zusammenhang mit steuerfreien Einnahmen stehen. Bei allen länger als 183 Tage dauernden Entsendungen entfällt in Zusammenhang mit der inländischen Steuerfreistellung der Einkünfte aus nichtselbständiger Tätigkeit die Abzugsfähigkeit der Vorsorgeaufwendungen.

Von tatbestandlichem Interesse ist es daher, eine Entsendungsdauer von nur geringfügig mehr als 183 Tagen zu vermeiden. Keine interessengerechte Alternative besteht in der Verlagerung aller Vorsorgeaufwendungen nach Großbritannien, d.h. im Übertritt in das britische Sozialversicherungssystem. Zum einen gewährt das britische staatliche Rentensystem wesentlich geringere Versorgungsleistungen als das deutsche gesetzliche Rentensystem; zum anderen sind Arbeitnehmerbeiträge zum staatlichen Rentensystem in Großbritannien prinzipiell nicht abzugsfähig.

---

653 Vgl. Kap. „Einkommensteuer", S. 153.

b) Mitgliedschaft in einem Versorgungssystem

Die Interessenlage hinsichtlich der Durchführung betrieblicher Altersversorgung während des Entsendungszeitraums über ein deutsches oder ein britisches Versorgungssystem ist sowohl aus Sicht des Arbeitnehmers als auch des Arbeitgebers zu untersuchen. Maßgebend für die Vorteilhaftigkeit sind die erforderlichen Aufwendungen seitens des Arbeitgebers und die voraussichtlichen Leistungen an den Arbeitnehmer jeweils unter Einbezug steuerlicher Wirkungen. Der Unterschied zwischen deutschen und britischen Betriebsrentensystemen kann auf einige wesentliche Punkte konzentriert werden (siehe Abb. 24 und Abb. 25).

- *Arbeitgeber*

Grundsätzliche Unterschiede zwischen deutschen und britischen Betriebsrentensystemen (Direktzusage bzw. Occupational Pension Plan) beruhen auf der zeitlichen Verteilung der Aufwandsverrechnung: der Kalkulationszinsfuß ist in Deutschland auf 6 % festgeschrieben, während für britische Unternehmen diesbezüglich keine verbindlichen Vorschriften vorliegen; lediglich im Fall einer Überdotierung eines Pension Plan ist diese wieder abzubauen. Eine steuerlich wirksame antizipative Berücksichtigung der zukünftigen Steigerungen von Gehältern und der zukünftigen Inflationsanpassungen von Renten ist aufgrund des Stichtagsprinzips in Deutschland untersagt, in Großbritannien dagegen zulässig. Die Aufwandsverrechnung erfolgt in Großbritannien insofern zeitlich vorverlagert. Der geringe Normierungsgrad anzuwendender versicherungsmathematischer Verfahren in Großbritannien führt zudem zu einem Spielraum bei der Aufwandsermittlung, der ebenfalls zur Aufwandsvorverlagerung genutzt werden kann.

Bei der Finanzierung einer Direktzusage tritt im Vergleich zum Occupational Pension Plan ein Vorteil ein, wenn die Rendite aus den im Unternehmen verbleibenden Mitteln den steuerlichen Kalkulationszinsfuß übersteigt. Die Rendite kann beispielsweise aus Finanzinvestitionen, Tilgung von Fremdkapital oder Realinvestitionen erzielt werden. Ein Finanzierungseffekt tritt bei einem britischen Pension Plan nicht auf, da der Arbeitgeber die laufenden Beiträge an eine Pensionskasse abzuführen hat. Der Vorteil des deutschen Systems kann nur bei Kenntnis der individuell erzielten Rendite beurteilt werden und bleibt daher an dieser Stelle unberücksichtigt.

Die Finanzierung eines britischen Occupational Pension Plan ist in der Weise begünstigt, daß die Erträge des Deckungsvermögens grundsätzlich steuerfrei sind; dieser Vorteil ist nur durch die fehlende Berechtigung zur Anrechnung eines Steuerguthabens auf vereinnahmte Dividenden eingeschränkt.[654]

---

654 Vgl. Kap. „Körperschaftsteuer“, S. 155.

	Direktzusage (Deutschland)	Occupational Pension Plan (Großbritannien)
Steuerlicher Kalkulationszinsfuß	6 %	nicht vorgegeben
Steuerliche Vorausfinanzierung von Gehaltstrends	Nein	Ja
Steuerliche Vorausfinanzierung voraussichtlicher Rentenanpassungen	Nein, Ausnahme: verbindlich zugesagte Anpassung	Ja
Normierungsgrad der versicherungsmathematischen Verfahren	hoch	gering
Rendite des Deckungsvermögens	unternehmensabhängig	unternehmensunabhängig
Steuerfreiheit der Erträge des Deckungsvermögens	Nein	Ja (aber kein Anrechnungsguthaben bei Dividenden)
Preisindexierung von Anwartschaften nach vorzeitigem Ausscheiden	Nein	Ja
Preisindexierung von Renten	Ja, unter Berücksichtigung der wirtschaftlichen Lage des Arbeitgebers, begrenzbar auf 1 %	Ja, gemäß Preisindex (maximal 5 %)

Abb. 24: Gegenüberstellung deutscher und britischer Betriebsrentensysteme aus Arbeitgebersicht[655]

Aus Arbeitgebersicht sind für die Entscheidung, ob eine Direktzusage oder ein Occupational Pension Plan vorteilhaft ist, die steuerlichen Vorteile aus der Möglichkeit einer steuerlichen Vorausfinanzierung von Gehaltstrends und Rentenanpassungen, aus dem größeren Spielraum bei Anwendung versicherungsmathematischer Verfahren und aus der Steuerfreiheit der Erträge des Deckungsvermögens den Nachteilen aus der Verpflichtung zur Preisindexierung von Anwartschaften im Falle eines vorzeitigen Ausscheidens und zur begrenzten Anpassung von Renten gegenüberzustellen. Da unter der Voraussetzung ähnlicher Preissteigerungsraten nur die Preisindexierung im Falle vorzeitigen Ausscheidens nachteilig für das britische System sein kann, ist grundsätzlich von einer Vorteilhaftigkeit der Teilnahme am britischen Betriebsrentensystem auszugehen. Die Vermutung wird mit folgendem zweistufigen Vorgehen grund-

655 Die steuerlichen Vorteile eines britischen Occupational Pension Plan decken sich mit den Forderungen der aba (Arbeitsgemeinschaft für betriebliche Altersversorgung), von der allerdings eine Preisindexierung von Anwartschaften abgelehnt wird, vgl. Andresen, B.-J., Europa, 1997, S. 130. Zu einem ausführlichen Vergleich einer Direktzusage mit einer britischen Pensionskasse siehe Göbes, C., Unternehmensbesteuerung, 1996, S. 147-150.

sätzlich bestätigt: der erste Schritt beruht auf einer quantifizierenden Betrachtung wertgleicher Pensionszusagen, während erst der zweite Schritt die unterschiedlichen Anpassungen einbezieht.

Im *ersten* Schritt wird auf eine bereits vorliegende Untersuchung zurückgegriffen, in der anhand eines Unternehmensmodells die Steuerbelastung von Kapitalgesellschaften u.a. in Deutschland und Großbritannien verglichen wurde.[656] Das Unternehmensmodell bildet die unternehmerische Tätigkeit einer Kapitalgesellschaft über einen Zeitraum von zehn Perioden ab. Die Simulation bezieht sich auf einen Gesamtbestand an Arbeitnehmern, der auf die Altersstufen zwischen 25 und 65 Jahren aufgeteilt wird. Eine Gesamtbetrachtung ist hier gerechtfertigt, da zum einen der Arbeitnehmer in Deutschland Mitglied eines mehrere Arbeitnehmer umfassenden Versorgungwerkes war er zum anderen in ein bestehendes Versorgungssystem in Großbritannien eintreten wird. Die Errichtung eines gesonderten Versorgungssystems für ihn ist nicht beabsichtigt.

Aus Vereinfachungsgründen wird im Unternehmensmodell für alle Arbeitnehmer das gleiche Jahresgehalt angesetzt. Die Arbeitnehmer erhalten unmittelbare, gehaltsabhängige Zusagen nach deutschem Recht bzw. wertgleiche mittelbare, gehaltsabhängige Zusagen durch einen externen Versorgungsträger nach britischem Recht. Die bei der unmittelbaren Zusage aus dem Versorgungskapital getätigten Sach- bzw. Finanzinvestitionen werden zum gleichen Zinssatz wie der Deckungsstock der Pensionskasse verzinst; unterstellt wird ein Habenzins von 5 %.[657]

Im Ergebnis weist die nach britischem Recht durchgeführte externe Finanzierung 35 % höhere kumulierte Aufwendungen im Simulationszeitraum als die nach deutschen Vorschriften vorgenommene Rückstellungsfinanzierung auf.[658] Die Abweichung ist nicht nur auf den in Deutschland gesetzlich normierten Kalkulationszins von 6 % sowie die Anwendung des Stichtagsprinzips zurückzuführen, sondern auch auf die für Arbeitnehmer unter 30 Jahren unzulässige Rückstellungsbildung. Wird die gesetzliche Altersbeschränkung in Deutschland als aufgehoben angenommen, verbleibt eine Differenz beim kumulierten Auf-

656 Zur Untersuchung und zum Berechnungsmodell (European Tax Analyzer) siehe Göbes, C., Unternehmensbesteuerung, 1996, S. 179-251; Jacobs, O.H./Spengel, C., European Tax Analyzer, 1996, S. 107-218; Spengel, C., Steuerbelastungsvergleiche, 1995. Die Berechnungen der Steuerzahlungen in beiden Staaten wurden auf dem Stand 1.1.1995 vorgenommen.

657 Vgl. Göbes, C., Unternehmensbesteuerung, 1996, S. 183; Jacobs, O.H./Spengel, C., European Tax Analyzer, 1996, S. 185-192; Spengel, C., Steuerbelastungsvergleiche, 1995, S. 340 Fn. 180.

658 Ein Teil der Aufwendungen muß allerdings im Rahmen der Herstellungskostenermittlung aktiviert werden. Vgl. zu den Ergebnissen des Unternehmensmodells ausführlich Göbes, C., Unternehmensbesteuerung, 1996, S. 192, S. 209-214; Jacobs, O.H./Spengel, C., European Tax Analyzer, 1996, S. 230-233, S. 253-257; Spengel, C., Steuerbelastungsvergleiche, 1995, S. 337-342.

wand von ca. 33 %. Die Differenz wird als Nettogröße aus der Saldierung der abziehbaren Vorsorgeaufwendungen und den Erträgen aus der Verzinsung des Versorgungskapitals gebildet. Die Berechnung berücksichtigt einen gegenläufigen Effekt: je höher und je eher der Versorgungsaufwand abziehbar ist, desto höher sind die damit zu saldierenden Zinserträge. Da die Unterschiede nach Aufhebung der Altersbeschränkung unmittelbar auf Zeiteffekten beruhen, ist bei Einzelbetrachtung einer Anwartschaft die Differenz nicht konstant, sondern zu Beginn des Ansammlungszeitraums größer und mit fortlaufender Zeit zunehmend geringer; mit Beginn des Versorgungszeitraums verbleibt im zugrundegelegten Unternehmensmodell auf die Gesamtperiode gesehen keine Differenz.

Aus Arbeitgebersicht ist nach diesem ersten Schritt die Durchführung der Versorgungsanwartschaft in Großbritannien vorzuziehen.[659] Zwar ist der Totalaufwand für eine dem Leistungsumfang nach identische Versorgungszusage in beiden Staaten ohne Unterschied; Zinseffekte aus einer zeitlichen Vorverlagerung des steuerlichen Aufwandes sprechen jedoch für die Durchführung nach britischem Recht.

Im *zweiten* Schritt sind die in Großbritannien abweichenden Anpassungsmodalitäten zu berücksichtigen. Dies betrifft die Anpassung von Anwartschaften nach vorzeitigem Ausscheiden und die jährliche, auf 5 % begrenzte Anpassung von Versorgungsleistungen an das Preisniveau. Beide Anpassungen sprechen gegen die bisher erkannte relative Vorteilhaftigkeit des britischen Versorgungssystems: Anwartschaften werden in Deutschland nach vorzeitigem Ausscheiden nicht angepaßt. Die Anpassung von Versorgungsleistungen an das Preisniveau erfolgt nach deutschem Recht nur alle drei Jahre; sie kann bei schlechter wirtschaftlicher Lage des Arbeitgebers entfallen; eine Nachholung ist nicht erforderlich. Alternativ kann die Anpassungsprüfungsverpflichtung mit einer jährlichen pauschalen Anpassung von 1 % erfüllt werden.[660] Die Unterschiede sind wie folgt zu beurteilen: Die Alternative einer jährlichen pauschalen Anpassung ist nur für Neuzusagen ab dem 1.1.1999 gegeben (§ 30c Abs. 1 BetrAVG), mithin im Gestaltungsfall nicht relevant. Der Effekt einer Anpassungsverpflichtung von Anwartschaften nach vorzeitigem Ausscheiden ist im Gestaltungsfall nur gering, sofern der Zeitraum der Entsendung zu einer relativ geringfügigen

659 Die Präferenz zur Mitgliedschaft im britischen Betriebsrentensystem wird ohne Einbezug eines Steuersatzeffektes festgestellt, da die Mitgliedschaft nicht zwangsläufig mit einer wirtschaftlichen Verursachung des Versorgungsaufwandes in Großbritannien korrespondiert; siehe zum Steuersatzeffekt Kap. „Lokalisierung des Abzugs von Personal- und Versorgungsaufwand", S. 189, zu Wahlrechten und Spielräumen bei der wirtschaftlichen Verursachung Kap. „Lokalisierung des Abzugs von Personal- und Versorgungsaufwand", S. 211 sowie Kap. „Lokalisierung des Abzugs von Personal- und Versorgungsaufwand", S. 217.

660 Vgl. Kap. „Rentenanpassung", S. 146.

Anwartschaft führt. Relevant bleiben mithin die Unterschiede in der Anpassung laufender Renten an das Preisniveau. Wird ein Preisniveauanstieg von bis zu 5 % p.a. erwartet, ist die deutsche Regelung vorteilhaft, die keine jährliche Anpassung vornimmt. Bei Erwartung eines höheren Preisniveauanstiegs ist grundsätzlich die britische Regelung vorteilhaft, die eine absolute Limitierung des Anpassungssatzes kennt. Bei der deutschen Regelung können jedoch die wirtschaftlichen Belange des Arbeitgebers einer solchen Anpassung entgegenstehen.

Zusammenfassend kann unter Berücksichtigung der im zweiten Schritt aufgezeigten Ungewißheit die im ersten Schritt ausgearbeitete Empfehlung für das britische Betriebsrentensystem grundsätzlich aufrechterhalten werden, insbesondere, wenn Inflationserwartungen mehr als 5 % p.a. vorliegen. Der geringere zeitliche Abstand der Rentenanpassungen und die fehlende Rücksicht auf die wirtschaftlichen Belange des Unternehmens schränken den Vorteil jedoch ein.

- *Arbeitnehmer*

	Direktzusage (Deutschland)	**Occupational Pension Plan (Großbritannien)**
Steuerliche Höchstgrenzen für Versorgungsniveau und Arbeitnehmerbeiträge	Nein	Ja
Arbeitnehmerbeiträge möglich	Nein (Ausnahme: gesonderte Zusagen aus Gehaltsumwandlung)	Ja
Preisindexierung von Anwartschaften nach vorzeitigem Ausscheiden	Nein	Ja
Preisindexierung von Renten	Ja, unter Berücksichtigung der wirtschaftlichen Lage des Arbeitgebers, begrenzbar auf 1 %	Ja, gemäß Preisindex (maximal 5 %)
Insolvenzsicherung	Ja (PSVaG)	Ja (systembedingt)

Abb. 25: Gegenüberstellung deutscher und britischer Betriebsrentensysteme aus Arbeitnehmersicht

Aus Arbeitnehmersicht ist die Teilnahme an einem steuerlich anerkannten Versorgungssystem nur in Großbritannien der Höhe nach beschränkt. Gehaltsteile, die über £ 90.600 (1999/2000, entspricht 249.150 DM bei einem Kurs von £ 1 = 2,75 DM) liegen, können weder für die gehaltsabhängige Leistungsberechnung noch für Eigenbeiträge berücksichtigt werden. Diese relativ hohe Beitragsbemessungsgrenze dürfte im Regelfall keine Beeinträchtigung darstellen. Ein Vorteil kann vielmehr daraus entstehen, daß Arbeitnehmerbeiträge zu einem steuerlich anerkannten Betriebsrentensystem innerhalb der Beitragsbemessungsgrenze entrichtet werden können. Vorteilhaft sind in Großbritannien zum einen die Verpflichtung zur Preisanpassung von Anwartschaften nach vorzeitigem Ausscheiden sowie die Verpflichtung zur Preisanpassung laufender Renten, die jährlich erfolgt und vom Arbeitgeber nicht auf 1 % p.a. begrenzt werden kann. In Großbritannien erfolgt eine Kappung der Rentenanpassung erst ab 5 % p.a. Preissteigerungsrate. Die Sicherheit der Versorgungsansprüche vor Insolvenz des Arbeitgebers kann als gleichwertig bezeichnet werden.

Da aufgrund der voraussichtlich begrenzten Zeitdauer der Entsendung nur eine relativ geringe Anwartschaft erzielt wird, ist die Möglichkeit der Übertragung der britischen Anwartschaft auf ein deutsches Betriebsrentensystem einzubeziehen, die zwar grundsätzlich möglich ist; dies gilt jedoch nicht für die Übertragung auf eine rückstellungsfinanzierte Anwartschaft.[661] Die Preisindexierung von Anwartschaften nach vorzeitigem Ausscheiden gleicht diesen Nachteil prinzipiell aus.

Das Arbeitnehmerinteresse richtet sich zusammenfassend eher auf Teilnahme am britischen Betriebsrentensystem. Ein Nachteil des deutschen Systems besteht im Turnus der Rentenanpassung von drei Jahren; die Anpassung kann vom Arbeitgeber unter Berücksichtigung seiner wirtschaftlichen Lage unterlassen werden. Nachteilig ist bei Neuzusagen die Anpassungsbegrenzung auf 1 % p.a., sofern die tatsächliche Preissteigerungsrate höher liegt; diese Begrenzung ist im Gestaltungsfall nicht relevant, da die Möglichkeit erst für Neuzusagen ab dem 1.1.1999 besteht (§ 30c Abs. 1 BetrAVG). Übersteigt die Preissteigerungsrate 5 % p.a., greift die Anpassungsbegrenzung des britischen Systems, so daß insoweit ein Vorteil des deutschen Systems vorliegt. Die tatbestandliche Interessenlage muß für diesen Aspekt auch aus Arbeitnehmersicht die Erwartungen über die Preisentwicklung berücksichtigen

c) Abfindung und Übertragung

Der Barwert der deutschen Versorgungsanwartschaft kann mit Zustimmung der britischen Finanzbehörden zum Erwerb von Ansprüchen in einem britischen Betriebsrentensystem eingesetzt werden. Diese Möglichkeit erscheint interessengerecht, wenn der Ruhestandswohnsitz in Großbritannien liegen soll, um eine Konsolidierung der verschiedenen Ansprüche herbeizuführen. Bei voraussichtlichem Ruhestandswohnsitz in Deutschland sprechen allerdings Vereinfachungsgesichtspunkte für eine fortdauernde Mitgliedschaft im deutschen Betriebsrentensystem.

Eine *Abfindung* ist aufgrund der bei Unverfallbarkeit geltenden gesetzlichen Höchstgrenzen nach § 3 BetrAVG nur bei verfallbaren Anwartschaften sinnvoll.[662] Für den Fall der Abfindung einer verfallbaren Anwartschaft ist eine Steuerbefreiung nach § 3 Nr. 9 EStG anzustreben, da andernfalls der Abfin-

---

661 Vgl. Kap. „Übertragung“, S. 171.

662 Vgl. Kap. „Abfindung und Übertragung“, S. 147.

dungsbetrag ungeschmälert der Einkommensteuer unterliegt. Dabei ist als tatbestandliche Restriktion für die Anwendung des § 3 Nr. 9 EStG zu berücksichtigen, daß weder ein Arbeits- noch ein Rumpfarbeitsverhältnis bestehen bleiben darf. Lediglich eine vertragliche Vereinbarung über ein neues Rechtsverhältnis, z.B. einen Beratervertrag, ist zulässig. Unter diesen Voraussetzungen ist im Regelfall ein Freibetrag von 16.000 DM zu berücksichtigen. Die Progressionsminderung nach § 34 Abs. 1 EStG kommt im Fall der Abfindung unabhängig von den Voraussetzungen des § 3 Nr. 9 EStG zur Anwendung.

Tatbestandliche Interessenlage ist insofern die Abfindung einer noch verfallbaren Anwartschaft, sofern die Auflösung des Arbeitsverhältnisses mit dem entsendenden Unternehmen vorgesehen ist. Auch ohne Auflösung des Arbeitsverhältnisses wird der Progressionseffekt durch die sog. Fünftelregelung des § 34 Abs. 1 EStG gemindert.

Im Fall einer *Übertragung* der Anwartschaft auf ein britisches Betriebsrentensystem ist der gesamte Übertragungswert beim Arbeitnehmer grundsätzlich lohnsteuerpflichtig. Der Steuerfreibetrag des § 3 Nr. 9 EStG ist unter den gleichen Voraussetzungen wie bei einer Abfindung anwendbar. Die Progressionsminderung nach § 34 Abs. 1 EStG kommt wie im Fall der Abfindung zur Anwendung. Alternativ zum Steuerfreibetrag ist aus Sicht des Arbeitnehmers die Pauschalbesteuerung des Transferwertes nach § 40b EStG interessengerecht: da der Mitarbeiter dem Heimatunternehmen bereits elf Jahre angehört, kann die Pauschalbesteuerung bis zu einem Betrag von 11 * 3.408 DM = 37.488 DM erfolgen. Tatbestandliche Interessenlage bei einer vorgesehenen Übertragung der Anwartschaft ist insofern die Auflösung des Arbeitsverhältnisses mit dem entsendenden Unternehmen, um den Steuerfreibetrag nach § 3 Nr. 9 EStG in Anspruch nehmen zu können. Aus Arbeitgebersicht ist die Übertragung der Anwartschaft dagegen nicht interessengerecht, sofern zusätzlicher Steueraufwand durch die Pauschalbesteuerung entsteht.

d) Lokalisierung des Abzugs von Personal- und Versorgungsaufwand

Erfüllt eine sachverhaltliche Gestaltungsalternative den Tatbestand der betrieblichen Veranlassung beim britischen Tochterunternehmen, mindern die Vergütungen die steuerliche Bemessungsgrundlage in Großbritannien. Liegt dagegen eine betriebliche Veranlassung beim Mutterunternehmen vor, wird die steuerliche Bemessungsgrundlage in Deutschland gemindert.[663] Durch Variation der tatbestandlichen Voraussetzungen können unterschiedliche ertragsteuerliche

663 Eine gesellschaftsrechtliche Veranlassung führt wegen des Zusammenhangs mit steuerfreien Einnahmen (§ 3c EStG) grundsätzlich zur Nichtabzugsfähigkeit. Der Umfang nichtabzugsfähiger Einkünfte wird auf 15 % der freigestellten Gewinnausschüttungen pauschaliert, § 8b Abs. 7 KStG. Siehe zu Beispielen gesellschaftsrechtlicher Veranlassung Abb. 29: Aufwandszuordnung bzw. -weiterbelastung im Rahmen einer Arbeitnehmerentsendung, S. 212-214.

Wirkungen erzielt werden. Zielsetzung des folgenden Tarifvergleichs ist die Bestimmung der Interessenlage hinsichtlich der Lokalisierung des Abzugs.[664]

Ein Tarifvergleich klammert Zeiteffekte sowie die Ermittlung der Bemessungsgrundlage aus. Die Ergebnisse des Tarifvergleiches sind dennoch in diesem Gestaltungsfall unmittelbar entscheidungsrelevant, da Zeiteffekte, die aus der Mitgliedschaft im deutschen bzw. im britischen Versorgungssystem resultieren, grundsätzlich nicht in kausalem Zusammenhang mit dem hier untersuchten Steuersatzeffekt stehen: die Auswahl des vorteilhaften Versorgungssystems kann unabhängig von Steuersatzeffekten erfolgen, da erst die wirtschaftliche Verursachung des Versorgungsaufwandes die Lokalisierung des Abzugs bestimmt.[665]

Die Tochtergesellschaft schüttet im Gestaltungsfall annahmegemäß ihren Gewinn in voller Höhe an die Muttergesellschaft aus. Für die Berechnung der effektiven Belastung werden bei der Muttergesellschaft Ausschüttungs- und Thesaurierungsfall unterschieden.[666] Daran anknüpfend werden folgende vier Fälle unterschieden:

Betriebliche Veranlassung des Versorgungsaufwandes in	**Deutschland**	**Großbritannien**
Thesaurierungsfall bei Muttergesellschaft	Fall A	Fall C
Ausschüttungsfall bei Muttergesellschaft	Fall B	Fall D

Abb. 26: Aufbau des Tarifvergleichs

Das relevante Besteuerungsniveau bestimmt sich für die deutsche Muttergesellschaft in Höhe der effektiven Belastung mit Gewerbesteuer, Körperschaftsteuer und Solidaritätszuschlag. Bei Weiterausschüttung an die Gesellschafter ist zusätzlich die Kirchensteuer zu berücksichtigen. Die folgenden Berechnungen beruhen auf einem körperschaftsteuerlichen Thesaurierungssatz von 40 %, einem Kirchensteuersatz von 9 %, einem Solidaritätszuschlagsatz von 5,5 % und einem Gewerbesteuerhebesatz von 400 %.

---

664 Zum methodischen Vorgehen siehe Kap. „Berücksichtigung von Steuerwirkungen“, S. 60.

665 Siehe Fn. 659, S. 186.

666 Vgl. zur Berechnung der effektiven Belastung Jacobs, O.H./Scheffler, W., Steueroptimal, 1996, S. 157-160 und S. 217-218.

Fall A: Betriebliches Interesse bei deutscher Muttergesellschaft, Thesaurierungsfall

KSt einschließlich SolZ		
0,40 * 1,055		42,20 %
+ effektive Belastung mit GewSt (Hebesatz 400 %)		
Berücksichtigung der In-Sich-Abzugsfähigkeit		
400 / (2000 + 400)	16,67 %	
- Entlastung bei der KSt und beim SolZ		
0,4220 * 0,1667	7,03 %	
= effektive Belastung mit GewSt		9,64 %
= effektive Belastung mit KSt, SolZ und GewSt		***51,84 %***

Fall B: Betriebliches Interesse bei deutscher Muttergesellschaft, Ausschüttungsfall

1. KSt und SolZ auf Ebene der Kapitalgesellschaft		
Gewinn	100,00	
- Tarifbelastung mit KSt (40 %)	40,00	
- SolZ: (40,00 - 9,72) * 5,5 %	1,67	
= Zugang zum EK40	58,33	
+ KSt-Minderung (Faktor 1/6)	9,72	
= Bruttobardividende	68,06	
2. ESt, KiSt und SolZ auf Ebene der Anteilseigner		
Bruttobardividende	68,06	
+ KSt-Anrechnungsanspruch: 68,06 * 3/7	29,17	
= Einkünfte aus Kapitalvermögen	97,22	
- Kirchensteuer (9 % der ESt)	4,43	
= einkommensteuerpflichtige Einkünfte	92,80	
darauf ESt (53 %)	49,18	
+ darauf KiSt (9 % der Einkommensteuer)	4,43	
+ darauf SolZ (5,5 % von ESt abzüglich KSt-Anrechnungsanspruch)	1,10	
KSt (40,00 - 9,72 - 29,17), ESt (49,18) einschließlich KiSt (4,43) und SolZ (1,67 + 1,10)		57,49 %

3. Berücksichtigung der GewSt

+ effektive Belastung mit GewSt (Hebesatz 400 %)		
Berücksichtigung der In-Sich-Abzugsfähigkeit		
400 / (2000 + 400)	16,67 %	
- Entlastung bei der KSt, ESt, KiSt und beim SolZ 0,5749 * 0,1667	9,58 %	
= effektive Belastung mit GewSt		7,09 %

= effektive Belastung mit KSt, ESt, KiSt, SolZ und GewSt ***64,58 %***

Fall C: Betriebliches Interesse bei britischer Tochtergesellschaft, Ausschüttung an die deutsche Muttergesellschaft und Thesaurierung (EK01)

Nominaler und zugleich effektiver Steuersatz der Corporation Tax ***30,00 %***

(Ausnahme: small companies rate: 20 %)
Britische Quellensteuer fällt nicht an; in Deutschland erfolgt eine Freistellung bei der KSt und der GewSt.

Fall D: Betriebliches Interesse bei britischer Tochtergesellschaft, Ausschüttung an die deutsche Muttergesellschaft und Weiterausschüttung an die Anteilseigner

1. Besteuerung auf Ebene der britischen Kapitalgesellschaft	
Gewinn	100,00
- Corporation Tax (30,00 %)	30,00
2. KSt und SolZ auf Ebene der deutschen Kapitalgesellschaft	
Ausländische Dividende	70,00
- SolZ: KSt-Erhöhung (20,66) * 5,5 %	1,14
= Zugang zum EK01	68,86
- KSt-Erhöhung (30 %)	20,66
= Bruttobardividende	48,20

3. ESt, KiSt und SolZ auf Ebene der Anteilseigner	
Bruttobardividende	48,20
+ KSt-Anrechnungsanspruch: 48,20 * 3/7	20,66
= Einkünfte aus Kapitalvermögen	68,86
- KiSt (9 % der ESt)	3,14
= einkommensteuerpflichtige Einkünfte	65,73

darauf ESt (53 %)	34,84	
+ darauf KiSt (9 % der ESt)	3,14	
+ darauf SolZ (5,5 % der ESt abzüglich KSt-Anrechnungsanspruch)	0,78	
Corporation Tax (30,00), KSt (20,66 - 20,66), ESt (34,84) einschließlich KiSt (3,14) und SolZ (1,14 + 0,78)		69,89 %
= *effektive Belastung mit Corporation Tax, KSt, ESt, KiSt, SolZ und GewSt*		***69,89 %***

Die durch den entsandten Mitarbeiter verursachten Aufwendungen mindern in Abhängigkeit von der Lokalisierung der betrieblichen Veranlassung die Steuerbelastung mit folgendem Anteil:

Betriebliche Veranlassung des Versorgungsaufwandes in	**Deutschland**	**Großbritannien**
Thesaurierungsfall bei Muttergesellschaft	51,84 %	30,00 %
Ausschüttungsfall bei Muttergesellschaft	64,58 %	69,89 %

Abb. 27: Tarifvergleich: Ertragsteuerliche Wirkung des Betriebsausgabenabzugs

Im Gestaltungsfall ist von einer Thesaurierung bei der Mutterkapitalgesellschaft auszugehen.[667] Die tatbestandliche und gleichermaßen sachverhaltliche Interessenlage geht dahin, im Thesaurierungsfall einen Abzug in Deutschland herbeizuführen. Hier ist ein Unterschied von 21,84 Prozentpunkten in der ertragsteuerlichen Wirkung zu verzeichnen. Im Fall der Ausschüttung der Erträge der britischen Tochter an die deutsche Mutter und weiter an die Gesellschafter wäre dagegen ein Abzug in Großbritannien mit der größeren Ertragsteuerersparnis verbunden. Der Unterschied beträgt allerdings nur 5,31 Prozentpunkte und ist daher nicht in gleichem Maße relevant wie im Thesaurierungsfall.

Auch wenn im Rahmen einer grundlegenden Reform der Unternehmensbesteuerung in Deutschland die Einkommen- und Körperschaftsteuersätze deutlich gemindert werden, bleibt die Rangfolge der Vorteilhaftigkeit und damit die Interessenlage für den Thesaurierungsfall unverändert, da bei betrieblicher Veranlassung in Deutschland die ertragsteuerliche Wirkung mindestens in Höhe des geplanten Thesaurierungssteuersatzes von 35 % bestehen wird.

Von größerem materiellen Gewicht als die Verrechnung des Versorgungsaufwandes ist die des Vergütungsaufwandes. Die tatbestandliche Interessenlage ist identisch wie für den Versorgungsaufwand aus Abb. 27 und den daran an-

667 Vgl. Kap. „Modellfall und Gestaltungsvorhaben", S. 80

schließenden Überlegungen abzuleiten. Die tatbestandliche Interessenlage zielt für den Vergütungs- und Versorgungsaufwand auf einen Abzug in Deutschland. Auch wenn der Vergütungsaufwand in Großbritannien betrieblich veranlaßt ist, kann es für den Versorgungsaufwand zu einer abweichenden Beurteilung kommen: sofern die Tätigkeit des Arbeitnehmers in betrieblichem Interesse der Tochtergesellschaft steht, ist für den Versorgungsaufwand unter Anwendung von Ausnahmetatbeständen ein Abzug in Deutschland herbeizuführen.

e) Festlegung des Verrechnungspreises

Für den Steuerplaner bietet die Verrechnungspreisbestimmung einen Gestaltungsspielraum im Rahmen der Auslegung betriebswirtschaftlicher Kriterien und der Gewichtung praktikabilitätsbezogener Aspekte. Eine tatbestandliche Analyse ist nicht erforderlich; die Überlegungen zur Ausnutzung von Spielräumen erfolgen innerhalb der Ideenfindung.[668]

f) Vermeidung einer Betriebsstättenbegründung

Eine Betriebsstättenbegründung nach Art. II Abs. 1 Buchst. l DBA-GB führt auf Arbeitgeberebene zur Notwendigkeit einer anteiligen Zurechnung der Einkünfte der Tochtergesellschaft auf die Betriebsstätte. Daraus resultieren grundsätzlich keine steuerlich abweichenden Konsequenzen, da Betriebsstätteneinkünfte nur im Belegenheitsstaat Großbritannien erfaßt werden (Art. III Abs. 1 DBA-GB). Auf Arbeitnehmerebene kommt es bei Entsendungen von bis zu 183 Tagen vom ersten Tag an zur Erfassung der Einkünfte im Tätigkeitsstaat Großbritannien, da die Einkünfte den Gewinn einer dort belegenen Betriebsstätte mindern (Art. XI Abs. 3 Buchst. c DBA-GB).[669]

Aufgrund dieser Zusammenhänge ist die inländische Muttergesellschaft bestrebt, die Begründung einer britischen Betriebsstätte zu vermeiden, um administrativen Belastungen und Problemen bei der Gewinnabgrenzung zu entgehen und um bei kurzfristigen Entsendungen lohnsteuerrechtliche Pflichten nach britischen Recht[670] für den in Großbritannien tätigen Arbeitnehmer zu vermeiden. Ein nicht interessengerechter Tatbestand liegt demnach vor, wenn die Muttergesellschaft ihre Tätigkeit durch den entsandten Arbeitnehmer in einer festen Geschäftseinrichtung der Tochtergesellschaft ausübt.

---

668 Siehe Kap. „Festlegung des Verrechnungspreises“, S. 217; zur Unterscheidung von tatbestandlichen Alternativen sowie Spielräumen siehe Kap. „Steuerliche Gestaltungsmittel“, S. 48.

669 Vgl. Jacobs, O.H., International, 1999, S. 1057; Kap. „Begründung einer Betriebsstätte“, S. 123. Zu Risiken aus § 8 Abs. 1 Nr. 4, 5 AStG i.V.m. § 7 AStG siehe Schelle, D., Geschäftsverlagerung, 1995, S. 309.

670 Siehe hierzu Tiley, J./Collison, D., UK Tax Guide, 1998-99, Tz. 6:129-6:130.

g) Berücksichtigung des Versorgungszeitraums

- Vorteilhafte Ansässigkeit

Die Interessenlage bei laufenden Betriebsrenteneinkünften zielt auf eine möglichst geringe Bemessungsgrundlage wie auch auf die Anwendung eines möglichst geringen Steuertarifes.

Die *bemessungsgrundlagenbezogene* tatbestandliche Interessenlage ist aus einer gemeinsamen Betrachtung von Abkommensrecht und nationalem Steuerrecht abzuleiten. Während des Ruhestandes werden sowohl die Leistungen eines deutschen wie auch eines britischen Betriebsrentensystems nach Abkommensrecht grundsätzlich vom Ansässigkeitsstaat des Versorgungsempfängers steuerlich erfaßt.

Ist Deutschland der Ansässigkeitsstaat, liegt hier wohnsitzbedingt zugleich unbeschränkte Steuerpflicht vor. Leistungen aus einer Direktzusage werden als steuerbares Ruhegeld nach § 19 Abs. 1 Nr. 2 EStG qualifiziert und unter Abzug eines Versorgungsfreibetrages in Höhe von 40 % des Ruhegeldes, jedoch maximal 6.000 DM (§ 19 Abs. 2 EStG) steuerlich erfaßt. Leistungen aus einem britischen Betriebsrentensystem werden grundsätzlich als wiederkehrende Bezüge nach § 22 Nr. 1 EStG qualifiziert und damit nur in Höhe des Ertragsanteils, der z.B. bei einem Lebensalter von 65 Jahren 27 % beträgt, besteuert.[671] Die tatbestandliche, bemessungsgrundlagenbezogene Interessenlage richtet sich damit unter der Voraussetzung eines deutschen Wohnsitzes auf den Bezug von Leistungen aus einem britischen Betriebsrentensystem.

Ist Großbritannien der Ansässigkeitsstaat während des Versorgungszeitraums, liegt nach nationalem Recht Ansässigkeit (residence) vor. Leistungen aus einer deutschen Direktzusage unterliegen im Regelfall, d.h. bei Überweisung nach Großbritannien, der britischen Besteuerung. Werden die Mittel nicht nach Großbritannien überwiesen, beeinflußt das Domizil die steuerlichen Konsequenzen: Bei einem Domizil in Großbritannien werden die in Deutschland erzielten, aber nicht nach Großbritannien überwiesenen Ruhestandseinkünfte mit einem Abschlag von 10 % von der britischen Besteuerung erfaßt.[672] Ohne Domizil in Großbritannien werden die Einkünfte nicht der britischen Besteuerung, jedoch aufgrund einer abkommensrechtlichen Rückfallklausel (Repatriierungsvorbehalt) der deutschen Besteuerung unterworfen.[673] Die bemessungsgrundlagenbezogene Interessenlage kann auf den Fall konzentriert werden, daß eine Überweisung der Mittel nach Großbritannien nicht erforderlich ist: ein Domizil sollte in Großbritannien vorliegen, um den Abschlag von

---

671 Vgl. Kap. „Versorgungszeitraum“, S. 142.

672 Vgl. Kap. „Steuerliche Konsequenzen des Aufenthaltsstatuts“, S. 159.

673 Vgl. Kap. „Remittance-Basis und Repatriierungsvorbehalt“, S. 97. Die Konstellation stellt einen Ausnahmefall dar, da der Ruhestandswohnsitz im Regelfall den Ort des Domizils determiniert.

10 % zu erreichen; sind jedoch bei unbeschränkter Steuerpflicht in Deutschland der Grund- und Versorgungsfreibetrag noch nicht ausgeschöpft, ist die Vermeidung eines Domizils vorteilhaft, da die Einkünfte insoweit steuerfrei bleiben.

Die *steuertarifbezogene* tatbestandliche Interessenlage ist quantitativ zu ermitteln. Dazu wird im folgenden eine Veranlagungssimulation vorgenommen, die sich auf die Transformation der Größe „Bruttoeinkünfte" in die Steuerlast beschränkt.[674] Die Ergebnisübersicht (Abb. 28) zeigt die Differenz folgender Größen:

- Deutsche Einkommensteuer, darauf lastender Solidaritätszuschlag und Kirchensteuer auf die Bruttoeinkünfte unter Abzug des Arbeitnehmer-Pauschbetrages (§ 9a S. 1 Nr. 1 EStG), des Sonderausgaben-Pauschbetrages (§ 10c Abs. 1 EStG), der Vorsorgepauschale (§ 10c Abs. 3 EStG) und des Versorgungsfreibetrages (§ 19 Abs. 2 EStG);
- britische Income Tax unter Berücksichtigung der ab dem 65. Lebensjahr einkommensabhängig erhöhten Freibeträge (Vorsorgeaufwendungen sind nicht abziehbar).

Auch wenn im Gestaltungsfall von einer ledigen Person auszugehen ist, wird der Tarifverlauf für Verheiratete (Zusammenveranlagung) in die Analyse einbezogen, da eine Änderung des Familienstandes zu entscheidungsrelevanten Unterschieden führt.

- Die Einkommensteuer nach deutschem Recht wird unter Anwendung des Splittingtarifs unter der Annahme berechnet, daß nur einer der Ehepartner die gesamten Einkünfte erzielt;
- bei der britischen Income Tax wird der Verheirateten-Freibetrag berücksichtigt.

In der quantitativen Analyse wird ein Wechselkurs von £ 1 = 2,75 DM angenommen. Die Veranlagungssimulation berücksichtigt die Abzugsfähigkeit von Vorsorgeaufwendungen in Deutschland im Rahmen der Vorsorgepauschale für nicht-sozialversicherungspflichtige Personen und Rentenbezieher (§ 10c Abs. 3 EStG). Die Differenz zwischen der in Deutschland und in Großbritannien anfallenden Steuerlast visualisiert Abb. 28; positive Ordinatenwerte weisen auf eine geringere britische Steuerlast, negative Ordinatenwerte entsprechend auf eine geringere deutsche Steuerlast hin. Die Differenz beruht neben Steuertarifeffekten im wesentlichen darauf, daß in Großbritannien Vorsorgeaufwendungen nicht abzugsfähig sind.

---

674 Die Veranlagungssimulation wurde unter Verwendung einer Tabellenkalkulationssoftware berechnet; zur Methodik siehe Kap. „Berücksichtigung von Steuerwirkungen", S. 60.

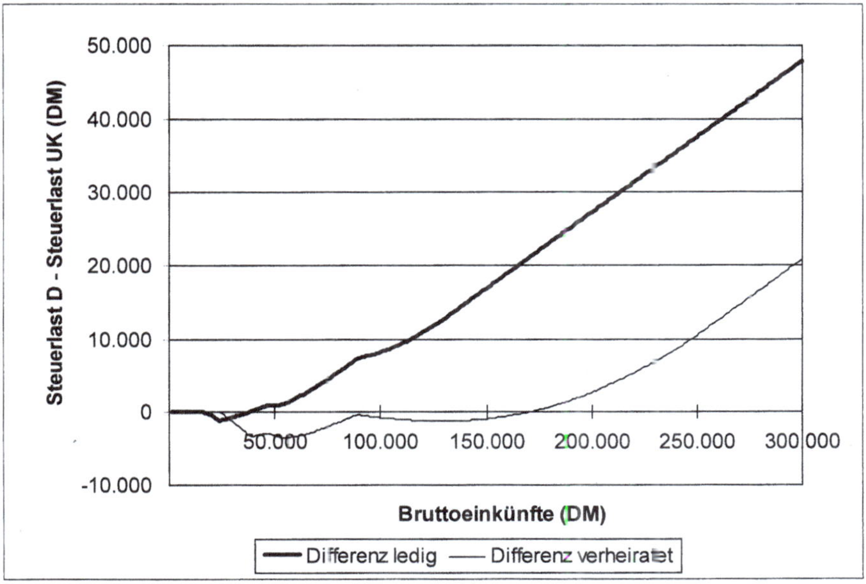

Abb. 28: Ergebnisübersicht zur Veranlagungssimulation eines Versorgungsempfängers im Vergleich Deutschland-Großbritannien

Für einen ledigen Versorgungsempfänger ist eine Besteuerung in Großbritannien im Vergleich zu Deutschland bei Bruttoeinkünften ab ca. 38.000 DM p.a. vorteilhaft. Ein Besteuerungsunterschied von mehr als 2.000 DM liegt bei Bruttoeinkünften von über 61.000 DM vor. Ist der Versorgungsempfänger verheiratet, unterliegt er bei Bruttoeinkünften von bis zu ca. 170.000 DM in Deutschland einer vorteilhaften Besteuerung; erst oberhalb dieser Grenze kehrt sich die Vorteilhaftigkeit um.

Für eine zusammenfassende Darstellung der Interessenlage ist vom Familienstand auszugehen. Unter den in der Veranlagungssimulation vorgenommenen Prämissen ist aus *steuertariflicher* Sicht für den ledigen Ruhegeldbezieher bei Bruttoeinkünften von über 61.000 DM ein britischer Wohnsitz vorteilhaft. Ist der Ruhegeldbezieher verheiratet (Splittingverfahren) und bezieht alleine die Einkünfte, ist er bei Bruttoeinkünften bis zu ca. 170.000 DM weitgehend indifferent gegenüber dem Ruhestandswohnsitz. *Bemessungsgrundlagenbezogene* Vorteile liegen vor, wenn bei einem deutschen Wohnsitz britische Betriebsrenteneinkünfte erzielt werden bzw. bei einem britischen Wohnsitz deutsche Betriebsrenteneinkünfte nicht ins Vereinigte Königreich überwiesen werden.

- Kapitalleistungen / Einkünfte aus Kapitalvermögen

Versorgungsleistungen können nach britischem Recht auch als einmalige Kapitalleistung gewährt werden.[675] Wird das Kapital in Deutschland verzinslich angelegt, läßt das Rechtsinstrument der Remittance-Basis bei Ansässigkeit in Großbritannien zunächst die Nichtbesteuerung der Zinseinkünfte möglich erscheinen. Eine abkommensrechtliche Rückfallklausel verbunden mit einem Abzug von Kapitalertragsteuer verhindert jedoch eine endgültige Nichtbesteuerung solcher Einkünfte.[676]

Die Interessenlage bei Einkünften aus der Anlage von Kapitalleistungen zielt auf die Anwendung eines möglichst geringen Steuersatzes. Kapitaleinkünfte unterliegen in Deutschland zunächst dem Abzug von Kapitalertragsteuer in Höhe von 30 % (Zinsen) bzw. 25 % (Dividenden). Bei *unbeschränkter* Steuerpflicht in Deutschland wird die Kapitalertragsteuer auf die festzusetzende Einkommensteuer angerechnet; die Einkünfte werden endgültig mit dem individuellen Steuersatz des Versorgungsempfängers belastet. Bei *beschränkter* Steuerpflicht hingegen verbleibt es für Einkünfte aus Kapitalvermögen beim Kapitalertragsteuerabzug. In *Großbritannien* unterliegen Einkünfte aus Kapitalvermögen einem besonderen Steuertarif: soweit das zu versteuernde Einkommen mit Kapitalerträgen die Obergrenze des basic-rate-band (£ 28.000 für 1999/2000) übersteigt, beträgt der Grenzsteuersatz für Kapitalerträge 40 %, andernfalls 20 %.[677] Zur Konkretisierung der Interessenlage bedarf es einer Entscheidung über die Art der voraussichtlichen Steuerpflicht in Deutschland.

Ob für den Ruhestandszeitraum die unbeschränkte oder die beschränkte Steuerpflicht in Deutschland anzustreben ist, kann unter Einbezug des Umfangs weiterer Einkünfte beurteilt werden. Je geringer der Umfang der Kapitaleinkünfte und des sonstigen Welteinkommens ist, desto eher ist die unbeschränkte Steuerpflicht anzustreben. Zum sonstigen Welteinkommen zählen auch aufgrund von DBA-Regelungen unter Progressionsvorbehalt freigestellte Arbeitseinkünfte, nicht aber Ruhegeldeinkünfte aus deutschen Quellen, die aufgrund der eindeutigen Zuweisung des Besteuerungsrechts (Art. X Abs. 1 DBA-GB) keiner Freistellung bedürfen und damit nicht dem Progressionsvorbehalt unterliegen. Bis zur Höhe des Grundfreibetrages (13.067 DM / 26.134 DM in 1999) zuzüglich Werbungskosten-Pauschbetrag (100 DM / 200 DM, § 9a S. 1 Nr. 2 EStG) können Einkünfte aus Kapitalvermögen steuerfrei bleiben, sofern keine weiteren Einkünfte vorliegen. Geht der Umfang der Kapitaleinkünfte und des sonstigen Welteinkommens über diese Freibeträge hinaus, ist der durchschnittliche Steuersatz zu ermitteln und mit der Kapitalertragsteuerbelastung zu vergleichen, die bei beschränkter Steuerpflicht die endgültige Belastung darstellt. Eine An-

---

675 Vgl. Kap. „Leistungen", S. 169.

676 Vgl. Kap. „Kapitalleistungen", S. 103.

677 Vgl. HM Treasury, Budget 99, 1999, IR 1; Tiley, J./Collison, D., UK Tax Guide, 1998-99, Tz. 3:23.

tragsveranlagung bei beschränkter Steuerpflicht führt für Kapitaleinkünfte zu keinem Vorteil. Im Gegenteil werden Kapitaleinkünfte bei einer Antragsveranlagung für das sonstige der beschränkten Steuerpflicht unterliegende Einkommen progressionswirksam; nur wenn bei diesen weiteren Einkünften erhebliche Werbungskosten vorliegen, kann eine Antragsveranlagung sinnvoll sein.[678]

Liegen Einkünfte aus Kapitalvermögen aus deutschen Quellen vor, bestimmt sich die tatbestandliche Interessenlage hinsichtlich unbeschränkter bzw. beschränkter Steuerpflicht in Deutschland danach, in welchem Umfang weitere der unbeschränkten Steuerpflicht unterliegende Einkünfte vorliegen. Führen diese Einkünfte unter Berücksichtigung von Freibeträgen bei unbeschränkter Steuerpflicht zu einem im Vergleich zur Kapitalertragsteuer geringeren Durchschnittsteuersatz, ist die unbeschränkte Steuerpflicht zu präferieren. Die abkommensrechtliche Ansässigkeit ist in diesem Zusammenhang nur für die Berücksichtigung von Betriebsrenteneinkünften von Einfluß.

3. Arbeitsrechtliche Teilprobleme

a) Anzuwendendes Recht

- Versorgungsanwartschaft in Deutschland

Das Arbeitsrecht ist wesentliche Grundlage eines betrieblichen Versorgungsverhältnisses. Bei einer Entsendung nach Großbritannien kann deutsches oder britisches Arbeitsrecht auf das Versorgungsverhältnis Anwendung finden. Die tatbestandliche Interessenlage zielt, sofern eine Versorgungsanwartschaft in Deutschland bestehen bleibt, auf die Fortgeltung deutschen Arbeitsrechts. Dies gilt unabhängig davon, ob eine weitere Zuführung von Beiträgen oder nur eine Aufrechterhaltung vorgesehen ist. Nur bei Fortgeltung deutschen Arbeitsrechts kommt es zu einer Anpassung laufender Renten nach § 16 BetrAVG, ist der Eintritt der Unverfallbarkeit von Versorgungsanwartschaften gesichert sowie die Insolvenzsicherung von Versorgungsansprüchen nach § 7 - § 15 BetrAVG gewährleistet. Für den Fortbestand der Insolvenzsicherung während der Entsendung gelten allerdings weitere Voraussetzungen.[679]

Zur Konkretisierung der tatbestandlichen Interessenlage sind die Voraussetzungen zu klären, nach denen deutsches Arbeitsrecht auf Versorgungsanwartschaften bei Arbeitsverhältnissen mit Auslandsbezug Anwendung findet. Ein *Übertritt* zum ausländischen Unternehmen ist aus arbeitsrechtlicher Sicht nicht interessengerecht. Da keine rechtlichen Bindungen zum Stammhaus bestehen bleiben, ist deutsches Arbeitsrecht nicht mehr anwendbar. Bei den weiteren Formen der Auslandstätigkeit, unbefristete Versetzung, befristete Versetzung, Delegation und Abordnung, ist hinsichtlich der Rechtswahl zu unterscheiden:

---

678 Vgl. Kap. „Einkünfte aus Kapitalvermögen“, S. 139.

679 Vgl. Kap. „Insolvenzsicherung“, S. 203.

- Eine Rechtswahl wird nicht ausgeübt. Das anwendbare Recht bestimmt sich nach dem Recht des Staates, in dem der Arbeitnehmer gewöhnlich seine Arbeit verrichtet, es sei denn, das Arbeitsverhältnis weist engere Verbindungen zum anderen Staat auf.
- Eine Rechtswahl wird ausgeübt. Zwingende Schutzvorschriften des Rechts, das ohne die Vereinbarung gelten würde, sind in jedem Fall anzuwenden.

- Keine Ausübung einer Rechtswahl

Sofern die Arbeit gewöhnlich in Großbritannien ausgeübt wird, ist ohne Rechtswahl bei den übrigen Formen der Auslandstätigkeit als tatbestandliche Voraussetzung zur Fortgeltung deutschen Arbeitsrechts eine engere Verbindung zum deutschen Staat als zum britischen Staat zu schaffen.[680] Bei einer *unbefristeten Versetzung* kann dies geschehen, indem ein Rückrufrecht des Unternehmens oder ein einseitiges Rückkehrrecht des Entsandten vereinbart wird. Bei einer *befristeten Versetzung* bleibt bei Abschluß eines Ruhensvertrages dann eine engere Verbindung zu Deutschland bestehen, wenn nicht nur beide Vertragsparteien die deutsche Staatsangehörigkeit besitzen bzw. in Deutschland ihren Sitz haben, sondern wenn neben der Weiterführung der Pensionszusage auch z.B. Rückkehrvoraussetzungen und Kündigungsbeschränkungen im Ruhensvertrag geregelt werden. Bei *Delegation und Abordnung* bleibt deutsches Recht in jedem Fall anwendbar, da der Arbeitnehmer aufgrund der kurzen zeitlichen Befristung seine Arbeit gewöhnlich in Deutschland verrichtet.

- Ausübung einer Rechtswahl

Deutsches Recht kann zur Anwendung kommen, indem für das gesamte Arbeitsverhältnis oder einen Teilbereich, insbesondere die betriebliche Altersversorgung, die Geltung deutschen Rechts vereinbart wird. Selbst wenn eine engere Verbindung des Arbeitsverhältnisses zu Großbritannien besteht, kann es nicht im Wege des Günstigkeitsvergleichs zur Anwendung britischen Rechts kommen, da keine zwingenden Schutzvorschriften zum Insolvenzschutz (§ 7 - § 15 BetrAVG) im britischen Recht bestehen. Dies ist auf den in Großbritannien gegebenen systembedingten Insolvenzschutz durch einen faktischen Zwang zur Mittelauslagerung zurückzuführen.

Wird eine Rechtswahl für das britische Recht ausgeübt, bleibt das Betriebsrentengesetz aufgrund seines Charakters als Arbeitnehmerschutzgesetz dennoch für eine in Deutschland erteilte Direktzusage anwendbar.[681] Obwohl die britischen Regelungen zur Anpassung von Anwartschaften und laufenden Renten für den Arbeitnehmer günstiger sind als die deutschen Regelungen des § 16 BetrAVG, kann das britische Arbeitsrecht im Ganzen nicht den vom Günstigkeitsvergleich geforderten Mindestschutz nach deutschem Recht gewährleisten, da keine Vorschriften bestehen, die der Insolvenzsicherung von Versorgungsansprüchen

680 Vgl. Kap. „Bestimmung des anwendbaren Rechts“, S. 127.

681 Vgl. Höfer, R., BetrAVG, Bd. II, 1997, Rdnr. 1183-1184.

gemäß den § 7 - § 15 BetrAVG entsprechen. Eine „gemischte“ Rechtsanwendung, d.h. die partielle Anwendung der jeweils günstigeren Regelungen aus dem deutschen und britischen Recht, ist nicht zulässig. Die Rechtssysteme sind im Ganzen gegenüberzustellen und zu beurteilen.

- *Mitgliedschaft in einem britischen Betriebsrentensystem*

Bei Mitgliedschaft in einem britischen Betriebsrentensystem ist die Anwendbarkeit britischen Rechts für diesen Teilbereich anzustreben. Wird britisches Recht für die Versorgungszusage vereinbart, hängt die Wirksamkeit der Vereinbarung davon ab, ob diesbezüglich eine engere Verbindung zum britischen Staat besteht. Ein tatbestandliches Interesse besteht daran die Vereinbarung über die Mitgliedschaft mit der britischen Tochtergesellschaft zu treffen, da als objektives Kriterium der britische Sitz der Gesellschaft für die Geltung britischen Rechts spricht. Die Durchführung in britischer Währung dient als bestätigendes Indiz.

Soll die Mitgliedschaft im britischen Betriebsrentensystem neben der Aufrechterhaltung der deutschen Anwartschaft erfolgen, sollten die dargestellten tatbestandlichen Voraussetzungen zur Geltung deutschen Rechts für die deutsche Versorgungszusage und britischen Rechts für die britische Versorgungszusage nebeneinander herbeigeführt werden.

b) Eintritt der Unverfallbarkeit

Im Gestaltungsfall ist die Unverfallbarkeit des deutschen Betriebsrentenanspruchs noch nicht eingetreten. Da der Mitarbeiter 40 Jahre alt ist, dem Betrieb seit Vollendung des 29. Lebensjahres angehört und die Pensionszusage mit Vollendung seines 32. Lebensjahres erteilt wurde, tritt die Unverfallbarkeit frühestens mit Vollendung seines 41. Lebensjahres ein, da zu diesem Zeitpunkt der Beginn der Betriebszugehörigkeit zwölf Jahre zurückliegt und die Versorgungszusage länger als drei Jahre bestanden hat. Die Unverfallbarkeit wird demnach erst während des Auslandsaufenthaltes eintreten.

Da der Fristablauf für den Eintritt der Unverfallbarkeit einer Versorgungsanwartschaft durch eine rechtliche Unterbrechung des Arbeitsverhältnisses gehemmt wird, geht die tatbestandliche Interessenlage dahin, eine solche entsendungsbedingte Unterbrechung zu vermeiden. Dies kann durch Entsendung im Wege der Abordnung bzw. Delegation erreicht werden. Bei befristeter Versetzung ist es erforderlich, daß neben dem Abschluß des neuen Arbeitsvertrages mit dem britischen Tochterunternehmen eine vertragliche Ruhensabrede zum Arbeitsvertrag mit dem entsendenden Unternehmen unter Anrechnung der Ruhenszeiten getroffen wird. Auf diese Weise kommt es zu einer fiktiven Fortdauer der Unternehmenszugehörigkeit.

c) Abfindung und Übertragung

Der Arbeitnehmer kann vom Arbeitgeber bei Beendigung des Arbeitsverhältnisses grundsätzlich die Abfindung seiner Anwartschaft verlangen. Dies gilt bei verfallbaren Anwartschaften uneingeschränkt, bei unverfallbaren Anwartschaften sind die Höchstgrenzen des § 3 BetrAVG zu beachten.[682] Wenn die Abfindung einer Anwartschaft aufgrund *Verfallbarkeit* ohne Betragsbegrenzung möglich ist, ist dies aus Arbeitnehmersicht nur dann interessengerecht, wenn eine Anlage der liquiden Mittel, z.B. im britischen Betriebsrentensystem, verfügbar ist, die zu höheren Ruhestandsbezügen führt. Dies kann im vorliegenden, fiktiven Gestaltungsfall wegen der unbekannten Investment-Performance des britischen Systems nicht beurteilt werden. Vorteilhaft ist im Anschluß an die Übertragung die Preisanpassung von Versorgungsanwartschaften nach vorzeitigem Ausscheiden und die jährliche, allerdings auf 5 % limitierte Preisanpassung von laufenden Ruhestandsbezügen. Zu Nachteilen bei der Übertragung kann es zum einen bei der Berechnung des Transferwertes auf deutscher Seite, zum anderen bei der Umrechnung des Transferwertes in ein Leistungsversprechen auf britischer Seite kommen. Die Übertragung einer noch verfallbaren Anwartschaft hat schuldbefreiende Wirkung für den Arbeitgeber; die Schutzwirkung des § 4 BetrAVG entfaltet sich nur bei unverfallbaren Anwartschaften.[683]

Bei *unverfallbaren* Anwartschaften sind die Abfindungsgrenzen der absoluten Höhe nach sehr gering, da § 3 BetrAVG nur auf eine Abfindung von geringfügigen Anwartschaften zielt; der Betriebsrentenanspruch soll im Regelfall erhalten bleiben. Die Verdoppelung der Abfindungshöchstbeträge bei Zustimmung des Arbeitnehmers bzw. die Vervierfachung bei Einzahlung in eine Pensionskasse führen prinzipiell zu keiner abweichenden Beurteilung. Die tatbestandliche Interessenlage geht aus diesem Grunde dahin, eine Abfindung noch vor Eintritt der Unverfallbarkeit vorzunehmen. Ist die Unverfallbarkeit bereits eingetreten, kann eine nicht nur geringfügige Versorgungsanwartschaft nicht mehr abgefunden werden. Die Übertragung einer unverfallbaren Anwartschaft auf ein britisches Betriebsrentensystem ist für das entsendende Unternehmen nicht interessengerecht, da es nicht aus seiner Leistungsverpflichtung befreit wird. Zur Befreiung ist es erforderlich, daß die Schutzvorschriften des BetrAVG in vollem Umfang anwendbar bleiben. Zwar kann die Geltung deutschen Arbeitsrechts für eine Anwartschaft in einem britischen Versorgungssystem durch Rechtswahl herbeigeführt werden; der Insolvenzschutz setzt jedoch zusätzlich das Vorhandensein einer insolvenzfähigen Niederlassung in Deutschland voraus. Dies ist für das britische Tochterunternehmen bzw. den Pensionsfonds nicht gegeben. Inwieweit das deutsche Mutterunternehmen bereit ist, in der Haftung für eine an die britische Tochtergesellschaft übertragene Versorgungsanwartschaft zu bleiben, ist anhand der Präferenzen zwischen dem Ziel „Verwaltungsvereinfachung“ und „Reduzierung von Risiken“ zu beurteilen. Liegt eine unverfallbare Anwartschaft vor, kommt im Ergebnis eine aus Sicht

---

682 Vgl. Kap. „Abfindung und Übertragung“, S. 147.

683 Vgl. Kap. „Übertragung“, S. 171.

des Arbeitnehmers aus Renditegesichtspunkten interessenkonforme Übertragung der Anwartschaft nur in Frage, wenn das Mutterunternehmen seine fortbestehende Haftung aufgrund des fehlenden Insolvenzschutzes akzeptiert.

Da im Gestaltungsfall die Unverfallbarkeit der Versorgungszusage bei Beginn der Entsendung noch nicht eingetreten ist, bestehen somit die tatbestandlichen Alternativen, entweder die Unverfallbarkeit während der Entsendung eintreten zu lassen oder die Anwartschaft in das britische System zu übertragen. Die Übertragung ist interessengerecht, wenn die besseren Anpassungsmodalitäten den nur schwer abzuschätzenden Transferverlust übersteigen. Eine Rückübertragung auf ein in Deutschland ansässiges rückstellungsfinanziertes Betriebsrentensystem ist allerdings nicht möglich.

d) Insolvenzsicherung

Für den interessengerechten Fortbestand der Insolvenzsicherung während der Entsendung reicht die Anwendbarkeit deutschen Arbeitsrechts auf die Versorgungszusage nicht aus.[684] Zusätzlich muß der Tatbestand gegeben sein, daß das verpflichtete Unternehmen in Deutschland über eine insolvenzfähige Niederlassung verfügt und daß das Arbeitsverhältnis grundsätzlich aufrechterhalten wird.[685]

Die tatbestandliche Interessenlage geht insofern dahin, im Fall der *Abordnung oder Delegation* den Schwerpunkt des Arbeitsverhältnisses im Einsatz für den deutschen Arbeitgeber zu belassen, wobei der Ort der Erbringung der Arbeitsleistung ohne Belang ist.

Bei *befristeter Versetzung* ist erforderlich, daß das Arbeitsverhältnis mit dem inländischen Arbeitgeber als ruhend vereinbart und zudem festgelegt wird, daß die Versorgungszusage fortgeführt wird und die Beschäftigungszeiten bei dem ausländischen Arbeitgeber auf die Betriebszugehörigkeit im Inland angerechnet werden. Der Zeitraum des Ruhens muß entweder von vornherein zeitlich oder durch die Erfüllung eines Zwecks begrenzt sein. Ersatztatbestand für einen Ruhensvertrag ist ein Beratervertrag mit dem entsendenden Unternehmen, der als Gegenleistung für die Fortführung der Versorgungszusage vereinbart wird.

Tatbestandlich grundsätzlich nicht interessengerecht sind *unbefristete Versetzung* und *Übertritt,* da der Insolvenzschutz für den gesamten unverfallbaren Anspruch entfällt. Eine Wiedereinstellungsverpflichtung, verbunden mit der Aufrechterhaltung der Versorgungszusage, reicht für die Aufrechterhaltung des Insolvenzschutzes nicht aus. Ein Beratervertrag kann jedoch auch in diesen Fällen den Fortbestand der Betriebszugehörigkeit vermitteln, sofern die betriebliche Altersversorgung aus Anlaß der Beratungstätigkeit gewährt wird.

---

684 Vgl. Kap. „Anzuwendendes Recht“, S. 199.
685 Vgl. Kap. „Insolvenzsicherung“, S. 131.

4. Sozialversicherungsrechtliche Teilprobleme

Der sozialversicherungsrechtliche Schutz des entsandten Arbeitnehmers umfaßt nach deutschem Recht die Renten-, Kranken-, Pflege-, Arbeitslosen- und Unfallversicherung. Da diese Analyse sich auf die Rentenversicherung beschränkt, sind als Alternativen die Mitgliedschaft in der deutschen gesetzlichen Rentenversicherung und die Mitgliedschaft im britischen staatlichen Rentensystem gegenüberzustellen und hinsichtlich der Interessenlage zu beurteilen.

Die Interessenlage spricht von der Leistungsseite her für eine fortdauernde Mitgliedschaft in der deutschen gesetzlichen Rentenversicherung, da ein Anspruch auf eine Grundrente aus dem britischen Sozialversicherungssystem erst nach langjähriger Beitragsleistung entsteht. Der Zeitraum der Mitgliedschaft muß mindestens 25 % des gesamten Arbeitslebens ausmachen. Zudem führt die britische Grundrente zu einem sehr geringen Leistungsniveau. Im Vergleich der EU-Staaten ist die britische Grundrente die niedrigste in der Europäischen Union. Eine Mitgliedschaft im britischen staatlichen Grundrentensystem ist zu vermeiden. Auch von der Beitragsseite her spricht die Interessenlage gegen das britische staatliche Rentensystem, da die Beitragsbemessungsgrenze (£ 26.000 in 1999/2000, entspricht 71.500 DM bei einem Kurs £ 1 = 2,75 DM) nur für Arbeitnehmerbeiträge gilt und Arbeitgeberbeiträge auch für Einkommen oberhalb dieser Grenze anfallen. Die britischen Beitragssätze entsprechen mit geringer Abweichung den deutschen Beitragssätzen.[686]

Ebenso ist eine Beitragspflicht zum staatlichen Zusatzrentensystem SERPS zu vermeiden. Zwar ist die Leistungshöhe bei diesem System beitragsabhängig, jedoch können auch bei langjähriger Mitgliedschaft nicht mehr als 20 % des preisindexierten, durchschnittlichen Einkommens als jährliche Versorgungsleistung erzielt werden. Tatbestandliche Voraussetzung zur Befreiung von der Beitragspflicht zum SERPS (contracting out) ist die Mitgliedschaft in einem betrieblichen oder persönlichen Versorgungssystem.[687]

Für die tatbestandliche Interessenlage sind außerdem die EWG-Verordnungen 1408/71 und 574/72 heranzuziehen, in denen die Versicherungspflicht bei Entsendungen innerhalb der Europäischen Union geregelt ist.[688] Grundsätzlich gilt das Tätigkeitsstaatprinzip, d.h., der Arbeitnehmer unterliegt der Versicherungspflicht in Großbritannien. Eine Doppelversicherungspflicht im Heimat- und im Tätigkeitsstaat ist ausgeschlossen. Für die ersten 24 Monate der Entsendung kann unter bestimmten Voraussetzungen ein Verbleib in der deutschen Sozialversicherung erreicht werden. Dazu muß das Arbeitsverhältnis in Deutschland fortbestehen und insbesondere die Gehaltsabrechnung dort erfolgen. Der Arbeitnehmer muß für Rechnung der deutschen Muttergesellschaft in Großbri-

686 Vgl. Abb. 23: Beiträge zur National Insurance (1999/2000), S. 178.

687 Vgl. Kap. „Altersversorgungssysteme“, S. 162.

688 Vgl. Kap. „Internationales Sozialversicherungsrecht“, S. 133.

tannien tätig werden. Für den 13. bis 24. Monat ist eine Genehmigung der britischen Behörden einzuholen. Ist von vornherein absehbar, daß die Tätigkeit länger als 12 Monate dauert oder wenn sich während der Entsendung eine Dauer von über 24 Monaten herausstellt, muß zur Vermeidung der Anwendung der Rechtsvorschriften des Beschäftigungsstaates eine Ausnahmevereinbarung i.S.d. Art. 17 EWG-VO 1408/71 zwischen den von den jeweiligen Staaten benannten Stellen getroffen werden. Die Ausnahmevereinbarung bezieht sich auf alle Zweige der Sozialversicherung.

Eine alternative tatbestandliche Voraussetzung für die fortdauernde Mitgliedschaft in der gesetzlichen Rentenversicherung ist die Antragspflichtversicherung nach § 4 Abs. 1 Nr. 2 SGB VI, die jedoch ausgeschlossen ist, wenn Versicherungspflicht im Tätigkeitsstaat eintritt; daneben besteht die Möglichkeit einer freiwilligen Versicherung nach § 7 SGB VI.

C. Phase 3: Ideenfindung und Ideenvorauswahl

In der Phase der Ideenfindung ist an die Teilproblemformulierung anzuknüpfen, indem Gestaltungsmittel aufgefunden werden, die unter die abstrakten tatbestandlichen Interessenlagen subsumierbar sind; mithin zum Erreichen der angestrebten Rechtsfolgen dienen. Die Gestaltungsmittel unterteilen sich in die Typen der Sachverhaltsgestaltung, der steuerlichen Wahlrechte und der steuerlichen Spielräume. Sofern die tatbestandliche Beschreibung bereits hinreichend konkret auf den zu realisierenden Sachverhalt hinweist, ist eine Ideenfindung nicht erforderlich.

Die in dieser Phase aufgefundenen sachverhaltlichen Gestaltungen (Kap. I) sowie Wahlrechte und Spielräume (Kap. II) werden in der Ideenvorauswahl (Kap. III) auf Steuerwirkungen, Autonomie-, Sicherheits- und Flexibilitätsgrad untersucht.[689]

I. Auffinden von sachverhaltlichen Gestaltungen zur Lösung der Teilprobleme

1. Ansässigkeit und Steuerpflicht des Arbeitnehmers

- Ansässigkeit

In der Teilproblemformulierung wurde die abkommensrechtliche Ansässigkeit des Arbeitnehmers im Hinblick auf tatbestandliche Interessenlagen untersucht. Dabei wurde erkannt, daß für die Einkünfte aus nichtselbständiger Tätigkeit eine Bevorzugung der Ansässigkeitsalternativen Deutschland bzw. Großbritannien nicht vorgenommen werden kann. Eindeutiger stellte sich die Interessenlage im Hinblick auf einen Beratervertrag dar. Als Teilproblem wurde formuliert,

---

689 Vgl. Kap. „Steuerliche Gestaltungsmittel“, S. 48; Kap. „Phase 3: Ideenfindung und Ideenvorauswahl“, S. 75.

daß im Gestaltungsfall für den entsandten Mitarbeiter grundsätzlich eine fortdauernde Ansässigkeit in Deutschland anzustreben ist, um für Einkünfte aus selbständig ausgeübter Beratungstätigkeit das Besteuerungsrecht an Deutschland zuweisen zu können.[690]

Die abkommensrechtliche Ansässigkeit bestimmt sich nach Kriterien, die mit denen der unbegrenzten Steuerpflicht (§ 1 EStG) nicht exakt übereinstimmen. Nach Abkommensrecht sind in der angegebenen Reihenfolge das Vorhandensein einer ständigen Wohnstätte, die engeren persönlichen und wirtschaftlichen Beziehungen (Mittelpunkt der Lebensinteressen), der gewöhnliche Aufenthalt und die Staatsangehörigkeit maßgebend. Führen diese Kriterien nicht zu einer Festlegung, kommt es zu einer Regelung im beiderseitigen Einvernehmen der beteiligten Finanzbehörden.[691]

Sachverhaltlich ist demnach zumindest das fortdauernde Vorhalten einer Wohnstätte in Deutschland erforderlich. Da für den Entsendungszeitraum im Regelfall auch in Großbritannien eine ständige Wohnstätte begründet wird, ist desweiteren erforderlich, die engeren persönlichen und wirtschaftlichen Beziehungen, d.h. den Mittelpunkt der Lebensinteressen, in Deutschland zu behalten und dies den Finanzbehörden glaubhaft zu machen. Führen beide Kriterien zu keiner eindeutigen Zuweisung, so ist zu beachten, daß das nachfolgend anzuwendende Kriterium des gewöhnlichen Aufenthaltes im Gestaltungsfall zu einer Ansässigkeit in Großbritannien führt, da der Arbeitnehmer seine Tätigkeit für den Entsendungszeitraum in Großbritannien ausübt. Der Nachweis engerer persönlicher und wirtschaftlicher Beziehungen sollte daher für den Heimatstaat Deutschland geführt werden.

- Unbeschränkte und beschränkte Steuerpflicht

Für den Ruhestandszeitraum wurden in der Teilproblemformulierung die unbeschränkte und die beschränkte Steuerpflicht als Alternativen erkannt.[692] Die unbeschränkte Steuerpflicht kann durch Vorhalten eines Wohnsitzes in Deutschland erreicht werden. Zudem begründet ein zusammenhängender Aufenthalt von mehr als sechs Monaten Dauer einen gewöhnlichen Aufenthalt (§ 9 AO) und damit die unbeschränkte Steuerpflicht. Die beschränkte Steuerpflicht besteht, wenn weder Wohnsitz noch gewöhnlicher Aufenthalt in Deutschland gegeben sind, jedoch Einkünfte nach § 49 EStG erzielt werden.[693]

---

690 Vgl. Kap. „Einkünfteermittlung des Arbeitnehmers“, S. 180.

691 Vgl. Kap. „Persönlicher Geltungsbereich“, S. 95.

692 Vgl. Kap. „Berücksichtigung des Versorgungszeitraums“, S. 195.

693 Vgl. zur Rechtsnormenanalyse Kap. „Unbeschränkte Steuerpflicht“, S. 135; zur Teilproblemformulierung Kap. „Einkünfteermittlung des Arbeitnehmers“, S. 180, Kap. „Berücksichtigung des Versorgungszeitraums“, S. 195.

- Wechsel zwischen unbeschränkter und beschränkter Steuerpflicht

Beim Wechsel von der unbeschränkten zur beschränkten Steuerpflicht ist ein vorhandenes Steuergestaltungspotential interessengerecht zu nutzen. Dieses Potential besteht, wenn der entsandte Arbeitnehmer sowohl Wohnsitz als auch gewöhnlichen Aufenthalt in Deutschland aufgibt, aber noch Einkünfte von dort bezieht oder dort Aufwendungen tätigt. Da bei einem Wechsel während eines Steuerjahres die Veranlagung zur unbeschränkten Steuerpflicht auf das ganze Jahr des Wechsels ausgedehnt wird, ist zunächst anhand der im vorangegangenen Abschnitt vorgenommenen Überlegungen zu bestimmen, ob die unbeschränkte oder die beschränkte Steuerpflicht vorteilhaft ist. Die tatbestandliche Interessenlage geht anschließend dahin, den Wechsel zur ggfs. vorteilhaften beschränkten Steuerpflicht vom Jahresanfang auf einen Zeitpunkt gegen Ende des vorangegangenen Jahres zu verlagern. Ist andererseits die unbeschränkte Steuerpflicht vorteilhaft, ist der Wechsel zur beschränkten Steuerpflicht vom laufenden Kalenderjahr auf einen Zeitpunkt nach dem nächsten Jahresanfang zu verlagern. Entsprechendes gilt für die spätere Rückkehr in die unbeschränkte Steuerpflicht.

2. Ausgestaltung des Vertragsverhältnisses

a) Arbeits- und Versorgungsverhältnis

Die tatbestandlichen Voraussetzungen für die angestrebte Fortgeltung deutschen Arbeitsrechts für eine deutsche Versorgungszusage bzw. die Geltung britischen Arbeitsrechts für die Mitgliedschaft in einem britischen Betriebsrentensystem wurden als Teilprobleme ausführlich dargestellt.[694] Auf sachverhaltlicher Ebene ist zu ergänzen, daß ausdrücklich die Vereinbarung anwendbaren Rechts im Arbeitsvertrag vorgenommen werden sollte. Zugleich sind die tatbestandlichen Voraussetzungen für die Fortgeltung deutschen Arbeitsrechts in den Fällen der unbefristeten Versetzung, der befristeten Versetzung sowie der Abordnung und Delegation zu schaffen, da im Fall der Rechtswahl ein Günstigkeitsvergleich mit dem ohne Rechtswahl anzuwendenden Recht erfolgt. Jegliches Risiko bezüglich der Fortgeltung deutschen Rechts kann auf diese Weise ausgeschlossen werden.

Die Vereinbarung über die Mitgliedschaft in einem britischen Betriebsrentensystem sollte unmittelbar mit der britischen Tochtergesellschaft und in britischer Währung getroffen werden, um die Anwendbarkeit britischen Rechts auf dieses Versorgungsverhältnis sicherzustellen. Auf diese Weise ist selbst ohne Rechtswahl das britische Recht anzuwenden, da die Tätigkeit in Großbritannien ausgeübt wird und darüber hinaus in bezug auf die Versorgungszusage keine engeren, insbesondere keine objektiven Bindungen an Deutschland bestehen.

---

694 Vgl. Kap. „Anzuwendendes Recht", S. 199.

b) Aufspaltung des Arbeitsvertrages

Der Abschluß von zwei gesonderten Arbeitsverträgen mit dem britischen Arbeitgeber und dem deutschen Stammhaus kann nur dann zur Aufteilung der steuerlichen Erfassung der Arbeitseinkünfte und zu einer anteiligen Anwendung des jeweiligen Steuerniveaus führen, wenn der Arbeitnehmer nicht seine gesamte Tätigkeit in Großbritannien ausübt.[695]

Anknüpfend an die festgestellte tatbestandliche Interessenlage[696] ist eine Aufteilung des Besteuerungsrechts bei in Großbritannien ausgeübten Tätigkeiten mit einer Dauer *von bis zu 183 Tagen* möglich und interessengerecht. Voraussetzung ist, daß der entsandte Arbeitnehmer sowohl Tätigkeiten im Interesse des Heimatunternehmens als auch im Interesse des Gastunternehmens ausführt.[697] Zur Erleichterung von Nachweis- und Dokumentationspflichten über die wirtschaftliche Verursachung ist es in diesen Fällen sinnvoll, eine Aufspaltung des Arbeitsvertrages und damit der Gehaltszahlung vorzunehmen. In den jeweiligen Vereinbarungen sind die Aufgabengebiete und ein jeweils angemessenes Gehalt festzulegen.[698] Die Regelungen sind im voraus schriftlich zu treffen. Die Arbeitsverträge mit den beteiligten Gesellschaften sollten miteinander korrespondieren.[699] Die Aufteilung der Vergütung führt zu einer Erfassung der für den deutschen Arbeitgeber ausgeübten Tätigkeiten nach Art. XI Abs. 3 DBA-GB in Deutschland, der übrigen Tätigkeiten nach Art. XI Abs. 2 DBA-GB im Tätigkeitsstaat Großbritannien. Es kommt grundsätzlich zu einer Minderung der Steuerprogression; dieser Effekt entfällt aber in Deutschland bei fortbestehender unbeschränkter Steuerpflicht aufgrund des Progressionsvorbehaltes.

Ein Risiko besteht bei einer Gehaltsaufteilung darin, daß je nach Umfang der für die Muttergesellschaft und auf deren Risiko erbrachten Tätigkeiten die tatbestandlichen Voraussetzungen einer Betriebsstättenbegründung vorliegen können.[700]

c) Beratervertrag

Wird im Zuge einer Versetzung zur ausländischen Tochtergesellschaft das Arbeitsverhältnis zur inländischen Muttergesellschaft gelöst, entfällt regelmäßig auch die betriebliche Veranlassung, eine inländische Anwartschaft weiterzuführen. In diesen Fällen bleibt eine unverfallbare Anwartschaft bestehen bzw. kann eine verfallbare Anwartschaft nur vertraglich aufrechterhalten werden; der ursprünglich angestrebte Versorgungsumfang wird nicht erreicht. Ist die Anwart-

---

695 Vgl. Jacobs, O.H., International, 1999, S. 1043-1045; Kapl, H., Internationale Pension, 1992, S. 120.

696 Vgl. Kap. „Einkünfteermittlung des Arbeitnehmers“, S. 180.

697 Vgl. Kap. „Aufteilung des Arbeitslohns“, S. 100.

698 Vgl. Zehetmair, M., Steuerfragen, 1998, S. 262.

699 Vgl. Schelle, D., Geschäftsverlagerung, 1995, S. 309.

700 Vgl. Kap. „Vermeidung einer Betriebsstättenbegründung“, S. 194.

schaft unverfallbar, endet der Insolvenzschutz mit der Beendigung des Arbeitsverhältnisses.[701]

Sollen diese Nachteile vermieden werden, sind zivil- und steuerrechtliche Maßnahmen zu treffen. Zivilrechtlich kann mittels Abschluß eines Dienstleistungsvertrages (Beratervertrag) zwischen ehemaligem Arbeitnehmer und Muttergesellschaft ein schuldrechtliches Verhältnis geschaffen werden, das bei Äquivalenz von Leistung und Gegenleistung die Legitimation zur Weiterführung betrieblicher Versorgungsmaßnahmen schafft.[702] Gegenstand des Vertrages können z.B. Berichtspflichten gegenüber dem entsendenden Unternehmen oder Tätigkeiten der Beobachtung des ausländischen Marktes sein.[703]

Steuerrechtlich ist sicherzustellen, daß das Besteuerungsrecht für die Einkünfte aus dem Beraterverhältnis auf deutscher Seite liegt. Dies ist gewährleistet, wenn die Beiträge zur Pensionsrückstellung als Gegenleistung des deutschen Mutterunternehmens gelten und für die Ausübung der Beratungstätigkeit in Großbritannien nicht regelmäßig eine feste Einrichtung verfügbar ist; die Beiträge unterliegen dann abkommensrechtlich als Einkünfte i.S.d. Art. XI Abs. 1 DBA-GB dem Besteuerungsrecht des Wohnsitzstaates Deutschland.[704] Im Arbeitsvertrag mit der britischen Tochtergesellschaft sollte ausdrücklich formuliert werden, daß der Arbeitnehmer Beratungstätigkeiten für die Muttergesellschaft weder im Rahmen seines Arbeitsverhältnisses noch in den Räumen des Unternehmens ausüben darf.

Nach nationalem Recht sind Beiträge zu einer Pensionsrückstellung nach § 6a EStG beim Begünstigten nicht steuerbar. Ein Besteuerungsrecht Großbritanniens würde zu steuerpflichtigen Einkünften führen: eine Anerkennung des deutschen Versorgungssystems als „corresponding scheme" zur Steuerbefreiung der Einkünfte ist nicht möglich, da nach einer Versetzung kein Arbeitnehmerverhältnis zum deutschen Stammhaus mehr besteht.[705]

3. Mitgliedschaft in einem Versorgungssystem

In der Teilproblemformulierung wurde grundsätzlich ein Vorteil in der Teilnahme am britischen Betriebsrentensystem erkannt; Vereinfachungsgesichtspunkte und die Absicht, Kleinstanwartschaften zu vermeiden, können jedoch auch für die fortgesetzte Teilnahme am deutschen Betriebsrentensystem spre-

701 Vgl. Kap. „Insolvenzsicherung", S. 203.

702 Vgl. Kap. „Insolvenzsicherung", S. 131; Kap. „Insolvenzsicherung", S. 203.

703 Vgl. Höfer, R., BetrAVG, Bd. II, 1997, Rdnr. 2316, 2360; Ulonska, R.-M., Entsendung, 1990, S. 268.

704 Vgl. Kap. „Einkünfte aus selbständiger Arbeit", S. 101.

705 Vgl. Kap. „Weiterführung einer ausländischen Anwartschaft", S. 174.

chen. Auf Sachverhaltsebene ist zu diesen Alternativen die Teilnahme an einem britischen persönlichen Versorgungssystem zu ergänzen.[706]

- Fortsetzung der Teilnahme am deutschen Betriebsrentensystem

Durch eine Anerkennung des heimischen Versorgungssystems als exempt approved scheme (discretionary approval) kann die Steuerfreiheit der Beiträge beim Arbeitnehmer als auch die Steuerfreiheit gegebenenfalls erfolgender Kapitalzahlungen bei Eintritt in den Ruhestand hergestellt werden. Voraussetzungen sind:[707]

- Der Arbeitnehmer bleibt in einem Beschäftigungsverhältnis mit dem entsendenden, deutschen Unternehmen. Die Entsendung ist im Wege der Abordnung oder Delegation, nicht aber mittels einer Versetzung bei Abschluß eines Ruhensvertrages durchzuführen.
- Das entsendende Unternehmen wird in Form einer Betriebsstätte in Großbritannien tätig.
- Das entsendende Unternehmen bestellt in Großbritannien einen Fiskalvertreter.

Die Steuerfreiheit der Beiträge kann alternativ auch durch eine Anerkennung des deutschen Betriebsrentensystems als „corresponding scheme" erreicht werden. Die Arbeitgeberbeiträge sind bei Anerkennung beim Arbeitnehmer nicht als Einkünfte steuerpflichtig. Voraussetzungen sind u.a.:[708]

- Der Arbeitnehmer bleibt in einem Beschäftigungsverhältnis mit dem entsendenden, deutschen Unternehmen. Die Entsendung ist grundsätzlich im Wege der Abordnung oder Delegation durchzuführen. Auch die Versetzung unter Abschluß eines Ruhensvertrages ist möglich, da die Versorgungsanwartschaft beim deutschen Arbeitgeber verbleibt: die Zuführungen zur Pensionsrückstellung sind aus britischer Sicht „foreign emoluments", da sie von einem nicht im Vereinigten Königreich ansässigen Arbeitgeber für Tätigkeiten des Arbeitnehmers innerhalb oder außerhalb des Vereinigten Königreiches geleistet werden.[709]
- Der Arbeitnehmer begründet im Vereinigten Königreich kein Domizil, d.h. er plant nicht, seinen Ruhestand dort zu verbringen.

- Teilnahme an einem britischen Betriebsrentensystem

Der Arbeitnehmer schließt mit der Tochtergesellschaft eine Vereinbarung über den Beitritt zu einem britischen betrieblichen Versorgungssystem.

---

706 Vgl. Kap. „Mitgliedschaft in einem Versorgungssystem", S. 183; Sandison, F.G., Retirement, 1997, S. 43.

707 Vgl. Kap. „Weiterführung einer ausländischen Anwartschaft", S. 174.

708 Vgl. Kap. „Weiterführung einer ausländischen Anwartschaft", S. 174.

709 Vgl. Kap. „Steuerliche Konsequenzen des Aufenthaltsstatuts", S. 159.

- Teilnahme an einem britischen persönlichen Versorgungssystem

Der Arbeitnehmer wird Mitglied eines im Vereinigten Königreich steuerlich zugelassenen persönlichen Versorgungssystems. Diese Option bietet sich insbesondere an, wenn das Gehalt die relevante Beitragsbemessungsgrenze überschreitet. Zwar gilt für betriebliche wie für persönliche Versorgungssysteme die gleiche Beitragsbemessungsgrenze; der zulässige Beitragssatz ist jedoch höher und führt im Regelfall zu einer höheren Leistung.[710] Der Gegenwert der deutschen Versorgungsanwartschaft kann von diesem System mit Einwilligung der britischen Finanzbehörden übernommen werden. Voraussetzung ist, daß der Arbeitnehmer im Vereinigten Königreich ansässig ist und seine Einkünfte aus dem Arbeitsverhältnis dort steuerbar sind.[711]

4. Abfindung und Übertragung

Für die Abfindung und Übertragung einer deutschen Versorgungsanwartschaft sind grundsätzlich keine besonderen Ideen zur sachverhaltlichen Realisierung zu finden. Wichtig ist jedoch, rechtzeitig die Einwilligung der britischen Finanzbehörden einzuholen, ob der Anwartschaftsbarwert in das britische System übertragen werden kann.[712] Neben dieser sachverhaltlichen Besonderheit ist zu beachten, daß das Wahlrecht der Pauschalbesteuerung des Anwartschaftsbarwertes (§ 40b EStG) aus Arbeitgebersicht nicht interessengerecht ist. Vom Arbeitnehmer kann der Freibetrag (§ 3 Nr. 9 EStG) nur in Anspruch genommen werden, wenn das inländische Arbeitsverhältnis aufgelöst wird. Der Arbeitnehmer sollte eine Abfindung bzw. Übertragung nur realisieren, wenn rentablere Anlagemöglichkeiten verfügbar sind bzw. eine Konsolidierung von Versorgungsanwartschaften aufgrund eines geplanten britischen Ruhestandswohnsitzes vorgenommen werden soll.

5. Lokalisierung des Abzugs von Personal- und Versorgungsaufwand

Ausgehend von der Thesaurierungspolitik der Muttergesellschaft wurde tatbestandlich die betriebliche Veranlassung des Vergütungs- und Versorgungsaufwandes bei der deutschen Muttergesellschaft als interessengerecht erkannt.[713] Im Falle des Tatbestandes „betriebliche Veranlassung" wird der Unterschied zwischen der abstrakten tatbestandlichen und der sachverhaltlichen Ebene besonders deutlich: eine Vielfalt von sachverhaltlichen Elementen kann den einen interessengerechten Tatbestand herbeiführen.

---

710 Vgl. Cooke, A./Paterson, G., Taxation Limits, 1995, S. 16; Kap. „Altersversorgungssysteme", S. 162, zu Einschränkungen bei gleichzeitiger Mitgliedschaft in einem betrieblichen Rentensystem; Kap. „Beiträge", S. 166, zu Unterschieden in den Beitragssätzen.

711 Vgl. Inland Revenue Superannuation Funds Office, IR 76, 1991, Tz. 3.2.a.

712 Vgl. Kap. „Abfindung und Übertragung", S. 188.

713 Vgl. Kap. „Lokalisierung des Abzugs von Personal- und Versorgungsaufwand", S. 189.

Die Zuordnung der betrieblichen Veranlassung und das Vorliegen eines gesellschaftsrechtlichen Interesses sind für verschiedene Einsatzzwecke des entsandten Mitarbeiters beispielhaft in der folgenden Tabelle zusammengestellt. Im Gestaltungsfall kann möglicherweise die beabsichtigte Funktion des Mitarbeiters während seines Aufenthaltes bei der Tochtergesellschaft in der Weise an die folgenden sachverhaltlichen Alternativen angepaßt oder um diese ergänzt werden, daß die betriebliche Verursachung interessengemäß im Thesaurierungsfall in Deutschland vorliegt. Eine gesellschaftsrechtliche Veranlassung, die aufgrund von § 3c EStG zu einer Abzugsbeschränkung in Deutschland führt, kann mittels einer Anpassung der Aufgabenzuweisung möglicherweise weniger stark gewichtet werden.[714]

	Tätigkeit im allgemeinen **betrieblichen Interesse**		Tätigkeit im **gesellschaftsrechtlichen Interesse** der
	der Muttergesellschaft	der Tochtergesellschaft	Muttergesellschaft
1. Leitungs- und Kontrollfunktionen			
Geschäftsführung des Konzerns (z.B. zentrale Planung und Koordination der Beschaffungs-, Produktions-, Absatz-, Investitions- und Finanzierungspolitik)			M
laufende Geschäftsführung der Tochtergesellschaft		T	
Wahrnehmung von Gesellschafterfunktionen (Kontrolle und Revision, Gesellschafterversammlung, allgemeine Organisation)			M
Koordinierung der Beziehungen zwischen Mutter- und Tochtergesellschaft	A	A	
Überwachung und Überprüfung von Lizenz-, Vertreter- und ähnlichen Verträgen zwischen Mutter- und Tochtergesellschaft	M		
Qualitätskontrolle bei Vertrieb unter dem Markenzeichen der Muttergesellschaft	M		

714 Vgl. Kap. „Aufwandsverrechnung dem Grunde nach", S. 106.

2. Personalwesen			
Fort-/Weiterbildung von Nachwuchskräften des Konzerns - in ausländischen Trainingsprogrammen für Führungskräfte - durch Einbindung in den Betrieb der Tochtergesellschaft (Zuordnung der Aufwendungen für den Trainee zur Muttergesellschaft, soweit sie den Wert der erbrachten Arbeitsleistung bei der Tochtergesellschaft übersteigen)	 M A	 A	 M
Vorbereitungshandlungen im Rahmen der Entsendung (z.B. Entsendungsvertrag, Umzugskosten, externe steuerliche Beratungskosten, vorbereitende Schulungen)	M		M
allgemeine Personalplanung, -beratung und -verwaltung der Tochtergesellschaft		T	
3. Finanz- und Rechnungswesen			
Unterstützung bei der Erstellung von - Konzernbuchhaltung und -abschluß - Teilkonzernabschluß der Tochtergesellschaft	 M	 T	 M
Unterstützung bei der Budgetierung und Finanzplanung der Tochtergesellschaft		T	
Unterstützung bei der Einrichtung eines konzerninternen Berichtswesens im Tochterunternehmen		T	
4. Beratungsleistungen			
Laufende steuerliche, wirtschaftliche, rechtliche und technische Beratung - bei Gründung, Kapitalerhöhung/-herabsetzung, Umwandlung, Liquidation		T	 M
Unterstützung in der Aufbauphase (außer bei Neugründung)		T	
Unterstützung bei Erwerb, Verkauf und Reorganisation von Beteiligungen			M
Unterstützung in der Sanierungsphase		A	A
5. Betriebliche Leistungserstellung und -verwendung			
Unterstützung bei Produkt-, Beschaffungs-, Lager-, Absatz- und Prozessplanung, Entwicklung und Durchführung laufender Qualitätskontrollen	A	A	

Strategische Vertriebsplanung des Konzerns	M		
Öffentlichkeitsarbeit, Werbung, Bildung einer Corporate Identity, Messen/Ausstellungen (soweit nicht für Zwecke oder zum Nutzen des Konzerns)		T	
Grundlagen- und Auftragsforschung von F&E-Tochtergesellschaften (ggfs. Weiterbelastung durch die Muttergesellschaft an andere Tochtergesellschaften)	M		
Einbindung des entsandten Mitarbeiters in den Produktionsprozeß der Tochtergesellschaft (z.B. Bau- oder Ingenieurleistungen, Wartung und Reparatur)		T	
Legende: M: Zuordnung/Weiterbelastung an Muttergesellschaft T: Zuordnung/Weiterbelastung an Tochtergesellschaft A: Aufteilung der gemischt veranlaßten Aufwendungen auf Mutter- und Tochtergesellschaft			

Abb. 29 (ab S. 212): Aufwandszuordnung bzw. -weiterbelastung im Rahmen einer Arbeitnehmerentsendung[715]

Der Tabelle können detailliert die Tatbestandsmerkmale in Form von Tätigkeitsmerkmalen entnommen werden, die zu einer betrieblichen Veranlassung in Deutschland führen. Im Gestaltungsfall ist vorgesehen, daß der Mitarbeiter sowohl Kontrollfunktionen ausüben als auch Beratungsleistungen erbringen soll, eine Konkretisierung wurde jedoch noch nicht vorgenommen. Anhand der Tabelle (Abschnitte 1 und 4) kann die Tätigkeitsbeschreibung konkretisiert und eine Gewichtung vorgenommen werden. Interessenlagengerecht sind im Gestaltungsfall beispielsweise Qualitätskontrollen unter dem Markenzeichen der Muttergesellschaft, die zu einer betrieblichen Veranlassung bei der Muttergesellschaft führen. Eine laufende rechtliche und technische Beratung der Tochtergesellschaft würde dagegen in deren betrieblichem Interesse erfolgen; eine Umwandlungsberatung in gesellschaftsrechtlichem Interesse der Muttergesellschaft. Die Koordinierung der Beziehungen zwischen Mutter- und Tochtergesellschaft führt grundsätzlich zu einer gemischten Veranlassung, bei der durch geeignete Sachverhaltsgestaltung und Nachweise eine überwiegende Belastung der Muttergesellschaft herbeigeführt werden sollte.

Läßt sich aufgrund der ausgeübten Tätigkeit eine betriebliche Veranlassung des Vergütungsaufwandes in Großbritannien nicht vermeiden, kann unter Umstän-

715 In weitgehender Anlehnung an Zehetmair, M., Steuerfragen, 1998, S. 262; siehe zu weiteren Beispielen auch Kratzenberg, H., Verrechnungspflicht, 1989, S. 206-207; Neubauer, H., Gesellschafterinteresse, 1971, S. 252-256; Vögele, A. u.a., Verrechnungspreise, 1997, K 88.

den dennoch der Versorgungsaufwand in Deutschland zum Abzug kommen; diesbezügliche Spielräume werden weiter unten dargestellt.[716]

6. Sonderlösungen

Multinationale Unternehmen streben grundsätzlich an, international tätige Arbeitnehmer möglichst lange im heimatlichen Betriebsrentensystem zu belassen. Im Gestaltungsfall ist die Entsendung weiterer Mitarbeiter vorgesehen. Wird eine größere Zahl von Arbeitnehmern des Unternehmens wiederholt für eine vorübergehende Zeit in verschiedenen Staaten tätig, etwa weil das Unternehmen expandiert und zusätzliche ausländische Märkte erschließt bietet sich für die Gruppe der multinational tätigen Arbeitnehmer die Sonderlösung an, ein fondsbasiertes Versorgungssystem einzurichten, das in einer Steueroase[717] (offshore[718]) lokalisiert ist. Während der Anwartschaftszeit sind die Beiträge zwar regelmäßig nicht abzugsfähig; die Erträge des Fondsvermögens bleiben jedoch steuerfrei oder werden nur gering besteuert. Die Versorgungsleistung fließt den Arbeitnehmern als Kapital steuerfrei zu; die Transformation in Rentenzahlungen sowie deren steuerliche Konsequenzen bleiben den Versorgungsempfängern überlassen.[719]

Kann im Rahmen der britischen Beitragsbemessungsgrenzen keine ausreichende Versorgung bereitgestellt werden, kann die britische Tochtergesellschaft ein steuerlich nicht anerkanntes Versorgungssystem begründen (FURBS).[720] Die abzugsfähigen Arbeitgeberbeiträge sind allerdings beim Arbeitnehmer als Einkünfte zu versteuern; auch eine Steuerbefreiung des Fondsvermögens erfolgt nicht. In der gleichen Absicht können in Großbritannien unmittelbare Versorgungszusagen (unfunded promises) eingesetzt werden. Im Unterschied zu

---

716 Siehe Kap. „Lokalisierung des Abzugs von Personal- und Versorgungsaufwand", S. 217.

717 Vgl. Buttler, A., Restriktionen, 1998, S. 1137-1138 Cooke, A., International Employees, 1990, S. 8-10; Foster, H., Employee Benefits, 1994, S. 78; Llanwarne, T., FURBS, 1993, S. 17.

718 Als „offshore" werden finanzielle Aktivitäten bezeichnet, die in Ländern erfolgen, die die im OECD-Steueroasenbericht genannten Merkmale erfüllen, wobei die Gesellschafter typischerweise in diesen Ländern nicht ansässig sind und die Einkünfte überwiegend oder ganz aus internationalen Geschäften entstammen, vgl. Baumann, W., Steueroasen, 1996, S. 91.
In einer Umfrage unter zehn multinationalen Arbeitgebern richteten sechs einen fondsbasierten Versorgungsplan ein, fünf davon in Steueroasen (offshore), einer im Sitzstaat der Konzernzentrale. Diese sechs Pläne sowie drei der übrigen Pläne wurden ausschließlich aus nichtabzugsfähigen Beiträgen der Konzernzentrale finanziert, vgl. Cooke, A., International Employees, 1990, S. 10.

719 Vgl. Smith, P.M. (Hrsg.), Pensions, 1992, Rz. 6.11.

720 Vgl. Kap. „Altersversorgungssysteme", S. 162.

FURBS sind Arbeitgeberbeiträge nicht abzugsfähig, führen allerdings beim Arbeitnehmer auch nicht zu steuerpflichtigen Einkünften.[721]

7. Sozialversicherungsrechtliche Gestaltung

Zur Fortführung der Mitgliedschaft im deutschen Sozialversicherungssystem ist das Arbeitsverhältnis in Deutschland beizubehalten; der dort erfolgenden Gehaltsabrechnung kommt eine wichtige Indizfunktion zu. Die Tätigkeit muß auf diese Weise für Rechnung der deutschen Muttergesellschaft erfolgen; eine steuerlich abweichende Verursachung und Verrechnung bleibt unbeachtlich. Überschreitet die Tätigkeitsdauer 12 Monate, ist eine Genehmigung der britischen Sozialversicherungsbehörden einzuholen, bei mehr als 24 Monaten eine Ausnahmevereinbarung nach Art. 17 EWG-VO 1408/71.

Bei Sozialversicherungspflicht in Großbritannien ist zur interessengemäßen Befreiung vom vergütungsabhängigen Rentensystem (SERPS) die Mitgliedschaft in einem betrieblichen oder einem persönlichen Rentensystem erforderlich.[722]

II. Auffinden von Wahlrechten und Spielräumen zur Lösung der Teilprobleme

1. Mitgliedschaft in einem Versorgungssystem

Die fortdauernde Mitgliedschaft im deutschen Betriebsrentensystem erfordert für den in Großbritannien ansässigen Arbeitnehmer die Anerkennung des Systems als „corresponding scheme", um die Steuerfreiheit der Zuführungen zur Pensionsrückstellung sicherzustellen. In diesem Zusammenhang ist entscheidend, daß der Arbeitnehmer kein Domizil in Großbritannien begründet. Da der Begriff des „domicile" einen unbestimmten Rechtsbegriff im britischen Steuerrecht darstellt, der eher an persönliche Einstellungen als an objektive Gegebenheiten anknüpft, liegt ein Spielraum vor, der interessengerecht zu nutzen ist.[723]

Das tatbestandliche Interesse richtet sich im Gestaltungsfall darauf, kein Domizil zu begründen. Zur Realisierung sind alle Indizien zu vermeiden, die dafür sprechen könnten, daß eine auf den gesamten Lebensumständen beruhende besonders enge Verknüpfung des Mitarbeiters mit Großbritannien besteht. Insbesondere darf vom Mitarbeiter gegenüber den maßgeblichen Stellen nicht die

---

721 Daneben besteht die Möglichkeit, in Großbritannien ein Versorgungssystem für Expatriates nach Sec. 615 (6) ICTA 1988 zu errichten, das grundsätzlich die steuerlichen Vorteile eines anerkannten Systems bietet, dabei aber keinen Bemessungsgrenzen unterliegt. Personen, die ihre Tätigkeit in Großbritannien ausüben, können jedoch nicht aufgenommen werden; ein Einsatz kommt daher im Gestaltungsfall nicht in Betracht, vgl. Llanwarne, T., Expatriate Pension Plans, 1997, S. 22.

722 Vgl. Kap. „Sozialversicherungsrechtliche Teilprobleme", S. 204.

723 Vgl. Kap. „Begründung eines Domizils", S. 158.

Absicht geäußert werden, seinen Ruhestand in Großbritannien verbringen zu wollen.

2. Lokalisierung des Abzugs von Personal- und Versorgungsaufwand

Auch wenn der Vergütungsaufwand in Großbritannien betrieblich veranlaßt ist, kann es für den Versorgungsaufwand zu einer abweichenden Beurteilung kommen. Um den angestrebten Abzug des Versorgungsaufwandes in Deutschland herbeizuführen, ist auf das Vorliegen dieser Sonderfälle zu achten. Folgende Aspekte weisen den Steuergestalter diesbezüglich auf einen Spielraum hin:[724]

- Das Tochterunternehmen hat nur mit Rücksicht auf das Konzernverhältnis eine Pensionszusage getätigt.
- Es liegt nur eine kurze Dauer des Arbeitsverhältnisses vor, so daß einem anderen Mitarbeiter vom Tochterunternehmen keine Pensionszusage erteilt worden wäre.
- Es dauert lange Zeit, bis der Arbeitnehmer produktive Beiträge leistet, so daß für den Entsendungszeitraum eine Zusage an einen anderen Mitarbeiter unüblich wäre.
- Die Tochtergesellschaft besitzt kein eigenes Betriebsrentensystem.
- Die Zusagegewohnheiten in Großbritannien sprechen allgemein gegen eine Betriebsrentenzusage unter den gegebenen Bedingungen.
- Die Höhe der Beiträge ist unüblich.

3. Festlegung des Verrechnungspreises

Für den Steuerplaner bietet die Verrechnungspreisbestimmung ein umfangreiches Gestaltungspotential. Ein Verrechnungspreis ist zu bestimmen, wenn die in Deutschland bestehende Versorgungsanwartschaft weitergeführt wird, aber die betriebliche Veranlassung für den Versorgungsaufwand bei der britischen Tochtergesellschaft liegt.

Im Rahmen der Auslegung betriebswirtschaftlicher Kriterien und der Gewichtung praktikabilitätsbezogener Aspekte eröffnet sich ein Spielraum, der auf die begriffliche Unschärfe des Begriffs „betriebswirtschaftliche Kriterien" zurückzuführen ist.[725] Die folgende Aufstellung gibt einen schematischen Überblick:

---

724 Vgl. Kap. „Aufwandsverrechnung dem Grunde nach", S. 106.

725 Siehe Kap. „Steuerliche Gestaltungsmittel", S. 48, sowie Kap. „Aufwandsverrechnung der Höhe nach", S. 111.

Lokalisierung des Spielraums	**Umfang des Spielraums**	**Wirkung auf den Verrechnungspreis**
Berechnungsmethode des Jahresbeitrages	• Gegenwartswertverfahren (analog Versicherungsprämie) • Teilwertverfahren (gemäß Rückstellungszuführung) • Barwertverfahren (analog Einmalbeiträgen aus Gehaltsumwandlung)	Der Verrechnungspreis während der Anwartschaftszeit ist beim Gegenwartswertverfahren am höchsten, geringer beim Teilwertverfahren und am geringsten beim Barwertverfahren. Ausnahme: Während des Nachfinanzierungszeitraums ist der Jahresbeitrag beim Barwert- und Teilwertverfahren höher als beim Gegenwartswertverfahren.
Rechnungszinsfuß	• unternehmensintern erzielte Rendite (interne Mittelinvestition): betriebsindividuell • langfristiger Kapitalmarktzins mit Risikozuschlag (Übernahme der Verpflichtungen durch einen Dritten): etwa 8-9 % • langfristiger Kapitalmarktzins (externe Mittelanlage): etwa 7 % • Fremdkapitalkonditionen (Alternative zur Mittelaufnahme): etwa 6-9 % • steuerlich vorgeschriebener Zins: 6 % • langfristige Inflationsrate: etwa 2-3 %	Je höher der Rechnungszinsfuß, desto geringer der Jahresbeitrag (als Bestandteil des Verrechnungspreises).
Korrekturverfahren für Zuführungsbeträge	• Bereinigung um Zinskomponente • versicherungsmathematische Spaltung	Die Bereinigung nur um die Zinskomponente unterscheidet sich von der versicherungsmathematischen Spaltung um den Risikoanteil, der nur bei versicherungsmathematischer Spaltung aus dem Verrechnungspreis eleminiert wird. Das Vorzeichen und damit die Wirkung des Risikoanteils hängt vom tatsächlichen Verlauf der individuellen Anwartschaft ab.
Gehalts- und Rententrends	• nur Berücksichtigung fest zugesagter Gehalts- bzw. Rentenerhöhungen • Berücksichtigung zu erwartender Gehalts- und Rentenerhöhungen	Je umfangreicher die Berücksichtigung von Gehalts- und Rententrends, desto höher der Verrechnungspreis.

verrechenbare Komponenten dem Grunde nach	• Zinsaufschlag • Verwaltungskosten • Gewinnaufschlag	Zinsaufschlag, Verwaltungskosten und Gewinnaufschlag erhöhen den Verrechnungspreis.
verrechenbare Komponenten der Höhe nach	• Gewinnaufschlag	Je höher der Gewinnaufschlag, desto höher der Verrechnungspreis. Die Bestimmung des Gewinnaufschlages ist jedoch nicht objektivierbar.
Pauschalierungen	• Altersuntergrenze 30 Jahre • Heranziehung von Fluktuationswahrscheinlichkeiten • Pensionierungsalter 65 Jahre • Heranziehung von Pensionierungswahrscheinlichkeiten	Die Wirkung auf den Verrechnungspreis hängt von der Berechnungsmethode, vom Zeitpunkt des Betriebseintritts und des Alters bei Zusage ab.

Abb. 30: Gestaltungsspielraum im Rahmen der Verrechnungspreisfestlegung

Die Aufstellung (Abb. 30) zeigt schematisch den Umfang des Gestaltungsspielraums an. Zur Verrechnungspreisgestaltung sind unter Berücksichtigung der Interessenlage jeweils die Komponenten auszuwählen, die im Einzelfall begründbar sind und zum höchsten bzw. niedrigsten Verrechnungspreis für den Versorgungsaufwand führen. Im Gestaltungsfall stellt sich dieses Vorgehen wie folgt dar:

Im Thesaurierungsfall der deutschen Muttergesellschaft wurde ein Abzug des Versorgungsaufwandes in Deutschland als vorteilhaft erkannt.[726] Geht mithin die Interessenlage dahin, der britischen Tochtergesellschaft einen möglichst geringen Verrechnungspreis in Rechnung zu stellen, ist der Jahresbeitrag nach dem Teilwertverfahren unter Anwendung eines Rechnungszinsfußes in Höhe des langfristigen Kapitalmarktzinses mit Risikozuschlag zu berechnen. Der Jahresbeitrag ist grundsätzlich durch versicherungsmathematische Spaltung aus der Zuführung zur Pensionsrückstellung zu berechnen; Zins- und Risikoanteile bleiben dabei unberücksichtigt. Dabei wird ein erwartungsgemäßer Verlauf der Anwartschaft vorausgesetzt; Abweichungen gehen zu Gunsten bzw. zu Lasten der Muttergesellschaft. Gehalts- und Rententrends sind nicht in die Beitragsberechnung einzubeziehen.

Zur Begründung der Abweichungen dieses Gestaltungsvorschlages von den bereits dargestellten Grundsätzen betriebswirtschaftlicher Aufwandsverrechnung[727] kann der Steuergestalter Praktikabilitätsgesichtspunkte anführen. Bei der vorliegenden Interessenlage fällt die Begründung leicht, weil das Teilwertverfahren ohne Berücksichtigung zu erwartender Gehalts- und Rentenerhöhungen für die steuerliche Aufwandsermittlung nach § 6a EStG Verwendung findet. Zu begründen ist darüber hinaus der Rechnungszins. Da der langfristige Kapi-

726 Vgl. Kap. „Lokalisierung des Abzugs von Personal- und Versorgungsaufwand“, S. 189

727 Vgl. Kap. „Aufwandsverrechnung der Höhe nach“, S. 1[illegible]1.

talmarktzins mit Risikozuschlag nur dann zur Anwendung kommt, wenn die Übernahme der Verpflichtung durch einen Dritten vorgesehen ist, können möglicherweise Planungen vorgelegt werden, die eine Auslagerung des Versorgungssystems an ein rechtlich selbständiges, aber verbundenes Unternehmen vorsehen. Zur Nichtberücksichtigung von Gehalts- und Rententrends kann auf die Unzulässigkeit nach deutschem Steuerrecht (§ 6a Abs. 3 EStG) hingewiesen werden.

Die Interessenlage, durch den Versorgungsaufwand einen möglichst hohen Abzug in Deutschland herbeizuführen, spricht gegen den Ansatz eines Gewinnaufschlages. Da grundsätzlich dem Fremdvergleichsgrundsatz entsprechend ein Gewinnaufschlag anzusetzen ist, kann eine interessengerechte Lösung nur unter Rückgriff auf folgende Ausnahmefälle erfolgen:[728] auf den Ansatz kann verzichtet werden, wenn die Kosten einer Dienstleistung höher sind als der Marktpreis, sofern ein solcher verfügbar ist. Dieser Fall kann eintreten, wenn höhere Gemeinkosten in Vergleich zu einem Fremdbezug eine Berichtigung der Kosten erforderlich machen; etwa wenn eine geringe Anzahl von Versorgungsanwärtern relativ höhere Gemeinkosten im Vergleich zu einem Versichertenkollektiv eines Versicherungsunternehmens verursacht. Ist dieses Argument im Einzelfall nicht zutreffend, verbleiben weitere Gestaltungsspielräume: Da es sich bei dem Versorgungsverhältnis weder um eine Haupttätigkeit des Mutterunternehmens handelt noch das Gewinnelement relativ wichtig ist, kann ein Ansatz unterbleiben.[729] Soll fremdvergleichskonform dennoch ein Ansatz erfolgen, verbleibt bei der Feststellung des Gewinnaufschlages der Höhe nach ein Spielraum; aus der von Rechtsprechung und Finanzverwaltung geäußerten Spanne von 5 % - 15 % ist der geringste begründbare Wert zu verwenden.

Während der Gewinnaufschlag bei der Arbeitnehmerüberlassung auf den Verrechnungspreis für Vergütung und Versorgung zu berechnen ist, kann bei der Arbeitskräftegestellung unter bestimmten Umständen der Versorgungsaufwand ausgenommen werden. Dieser Fall tritt ein, wenn die Fortführung einer deutschen Pensionsanwartschaft ausschließlich aufgrund der Konzernverbundenheit erfolgt oder aber das ansonsten eingesetzte britische Betriebsrentensystem ohne Gewinnerzielungsabsicht arbeitet.[730] Insofern ist bei der vorbezeichneten Interessenlage die Arbeitskräftegestellung aufgrund des größeren Gestaltungsspielraums zu präferieren.

4. Verwaltungspraxis

Bei der Konstruktion von Gestaltungsalternativen ist nicht nur die Rechtslage zu klären. Auch die Verwaltungspraxis ist von erheblicher Bedeutung.[731] Hier-

---

728 Vgl. Kap. „Aufwandsverrechnung der Höhe nach“, S. 111.

729 Vgl. OECD, Verrechnungspreisgrundsätze, Köln 1997, Anm. 7.37.

730 Vgl. Kap. „Aufwandsverrechnung der Höhe nach“, S. 111.

731 Vgl. Fajen, H.-G., Steuerfragen, 1995, S. 470.

aus resultierende Spielräume wurden für die vorliegende Untersuchung aus Literaturhinweisen entnommen und können daher nur angedeutet werden.

Da es sich in der Praxis als zweckmäßig erwiesen hat, daß der ins Ausland zu entsendende Mitarbeiter die Frage seines steuerlichen Wohnsitzes vor Entsendungsbeginn mit dem zuständigen deutschen Wohnsitzfinanzamt abklärt[732] als auch die britischen Finanzbehörden vor der Einreise über seinen Aufenthaltsstatus konsultiert,[733] kann hier ein Spielraum vermutet werden. Da Wohnsitz und Ansässigkeitsstatus vor allem bei Entsendungen bis zu 183 Tagen und im Zusammenhang mit einem Beratervertrag von Einfluß sind, ist für diese Fälle eine Kontaktaufnahme mit den Finanzbehörden zu empfehlen.[734]

Ein wesentlicher, auf der Verwaltungspraxis beruhender Spielraum kann ferner bei der im vorangegangenen Kapitel behandelten Verrechnungspreisermittlung unterstellt werden. Zudem sollte im Hinblick auf das Ziel einer rechtmäßigen, unproblematischen Durchführung des Gestaltungsvorhabens die Mitwirkung gegenüber den Finanzbehörden bei der Aufklärung eines Auslandssachverhaltes nicht nur als Pflicht, sondern auch als Spielraum dem Umfang nach betrachtet und entsprechend ausführlich ausgeübt werden.[735]

5. Rechtswahl

Zur Vermeidung von Risiken sollte in jedem Fall vertraglich vereinbart werden, welches nationale Recht für das Arbeitsverhältnis einerseits und für das Versorgungsverhältnis andererseits gelten soll.[736] Die neben der Ausübung dieses Wahlrechts erforderlichen sachverhaltlichen Gestaltungen wurden bereits in der Ideenfindung aufgezeigt.[737]

6. Sozialversicherungsrechtliche Wahlrechte

Der Gestaltungsspielraum im Rahmen sozialversicherungsrechtlicher Wahlrechte wurde in der Teilproblemformulierung vollständig dargestellt.[738] Die Realisierung der aufgezeigten Handlungsalternativen erfolgt durch Ausübung der Wahlrechte und Erfüllung sachverhaltlicher Voraussetzungen;[739] es bedarf insofern keiner weiteren Ideenfindung.

---

732 Vgl. BKK Bundesverband, Entsendung, 1996, S. 46.

733 Vgl. Inland Revenue, IR 20, 1996, p. 3.14.

734 Vgl. Kap. „Einkünfteermittlung des Arbeitnehmers“, S. 180; Kap. „Beratervertrag“, S. 208.

735 Vgl. Köstler, B., Auslandssachverhalte, 1998, S. 235-239.

736 Vgl. Kap. „Anzuwendendes Recht“, S. 199.

737 Siehe Kap. „Arbeits- und Versorgungsverhältnis“, S. 207.

738 Vgl. Kap. „Sozialversicherungsrechtliche Teilprobleme“, S. 204.

739 Vgl. Kap. „Sozialversicherungsrechtliche Gestaltung“, S. 216.

III. Vorauswahl aus den teilproblembezogenen Gestaltungen

Zur Überprüfung der Ideen auf Übereinstimmung mit der Interessenlage ist im Modell gestaltungsorientierter Entscheidungsunterstützung eine Ideenvorauswahl vorgesehen.[740] Nicht nur Höhe und Zeitpunkt der Steuerbelastung, sondern auch Autonomie-, Sicherheits- und Flexibilitätsgrad einzelner Gestaltungen werden in die Beurteilung einbezogen. Unrealistische Gestaltungen werden ausgeschieden.

Im Rahmen des iterativen Gestaltungsprozesses erfolgte die Vorauswahl bereits weitgehend im Zuge der Erarbeitung und Überarbeitung von Rechtsmaterie (Kap. B.II), Teilproblemen (Kap. B.III) und Ideenfindung (Kap. C). Gestaltungen, die offensichtlich zu einer vergleichsweise hohen Steuerbelastung führen oder als unrealistisch erschienen, wurden in die vorangegangene Darstellung nicht aufgenommen. Nach Abschluß des Gestaltungsvorhabens führt die Vorauswahl daher nur zu wenigen Gestaltungselementen, die nach Überprüfung auf Übereinstimmung mit der Interessenlage und Beurteilung nach dem Autonomie-, Sicherheits- und Flexibilitätsgrad nicht weiter verfolgt werden.

Beiträge, die das entsendende deutsche Unternehmen zur Pensionsrückstellung leistet, gelten beim in Großbritannien ansässigen Arbeitnehmer grundsätzlich als steuerpflichtige Einkünfte. Eine Steuerbefreiung kann u.a. erfolgen, sofern das deutsche Betriebsrentensystem in bezug auf die Mitgliedschaft des betroffenen Arbeitnehmers im Wege des „discretionary approval“ steuerlich anerkannt wird.[741] Diese Alternative ist zu verwerfen, da neben anderen Voraussetzungen für die Anerkennung ein Zusammenhang des Versorgungssystems zu wirtschaftlichen Aktivitäten bestehen muß, die teilweise im Vereinigten Königreich ausgeübt werden, und das entsendende Unternehmen mit den daraus erzielten Einkünften der britischen Besteuerung unterliegen muß. Die Voraussetzungen sind nur dann erfüllt, wenn der Arbeitnehmer weiterhin in einem Beschäftigungsverhältnis mit dem entsendenden Unternehmen bleibt und der deutsche Arbeitgeber seine Tätigkeit wenigstens teilweise unmittelbar im Vereinigten Königreich ausübt, z.B. indem er durch den entsandten Arbeitnehmer eine Betriebsstätte begründet. Eine Betriebsstättenbegründung wurde jedoch als nicht interessengerecht erkannt und ist daher zu vermeiden. Weiterhin spricht gegen die Alternative des „discretionary approval“, daß zur Anerkennung ein Fiskalvertreter, d.h. eine im Vereinigten Königreich ansässige Person, zu bestimmen ist, welche für die aus dem Versorgungssystem resultierenden steuerlichen Pflichten, insbesondere den Steuerabzug bei Rentenzahlungen, verantwortlich ist. Der Autonomiegrad des Gestaltungsmittels „discretionary approval“ führt zum Verwerfen dieser Alternative, da der Planungsbereich des britischen Tochterunternehmens durch die Betriebsstättenbegründung in bezug auf

---

740 Vgl. Kap. „Phase 3: Ideenfindung und Ideenvorauswahl“, S. 75.

741 Vgl. Kap. „Weiterführung einer ausländischen Anwartschaft“, S. 174.

die Gewinnabgrenzung und durch den Fiskalvertreter in bezug auf die Übernahme gesellschaftsrechtlich veranlaßter Funktionen tangiert wird.[742]

Weiterhin sind die aufgezeigten Sonderlösungen im Gestaltungsfall auszuschließen, weil die Steuerfreiheit der Erträge des Fondsvermögens bei einem sog. Offshore-Betriebsrentensystem auch bei einem anerkannten britischen Betriebsrentensystem gegeben ist. Die Nichtabzugsfähigkeit der Beiträge läßt sich bei Entsendung in einen einzigen ausländischen Staat nicht durch Verwaltungsvorteile kompensieren, die entstehen, wenn auf die Administration verschiedener ausländischer Betriebsrentensysteme verzichtet werden kann.[743] Etwas anderes gilt, wenn ein oder mehrere Arbeitnehmer jeweils in verschiedenen Staaten für längere Zeit tätig werden oder das betroffene Unternehmen in einen multinationalen Konzern eingebunden wird. Unter diesen Umständen läßt sich mit einer sog. Offshore-Lösung eine Verwaltungsvereinfachung erzielen, die den für den Arbeitgeber bestehenden steuerlichen Nachteil ausgleichen kann.[744]

Ebenfalls kommt das im Rahmen der Sonderlösungen vorgestellte FURBS-System im Gestaltungsfall nicht in Betracht. Bei einem FURBS-System wird die steuerliche Nichtanerkennung in Kauf genommen, um Beiträge oberhalb der Bemessungsgrenze leisten zu können. Die Bemessungsgrenze wird aber im Gestaltungsfall nicht überschritten.[745] Zudem kann das Versorgungsniveau in einem anerkannten betrieblichen Versorgungssystem durch steuerlich abzugsfähige Eigenbeiträge erheblich angehoben werden.[746]

IV. Zusammenführung der Teillösungen zu Handlungsalternativen

In den vorangegangenen Kapiteln der Ideenfindung wurden Gestaltungsmittel in Form von Sachverhaltsgestaltungen, Wahlrechten und Spielräumen (Teilproblemlösungen) formuliert, die zur Realisation der aufgezeigten tatbestandlichen Interessenlagen (Teilprobleme) dienen. Im abschließenden Schritt der Zusammenführung werden die Teilproblemlösungen aus den Bereichen des Steuer-, Arbeits- und Sozialversicherungsrechts zu Handlungsalternativen konsolidiert. Die Schwierigkeit dieser Zusammenführung besteht darin, daß Teilproblemlösungen innerhalb der einbezogenen Rechtsgebiete nicht erwünschte rechtliche Nebenwirkungen besitzen können. Eine interessengerechte steuerliche Gestaltung kann beispielsweise zu nicht akzeptablen arbeitsrechtlichen

---

742 Vgl. Kap. „Steuerliche Gestaltungsmittel", S. 48.

743 Vgl. Kap. „Sonderlösungen", S. 215.

744 Siehe z.B. Cooke, A., International Employees, 1990, S. 8-11; Williams, G./Rowley, T.A., Strategy, 1991, S. 2-7.

745 Das Bruttoeinkommen von 100.000 DM steht einer Beitragsbemessungsgrenze von £ 90.600 (1999/2000) gegenüber, die 249.150 DM bei einem Kurs von £ 1 = 2,75 DM entspricht.

746 Vgl. Kap. „Beiträge", S. 166.

Konsequenzen führen oder eine nicht interessengerechte sozialversicherungsrechtliche Folge haben.[747] Die Handlungsalternativen sind daher in der Weise konstruiert, daß wesentliche Interessenlagen erfüllt werden. Beispielsweise kann der vollständige Verbleib im deutschen Betriebsrentensystem bei unbefristeter Versetzung nur über ein Beraterverhältnis realisiert werden, um die Zuführungen zur Pensionsrückstellung steuerfrei zu stellen und die Insolvenzsicherung zu gewährleisten. Die Kombination eines „corresponding scheme" mit einer unbefristeten Versetzung ist nicht möglich, da kein Arbeitsverhältnis mit dem Mutterunternehmen bestehen bleibt.

Die für den vorgegebenen Gestaltungsfall geltenden Handlungsalternativen können wie folgt formuliert werden:[748]

1. Vollständiger Verbleib im deutschen Betriebsrentensystem bei Abordnung/Delegation

Diese Handlungsalternative stellt den Grundfall dar, dessen Realisierung sich als einfach erweist, da wegen der Beibehaltung des inländischen Arbeitsverhältnisses und der vom Stammhaus erfolgenden Gehaltszahlungen die Weiterführung von betrieblicher Versorgungsanwartschaft und Mitgliedschaft in der Sozialversicherung relativ problemlos ist.

Werden bei einer Entsendungsdauer von bis zu 183 Tagen Tätigkeiten nicht nur im Interesse des Mutterunternehmens, sondern auch des Tochterunternehmens ausgeübt, kann durch Aufspaltung des Arbeitsvertrages bei ausdrücklicher Zuweisung der Aufgabengebiete und Vereinbarung eines jeweils angemessenen Gehalts ein *Tarifvorteil* des britisches Einkommensteuertarifes für den Arbeitnehmer genutzt werden.[749]

Da bei Tätigkeiten von mehr als 183 Tagen das Besteuerungsrecht für die gesamte Vergütung beim Tätigkeitsstaat liegt, sind Vorkehrungen zu treffen, damit die Zuführungen zur deutschen Pensionsrückstellung nicht als *Einkünfte* des Arbeitnehmers unter britischem Steuerrecht erfaßt werden. Hierzu ist bei den britischen Finanzbehörden eine Anerkennung des deutschen Versorgungssystem als „corresponding scheme" zu beantragen. Als Voraussetzung muß der entsandte Arbeitnehmer sog. „foreign emoluments" erzielen und darf kein sog. „domicile" in Großbritannien begründen. Um diese Voraussetzungen zu erfüllen, darf insbesondere die Absicht, den Ruhestand in Großbritannien verbringen

---

747 Vgl. Bedee, H. u.a. (Hrsg.), Guide, 1995, S. 10.

748 Vgl. die allgemeinen, d.h. weder auf einen spezifischen Staat noch auf einen Einzelfall bezogenen Handlungsalternativen in Kap. „Bekannte Gestaltungsmaßnahmen", S. 81, sowie bei Buttler, A., Restriktionen, 1998, S. 1136-1137; Richter, G./Schanz, T., Personalentsendungen, 1994, S. 399-401.

749 Vgl. Kap. „Modellfall und Gestaltungsvorhaben", S. 80; Kap. „Einkünfteermittlung des Arbeitnehmers", S. 180; Kap. „Aufspaltung des Arbeitsvertrages", S. 208.

zu wollen, nicht bestehen bzw. nicht gegenüber den Finanzbehörden geäußert werden.[750]

Der Vergütungs- und Versorgungsaufwand sollte zur Ausnutzung von Tarifvorteilen bei der Muttergesellschaft zum Abzug gelangen. Dies kann durch *betriebliche Veranlassung* des Vergütungs- und Versorgungsaufwandes bei der Muttergesellschaft erreicht werden.[751] Erfolgt die Tätigkeit des entsandten Arbeitnehmers dagegen auf betriebliche Veranlassung der britischen Tochtergesellschaft, kann unter Umständen dennoch ein Abzug des Versorgungsaufwandes bei der Muttergesellschaft erreicht werden; etwa wenn kein eigenes Betriebsrentensystem der Tochtergesellschaft besteht oder der Geschäftsführer der Tochtergesellschaft einem anderen Arbeitnehmer keine Pensionszusage erteilt hätte.[752] Ist die Tochtergesellschaft mit dem Versorgungsaufwand zu belasten, kann bei der Festlegung eines *Verrechnungspreises* ein Spielraum im Rahmen der Auslegung betriebswirtschaftlicher Kriterien genutzt werden.[753]

Für die Fortgeltung deutschen *Arbeitsrechts* sind auch ohne Rechtswahl keine weiteren Voraussetzungen erforderlich; auch bei Ausübung einer Rechtswahl gilt für die Pensionszusage in jedem Fall deutsches Recht. Grundsätzlich ist aber in einer Zusatzvereinbarung eine ausdrückliche Rechtswahl empfehlenswert.[754] Die *Unverfallbarkeit* des Versorgungsanspruches tritt aufgrund des Fortbestandes des Arbeitsverhältnisses auch während der Entsendung ein.[755] Die *Insolvenzsicherung* bleibt aufrechterhalten, sofern der Schwerpunkt des Arbeitsverhältnisses im Einsatz für den deutschen Arbeitgeber belassen wird, wobei der Ort der Erbringung der Arbeitsleistung ohne Belang ist.[756]

Die Mitgliedschaft in der deutschen *Sozialversicherung* bleibt grundsätzlich erhalten. Voraussetzungen sind, daß die Gehaltsabrechnung weiterhin in Deutschland erfolgt und bei mehr als 12 Monaten Entsendungsdauer eine Genehmigung der britischen Sozialversicherungsbehörden eingeholt wird. Für eine fortgesetzte Mitgliedschaft von mehr als 24 Monaten ist eine Ausnahmevereinbarung nach Art. 17 EWG-VO 1408/71 zu treffen.[757]

---

750 Vgl. Kap. „Einkünfteermittlung des Arbeitnehmers“, S. 180; Kap. „Mitgliedschaft in einem Versorgungssystem“, S. 209; Kap. „Mitgliedschaft in einem Versorgungssystem“, S. 216.

751 Vgl. Kap. „Lokalisierung des Abzugs von Personal- und Versorgungsaufwand“, S. 189; Kap. „Lokalisierung des Abzugs von Personal- und Versorgungsaufwand“, S. 211.

752 Vgl. Kap. „Lokalisierung des Abzugs von Personal- und Versorgungsaufwand“, S. 189; Kap. „Lokalisierung des Abzugs von Personal- und Versorgungsaufwand“, S. 217.

753 Vgl. Kap. „Festlegung des Verrechnungspreises“, S. 217.

754 Vgl. Kap. „Anzuwendendes Recht“, S. 199; Kap. „Arbeits- und Versorgungsverhältnis“, S. 207; Kap. „Rechtswahl“, S. 221.

755 Vgl. Kap. „Eintritt der Unverfallbarkeit“, S. 201.

756 Vgl. Kap. „Insolvenzsicherung“, S. 203.

757 Vgl. Kap. „Sozialversicherungsrechtliche Teilprobleme“, S. 204; Kap. „Sozialversicherungsrechtliche Gestaltung“, S. 216.

2. Vollständiger Verbleib im deutschen Betriebsrentensystem bei befristeter Versetzung mit Ruhensvertrag

Im Falle einer befristeten Versetzung sind im Vergleich zum Grundfall besondere Vorkehrungen für die Fortgeltung deutschen Arbeitsrechts, insbesondere des Insolvenzschutzes der Versorgungsanwartschaft, zu treffen. Die Mitgliedschaft in der deutschen Sozialversicherung kann nicht mehr fortgesetzt werden.

Da bei Tätigkeiten von mehr als 183 Tagen das Besteuerungsrecht für die gesamte Vergütung beim Tätigkeitsstaat liegt, sind Maßnahmen zu ergreifen, damit die Zuführungen zur deutschen Pensionsrückstellung nicht als *Einkünfte* des Arbeitnehmers unter britischem Steuerrecht erfaßt werden. Hierzu ist bei den britischen Finanzbehörden eine Anerkennung des deutschen Versorgungssystems als „corresponding scheme" zu beantragen. Voraussetzung ist zum einen der Nachweis, daß die Pensionszusage im Rahmen eines fortbestehenden Arbeitsverhältnisses mit dem deutschen Stammhaus weitergeführt wird. Zum anderen darf der entsandte Arbeitnehmer kein sog. „domicile" in Großbritannien begründen; d.h. die Absicht, den Ruhestand in Großbritannien verbringen zu wollen, darf nicht bestehen bzw. nicht gegenüber den Finanzbehörden geäußert werden.[758]

Der Vergütungs- und Versorgungsaufwand sollte zur Ausnutzung von Tarifvorteilen bei der Muttergesellschaft zum Abzug gelangen. Dies kann durch *betriebliche Veranlassung* des Vergütungs- und Versorgungsaufwandes bei der Muttergesellschaft erreicht werden.[759] Erfolgt die Tätigkeit des entsandten Arbeitnehmers dagegen auf betriebliche Veranlassung der britischen Tochtergesellschaft, kann unter Umständen dennoch ein Abzug des Versorgungsaufwandes bei der Muttergesellschaft erreicht werden; etwa wenn kein eigenes Betriebsrentensystem der Tochtergesellschaft besteht oder der Geschäftsführer der Tochtergesellschaft einem anderen Arbeitnehmer keine Pensionszusage erteilt hätte.[760] Ist die Tochtergesellschaft mit dem Versorgungsaufwand zu belasten, kann bei der Festlegung eines *Verrechnungspreises* ein Spielraum im Rahmen der Auslegung betriebswirtschaftlicher Kriterien genutzt werden. Ein Gewinnaufschlag für die Versorgung kann entfallen, wenn die Fortführung der deutschen Pensionsanwartschaft ausschließlich aufgrund der Konzernverbundenheit erfolgt oder das alternativ einzusetzende britische Betriebsrentensystem ohne Gewinnerzielungsabsicht arbeitet.[761]

---

758 Vgl. Kap. „Einkünfteermittlung des Arbeitnehmers", S. 180; Kap. „Mitgliedschaft in einem Versorgungssystem", S. 209; Kap. „Mitgliedschaft in einem Versorgungssystem", S. 216.

759 Vgl. Kap. „Lokalisierung des Abzugs von Personal- und Versorgungsaufwand", S. 189; Kap. „Lokalisierung des Abzugs von Personal- und Versorgungsaufwand", S. 211.

760 Vgl. Kap. „Lokalisierung des Abzugs von Personal- und Versorgungsaufwand", S. 217.

761 Vgl. Kap. „Festlegung des Verrechnungspreises", S. 217.

Für die Fortgeltung deutschen *Arbeitsrechts* ist ein Ruhensvertrag zu schließen, in dem die Weiterführung der Pensionszusage, Rückkehrvoraussetzungen und Kündigungsbeschränkungen vereinbart werden. Empfehlenswert ist die ausdrückliche Ausübung einer Rechtswahl für das gesamte Arbeitsverhältnis, zumindest für den Teilbereich der betrieblichen Altersversorgung.[762] Die *Unverfallbarkeit* der Versorgungsanwartschaft tritt während der Entsendung ein, da das Arbeitsverhältnis ruhend fortbesteht und deutsches Arbeitsrecht weiterhin gilt.[763] Zur Fortgeltung des *Insolvenzschutzes* ist zudem erforderlich, daß nach der Ruhensvereinbarung die Beschäftigungszeiten bei dem ausländischen Arbeitgeber auf die Betriebszugehörigkeit im Inland angerechnet werden und daß der Zeitraum des Ruhens entweder von vornherein zeitlich oder durch die Erfüllung eines Zwecks begrenzt ist.[764]

Die Mitgliedschaft in der deutschen *Sozialversicherung* endet bei einer Versetzung ins Ausland. Da grundsätzlich Sozialversicherungspflicht in Großbritannien eintritt, ist eine Antragspflichtversicherung nach § 4 Abs. 1 Nr. 2 SGB VI ausgeschlossen. Die Beitragszahlung zum gesetzlichen Rentenversicherungssystem kann im Rahmen einer freiwilligen Versicherung nach § 7 SGB VI fortgesetzt werden.[765] Die Beitragspflicht zum britischen Sozialversicherungssystem kann der Höhe nach gemindert werden, indem der Arbeitnehmer einem persönlichen Rentensystem (personal pension scheme) beitritt, welches zur Befreiung vom SERPS-System berechtigt.[766]

3. Vollständiger Verbleib im deutschen Betriebsrentensystem bei befristeter Versetzung und Beratervertrag

Der Abschluß eines Beratervertrages mit dem entsendenden Stammhaus ersetzt im Hinblick auf die fortgeführte deutsche Pensionszusage einen Ruhensvertrag, indem das Versorgungsverhältnis aus dem Arbeitsverhältnis herausgelöst und auf eine eigenständige zivilrechtliche Grundlage gestellt wird.

In steuerlicher Hinsicht ersetzt ein Beraterverhältnis die Anerkennung des deutschen Betriebsrentensystems als „corresponding scheme". Voraussetzung ist, daß eine klare Trennung der nichtselbständig und der selbständig ausgeübten Tätigkeit und damit die Anerkennung des Dienstleistungsverhältnisses erfolgen kann.[767] Zudem muß die abkommensrechtliche Ansässigkeit in Deutschland verbleiben, um die Steuerfreiheit der Zuführungen zur Versorgungsanwartschaft

---

762 Vgl. Kap. „Anzuwendendes Recht", S. 199; Kap. „Arbeits- und Versorgungsverhältnis", S. 207; Kap. „Rechtswahl", S. 221.

763 Vgl. Kap. „Eintritt der Unverfallbarkeit", S. 201.

764 Vgl. Kap. „Insolvenzsicherung", S. 203.

765 Vgl. Kap. „Sozialversicherungsrechtliche Teilprobleme", S. 204; Kap. „Sozialversicherungsrechtliche Gestaltung", S. 216.

766 Vgl. Kap. „Altersversorgungssysteme", S. 162.

767 Vgl. Kap. „Einkünfteermittlung des Arbeitnehmers", S. 180; Kap. „Beratervertrag", S. 208.

zu gewährleisten. In diesem Zusammenhang können die persönlichen und wirtschaftlichen Beziehungen des Arbeitnehmers von Einfluß sein.[768]

Beruht die Weiterführung der Versorgungszusage auf einem Beraterverhältnis, ist hierfür im Rahmen der *Rechtswahlfreiheit* nach Art. 27 EGBGB die Anwendung deutschen Rechts zu vereinbaren. Der *Insolvenzschutz* wird im Rahmen eines Beraterverhältnisses aufrechterhalten, sofern dieses als Gegenleistung für die Fortführung der Versorgungszusage gilt.[769]

Die Mitgliedschaft in der deutschen *Sozialversicherung* endet bei einer Versetzung ins Ausland.[770]

4. Aufrechterhaltung der Anwartschaft im deutschen Betriebsrentensystem, Eingliederung in das britische Versorgungssystem für die Zeit der Entsendung bei befristeter oder unbefristeter Versetzung

Im Unterschied zu den vorangegangenen Alternativen wird hier die deutsche Versorgungsanwartschaft nur aufrechterhalten; die Zuführungen zur Rückstellung vermindern sich um den Jahresbeitrag. Die Aufrechterhaltung erfolgt auf vertraglicher Basis, da bei Entsendungsbeginn die Unverfallbarkeit noch nicht eingetreten ist. Ein Aufschieben des Entsendungsbeginns bis zum Eintritt der Unverfallbarkeit reicht nicht aus, um den Insolvenzschutz zu gewährleisten.[771] Für die Aufrechterhaltung des Insolvenzschutzes ist ein Ruhensvertrag (befristete Versetzung) oder ein Beraterverhältnis (befristete und unbefristete Versetzung) erforderlich.[772] Die Vereinbarung über die Teilnahme am britischen Betriebsrentensystem ist direkt mit der Tochtergesellschaft und in britischer Währung zu treffen.[773] Eigenbeiträge können geleistet werden; eine Übertragung des britischen Anwartschaftsgegenwertes auf eine rückstellungsfinanzierte deutsche Anwartschaft ist nicht möglich.[774] Für beide Betriebsrentensysteme ist die Anwendung des jeweiligen nationalen *Arbeitsrechts* zu vereinbaren.[775] Die Mitgliedschaft in der deutschen *Sozialversicherung* endet bei einer Versetzung ins Ausland.[776]

---

768 Vgl. Kap. „Ansässigkeit und Steuerpflicht des Arbeitnehmers“, S. 205; Kap. „Verwaltungspraxis“, S. 220.

769 Vgl. Kap. „Insolvenzsicherung“, S. 203.

770 Siehe hierzu die diesbezüglichen Ausführungen zur Handlungsalternative 2.

771 Vgl. Kap. „Eintritt der Unverfallbarkeit“, S. 201.

772 Siehe hierzu die diesbezüglichen Ausführungen zu den vorangegangenen Handlungsalternativen.

773 Vgl. Kap. „Anzuwendendes Recht“, S. 199.

774 Vgl. Kap. „Mitgliedschaft in einem Versorgungssystem“, S. 183; zu Vorteilen siehe Kap. „Berücksichtigung des Versorgungszeitraums“, S. 195.

775 Vgl. Kap. „Anzuwendendes Recht“, S. 199; Kap. „Arbeits- und Versorgungsverhältnis“, S. 207; Kap. „Rechtswahl“, S. 221.

776 Siehe hierzu die diesbezüglichen Ausführungen zur Handlungsalternative 2.

5. Vollständige Übernahme in das Versorgungssystem der britischen Tochtergesellschaft mit Übertragung der bestehenden Anwartschaft nach Großbritannien bei unbefristeter Versetzung oder Übertritt

Bei der letzten Handlungsalternative wird die Mitgliedschaft im deutschen Betriebsrentensystem beendet. Die Entscheidung für das britische Betriebsrentensystem erfolgt im Hinblick auf die damit verbundenen Vorteile.[777] Die Vereinbarung über die Teilnahme am britischen Betriebsrentensystem ist direkt mit der Tochtergesellschaft und in britischer Währung zu treffen.[778]

Die Abfindung der deutschen Versorgungsanwartschaft und die Übertragung in das britische System bieten sich an, da bei Auflösung des Arbeitsverhältnisses der Freibetrag nach § 3 Nr. 9 EStG in Anspruch genommen werden kann.[779] Zudem unterliegt die Anwartschaft aufgrund der Verfallbarkeit noch keinen arbeitsrechtlichen Abfindungsbeschränkungen.[780] Bei einem angestrebten Ruhestandswohnsitz in Großbritannien kann durch die Übertragung eine Konsolidierung der Versorgungsansprüche herbeigeführt werden.[781]

Die Mitgliedschaft in der deutschen *Sozialversicherung* endet bei Versetzung oder Übertritt ins Ausland.[782]

Im **Überblick** können die Handlungsalternativen wie folgt dargestellt werden:

Handlungsalternativen	Eigenschaften
1. Vollständiger Verbleib im deutschen Betriebsrentensystem bei Abordnung/ Delegation	• *Arbeitsverhältnis* mit Muttergesellschaft bleibt bestehen. • Aufspaltung des Arbeitsvertrages bei Entsendungen von bis zu 183 Tagen sinnvoll. • *Steuerfreiheit* der Zuführungen zum deutschen Betriebsrentensystem durch Anerkennung als „corresponding scheme". • Vorteilhafter Abzug bei der Muttergesellschaft; ist die Weiterbelastung an die Tochtergesellschaft erforderlich, kann bei der *Verrechnungspreisermittlung* ein Spielraum genutzt werden. • Deutsches *Arbeitsrecht* gilt fort. • Die *Unverfallbarkeit* des Versorgungsanspruchs tritt ein. • Die *Insolvenzsicherung* bleibt grundsätzlich erhalten. • Die Mitgliedschaft in deutscher *Sozialversicherung* bleibt grundsätzlich erhalten.

777 Vgl. Kap. „Mitgliedschaft in einem Versorgungssystem", S. 183; Kap. „Berücksichtigung des Versorgungszeitraums", S. 195.

778 Vgl. Kap. „Anzuwendendes Recht", S. 199.

779 Vgl. Kap. „Abfindung und Übertragung", S. 188.

780 Vgl. Kap. „Abfindung und Übertragung", S. 201.

781 Vgl. Kap. „Abfindung und Übertragung", S. 188; Kap. „Abfindung und Übertragung", S. 211.

782 Siehe hierzu die diesbezüglichen Ausführungen zur Handlungsalternative 2.

2. Vollständiger Verbleib im deutschen Betriebsrentensystem bei befristeter Versetzung mit Ruhensvertrag	• *Arbeitsverhältnis* mit der Tochtergesellschaft. • *Steuerfreiheit* der Zuführungen zum deutschen Betriebsrentensystem grundsätzlich durch Anerkennung als „corresponding scheme“. • Vorteilhafter Abzug bei der Muttergesellschaft; ist die Weiterbelastung an die Tochtergesellschaft erforderlich, kann bei der *Verrechnungspreisermittlung* ein Spielraum genutzt werden. Der Ansatz eines Gewinnaufschlages kann mit Rücksicht auf die Konzernverbundenheit unterbleiben. • Die Fortgeltung deutschen *Arbeitsrechts* beruht auf einem Ruhensvertrag, der bestimmte Vereinbarungen enthalten muß. • Die *Unverfallbarkeit* des Versorgungsanspruchs tritt ein. • Die *Insolvenzsicherung* bleibt erhalten, sofern der Ruhensvertrag bestimmte Vereinbarungen enthält. • *Sozialversicherungspflicht* besteht in Großbritannien; Beiträge zur deutschen gesetzlichen Rentenversicherung können auf freiwilliger Basis geleistet werden.
3. Vollständiger Verbleib im deutschen Betriebsrentensystem bei befristeter Versetzung und Beratervertrag	• *Arbeitsverhältnis* mit der Tochtergesellschaft, *Beraterverhältnis* mit der Muttergesellschaft. • *Steuerfreiheit* der Zuführungen zum deutschen Betriebsrentensystem, sofern abkommensrechtliche Ansässigkeit in Deutschland verbleibt und eine klare Trennung von nichtselbständiger und selbständiger Arbeit erfolgt. • Die Fortgeltung deutschen *Arbeitsrechts* für das Versorgungsverhältnis ist im Beratervertrag ausdrücklich zu vereinbaren. • Die *Unverfallbarkeit* des Versorgungsanspruchs tritt ein. • Die *Insolvenzsicherung* tritt mit Eintritt der Unverfallbarkeit ein, sofern das Beraterverhältnis als Gegenleistung für die Fortführung des Versorgungsverhältnisses gilt. • *Sozialversicherungspflicht* besteht in Großbritannien; Beiträge zur deutschen gesetzlichen Rentenversicherung können auf freiwilliger Basis geleistet werden.
4. Aufrechterhaltung der Anwartschaft im deutschen Betriebsrentensystem, Eingliederung in das britische Versorgungssystem für die Zeit der Entsendung bei befristeter oder unbefristeter Versetzung	• *Arbeitsverhältnis* mit der Tochtergesellschaft. • *Aufrechterhaltung* der deutschen Betriebsrentenzusage auf vertraglicher Basis. • Der Eintritt der *Insolvenzsicherung* erfordert einen Ruhensvertrag (befristete Versetzung) bzw. ein Beraterverhältnis. • Vereinbarung über die *Teilnahme* am britischen Betriebsrentensystem mit der Tochtergesellschaft.

	• Vereinbarung des jeweiligen nationalen Arbeitsrechts für die Mitgliedschaft in den Betriebsrentensystemen. • *Sozialversicherungspflicht* besteht in Großbritannien; Beiträge zur deutschen gesetzlichen Rentenversicherung können auf freiwilliger Basis geleistet werden.
5. Vollständige Übernahme in das Versorgungssystem der britischen Tochtergesellschaft mit Übertragung der bestehenden Anwartschaft nach Großbritannien bei unbefristeter Versetzung oder Übertritt	• *Arbeitsverhältnis* mit der Tochtergesellschaft. • Vereinbarung über die *Teilnahme* am britischen Betriebsrentensystem mit der Tochtergesellschaft. • Vereinbarung des britischen *Arbeitsrechts* für die Mitgliedschaft im Betriebsrentensystem. • Möglichkeit der *Abfindung* und *Übertragung* der deutschen Versorgungsanwartschaft. • *Sozialversicherungspflicht* besteht in Großbritannien; Beiträge zur deutschen gesetzlichen Rentenversicherung können auf freiwilliger Basis geleistet werden.

Abb. 31: Übersicht zu den erarbeiteten Handlungsalternativen

Zu den Handlungsalternativen Nr. 1. - Nr. 5.: Zum Zeitpunkt der Entsendung beeinflußt die steuerliche Vorteilhaftigkeit eines deutschen bzw. britischen Ruhestandswohnsitzes grundsätzlich nicht die Entscheidung zwischen den Handlungsalternativen. Der voraussichtliche Wohnsitz im Ruhestand beeinflußt jedoch die Entscheidung über einen Übertritt in das britische Betriebsrentensystem und spricht insofern für die Handlungsalternative Nr 5. Die für den Ruhestandszeitraum vorzunehmende Entscheidung über die Begründung eines sog. „domicile" in Großbritannien und über die Art der Steuerpflicht in Deutschland ist anhand der Einkommensverhältnisse und der steuerrechtlichen Situation bei Eintritt in den Ruhestand zu treffen.[783]

D. Phase 4: Entscheidungsphase

In der Entscheidungsphase wird eine abschließende Bewertung der konstruierten Handlungsalternativen (Kap. I) sowie eine Berücksichtigung vorhandener Ungewißheit (Kap. II) vorgenommen.

I. Bewertung der Handlungsalternativen

Da in der Entscheidungsphase erstmals die Handlungsalternativen als Ganzes, d.h. als Kombination der Teilproblemlösungen, beurteilt werden, ist auf das Zusammenwirken dieser Lösungsbestandteile zu achten. Zur Bewertung der Handlungsalternativen sind quantitative Aspekte insoweit zu berücksichtigen, wie diese Aspekte nicht bereits als Teilprobleme in vorangegangenen Phasen untersucht wurden. Diese Untersuchung erfolgte im Gestaltungsfall bereits in

783 Vgl. Kap. „Berücksichtigung des Versorgungszeitraums", S. 195.

der Teilproblemformulierung bei der Bildung tatbestandlicher Interessenlagen.[784]

Eine Bewertung unter qualitativen Aspekten ergibt, daß nur die Handlungsalternative 1 (Abordnung/Delegation) neben dem angestrebten vollständigen Verbleib im deutschen Betriebsrentensystem die angestrebte fortgesetzte Mitgliedschaft in der deutschen Sozialversicherung zuläßt. Liegt hier eine starke Präferenz des Arbeitnehmers, scheiden die übrigen Alternativen aus. Ist die Präferenz zur deutschen Sozialversicherung weniger stark, kann in Abhängigkeit vom Umfang der organisatorischen Eingliederung in das Tocherunternehmen auch eine Versetzung oder ein Übertritt erfolgen, die eine ergänzende Teilnahme am bzw. völlige Übertragung der deutschen Anwartschaft auf das britische Betriebsrentensystem ermöglichen.

Aus Arbeitnehmer- und Arbeitgebersicht ist die Teilnahme am britischen System (Handlungsalternativen 4 und 5) in quantitativer Sicht grundsätzlich zu befürworten.[785] Der angestrebte Abzug des Versorgungsaufwandes bei der Mutterkapitalgesellschaft kann grundsätzlich in allen Handlungsalternativen erfolgen, sofern die Tätigkeit des Mitarbeiters eine entsprechende Veranlassung aufweist.

II. Ungewißheitsanalyse

Die betriebliche Altersversorgung bei Personalentsendung bringt für den Arbeitgeber allgemeine und spezifische Risiken mit sich. Die *allgemeinen Risiken* der betrieblichen Altersversorgung sind bereits bei der Erteilung der Versorgungszusage zu berücksichtigen gewesen; sie sind nicht Gegenstand des Gestaltungsfalles, vorausgesetzt, die Risikopräferenz des Arbeitgebers hat sich nicht geändert und wesentliche Abweichungen vom erwarteten Risikoverlauf sind nicht eingetreten. Die allgemeinen Risiken der betrieblichen Altersversorgung für den Arbeitgeber lassen sich in biometrische Risiken, konjunkturelle Risiken, gesetzgeberische Risiken und leistungsplaninduzierte Risiken unterteilen.[786]

Die *spezifischen Risiken* innerhalb der betrieblichen Altersversorgung bei Personalentsendung umfassen insbesondere qualitative Einfluß- und Ungewißheitsfaktoren. Für die Erfassung kann das vorgestellte Maßnahmenpaket zur Ungewißheitsanalyse eingesetzt werden.[787] Das Maßnahmenpaket besteht im wesentlichen aus Anweisungen an den Entscheidungsvorbereiter bzw. -träger zu

---

784 Vgl. Kap. „Einkünfteermittlung des Arbeitnehmers", S. 180; Kap. „Mitgliedschaft in einem Versorgungssystem", S. 183; Kap. „Lokalisierung des Abzugs von Personal- und Versorgungsaufwand", S. 189.

785 Vgl. Kap. „Mitgliedschaft in einem Versorgungssystem", S. 183.

786 Vgl. hierzu ausführlich Schanz, T., Risikobewältigung, 1992, S. 59-105. Siehe auch Kap. „Spezielle steuerliche Ungewißheit", S. 63.

787 Vgl. Kap. „Fazit: Rückgriff auf Erkenntnisse der deskriptiven Entscheidungsforschung", S. 68.

einem strukturierten analytischen Vorgehen. Aufgrund des operativen Charakters des Maßnahmenpaketes wird im folgenden ein denkbares Ergebnis einer solchen Analyse vorgestellt.

1. *Erkundung und Formulierung von Ungewißheit:* Der Entscheidungsträger hat durch Auseinandersetzung mit der verfügbaren Literatur, mit weiteren Fachexperten, mit dem Auftraggeber des Gestaltungsprojektes sowie mit weiteren betroffenen Personen Ungewißheiten erkundet. Die offengelegten Ungewißheiten über Zielvorstellungen, Präferenzen, Umweltbedingungen und Konsequenzen der Handlungsalternativen sind vom Entscheidungsträger explizit formuliert.
   - *Zielvorstellung: Möglichkeit eines Ruhestandswohnsitzes des entsandten Arbeitnehmers in Großbritannien.* Der Ruhestandswohnsitz ist für die Besteuerung der deutschen bzw. britischen Versorgungsbezüge als auch der Kapitaleinkünfte, die in Zusammenhang mit einer Kapitalleistung anfallen, hinsichtlich der Bemessungsgrundlage und des Steuertarifs von Bedeutung. Dabei hat sich der Familienstand als entscheidungsrelevante Größe herausgestellt.[788] Eine Änderung der Zielvorstellung ist grundsätzlich bis zum Eintritt in den Ruhestand mit keinen steuerlichen Nachteilen verbunden. Sofern ein nicht-britisches Domizil erforderlich ist (Handlungsalternativen 1 und 2), ist der Absichtswandel allerdings den britischen Finanzbehörden nicht mitzuteilen.
   - *Präferenz: Fortgesetzte Mitgliedschaft in der deutschen Sozialversicherung wichtig.* Die deutsche Sozialversicherungspflicht bleibt nur in der Handlungsalternative 1, d.h. bei Abordnung oder Delegation, bestehen. Fordert die britische Tochtergesellschaft den Abschluß eines eigenen Arbeitsvertrages mit dem zeitweilig bei ihr tätigen Arbeitnehmer, ist mit den Beteiligten zu klären, wer seine Präferenz zurückstellt und ob ggfs. finanzielle Ausgleichsleistungen erfolgen.
   - *Umweltbedingung: Qualifizierung der Leistungen aus einem britischen Betriebsrentensystem als wiederkehrende Bezüge nach § 22 Nr. 1 EStG.* In der rechtlichen Analyse konnten sowohl für die Qualifikation von Leistungen aus einem britischen Betriebsrentensystem als wiederkehrende Bezüge nach § 22 Nr. 1 EStG als auch für die Qualifikation als Ruhegeld nach § 19 Abs. 1 Nr. 1 EStG Argumente gefunden werden.[789] Das Ergebnis ist für den Umfang der steuerlichen Erfassung britischer Ruhegelder in Deutschland und damit über die Zielgröße „Erzielung finanzieller Vorteile“ entscheidungsrelevant. In der Analyse wurde die für den Arbeitnehmer vorteilhafte Qualifikation als wiederkehrender Bezug unterstellt. Führt eine Auskunft bei der zuständigen Finanzbehörde oder eine abweichende Fest-

788 Vgl. Kap. „Berücksichtigung des Versorgungszeitraums“, S. 195.
789 Vgl. Kap. „Versorgungszeitraum“, S. 142.

setzung im Rahmen der Arbeitnehmer-Veranlagung zur Einstufung als Ruhegeld, wäre die Vorteilhaftigkeit der Teilnahme am britischen Betriebsrentensystem geschmälert. In der Konsequenz erscheint die frühzeitige Einholung einer Auskunft bei der Finanzverwaltung notwendig, um die nachträgliche Verschlechterung einer sachverhaltlich nicht mehr korrigierbaren Entscheidung für die Handlungsalternativen 4 und 5 zu vermeiden.

- *Umweltbedingung: Anerkennung der Verrechnungspreisgestaltung.* Der in der Ideenfindung aufgezeigte Spielraum bei der Verrechnungspreisgestaltung beruht auf Abweichungen von der als betriebswirtschaftlich korrekt ermittelten Preisermittlung.[790] Inwieweit der vorgeschlagene Hinweis auf die Verrechnungspreisermittlung nach nationalem Steuerrecht für die deutschen als auch die britischen Finanzbehörden überzeugend ist, unterliegt einer Ungewißheit; eine vorherige Klärung mit der Finanzverwaltung ist daher zu versuchen.
- *Umweltbedingung: Dauer des Entsendung; Wahrscheinlichkeit und Konsequenzen eines vorzeitigen Abbruchs der Entsendung.* Verkürzt sich der ursprünglich geplante Entsendungszeitraum aufgrund betrieblicher Notwendigkeiten oder persönlicher Umstände des entsandten Mitarbeiters, entstehen bei vollständigem Verbleib im Heimatsystem (Handlungsalternativen 1-3) keine Schwierigkeiten hinsichtlich der betrieblichen Altersversorgung. Die zu einem britischen Betriebsrentensystem geleisteten Beiträge (Handlungsalternativen 4 und 5) können im Falle des Ausscheidens bei einer Beschäftigungszeit von weniger als zwei Jahren zurückerstattet werden. Die Erstattung wird pauschal um eine Steuer in Höhe von 20 % gekürzt, um die auf die Beiträge gewährte Steuerbefreiung rückgängig zu machen.[791] Irreversibel ist nur die Übertragung der gesamten Anwartschaft (Handlungsalternative 5) nach Großbritannien; eine Rückübertragung würde erneut zu einem Transferverlust führen und ist beispielsweise nur zu einer Direktversicherungszusage zulässig.[792]
- *Umweltbedingung: Preisentwicklung in Deutschland und Großbritannien.* Die Preisentwicklung hat im Rahmen der abweichenden Rentenanpassungsmodi Einfluß auf die Entscheidung, dem britischen Betriebsrentensystem beizutreten. Die Wirkungsrichtung wurde in der Teilproblemformulierung untersucht.[793]
- *Umweltbedingung: Reform des deutschen Steuersystems, insbesondere hinsichtlich des Umfang und Zeitpunkts von Änderungen des Einkommensteuer- und Körperschaftsteuertarifs.* Eine grundlegende Tarifreform hätte

790 Vgl. Kap. „Festlegung des Verrechnungspreises“, S. 217.
791 Vgl. Kap. „Unverfallbarkeit“, S. 171.
792 Vgl. zur Flexibilität und Reversibilität Kap. „Steuerliche Gestaltungsmittel“, S. 48.
793 Vgl. Kap. „Mitgliedschaft in einem Versorgungssystem“, S. 183.

im Entsendungszeitraum Einfluß auf die Lokalisierung des Betriebsausgabenabzugs für den Vergütungs- und Versorgungsaufwand; die Wirkung wurde in der Teilproblemformulierung berücksichtigt.[794]

- *Umweltbedingung: Beitritt Großbritanniens zur europäischen Währungsunion.* Die Konsequenzen auf die Verrechnungspreisgestaltung wurden in der Rechtsanalyse angesprochen, entfalten aber keine entscheidungsrelevante Wirkung.[795] Der Wegfall von Währungsrisiken kann langfristig eine Entscheidung für den Beitritt in ein britisches Betriebsrentensystem (Handlungsalternativen 4 und 5) erleichtern.

2. *Identifizierung von Annahmen und Offenlegung des Einflusses:* Alle signifikanten Annahmen sind zu identifizieren. Zu den Annahmen gehören die Grenzen und Auslassungen der Gestaltungsarbeit; insbesondere Vereinfachungen, die durch den Grad an Aggregation oder Detaillierung im Modell erfolgen; qualitative Faktoren mit Einfluß auf die quantitative Analyse, die dort ausgelassen oder nur ungenügend einbezogen werden, sowie eingeflossene Werturteile. Der Einfluß der identifizierten Ungewißheiten und Annahmen auf das Modellergebnis ist offenzulegen.
   - Das Gestaltungsvorhaben konzentrierte sich auf die Entsendungsgestaltung für einen einzelnen Arbeitnehmer. Aspekte konzerneinheitlicher Entsenderichtlinien und Gestaltungsmaßnahmen wurden nicht berücksichtigt. Das individuelle Vorgehen bringt die Gefahr mit sich, bei weiteren Entsendungen in den gleichen Staat, in andere Staaten oder auch bei Entsendungen von der Tochter- zur Muttergesellschaft zu einer schwer administrierbaren Vielfalt von Gestaltungen zu gelangen. Ein weltweit einheitliches Vorgehen ist auf der anderen Seite schon aus steuerlichen Gründen nicht sinnvoll. Die konzernweite, multinationale Gestaltung betrieblicher Altersversorgung bedarf daher weiterer Ansätze, die nicht Gegenstand dieser Arbeit sind.[796]
   - Der methodische Ansatz der Arbeit zielt auf die Gewinnung von Handlungsalternativen. Fragen des Vergütungs- und Versorgungsniveaus, die in der Praxis von erheblicher Bedeutung sind, wurden weitgehend unberücksichtigt gelassen.[797] Das Modellergebnis verliert dadurch aber nicht an Bedeutung, da die Festlegung eines Vergütungs- und Versorgungsniveaus im Rahmen der ausgewählten Handlungsalternative noch erfolgen kann.
3. *Verbesserung:* Die Ausarbeitung der Teilschritte ist iterativ zu verbessern, indem eine Differenzierung der Aspekte erfolgt, die als wichtig erscheinen und bei denen ein größerer Detaillierungsgrad die Ergebnissse der Analyse

794 Vgl. Kap. „Lokalisierung des Abzugs von Personal- und Versorgungsaufwand“, S. 189.

795 Vgl. Kap. „Währungsunion“, S. 127.

796 Siehe hierzu die Literaturhinweise in Fn. 11, S. 23, sowie in Kap. „Sonderlösungen“, S. 215.

797 Siehe hierzu die Literaturhinweise in Fn. 227, S. 84.

verbessert, und eine Vereinfachung der Aspekte vorgenommen wird, die in bezug auf die relevanten Fragen ohne Bedeutung sind. Dieser Schritt wurde im Zuge der Fertigstellung der Arbeit vorgenommen und ist abgeschlossen.

III. Gesamtbeurteilung und Auswahl

Für die Auswahl der Handlungsalternativen sind die Präferenzen der Beteiligten einzubeziehen. Als Kernziel wurde die möglichst weitgehende Annäherung der Durchführung betrieblicher Altersversorgung bei Personalentsendung ins Ausland an die organisatorische Abwicklung und den finanziellen und steuerlichen Aufwand erkannt, die auch bei einer Weiterbeschäftigung des Arbeitnehmers im Inland anfallen würden. Eine Ausnahme sollte nur dann gelten, wenn für den Arbeitgeber und ggfs. auch den Arbeitnehmer ein vorteilhafteres Ergebnis erzielt werden kann.[798]

Dieses Kernziel kann am besten mit der Handlungsalternative 1, dem vollständigen Verbleib im deutschen Betriebsrentensystem bei Abordnung/Delegation, erreicht werden. Da eine Delegation bis zu einer Dauer von fünf Jahren üblich ist, muß rechtzeitig eine Ausnahmevereinbarung nach Art. 17 EWG-VO 1408/71 getroffen werden, da die fortgesetzte Mitgliedschaft in der deutschen Sozialversicherung grundsätzlich nach 24 Monaten endet.

Bei den weiteren Handlungsalternativen kann die Mitgliedschaft in der deutschen Sozialversicherung nicht fortgesetzt werden. Andererseits ist eine von der Tochtergesellschaft ggfs. erwünschte vertragliche Bindung des Arbeitnehmers sowie die für Arbeitgeber und Arbeitnehmer grundsätzlich als vorteilhaft erkannte Mitgliedschaft in einem britischen Betriebsrentensystem möglich.

4. Teil: Kritische Rezeption und weitere Einsatzfelder des Modells gestaltungsorientierter Entscheidungsunterstützung

Das Modell gestaltungsorientierter Entscheidungsunterstützung wurde im Hinblick auf eine breite Einsetzbarkeit für rechtliche und betriebswirtschaftliche, insbesondere steuerliche Gestaltungsvorhaben konzipiert. Mit dem Modell wurde ein Instrument der steuerlichen Gestaltungsunterstützung geschaffen. Der Einsatz am Beispiel betrieblicher Altersversorgung bei Personalentsendung nach Großbritannien erbrachte aus kritischer Sicht folgende Ergebnisse:

Eine zeitliche und sachliche Strukturierung des Problemlösungs- und Entscheidungsprozesses erwies sich für die Durchführung des Gestaltungsvorhabens von erheblichem Wert. Die anfangs erarbeiteten Zielvorstellungen wurden im Rahmen der Aufdeckung ergebnissensitiver Tatbestandsmerkmale und -alternativen verwendet; die Formulierung der Präferenzlage war für die Zu-

798 Vgl. Kap. „Zusammenführung der Interessenlagen unter Berücksichtigung der Präferenzlage“, S. 87.

sammenführung von Teillösungen zu Handlungsalternativen sowie für die Bewertung der Handlungsalternativen von Nutzen.

Zur Ausarbeitung von ergebnissensitiven Tatbestandsmerkmalen und -alternativen wurde die für das Gestaltungsproblem relevante Rechtsmaterie einer systematischen Analyse unterzogen. Die Rechtsanalyse nahm aufgrund der Komplexität des vorliegenden Gestaltungsvorhabens einen breiten Raum ein; sie beruhte auf der Berührung von zwei nationalen Rechtsordnungen (Deutschland, Großbritannien) und jeweils drei Rechtsgebieten (Steuerrecht, Arbeitsrecht, Sozialversicherungsrecht).

Im Anschluß an die abstrakte Rechtsanalyse erwies sich die Teilproblemformulierung als hilfreicher Zwischenschritt, um eine Zusammenfassung und Bewertung der tatbestandlichen Alternativen, die in der steuer-, arbeits- und sozialversicherungsrechtlichen Materie aufgefundenen wurden, vornehmen zu können. Dieser Schritt abstrahierte vom konkreten Sachverhalt und ließ eine umfassende Berücksichtigung von Alternativen zu. Auf dieser abstrakten Ebene konnte nach Bestandteilen von Handlungsalternativen geforscht und Voreingenommenheit aufgrund möglicher mangelnder Realisierungsfähigkeit auf der Sachverhaltsebene vermieden werden.

Die Teilproblemformulierung legte die Grundlage für die sich in der Phase der Ideenfindung und -vorauswahl anschließende Konkretisierung der abstrakten tatbestandlichen Ebene und die Bildung von Handlungsalternativen. Mittels logischer Kombination und einer gewissen Intuition wurden Sachverhaltsgestaltungen und Wahlrechte auf der Realebene gefunden, die zu konsistenten Handlungsalternativen kombiniert werden konnten.

Die endgültige Auswahl aus den Handlungsalternativen wurde im Beispielfall nur angedeutet, da die Präferenzen von Arbeitnehmer und Arbeitgeber aufgrund des fiktiven Fallcharakters nicht hinreichend deutlich vorgegeben waren. In einer abschließenden Ungewißheitsanalyse wurde angedeutet, wie das zu diesem Zweck entwickelte Maßnahmenpaket einzusetzen ist und welche Ergebnisse resultieren können. Das Maßnahmenpaket in Form einer Anleitung zur strukturierten Ungewißheitssuche erwies sich als nützlich, indem es zu einer intensiven Beschäftigung mit Ungewißheitsaspekten anregte und zu einer bewußten Aufdeckung dieser Faktoren führte.

Der Anspruch an die Generierung „neuer“ Gestaltungsalternativen und „kreativer Lösungen“ konnte nur bedingt eingelöst werden. Da in der Fachliteratur für die Grundfälle der betrieblichen Altersversorgung bei Personalentsendung bereits Lösungen vorgeschlagen werden, konnte das Potential der angesprochenen heuristischen Methoden nur eingeschränkt wirksam werden. Der Gestaltungsfall orientiert sich eng an einer relativ konkreten Ausgangssituation, so daß die Methodik insbesondere dort zu „neuen“ Alternativen führen konnte, wo rechtliche Details und die Umstände des Einzelfalles im Rahmen der vorgefundenen Gestaltungsvorschläge nicht berücksichtigt waren. Insofern erwiesen sich die vorgestellten Methoden als ein hilfreiches Instrument zum Auffinden von sachverhaltlichen Gestaltungen: grundlegendes Gestaltungswissen ist zwar in der Literatur auffindbar oder in Experteninterviews erkundbar, aber angesichts der Detailfülle steuerlicher Aufgabenstellungen im Einzelfall nicht hinreichend konkret und zudem aufgrund des schnellen Wandels steuerrechtlicher Normen und Rechtsauffassungen regelmäßig zu überarbeiten.

Das Modell gestaltungsorientierter Entscheidungsunterstützung, das in dieser Arbeit an einer Problemstellung aus der Internationalen Betriebswirtschaftlichen Steuerlehre exemplifiziert wurde, kann in der den Einzelfall betreffenden Beratungspraxis bei der Bearbeitung weiterer rechtlich und betriebswirtschaftlich relevanter, insbesondere steuerlicher Problemstellungen internationaler wie auch nationaler Art, von Nutzen sein. Der Einsatz der vorgestellten heuristischen Methoden wie auch die Hinweise zur Modellierung des Zielplans sollten in weiteren Gestaltungsfällen vertieft exemplifiziert werden. Die Gewichtung der Modellbestandteile ist dabei jeweils an die Bedeutung im Einzelfall anzupassen. Bewegen sich weitere Gestaltungsfälle auf einem enger abgegrenzten Rechtsgebiet, können andere Schwerpunkte in der Modellanwendung entstehen. Beispielhaft werden zwei weitere Anwendungsfälle vorgestellt:

- *Einführung eines Versorgungssystems:* Als erstes Beispiel dient die Entscheidung über die Wahl des geeigneten Durchführungswegs bei Einführung eines Versorgungssystems für einen inländischen, mittelständischen Betrieb.[799] Da hier die Berührung einer ausländischen Rechtsordnung entfällt, sind die prinzipiellen Handlungsalternativen von vornherein leicht abgrenzbar. Dennoch ist eine Rechtsanalyse nicht überflüssig, da alternative Leistungsplangestaltungen (Leistungszusagen, leistungsorientierte Beitragszusagen, Gehaltsumwandlungen durch Einmalbeiträge) mit differenzierten steuer-, arbeits- und sozialversicherungsrechtlichen Konsequenzen verknüpft sind. Die Entscheidung über die Einführung eines Versorgungssystems führt wegen der Anzahl der Versorgungsnehmer zu größeren betriebswirtschaftlichen Einflüssen auf den Arbeitgeber als die Entsendung nur eines Mitarbeiters ins Ausland. Der Schwerpunkt liegt auf der hinreichenden Aufdeckung der rechtlichen und betriebswirtschaftlichen Konsequenzen der Entscheidung über die Auswahl. Einer quantitativen Analyse[800] und einer kritischen Offenlegung zukünftiger entscheidungsbedingter Risiken[801] kommt in einem solchen Anwendungsfall der Schwerpunkt zu. Die Entscheidungsphase (Phase 4) ist insofern erheblich stärker als im vorliegenden Gestaltungsfall zu gewichten.

---

799 Vgl. Scheffler, W., Altersversorgung, 1990, S. 2.

800 Vgl. Kap. „Bildung der Ergebnismatrix“, S. 59.

801 Vgl. Kap. „Berücksichtigung von Ungewißheit“, S. 61.

- *Erbschaftsteuerplanung:* Die Belastung mit Erbschaftsteuer hängt in vielfältiger Weise von der ökonomischen Gestaltung des Sachverhaltes und der zivilrechtlichen Durchführung ab. So resultiert bei wirtschaftlich identischen Unternehmen unterschiedlicher Rechtsform eine erheblich abweichende Erbschaftsteuerbelastung. Die unentgeltliche Übertragung einer Personengesellschaft ist tendenziell mit einer geringeren Erbschaftsteuerbelastung verbunden als die Übertragung einer Kapitalgesellschaft, sofern sich die Gesellschaften auch hinsichtlich des Umfangs der von den Gesellschaftern an die Gesellschaft überlassenen Wirtschaftsgüter entsprechen.[802] Eine tatbestandliche Interessenlage ist beispielweise die „Präferierung von Betriebsvermögen vor Privatvermögen", die eine Vielzahl von sachverhaltlichen Gestaltungen eröffnet. Als weitere Interessenlage kann die „Präferierung von Erben erster Ordnung vor denen späterer Ordnungen" zu sachverhaltlichen Gestaltungen führen.

Da diese und weitere tatbestandliche Interessenlagen relativ einfach anhand des Erbschaftsteuergesetzes abgrenzbar sind, wird der Schwerpunkt der Modellanwendung im Rahmen der Erbschaftsteuerplanung zum ersten bei der Generierung von Handlungsalternativen in der Phase der Ideenfindung liegen, z.B. hinsichtlich der vorweggenommenen Erbfolge, die eine Vielzahl von Handlungsalternativen eröffnet.

Als zweitem Schwerpunkt bei der Modellanwendung im Rahmen der Erbschaftsteuerplanung kommt dem Maßnahmenpaket zur Ungewißheitsanalyse eine herausragende Bedeutung zu, da die zu treffenden Entscheidungen einen weiten Zukunftsbezug aufweisen. Die Art der Zuteilung des zu vererbenden Betriebsvermögens auf die Erbberechtigten und Vermächtnisnehmer muß berücksichtigen, daß nicht nur Liquidität zur Bezahlung der Erbschaftsteuerzahllast vorhanden ist, sondern auch der Wille und die Fähigkeit bestehen, einen Betrieb weiterzuführen. Ausschließlich steuerplanerische, quantitative Überlegungen reichen zu einer rationalen Entscheidungsfindung nicht aus. Der Umfang an Ungewißheit ist gemäß dem vorgestellten Maßnahmenpaket, d.h. vor allem unter aktivem Einbezug der Begünstigten, explizit aufzudecken.

Neben der Verwendung bei weiteren Gestaltungsfällen kann das methodische Vorgehen zudem von Nutzen für die Fortentwicklung steuerlicher Expertensysteme sein.[803] Hervorzuheben ist in diesem Zusammenhang die Differenzierung zwischen einem systematisch-analytischen Teil (Phase 2) und einem intuitiv-heuristischen Teil (Phase 3). Als Expertensystem wird ein computerbasiertes System bezeichnet, das sowohl das Wissen als auch die Problemlösungsstrategie eines Experten bereithält und auf konkrete Fragestellungen anwenden kann. Als Experte gilt in diesem Zusammenhang, wer zu einer Problemstellung auf

---

802 Vgl. Jacobs, O.H., Rechtsform, 1998, S. 518.

803 Zu Einsatzfeldern von Expertensystemen in der Steuerberatung siehe Dannenberg, G., Expertensysteme, 1989, S. 689-694.

einem Spezialgebiet in überdurchschnittlich kurzer Zeit zu einer qualitativ guten Entscheidung kommt. Dazu gehört die Fähigkeit, das gesamte Entscheidungsfeld zu überblicken und ausschlaggebende Einflußfaktoren schnell erkennen zu können.[804]

Das notwendige Wissen zur Lösung konkreter Fragestellungen setzt sich aus einer umfangreichen, fachspezifischen Wissensgrundlage und hochspezialisierten, auf die Fragestellung bezogenen Kenntnissen zusammen.[805] Schwierigkeiten bereitet grundsätzlich der Aufbau einer computergestützten Wissensbasis. Werden Experten durch den technischen Konstrukteur des Systems interviewt, kann mangels einer fachspezifischen Wissensgrundlage des Konstrukteurs kein fruchtbarer Dialog zustandekommen.[806] Zur Sicherstellung der konzeptionellen Einheit des Systems ist in Übereinstimmung mit dem Modell gestaltungsorientierter Entscheidungsunterstützung ein zweistufiges Vorgehen denkbar. Dazu ist zunächst eine fachwissenschaftlich fundierte Analyse des Problembereichs vorzunehmen, die auf wissenschaftlicher Literatur, Gesetzgebung, Rechtsprechung und Verwaltungsanweisungen beruht. Die fachwissenschaftliche Analyse hat einen fachlichen Entwurf zum Ergebnis, der die problemrelevante Rechtsmaterie offenlegt. Diesem Schritt entspricht im Modell gestaltungsorientierter Entscheidungsunterstützung die Phase 2, die rechtliche Analyse und Formulierung von Teilproblemen. Aufgrund des erforderlichen steuerlichen Verständnisses ist dieser Schritt nicht von einem ausschließlich technischen Konstrukteur zu bewerkstelligen; erforderlich ist vielmehr eine Person, welche die Fähigkeit besitzt, die relevante steuerrechtliche Materie zu identifizieren und problemadäquat zu formulieren. Nicht erforderlich ist auf dieser Stufe dagegen ein steuerliches „Expertenwissen“, das sich durch die Fähigkeit intuitiver Bewertungen auszeichnet. Ein gesonderter Expertensystem-„Techniker“ ist nicht mehr erforderlich; vielmehr kann der Steuerfachmann das strukturierte Wissen selber unter Hilfestellung der Software EDV-gerecht bereitstellen.

Erst in einem zweiten Schritt wird ein Experte („Praktiker“) hinzugezogen. Bei Vorlage des vom EDV-System bereitgestellten Fachentwurfes kann der Experte seine Kenntnisse zur Verfeinerung praktisch relevanter Gestaltungsdetails als auch seine Erfahrung in Form heuristischer Konzepte einbringen. Die hohe Arbeitseffizienz eines Experten entsteht gerade aus seiner hohen Fähigkeit zur Komplexitätsreduktion, d.h. zur Reduzierung des Entscheidungsfeldes auf aus-

---

804 Vgl. Jacobs, O.H., Expertensystem, 1990, S. 228-232, S. 238-240; Rödder, T., Steuerplanungslehre, 1988, S. 9.

805 Zur Differenzierung des umzusetzenden Wissens in Tiefenwissen (Theorien, Gesetze) und Oberflächenwissen (Heuristiken) siehe Harmon, P./King, D., Expertensysteme, 1989, S. 35-39.

806 Die Problematik ähnelt dem Anstreben eines „Mutual Understanding“, d.h. eines gegenseitigen Verstehens von Modellbauer und Modellanwender, siehe hierzu Müller-Merbach, H., Modellierungsstrategien, 1989, Sp. 1166-1169.

schlaggebende Einflußfaktoren. Ein Experte ist in der Lage, Wesentliches von Unwesentlichem zu trennen. Analog der Phase 3, der Ideenfindung und Ideenvorauswahl, kann die Konkretisierung tatbestandlicher Interessenlagen auf der Ebene realer ökonomischer Sachverhalte erfolgen.

Vorteile des Einsatzes von Expertensystemen liegen in einer Qualitätsverbesserung sowie in Kostensenkungen von qualifizierten Entscheidungsvorbereitungen, sofern ein mehrmaliger Einsatz gewährleistet ist. Dagegen sind die Schwierigkeiten und Kosten der Sammlung und Aufbereitung des benötigten Wissens sowie die Kosten der technischen Umsetzung zu berücksichtigen. Wird die Wissensbasis eines Expertensystems ohne die problembehaftete Einbeziehung eines rein technischen Konstrukteurs aus zwei Bausteinen gebildet, die von unterschiedlichen Personen beigetragen werden, dem steuerlichen Fachentwurf als systematisch-analytischer Komponente und den möglichen Sachverhaltskonkretisierungen als intuitiv-heuristischer Komponente, kommt das arbeitsteilige Vorgehen wirtschaftlichen Aspekten der Informationsmodellierung entgegen.

Literaturverzeichnis

Ackermann, K.-F./Pohl, G. (Entlohnung, 1989): Internationale Entlohnung, in: Macharzina, K./Welge, M.K. (Hrsg.): Handwörterbuch Export und Internationale Unternehmung, Stuttgart 1989, Sp. 379-391

Adam, D. (Heuristisch, 1989): Heuristische Planung, in: Szyperski, N./Winand, U. (Hrsg.): Handwörterbuch der Planung, Stuttgart 1989, Sp. 1414-1419

Adam, D. (Planung, 1996): Planung und Entscheidung: Modelle - Ziele - Methoden, 4. Aufl., Wiesbaden 1996

Adam, D./Witte, T. (Merkmale, 1979): Merkmale der Planung in gut- und schlechtstrukturierten Planungssituationen, in: WISU 1979, S. 380-386

Ahrend, P. (Bilanzrichtlinien-Gesetz, 1986): Die betriebliche Altersversorgung und das Bilanzrichtlinien-Gesetz, in: WPg 1986, S. 577-588

Ahrend, P. (International, 1995): Bewertung von Versorgungsverpflichtungen im internationalen Vergleich - Rechnungslegungsvorschriften als Standortnachteil für die betriebliche Altersversorgung?, in: Foerschle, G./Kaiser, K./Moxter, A. (Hrsg.): Rechenschaftslegung im Wandel: Festschrift für Wolfgang Dieter Budde, München 1995, S. 1-17

Ahrend, P./Förster, W./Rößler, N. (Steuerrecht, 1995): Steuerrecht der betrieblichen Altersversorgung mit arbeitsrechtlicher Grundlegung, 4. Aufl., Köln 1995, Stand: Oktober 1998 (15. Erg.-Lief.)

Ahrend, P./Förster, W./Rößler, N. (Versorgungspolitik, 1995): Neue Wege in der Versorgungspolitik - Strukturen, Gestaltungsbereiche, Modelle, in: Personalführung 4/1995, S. 266-273

Albers, S./Bielert, W. (Nebenleistungen, 1996): Kostenminimale Gestaltung von finanziellen Nebenleistungen für Führungskräfte, in: ZfB 1996, S. 459-472

Andresen, B.-J. (Europa, 1997): Die betriebliche Altersversorgung in Europa aus deutscher Sicht, in: BetrAV/BAV 1997, S. 128-131

Bamberg, G./Coenenberg, A.G. (Entscheidungslehre, 1996): Betriebswirtschaftliche Entscheidungslehre, 9. Aufl., München 1996

Bareis, H.P. (Planung, 1969): Die Steuern in der betrieblichen Planung, Berlin 1969

Bauer, J. (Steuergestaltung, 1988/89): Steuergestaltung tut not - Ausgewählte unternehmenspolitische Folgerungen aus der Steuerreform 1990, in: StbJb 1988/89, S. 95-120

Bäuerle, P. (Konstruktion, 1989): Zur Problematik der Konstruktion praktikabler Entscheidungsmodelle, in: ZfB 1989, S. 175-192

Baumann, W. (Steueroasen, 1996): Steueroasen und internationale Holdingkonstruktionen: Einführung in das internationale Steuerrecht, Wien 1996

Baumhoff, H. (Verrechnungspreise, 1986): Verrechnungspreise für Dienstleistungen, Köln u.a. 1986

Becher, G. (Finanzierung, 1996): Maximierung und Optimierung der Finanzierung von Pensionsplänen aus internationaler Sicht, in: BetrAV/BAV 1996, S. 13-18

Becker, H. (Dienstleistungen, 1996): Die OECD-Leitlinie für konzerninterne Dienstleistungen, in: IWB 1996, F. 10 Gr. 2, S. 1157-1160

Becker, H. u.a. (Hrsg.) (DBA-Kommentar, 1997): DBA-Kommentar, Loseblatt, Herne/Berlin 1997, Stand: Dezember 1998 (4. Erg.-Lief.)

Bedee, H. u.a. (Hrsg.) (Guide, 1995): The International Guide to Social Security. A Country by Country Overview, The Hague/London/Boston 1995

Bertram, F. (Organmitglieder, 1986): Besteuerung der Auslandstätigkeit von Organmitgliedern inländischer Kapitalgesellschaften, in: IWB 1986, F. 3 Gr. 3, S. 829-840

Bertram, F. (Sozialversicherungsrecht, 1996): Sozialversicherungsrechtliche Folgen der Auslandstätigkeit von Arbeitnehmern - insbesondere bei Entsendung innerhalb Europas (EU), in: IStR 1996, S. 443-448

Beyer, J. (Perspektiven, 1996): Perspektiven der betrieblichen Altersversorgung, in: DB 1996, S. 38-42

Bieg, H. (Altersversorgung, 1985): Die betriebliche Altersversorgung, in: StB 1985, Heft 5, S. 165-178 (Teil 1)

Birk, R. (Insolvenzsicherung, 1984): Die Insolvenzsicherung der betrieblichen Altersversorgung im grenzüberschreitenden Konzern, in: IPRax 1984, S. 137-141

Bitz, M. (Entscheidungstheorie, 1981): Entscheidungstheorie, München 1981

BKK Bundesverband (Entsendung, 1996): Entsendung: Steuern und Sozialversicherung bei ins Ausland entsandten Arbeitnehmern, Münster 1996

Blake, D. (Pension, 1995): Pension Schemes and Pension Funds in the United Kingdom, Oxford 1995

Blake, D./Orszag, J.M. (Portability, 1997): Portability and Preservation of Pension Rights in the U.K., July 1997, http://www.econ.bbk.ac.uk/pi /comments/esummary.html, Ausdruck vom 26.09.1998

Blake, D./Orszag, J.M. (Response, 1998): Portability and Preservation of Pension Rights in the U.K., Response to the Commentary by the Institute and Faculty of Actuaries (IFA), http://www.econ.bbk.ac.uk/pi/comments /replyifa.html, Ausdruck vom 19.03.1998

Bleicher, K. (Organisation, 1970): Zur Organisation von Entscheidungsprozessen, in: Jacob, H. (Hrsg.): Zielprogramm und Entscheidungsprozeß in der Unternehmung, Wiesbaden 1970, S. 55-80

Blomeyer, W./Otto, K. (BetrAVG, 1997): Gesetz zur Verbesserung der betrieblichen Altersversorgung: Kommentar, 2. Aufl., München 1997

Bodie, Z./Mitchell, O.S./Turner, J.A. (Hrsg.) (Pensions, 1996): Securing Employer-Based Pensions: An International Perspective, University of Pennsylvania 1996

Borchardt, K.-D. (EuGH-Rechtsprechung, 1995): Die betriebliche Altersversorgung in der Rechtsprechung des EuGH - Kernpunkte und praktische Konsequenzen, in: IStR 1995, S. 36-39

Borstell, T./Hillringhaus, D. (Euro, 1998): Auswirkungen der Einführung des Euro auf die Bestimmung von Konzernverrechnungspreisen, in: IStR 1998, S. 205-208

Bräsch, W. (Pensionsrückstellungen, 1981): Pensionsrückstellungen bei verbundenen Unternehmen, in: DB 1981, S. 2200-2202

Brauchlin, E. (Entscheidungsmethodik, 1990): Problemlösungs- und Entscheidungsmethodik, 3. Aufl., Bern/Stuttgart 1990

Bretzke, W.-R. (Formulierung, 1978): Die Formulierung von Entscheidungsproblemen als Entscheidungsproblem, in: DBW 1978, S. 135-143

Bretzke, W.-R. (Kriterien, 1978): Die Entwicklung von Kriterien für die Konstruktion und Beurteilung betriebswirtschaftlicher Entscheidungsmodelle als Aufgabe einer betriebswirtschaftlichen Methodenlehre, in: Steinmann, H. (Hrsg.): Betriebswirtschaftslehre als normative Handlungswissenschaft, Wiesbaden 1978, S. 217-244

Bretzke, W.-R. (Problembezug, 1980): Der Problembezug von Entscheidungsmodellen, Tübingen 1980 (Zugl.: Köln, Univ., Habil.-Schr., 1979)

Budde, W.D. (Bilanzierung, 1992): Bilanzierung der betrieblichen Altersversorgung in Deutschland - Ein Vergleich mit internationalen Bewertungs- und Ausweisgrundsätzen, in: Foerster, W. (Hrsg.): Betriebliche Altersversorgung in der Diskussion zwischen Praxis und Wissenschaft: Festschrift zum 60. Geburtstag von Peter Ahrend, Köln 1992, S. 353-376

Buschmann, H. (Großbritannien, 1985): Zur Besteuerung von vorübergehend in Großbritannien eingesetzten Arbeitnehmern, in: DB 1985, S. 1000

Buttler, A. (Restriktionen, 1998): Steuerliche Restriktionen bei der Gestaltung der betrieblichen Altersversorgung bei Auslandsentsendungen, in: BB 1998, S. 1132-1139

Callund, D./Green, M. (Insolvency Guarantees, 1992): Insolvency Guarantees for Pension Liabilities, in: B & C Januar/Februar 1992, S. 22-27

Cooke, A. (International Employees, 1990): International Employees: Multinational Pension Plan Practices, in: B & C Oktober 1990, S. 8-11

Cooke, A./Paterson, G. (Taxation Limits, 1995): Coping with Local Taxation Limits on Retirement Savings, in: B & C September 1995, S. 14-17

Coopers & Lybrand (Survey, 1994): International Employment: Survey of Multinational Employers' Policies and Practices, Brüssel 1994

Cunliffe, J. (Guarantee, 1989): The Guarantee of Pension Rights in Case of Bankruptcy of the Employer, in: Mok, L. (Hrsg.): International Handbook on Pensions Law and Similar Employee Benefits, London/Dordrecht/Boston 1989, S. 178-183

Dahnke, H. (Kostenverrechnung, 1992): Kostenverrechnung bei internationaler Arbeitnehmerentsendung, in: IStR 1992, S. 99-100

Dannenberg, G. (Expertensysteme, 1989): Expertensysteme in der Steuerberatung, in: DB 1989, S. 689-694

Dautzenberg, N. (Doppelbesteuerungsabkommen, 1997): Vereinbarkeit von Doppelbesteuerungsabkommen und EG-Vertrag am Beispiel der Besteuerung der Arbeitnehmereinkünfte. Bemerkungen aus Anlaß der EuGH-Vorlage Gilly, in: DB 1997, S. 1354-1361

Davies, D. (Residence, 1997): Booth: Residence, Domicile und UK Taxation, London/Edinburgh/Dublin 1997

Davies, M./Paterson, R./Wilson, A. (UK GAAP, 1997): UK GAAP: Generally Accepted Accounting Practice in the United Kingdom, 5. Aufl., London 1997

Daykin, C.D. (Zusatzversorgungssysteme, 1995): Bericht über die Zusatzversorgungssysteme im Vereinigten Königreich, in: Gesellschaft für Versicherungswissenschaft und -gestaltung e.V. (GVG) (Hrsg.): Zusatzversorgungssysteme in der Bundesrepublik Deutschland, Frankreich und Großbritannien - Entwicklung, Tendenzen und offene Fragen -, Bergisch Gladbach 1995, S. 217-300

Daykin, C.D. (Pension, 1996): Occupational Pension Provision in the United Kingdom, in: Bodie, Z./Mitchell, O.S./Turner, J.A. (Hrsg.): Securing Employer-Based Pensions: An International Perspective, University of Pennsylvania 1996, S. 33-68

Debatin, H./Wassermeyer, F. (Doppelbesteuerung, 1998): Doppelbesteuerung, Kommentar, München 1998, Stand: März 1999 (77. Erg.-Lief.)

Deckert, M.R. (Folgenorientierung, 1995): Folgenorientierung in der Rechtsanwendung, München 1995 (Zugl.: München, Univ., Jur. Fak., Diss., 1994)

Doetsch, P.A./Förster, W./Rühmann, J. (Rentenreformgesetz, 1998): Änderungen des Betriebsrentengesetzes durch das Rentenreformgesetz 1999, in: DB 1998, S. 258-263

Dresbach, S. (Modellierungsmethodologie, 1996): Modeling by Construction: Entwurf einer allgemeinen Modellierungsmethodologie für betriebswirtschaftliche Entscheidungen, Aachen 1996 (Zugl.: Köln, Univ., Diss., 1996)

Dyckhoff, H. (Zeitpräferenz, 1988): Zeitpräferenz, in: ZfbF 1988, S. 990-1008

Ehlermann, C. (Remittance, 1998): Die Besteuerung von Einkünften auf Remittance-Basis in Großbritannien. Grundlagen und Gestaltungsmöglichkeiten, in: Haarmann Hemmelrath & Partner (Hrsg.): Gestaltung und Analyse in der Rechts-, Wirtschafts- und Steuerberatung von Unternehmen, Köln 1998, S. 573-582

Eichenhofer, E. (Insolvenzsicherung, 1992): Internationalrechtliche Fragen bei der Insolvenzsicherung von Betriebsrentenansprüchen, in: IPRax 1992, S. 74-78

Eicker, A. (Expatriates, 1997): Expatriates werden nicht mehr in Watte gepackt, http: //www.handelsblatt.de/karriere/a_markt/am_109.htm, Ausdruck vom 11.08.1998

Eisenführ, F./Weber, M. (Zielstrukturierung, 1986): Zielstrukturierung: ein kritischer Schritt im Entscheidungsprozeß, in: ZfbF 1986, S. 907-929

Elschen, R. (Erkenntnisübernahme, 1982): Betriebswirtschaftslehre und Verhaltenswissenschaften: Probleme einer Erkenntnisübernahme am Beispiel des Risikoverhaltens bei Gruppenentscheidungen, Thun/Frankfurt a.M. 1982

Engisch, K. (Gesetzesanwendung, 1963): Logische Studien zur Gesetzesanwendung, 3. Aufl., Heidelberg 1963

Engzell, G. (Insolvenzsicherung, 1985): Die Insolvenzsicherung der betrieblichen Altersversorgung aus internationaler Sicht, in: Pensions-Sicherungs-Verein (Hrsg.): 10 [Zehn] Jahre Insolvenzsicherung der betrieblichen Altersversorgung in Deutschland, Köln 1985, S. 134-142

Eser, G. (Arbeitsrecht, 1994): Arbeitsrecht im multinationalen Unternehmen: ein Beitrag zu den Arbeitsbeziehungen im multinationalen Unternehmen, dargestellt am Individual- und Kollektivarbeitsrecht der Bundesrepublik Deutschland unter Berücksichtigung des EG-Arbeitsrechts, Frankfurt a.M. u.a. 1994 (Zugl.: Giessen, Univ., Diss., 1993)

Etzel, H.A. (Großbritannien, 1996): Gesetz zur Verbesserung der Betrieblichen Altersversorgung in Großbritannien, in: BetrAV/BAV 1996, S. 97-98

Fajen, H.-G. (Steuerfragen, 1995): Steuerfragen bei der Entsendung von Mitarbeitern ins Ausland, in: IStR 1995, S. 469-474

Faßnacht, K. (Planung, 1989): Ziel-Mittel-Schema und Planung, in: Szyperski, N./Winand, U. (Hrsg.): Handwörterbuch der Planung, Stuttgart 1989, Sp. 2296-2301

Federmann, R. (Methoden, 1993): Entwicklung anforderungsgerechter Methoden des Steuer-Managements als Aufgabe der unternehmensteuerlichen Forschung, in: Federmann, R. (Hrsg.): Betriebswirtschaftslehre, Unternehmenspolitik und Unternehmensbesteuerung, Berlin 1993, S. 255-286

Figge, G. (Sozialversicherung, 1998): Beitrags- und versicherungsrechtliche Änderungen in der Sozialversicherung zum Jahreswechsel 1998/99, in: DB 1998, S. 2519-2528

Financial Accounting Standards Board (Hrsg.) (SFAS 87, 1985): Statement Of Financial Accounting Standards No. 87 - Employers' Accounting For Pensions, Norwalk 1985

Firlinger, R. (Arbeitnehmerbeiträge, 1994): Arbeitnehmerbeiträge und Pensionseinrichtungen, in: Gassner, W./Lang, M./Lechner, E.: Aktuelle Entwicklungen im Internationalen Steuerrecht, Das neue Musterabkommen der OECD, Wien 1994, S. 263-278

Fischer, L./Warneke, P. (International, 1998): Internationale Betriebswirtschaftliche Steuerlehre, 4. Aufl., Bielefeld 1998

Flesch, C.F. (Reform, 1993): Die Reform der betrieblichen Altersversorgung in Großbritannien, in: Versicherungswirtschaft 1993, S. 908-912 und S. 992-996

Flick, H./Wassermeyer, F./Becker, H. (Außensteuerrecht, 1998): Kommentar zum Außensteuerrecht, 6. Aufl., Köln, Stand: November 1998 (42. Erg.-Lief.)

Foote, M.R. (Compensation, 1977): Controlling the cost of international compensation, in: Harvard Business Review Vol. 55 Nr. 6, 1977, S. 123-132

Foreman, C. (Leaving, 1996): Pension Schemes - Leaving Home but Staying In, in: B & C März 1996, S. 23-25

Foster, H. (Hrsg.) (Employee Benefits, 1994): Employee Benefits in Europe and USA, 7. Aufl., London 1994

Friedman, B./Overstall, O. (Cost Management, 1996): International Assignment Policies: The Starting-point for Expatriate Cost Management, in: B & C November 1996, S. 8-14

Friedrich, W. (Betriebsstätte, 1959): Kann eine deutsche Kapitalgesellschaft steuerlich als Betriebsstätte ihres ausländischen Mutterunternehmens angesehen werden?, in: StuW 1959, Sp. 15-22

Frost, D. u.a. (Taxation, 1992): Expatriate Taxation in the Europe of the Nineties, in: Tax Planning International Review Vol. 19 Nr. 1, Januar 1992, S. 18-23

Fürer, B. (Versorgung, 1977): Zur Versorgung von Mitarbeitern im Ausland, in: Deutsches Institut für Betriebswirtschaft e.V. (Hrsg.) unter Mitarbeit der Beratungs-GmbH für Altersversorgung: Perspektiven der betrieblichen Altersversorgung nach dem Betriebsrentengesetz, 2. Aufl., Berlin 1977, S. 201-215

Fürer, B. (Koordination, 1980): Koordination und Kontrolle von Versorgungsmaßnahmen bei ausländischen Tochtergesellschaften, in: Beratungs-GmbH für Altersversorgung; Steuerberatungsgesellschaft Dr. Dr. Ernst Heissmann und Deutsches Institut für Betriebswirtschaft e.V. (Hrsg.): Betriebliche Altersversorgung im Umbruch, Berlin 1980, S. 482-493

Gable, A. (Auslandsentsendungen, 1980): Soziale Sicherheit bei Auslandsentsendungen, in: Beratungs-GmbH für Altersversorgung: Steuerberatungsgesellschaft Dr. Dr. Ernst Heissmann und Deutsches Institut für Betriebswirtschaft e.V. (Hrsg.): Betriebliche Altersversorgung im Umbruch, Berlin 1980, S. 494-506

Gäfgen, G. (Theorie, 1974): Theorie der wirtschaftlichen Entscheidung - Untersuchung zur Logik und Bedeutung des rationalen Handelns, 3. Aufl., Tübingen 1974

Gammie, M./Brannan, G. (Imputation, 1995): EC Law Strikes at the UK Corporation Tax - The Death Knell of UK Imputation?, in: intertax 1995, S. 389-405

Geray, M. (Auslandstätigkeit, 1997): Arbeitsrechtliche Auswirkungen der Auslandstätigkeit von Arbeitnehmern - insbesondere bei Entsendung in Länder der Europäischen Union (EU), in: IStR 1997, S. 566-573

Gesellschaft für Versicherungswissenschaft und -gestaltung e.V. (GVG) (Hrsg.) (Zusatzversorgungssysteme, 1995): Zusatzversorgungssysteme in der Bundesrepublik Deutschland, Frankreich und Großbritannien - Entwicklung, Tendenzen und offene Fragen -, Bergisch Gladbach 1995

Gnann, T. (Arbeitsvertrag, 1993): Arbeitsvertrag bei Auslandsentsendung, München 1993

Göbes, C. (Unternehmensbesteuerung, 1996): Die Unternehmensbesteuerung in Deutschland und Großbritannien vor dem Hintergrund des europäischen Integrationsprozesses, Frankfurt a.M. u.a. 1996 (Zugl.: Mannheim, Univ., Diss., 1996)

Gordon, W.J. (Synectics, 1961): Synectics: The Development of Creative Capacity, New York/Evanston/London 1961

Gottwald, R. (Unsicherheit, 1990): Entscheidung unter Unsicherheit: Informationsdefizite und unklare Präferenzen, Wiesbaden 1990 (Zugl.: Hamburg, Univ., Diss., 1988)

Gregson, K.J. (Remunerating, 1996): A Flexible Approach to Remunerating Expatriates, in: B & C September 1996, S. 20-28

Grützner, D. (Auslandsbeziehungen, 1997): Auslandsbeziehungen eines Steuerinländers: Ein Leitfaden zur einkommensteuerlichen Beurteilung, Herne/Berlin 1997

Günkel, M. (Pensionsrückstellung, 1987): Pensionsrückstellung bei Entsendung von Mitarbeitern zur ausländischen Tochtergesellschaft, in: IWB 1987, F. 3 Gr. 3, S. 873-876

Günkel, M. (Pensions, 1992): The Taxation of Pensions (Article 18), in: intertax 1992, S. 690-694

Haberstock, L. (Planung, 1984): Die steuerliche Planung der internationalen Unternehmung, in: BFuP 1984, S. 260-278

Haft, F. (Lernen, 1988): Einführung in das juristische Lernen, 4. Aufl., Bielefeld 1988

Hamel, W. (Zieländerungen, 1974): Zieländerungen im Entscheidungsprozeß, Tübingen 1974 (Zugl.: München, Univ., Staatswirtschaftl. Fak., Diss., 1972)

Harmon, P./King, D. (Expertensysteme, 1989): Expertensysteme in der Praxis: Perspektiven, Werkzeuge, Erfahrungen, 3. Aufl., München/Wien 1989

Hauschildt, J./Petersen, K. (Phasen-Theorem, 1987): Phasen-Theorem und Organisation komplexer Entscheidungsabläufe - Weiterführende Untersuchungen, in: ZfbF 1987, S. 1043-1062

Hazlewoods (Tax Facts, 1999/2000): Tax Facts 1999-2000, http://www.hazlewoods.co.uk/ tax9920.html, Ausdruck vom 16.03.1999

Heinen, E. (Wissenschaftsprogramm, 1969/78): Zum Wissenschaftsprogramm der entscheidungsorientierten Betriebswirtschaftslehre, zuerst erschienen in: ZfB 1969, S. 207-220, Nachdruck in: Schweitzer, M. (Hrsg.): Auffassungen und Wissenschaftsziele der Betriebswirtschaftslehre, Darmstadt 1978, S. 219-246

Heinen, E. (Grundfragen, 1976): Grundfragen der entscheidungsorientierten Betriebswirtschaftslehre, München 1976

Henkel, U./Fischer-Zernin, J. (Besteuerung, 1986): Zur Besteuerung deutscher Arbeitnehmer nach dem deutsch-britischen Doppelbesteuerungsabkommen, in: RIW/AWD 1986, S. 284-289

Herrmann, C./Heuer, G./Raupach, A. (EStG, 1996): Einkommensteuer- und Körperschaftsteuergesetz, Kommentar, 21. Aufl., Köln 1950/96, Stand: Oktober 1998 (194. Erg.-Lief.)

Herrmann, R. (Aufwandserstattung, 1995): Aufwandserstattung bei Pensionsverpflichtungen gegenüber Mitarbeitern anderer Unternehmen, in: BetrAV/BAV 1995, S. 124-128

Herzig, N. (Globalisierung, 1998): Globalisierung und Besteuerung, in: WPg 1998, S. 280-296

Hinton, I./Auxenfans, E. (Pension Mobility, 1996): Pension Mobility in the European Union - today and tomorrow, in: B & C September 1996, S. 2-6

HM Treasury (Budget 98, 1998): Budget 98, http://www.hm-treasury.gov.uk/ pub/html/budget98/newsindx.htm, Ausdruck vom 14.07.1998

HM Treasury (Budget 99, 1999): Budget 99, http://www.hm-treasury.gov.uk/ budget99/nrindex.html, Ausdruck vom 14.03.1999

Höfer, H. (Umfrage, 1998): Impulse aus dem novellierten Betriebsrentengesetz und aus neuen Versorgungsformen - Auszüge aus einer Umfrage, in: DB 1998, S. 1562-1565

Höfer, R. (BetrAVG, Bd. I, 1995): Gesetz zur Verbesserung der betrieblichen Altersversorgung. Loseblatt-Kommentar. Band I: Arbeitsrecht, unter Berücksichtigung der gesellschafts-, insolvenz- und internationalrechtlichen Bezüge sowie des Versorgungsausgleichs, 4. Aufl., München 1995, Stand: September 1995 (1. Erg.-Lief.)

Höfer, R. (BetrAVG, Bd. II, 1997): Gesetz zur Verbesserung der betrieblichen Altersversorgung. Loseblatt-Kommentar. Band II: Steuerrecht, 3. Aufl., München 1997

Höfer, R. (Betriebsrentenanpassung, 1998): Die Eindämmung der Betriebsrentenanpassung durch das novellierte BetrAVG, in: BB 1998, S. 2362-2365

Höfer, R. (Entgeltumwandlung, 1998): Entgeltumwandlungszusagen im novellierten Betriebsrentengesetz, in: DB 1998, S. 2266-2269

Höhn, E. (Steuerplanung, 1977): Die Aufgabe des Juristen bei der Steuerplanung im internationalen Bereich, in: StuW 1977, S. 170-180

Hopcroft, T./hrsg. von Price Waterhouse GmbH (Rechnungslegung, 1995): Rechnungslegung und Grundsätze der Abschlussprüfung in Großbritannien und Deutschland: ein Vergleich, Düsseldorf 1995

Horsch, J. (Auslandseinsatz, 1995): Auslandseinsatz von Stammhaus-Mitarbeitern: eine Analyse ausgewählter personalwirtschaftlicher Problemfelder multinationaler Unternehmen mit Stammsitz in der Bundesrepublik Deutschland, Frankfurt a M. u.a. 1995 (Zugl.: Bremen, Univ., Diss., 1995)

House of Commons (Budget 99, 1999): Economic and Fiscal Strategy Report and Financial Statement and Budget Report 1999, Paper No. HC 298, http://www.official-documents.co.uk/document/hmt/budget99/fsbrhome.htm Ausdruck vom 14.03.1999

Hübner, P.B. (Pensionsfonds, 1991): Die Pensionsfonds-Verwaltung im Angebot britischer Lebensversicherer, in: BetrAV/BAV 1991, S. 106-110

Huhn, H. (Multinational, 1990): Die betriebliche Altersversorgung eines multinationalen Unternehmens, in: Schmähl, W. (Hrsg.): Soziale Sicherung im EG-Binnenmarkt: Aufgaben und Probleme aus deutscher Sicht, Baden-Baden 1990, S. 69-91

IBFD Publications (Hrsg.) (European Taxation, 1998): European Taxation, Supplementary Service to European Taxation, Amsterdam, Stand: Juli 1998

Inland Revenue (IR 12, 1995): Occupational Pension Schemes Practice Notes IR 12, Part 15, Update Nr. 11 vom 15.11.1995

Inland Revenue (IR 129, 1995): IR 129: Occupational pension schemes, 1995

Inland Revenue (IR 20, 1996): IR 20: Residents and Non-Residents Liability to Tax in the United Kingdom, 1996

Inland Revenue Superannuation Funds Office (IR 76, 1991): IR 76: Personal Pension Schemes, Notes on approval under Chapter IV, Part XIV, Income and Corporation Taxes Act 1988

Inland Revenue, Pension Schemes Office, Nottingham (Schreiben vom 25.11.1998, 1998): Schreiben vom 25.11.1998 an den Verfasser

International Fiscal Association (IFA) (Transferred, 1989): Tax consequences of pension provision for the internationally transferred employee, Deventer/Boston 1989

Internationale Vereinigung für Soziale Sicherheit (Hrsg.) (Zusatzrentensysteme, 1994): Zusatzrentensysteme: Europäische Perspektiven, Genf 1994

Isenbart, F./Münzner, H. (Lebensversicherungsmathematik, 1987): Lebensversicherungsmathematik für Praxis und Studium, 2. Aufl., Wiesbaden 1987

Jacobs, O.H. (Expertensystem, 1990): Konzeption und Implementierung von Expertensystemen: Dargestellt anhand der Erfahrung bei der Konstruktion eines Expertensystems zur Bilanzpolitik, in: ZfB 1990, S. 227-246

Jacobs, O.H. (International, 1999): Internationale Unternehmensbesteuerung, 4. Aufl., München 1999

Jacobs, O.H. (Rechtsform, 1998): Unternehmensbesteuerung und Rechtsform, 2. Aufl., München 1998

Jacobs, O.H./Scheffler, W. (Steueroptimal, 1996): Steueroptimale Rechtsform, Eine Belastungsanalyse für mittelständische Unternehmen, 2. Aufl., München 1996

Jacobs, O.H./Spengel, C. (European Tax Analyzer, 1996): European Tax Analyzer. EDV-gestützter Vergleich der Steuerbelastung von Kapitalgesellschaften in Deutschland, Frankreich und Großbritannien, Baden-Baden 1996

Jebens, C.T. (Planungssicherheit, 1995): Planungssicherheit im Steuerrecht, in: BB 1995, S. 1057-1061

Jones, J.F.A. u.a. (Hrsg.) (SDTS, 1995): Simon's Direct Tax Service (SDTS), Kommentar, Loseblatt, London/Edinburgh/Dublin 1995, Stand: 1998 (45. Erg.-Lief.)

Kahle, E. (Problemlösungsverhalten, 1973): Betriebswirtschaftliches Problemlösungsverhalten, Wiesbaden 1973 (Zugl.: Göttingen, Univ., Diss., 1972/73)

Kahle, E. (Entscheidungen, 1997): Betriebliche Entscheidungen, 4. Aufl., München/Wien 1997

Kapl, H. (Internationale Pension, 1992): Die internationale Pension mit Steuersystemen: Leistungen, Beiträge und Besteuerung der Betriebs-, Sozialversicherungs- und Eigenvorsorgepension in 15 Industriestaaten, Wien 1992

Kern, S. (Steuervorteile, 1985): Steuervorteile durch Wohnsitz in Großbritannien, München 1985 (Zugl.: Mainz, Univ., Diss., 1985)

Killius, J. (Germany, 1991): Host Country Tax Consequences Concerning Retirement Benefits For Executives Transferred Abroad, Host Country: Germany, in: Tax Management International Forum Vol. 12 Nr. 3, September 1991, S. 17-19

Kirsch, W. (Einführung, 1977): Einführung in die Theorie der Entscheidungsprozesse, 2. Aufl., Wiesbaden 1977

Kirsch, W. (Fundierung, 1979): Die verhaltenswissenschaftliche Fundierung der Betriebswirtschaftslehre, in: Raffée, H./Abel, B. (Hrsg.): Wissenschaftstheoretische Grundfragen der Wirtschaftswissenschaften, München 1979, S. 105-120

Kirsch, W. (Handhabung, 1988): Die Handhabung von Entscheidungsproblemen: Einführung in die Theorie der Entscheidungsprozesse, 3. Aufl., München 1988

Kiso, D. (Steuerplanung, 1997): Ein Entwurfkonzept für Modelle der internationalen Steuerplanung: dargestellt am Beispiel der konzerninternen Außenfinanzierung durch Mobilien-Leasing, Hamburg 1997 (Zugl.: Osnabrück, Univ., Diss., 1997)

Klein, H.K. (Entscheidungsmodelle, 1971): Heuristische Entscheidungsmodelle. Neue Techniken des Programmierens und Entscheidens für das Management, Wiesbaden 1971

Koch, H. (Unsicherheit, 1989): Techniken zur Handhabung von Unsicherheit, in: Szyperski, N./Winand, U. (Hrsg.): Handwörterbuch der Planung, Stuttgart 1989, Sp. 2061-2073

Költzsch, M. (Altersrentenansprüche, 1988): Grundlagen der internationalen Sicherung von Altersrentenansprüchen, in: IWB 1988, F. 10 Gr. 11, S. 79-86

Köstler, B. (Auslandssachverhalte, 1998): Klärung von Auslandssachverhalten durch die Finanzverwaltung und vorbeugende Maßnahmen zur Sicherung des Betriebsausgabenabzugs, in: INF 1998, S. 235-239

Kolvenbach, P./Langohr-Plato, U. (Deferred Compensation, 1995): Deferred Compensation: Altersversorgung gegen Verzicht auf Bezüge, in: INF 1995, S. 651-657 und S. 685-691

Kommission der Europäischen Gemeinschaften (VO 1408/71, 1971): Verordnung (EWG) Nr. 1408/71 über die Anwendung der Systeme sozialer Sicherheit auf Arbeitnehmer und Selbständige sowie deren Familienangehörige, die innerhalb der Gemeinschaft zu- und abwandern, in: BKK Bundesverband: Entsendung: Steuern und Sozialversicherung bei ins Ausland entsandten Arbeitnehmern, Münster 1996, S. 72-88

Kommission der Europäischen Gemeinschaften (Mitteilung an den Rat) (Ergänzende Systeme, 1991): Ergänzende Systeme der sozialen Sicherheit: Die Rolle der betrieblichen Altersversorgungssysteme für den Sozialschutz der Arbeitnehmer, Mitteilung vom 22.7.1991 (SEK [91] 1332 endg.), in: Die Sozialversicherung 1991, S. 324-330

Kosiol, E. (Modellanalyse, 1961): Modellanalyse als Grundlage unternehmerischer Entscheidungen, in: ZfbF 1961, S. 318-334

Köstler, B. (Auslandssachverhalte, 1998): Klärung von Auslandssachverhalten durch die Finanzverwaltung und vorbeugende Maßnahmen zur Sicherung des Betriebsausgabenabzugs, in: INF 1998, S. 235-239

Kothe-Heggemann, C. (Auslandseinsätze, 1996): Arbeits- und steuerrechtliche Fragen bei Auslandseinsätzen aus Führungskräfte-Sicht, in: Macharzina, K./Wolf, J. (Hrsg.): Handbuch Internationales Führungskräfte-Management, Stuttgart u.a. 1996, S. 441-453

Kramer, J.-D. (DBA-GB, 1988): Systematik und praxisbezogene Anwendung des deutsch-britischen Doppelbesteuerungsabkommens, in: IWB 1988, F. 5 Gr. 2, S. 245-256

Kramer, J.-D. (Arbeitsort, 1995): Der Arbeitsort von leitenden Angestellten im Internationalen Steuerrecht, in: RIW/AWD 1995, S. 742-745

Kratzenberg, H. (Verrechnungspflicht, 1989): Verrechnungspflicht und -entgelt bei der Entsendung von Arbeitnehmern zu ausländischen Beteiligungsgesellschaften, in: StBp 1989, S. 205-208

Kröner, M. (Steuerrechtsmaterie, 1983): Steuerrechtsmaterie als Gegenstand ökonomischer Planungen, in: DB 1983, S. 2375-2378

Kröner, M. (Ertragsteuerrecht, 1986): Verrechnungsbeschränkte Verluste im Ertragsteuerrecht: materiellrechtliche Grundlagen und systematische Gestaltungssuche, Wiesbaden 1986 (Zugl.: Diss., Univ., Köln)

Kuckhoff, H./Schreiber, R. (Verrechnungspreise, 1997): Verrechnungspreise in der Betriebsprüfung; Der Fremdvergleich bei Lieferungen und Leistungen, München 1997

Kuckhoff, H./Schreiber, R. (Kostenumlagen, 1998): Kommentierung zu Kapitel VIII der OECD-Guidelines 1995: Kostenumlagen, in: IStR 1998, S. 1-6

Langohr-Plato, U. (Novellierung, 1998): Die Novellierung des Betriebsrentengesetzes - Konsequenzen für die betriebliche Praxis, in: INF 1998, S. 592-597

Larenz, K. (Methodenlehre, 1991): Methodenlehre der Rechtswissenschaft, 6. Aufl., Berlin u.a. 1991

Latta, G.W. (Compensation, 1995): Innovative Ideas in International Compensation, in: B & C Juli/August 1995, S. 45-49

Laux, H. (Entscheidungstheorie, 1998): Entscheidungstheorie, 4. Aufl., Berlin u.a. 1998

Lechner, E. (Arbeitskräfteüberlassung, 1994): Arbeitskräfteüberlassung, in: Gassner, W./Lang, M./Lechner, E.: Aktuelle Entwicklungen im Internationalen Steuerrecht, Das neue Musterabkommen der OECD, Wien 1994, S. 221-235

Ley, U. (Entsendung, 1996): Arbeitnehmerbesteuerung und Sozialversicherungspflichten im Fall der Entsendung in das DBA-Ausland, in: KÖSDI 1996, S. 10788-10799

Little, J.D.C. (Decision, 1970): Models and Managers: The Concept of a Decision Calculus, in: MS Vol. 16 Nr. 8, 1970, B466-B485

Littmann, E./Bitz, H./Hellwig, P. (Hrsg.) (Einkommensteuerrecht, 1998): Das Einkommensteuerrecht, Kommentar zum Einkommensteuerrecht, 15. Aufl., Stuttgart 1998, Stand: April 1999 (39. Erg.-Lief.)

Llanwarne, T. (FURBS, 1993): The Use of FURBS for UK PLC's and Foreign Multinationals' UK Operations, in: B & C Oktober 1993, S. 15-17

Llanwarne, T. (Expatriate Pension Plans, 1997): The Use of UK Expatriate Pension Plans for the International Cadre of a European or US Multinational, in: B & C Mai 1997, S. 21-23

Lutjens, E. (Membership, 1993): Cross-Border Membership of Occupational Schemes for Migrant Workers, in: EC Tax Review 1993, S. 164-169

Mag, W. (Mehrfachziele, 1976): Mehrfachziele, Zielbeziehungen und Zielkonfliktlösungen, in: WiSt 1976, S. 49-55

Mager, M. (Personalentwicklung, 1993): International orientierte Personalentwicklung, in: IStR 1993, S. 444-448

Mann, G. (Modelle, 1991): Steuerökonomische Modelle in der Steuerberatung, in: Herzig, N. (Hrsg.): Betriebswirtschaftliche Steuerlehre und Steuerberatung: Gerd Rose zum 65. Geburtstag, Wiesbaden 1991, S. 55-71

Matthießen, V. (Rechtsentwicklungstendenzen, 1996): Rechtsentwicklungstendenzen in der betrieblichen Altersversorgung, in: DB 1996, S. 1034-1038

Mayrhofer, W. (Entgeltfindung, 1996): Entgeltfindung bei Auslandseinsätzen - Konzepte und Problemlösungen, in: Macharzina, K./Wolf, J. (Hrsg.): Handbuch Internationales Führungskräfte-Management, Stuttgart u.a. 1996, S. 353-372

Meier, H. (Versorgungslücke, 1986): Die Netto-Versorgungslücke bzw. der Brutto-Versorgungsbedarf aus betrieblicher Altersrente bei Eintritt des Arbeitnehmers in den Alters-Ruhestand, in: o.V.: Wegweiser für die Altersversorgung, Georg Heubeck zum 75. aus dem Kreise seiner Mitarbeiter, Stuttgart 1986, S. 43-67

Menck, T. (Veröffentlichung, 1998): OECD: Neue Ausgabe des OECD-Musterabkommens und Veröffentlichung früherer Berichte des Fiskalausschusses, in: IStR 1998, Beihefter zu Heft 5, S. 1

Menges, G. (Entscheidungsmodelle, 1972): Entscheidungsmodelle in den Wirtschaftswissenschaften, in: Kurzrock, R. (Hrsg.): Systemtheorie, Berlin 1972, S. 132-140

Michels, R. (Wahlrechte, 1982): Steuerliche Wahlrechte. Analyse der außerbilanziellen steuerlichen Wahlrechte (Rechtswahlmöglichkeiten), ihre Zuordnung zu Entscheidungsträgern und Entwicklung von Entscheidungshilfen, Wiesbaden 1982

Moore, M.R. (Directive, 1992): Parent/Subsidiary European Directive: United Kingdom, in: ET 1992, S. 177-178

Morgan, M.G./Henrion, M. (Uncertainty, 1990): Uncertainty: A Guide to Dealing with Uncertainty in Quantitative Risk and Policy Analysis, Cambridge 1990

Mössner, J.M. (Steuerpflicht, 1997): Die Neuregelung der temporären Steuerpflicht durch die Jahressteuergesetze 1996 und 1997, in: IStR 1997, S. 225-228

Mössner, J.M. (Domicile, 1997): Domicile und residence im englischen Steuerrecht, in: Kley, M.D./Sünner, E./Willemsen, A. (Hrsg.): Festschrift für Wolfgang Ritter zum 70. Geburtstag: Steuerrecht, Steuer- und Rechtspolitik, Wirtschaftsrecht und Unternehmensverfassung, Umweltrecht, Köln 1997, S. 195-213

Mössner, J.M. u.a. (Steuerrecht, 1998): Steuerrecht international tätiger Unternehmen: Handbuch der Besteuerung von Auslandsaktivitäten inländischer Unternehmen und von Inlandsaktivitäten ausländischer Unternehmen, 2. Aufl., Köln 1998

Müller-Merbach, H. (Entscheidungsvorbereitung, 1977): Quantitative Entscheidungsvorbereitung, Erwartungen, Enttäuschungen, Chancen, in: DBW 1977, S. 11-23

Müller-Merbach, H. (Modellierungsstrategien, 1989): Modellierungsstrategien, in: Szyperski, N./Winand, U. (Hrsg.): Handwörterbuch der Planung, Stuttgart 1989, Sp. 1162-1180

Neubauer, H. (Gesellschafterinteresse, 1971): Zur Abgrenzung der verdeckten Einlagen in ausländische Kapitalgesellschaften von den Betriebsausgaben im Gesellschafterinteresse, in: StBp 1971, S. 250-256

Neyer, W. (Geschäftsführerbezüge, 1997): Die Besteuerung von Geschäftsführerbezügen bei grenzüberschreitender Tätigkeit, in: IStR 1997, S. 33-39

OECD (Verrechnungspreisgrundsätze, 1997): Verrechnungspreisgrundsätze für multinationale Unternehmen und Steuerverwaltungen, Köln 1997

OECD (Übers. Stock, F./Kaminski, B.) (Kapitel VIII, 1998): Kapitel VIII der OECD-Guidelines 1995: Kostenumlageverträge, Nichtamtliche deutsche Übersetzung, in: IStR 1998, Beihefter zu Heft 1/98

Oechsler, W.A. (Arbeitsrecht, 1996): Arbeitsrechtliche Probleme bei der Entsendung von Führungskräften ins Ausland, in: Macharzina, K./Wolf, J. (Hrsg.): Handbuch Internationales Führungskräfte-Management, Stuttgart u.a. 1996, S. 399-420

Ophoff, J./Walkiewicz, N. (Kostenneutral, 1996): Kostenneutrale und insolvenzsichere Gestaltung arbeitnehmerfinanzierter Pensionszusagen, in: DB 1996, S. 2240-2244

Osborn, A.F. (Imagination, 1963): Applied Imagination. Principles and Procedures of Creative Problem-Solving, 3. Aufl., New York 1963

Paulus, H.-J. (Entscheidungen, 1978): Ziele, Phasen und organisatorische Probleme steuerlicher Entscheidungen in der Unternehmung, Berlin 1978

Pope, A. (Developments, 1995): Pension Developments in the UK, in: B & C Oktober 1995, S. 24-28

Prince, G.M. (Creativity, 1970): The Practice of Creativity. A Manual for Dynamic Group Problem Solving, New York u.a. 1970

PSVaG (Merkblatt 300/M 7, 1986): Merkblatt 300/M 7/10.86: Anwendung des Gesetzes zur Verbesserung der betrieblichen Altersversorgung (BetrAVG) bei Arbeitsverhältnissen mit Auslandsbeziehung, Stand 10.86

PSVaG (Merkblatt 300/M 1, 1995): Merkblatt 300/M 1/7.95: Persönlicher und sachlicher Geltungsbereich des Gesetzes zur Verbesserung der betrieblichen Altersversorgung (BetrAVG) für Ruhegeldzusagen an Unternehmer

PSVaG (Merkblatt 300/M 5, 1995): Merkblatt 300/M 5/9.95: Begriff der „Betriebszugehörigkeit" als Voraussetzung für den Eintritt der insolvenzgesicherten Unverfallbarkeit

Pühringer, J. (Rechtsgewinnung, 1997): Rechtsgewinnung als Element der einzelwirtschaftlichen Steuergestaltung, in: StuW 1997, S. 97-115

Raffée, H. (Grundprobleme, 1974): Grundprobleme der Betriebswirtschaftslehre, Göttingen 1974

Redhead, P. (Developments, 1997): UK Pension Developments and Trends, in: B & C Oktober 1997, S. 21-24

Reuter, H.-P. (Doppelbesteuerung, 1993): Doppelbesteuerung und Steuervermeidung bei grenzüberschreitender Betätigung - Persönliche Einkommensteuer, Lohnsteuer, in: IStR 1993, S. 555-557

Rey, V.H. (Entsendung, 1982): Betriebliche Altersversorgung bei Entsendung eines Mitarbeiters zu einer Auslandstochtergesellschaft, in: DB 1982, S. 806-807

Richter, G./Schanz, T. (Personalentsendungen, 1994): Betriebliche Altersversorgung: Steuer- und arbeitsrechtliche Aspekte bei Personalentsendungen in der Europäischen Union, in: BB 1994, S. 397-407

Rieper, B. (Entscheidungsmodelle, 1992): Betriebswirtschaftliche Entscheidungsmodelle, Herne/Berlin 1992

Ritter, W. (Verrechnungspreise, 1983): Steuerliche Prüfung internationaler Verrechnungspreise, in: BB 1983, S. 1677-1687

Rödder, T. (Steuerplanungslehre, 1988): Steuerplanungslehre und steuerliche Gestaltungsfindung, in: BB 1988, Beilage 19

Rödder, T. (Gestaltungssuche, 1991): Gestaltungssuche im Ertragsteuerrecht: Entwicklung von Gestaltungsmöglichkeiten und Gestaltungsbeispiele, Wiesbaden 1991 (Zugl.: Köln, Univ., Diss.)

Rose, G. (Steuerberatung, 1969/70): Steuerberatung und Wissenschaft. Gedanken anläßlich des 50jährigen Bestehens der Betriebswirtschaftlichen Steuerlehre, in: StbJb 1969/70, S. 31-70

Rose, G. (Erkenntnisziele, 1970/71): Betriebswirtschaftliche Steuerlehre und Steuerpraxis. Ausgewählte Anwendungsbereiche von Erkenntniszielen der Betriebswirtschaftlichen Steuerlehre auf die steuerliche Praxis, in: JbFSt 1970/71, S. 77-101

Rose, G. (Grundgerüst, 1982): Grundgerüst einer theoretischen betriebswirtschaftlichen Steuerwirkungslehre, in: Koch, H. (Hrsg.): Neuere Entwicklungen in der Unternehmenstheorie, Wiesbaden 1982, S. 221-245

Rose, G. (Wahlrechte, 1986): Steuerliche Wahlrechte als Gegenstände anwendungsorientierter betriebswirtschaftlicher Forschung, in: Gaugler, E./Meisner, H.G./Thom, N. (Hrsg.): Zukunftsaspekte der anwendungsorientierten Betriebswirtschaftslehre, Stuttgart 1986, S. 349-362

Rose, G. (Steuerplanung, 1989): Steuerplanung, in: Szyperski, N./Winand, U. (Hrsg.): Handwörterbuch der Planung, Stuttgart 1989, Sp. 1866-1876

Rose, G. (Steuerlehre, 1992): Betriebswirtschaftliche Steuerlehre: eine Einführung für Fortgeschrittene, 3. Aufl., Wiesbaden 1992

Rößler, N. (Internationale Aspekte, 1992): Internationale Aspekte der betrieblichen Altersversorgung, in: Foerster, W. (Hrsg.): Betriebliche Altersversorgung in der Diskussion zwischen Praxis und Wissenschaft: Festschrift zum 60. Geburtstag von Peter Ahrend, Köln 1992, S. 465-474

Rößler, N. (Umfeld, 1995): Das europäische Umfeld der betrieblichen Altersversorgung, in: Beratungs-GmbH für Altersversorgung, Dr. Dr. Ernst Heissmann, Wiesbaden: Betriebe helfen das Alter sichern. 40 Jahre Heissmann., Wiesbaden 1995, S. 299-304

Rößler, N./Dernberger, M./Schmandt, E.M. (Aufspaltung, 1996): Aufspaltung des Versorgungsaufwands bei Pensionsrückstellungen - Informationsvorteile des versicherungsmathematischen Aufspaltungskonzepts, in: DB 1996, S. 1785-1790

Runge, B. (Arbeitgeber, 1986): Wirtschaftliche Interpretation des Begriffs des Arbeitgebers in den Doppelbesteuerungsabkommen, in: FR 1986, S. 479-482

Runge, B. (Dienstleistungen, 1986): Der OECD-Bericht über Kosten zentraler Management- und sonstiger Dienstleistungen, in: IWB 1986, F. 10 Gr. 2, S. 553-562

Saliger, E. (Planung, 1990): Entscheidungstheoretische Planung, Wiesbaden 1990 (Zugl.: Regensburg, Univ., Habil.-Schr., 1984 u.d.T.: Grundfragen entscheidungsorientierter Planung)

Sandison, F.G. (Retirement, 1997): Host Country Tax Consequences Concerning Retirement Benefits for In-Bound Executive Transfers (Host Country: United Kingdom), in: Tax Management International Forum Vol. 18 Nr. 2, Juni 1997, S. 40-43

Saß, G. (EU-Vertrag, 1998): Zu den Auswirkungen des EU-Vertrags auf die bilateralen Doppelbesteuerungsabkommen, in: DB 1998, S. 1482-1484

Schaffitzel, W. (Rationalitätskonzept, 1982): Das entscheidungstheoretische Rationalitätskonzept in der Betriebswirtschaftslehre: Anspruch und Wirklichkeit, München 1982 (Zugl.: Karlsruhe, Univ., Diss. 1981)

Schanz, G. (Pluralismus, 1978): Pluralismus in der Betriebswirtschaftslehre: Bemerkungen zu gegenwärtigen Forschungsprogrammen, in: Schweitzer, M. (Hrsg.): Auffassungen und Wissenschaftsziele der Betriebswirtschaftslehre, Darmstadt 1978, S. 292-335

Schanz, T. (Risikobewältigung, 1992): Risikobewältigung in der betrieblichen Altersversorgung mittelständischer Unternehmen: Eine betriebswirtschaftliche Untersuchung zur Vorteilhaftigkeit der Integration von Versicherungskomponenten, Frankfurt a.M. u.a. 1992 (Zugl.: Bayreuth, Univ., Diss., 1991)

Schanz, T. (Personalentsendungen, 1995): Steuerliche Behandlung von Arbeitsentgelten und Versorgungsmaßnahmen bei Personalentsendungen vom Ausland ins Inland, in: Fischer, L. (Hrsg.): Besteuerung wirtschaftlicher Aktivitäten von Ausländern in Deutschland, Köln 1995, S. 135-160

Schanz, T. (Expatriates, 1995): Sending Expatriates to Germany, in: B & C Juli/August 1995, S. 22-28

Schanz, T. (Gehaltsumwandlung, 1997): Steuerliche und wirtschaftliche Fallstricke bei aus Gehaltsumwandlung der Mitarbeiter finanzierten Versorgungszusagen, in: BB 1997, S. 602-610

Schaumburg, H. (International, 1998): Internationales Steuerrecht, 2. Aufl., Köln 1998

Scheffler, W. (Leasing, 1984): Leasing im Vergleich zum (Kredit-)Kauf - Ein EDV-gestützter Wirtschaftlichkeitsvergleich, Gelsenkirchen 1984 (Zugl.: Mannheim, Univ., Diss., 1984)

Scheffler, W. (Altersversorgung, 1990): Betriebliche Altersversorgung: ein EDV-System zur Unterstützung unternehmerischer Entscheidungen, Wiesbaden 1990 (Zugl.: Mannheim, Univ., Habil.-Schr., 1990)

Scheffler, W. (Kostenrechnung, 1991): Erfassung der betrieblichen Altersversorgung in der Kostenrechnung, dargestellt am Beispiel von unmittelbaren Versorgungszusagen, in: KRP 1991, S. 241-248

Scheffler, W. (Verrechnungspreisgestaltung, 1991): Die Verrechnungspreisgestaltung bei international tätigen Unternehmen - dargestellt am Beispiel der Kostenumlage für verwaltungsbezogene Dienstleistungen, in: ZfbF 1991, S. 471-489

Scheffler, W. (Veranlagungssimulation, 1991): Veranlagungssimulation versus Teilsteuerrechnung, in: WiSt 1991, S. 69-75

Scheffler, W. (Management-Berater, 1991): Steuerberater und Wirtschaftsprüfer als internationale Management-Berater am Beispiel der Festlegung von Verrechnungspreisen für innerkonzernliche Leistungsbeziehungen, in: Wacker, W.H.: Internationale Management-Beratung: Tagungsband zur Fachtagung der wissenschaftlichen Kommission Internationales Management im Verband der Hochschullehrer für Betriebswirtschaft e.V., Berlin 1991, S. 125-146

Scheffler, W. (Grundsätze, 1992): Grundsätze zur Bewältigung von komplexen betrieblichen Entscheidungen, in: WiSt 1992, S. 241-246

Scheffler, W. (Jahresabschlußanalyse, 1993): Einfluß der betrieblichen Altersversorgung auf die Jahresabschlußanalyse, in: WPg 1993, S. 461-472

Schelker, T. (Problemlösungsmethoden, 1976): Problemlösungsmethoden im Produkt-Innovationsprozeß: Ergebnisse einer empirischen Untersuchung, Bern 1976 (Zugl.: Hochschule St.Gallen, Diss.)

Schelle, D. (Geschäftsverlagerung, 1995): Steuerliche Probleme bei der Geschäftsverlagerung ins Ausland, in: IStR 1995, S. 307-311

Schieber, P.-H. (Steuerfragen, 1990): Steuerfragen bei Personalentsendungen ins Ausland, Herne/Berlin 1990

Schiffers, J. (Steuerberatung, 1997): Teilsysteme einer zukunftsgerichteten Steuerberatung: Steuerplanung, steuerliches Informationssystem und Steuercontrolling, in: StuW 1997, S. 42-50

Schlager, J. (Steuergestaltung, 1978): Die unternehmerische Steuergestaltung, Wien 1978

Schlicksupp, H. (Kreativitätstechniken, 1989): Kreativitätstechniken, in: Szyperski, N./Winand, U. (Hrsg.): Handwörterbuch der Planung, Stuttgart 1989, Sp. 930-943

Schlicksupp, H. (Innovation, 1992): Innovation, Kreativität und Ideenfindung, 4. Aufl., Würzburg 1992

Schmidt, E. (Steuerfreiheit, 1984): Steuerfreiheit von Einkünften aus nichtselbständiger Arbeit aus DBA-Ländern, in: RIW/AWD 1984, S. 75-76

Schmidt, L. (Hrsg.) (Einkommensteuergesetz, 1999): Einkommensteuergesetz, Kommentar, 18. Aufl., München 1999

Schneider, D. (Steuerlehre, 1983): Betriebswirtschaftliche Steuerlehre als Steuerplanungslehre oder als ökonomische Analyse des Steuerrechts?, in: Fischer, L. (Hrsg.): Unternehmung und Steuer, Festschrift zur Vollendung des 80. Lebensjahres von Peter Scherpf, Wiesbaden 1983, S. 21-37

Schneider, D. (Investition, 1992): Investition, Finanzierung und Besteuerung, 7. Aufl., Wiesbaden 1992

Schoppe, S.G. (Hrsg.) (Kompendium, 1992): Kompendium der internationalen Betriebswirtschaftslehre, 2. Aufl., München/Wien 1992

Schulte, B. (Vereinigtes Königreich, 1991): Vereinigtes Königreich, in: Zacher, H.F. (Hrsg.)/Eichenhofer, E.: Alterssicherung im Rechtsvergleich, Baden-Baden 1991, S. 497-547

Schwarz, J.S. (Transfer Pricing, 1997): Recent United Kingdom Developments in Transfer Pricing, in: IFA-Bulletin August/September 1997, S. 347-351

Scotoni, H.-H. (Personalversicherungsbereich, 1992): Probleme und Lösungen im internationalen Personalversicherungsbereich, in: Foerster, W. (Hrsg.): Betriebliche Altersversorgung in der Diskussion zwischen Praxis und Wissenschaft: Festschrift zum 60. Geburtstag von Peter Ahrend, Köln 1992, S. 536-553

Secular, L. (Budget, 1996): United Kingdom, Budget for 1995/96, in: ET 1995, S. 76-77

Secular, L. (Consultative, 1998): Consultative Document on Transfer Pricing, in: ET 1998, S. 45-48

Sieben, G. (Grundmodell, 1992): Das Grundmodell der praktisch normativen Entscheidungstheorie, in: WISU 1992, Studienblatt Oktober

Sieben, G./Schildbach, T. (Entscheidungstheorie, 1994): Betriebswirtschaftliche Entscheidungstheorie, 4. Aufl., Düsseldorf 1994

Siefert, B. (Entsendung, 1985): Die Besteuerung bei der Entsendung von Arbeitskräften in das Ausland, Frankfurt a.M./Bern/New York 1985 (Zugl.: Univ. Mannheim, Diss., 1985)

Siegel, T. (Steuerwirkungen, 1982): Steuerwirkungen und Steuerpolitik in der Unternehmung, Würzburg/Wien 1982

Silverstein, L.L. u.a. (Hrsg.) (Retirement Benefits, 1991): Host Country Tax Consequences Concerning Retirement Benefits For Executives Transferred Abroad, in: Tax Management International Forum Vol. 12 Nr. 3, September 1991

Simon, H.A. (Probleme, 1980): Wie lösen wir schlecht-strukturierte Probleme?, in: DBW 1980, S. 337-345

Smith, P.M. (Hrsg.) (Pensions, 1992): Butterworths Financial and Tax Planning through Pensions, 2. Aufl., London/Dublin/Edinburgh 1992

Spengel, C. (Steuerbelastungsvergleiche, 1995): Europäische Steuerbelastungsvergleiche, Düsseldorf 1995 (Zugl.: Mannheim, Univ., Diss. 1995)

Spengel, C./Schmidt, F. (Vergleich, 1997): Betriebliche Altersversorgung, Besteuerung und Kapitalmarkt: Ein Vergleich der Verhältnisse in Deutschland, Frankreich, Großbritannien, den Niederlanden und den USA, Baden-Baden 1997

Stephen, R. (Großbritannien, 1992): Betriebliche Altersversorgung in Großbritannien, in: BetrAV/BAV 1992, S. 68-71

Stock, F./Kaminski, B. (Verrechnungspreise, 1997): Die Ermittlung von Verrechnungspreisen für konzerninterne fremdbeziehbare Dienstleistungen im internationalen Konzern, in: IStR 1997, S. 449-455

Stock, F./Kaminski, B. (Gewinnaufschlag, 1998): Anmerkungen zum Gewinnaufschlag bei Konzernumlagen, in: IStR 1998, S. 7-10

Szyperski, N./Winand, U. (Entscheidungstheorie, 1974): Entscheidungstheorie. Eine Einführung unter besonderer Berücksichtigung spieltheoretischer Konzepte, Stuttgart 1974

The Norwich Union Life Insurance Society (Hrsg.) (Pensions Act, 1997): The Pensions Act 1995, Norwich 1997

The Wyatt Company S.A. (Report, 1994): Benefits Report Europe/U.S.A. 1994, Brüssel 1994

Theisen, M.R./Wenz, M. (Großbritannien, 1994): Ansässigkeit und Körperschaftsteuerpflicht von Kapitalgesellschaften im Vereinigten Königreich von Großbritannien und Nordirland, in: RIW/AWD 1994, S. 397-414

Thome, R. (Sensitivitätsanalysen, 1989): Sensitivitätsanalysen, in: Szyperski, N./Winand, U. (Hrsg.): Handwörterbuch der Planung, Stuttgart 1989, Sp. 1774-1781

Thömmes, O. (Unvereinbarkeit, 1999): Unvereinbarkeit des neuen § 8b Abs. 7 KStG mit der EG-Mutter-/Tochterrichtlinie, in: DB 1999, S. 500-503

Tiemann, S. (Freizügigkeitsgebot, 1996): Die betriebliche Altersversorgung und das europäische Freizügigkeitsgebot, in: BetrAV/BAV 1996, S. 18-21

Tiley, J./Collison, D. (UK Tax Guide, 1998-99): UK Tax Guide 1998-99, London 1998

Tipke, K./Lang, J. (Steuerrecht, 1996): Steuerrecht, 15. Aufl., Köln 1996

Ulonska, R.-M. (Entsendung, 1990): Besteuerung des Arbeitslohns bei der Entsendung von Arbeitnehmern zu ausländischen Beteiligungsgesellschaften oder Betriebsstätten deutscher Unternehmen, in: DStR 1990, S. 267-270

Verlinden, J. (Cross-Border, 1997): EU Cross-Border Pension Membership: The Procession of Echternach?, in: B & C November 1997, S. 18-22

Vetschera, R. (Entscheidungstheorie, 1992): Entscheidungstheorie in Lehre und Forschung, in: DBW 52 (1992), S. 397-410

Vogel, K. (DBA, 1996): Doppelbesteuerungsabkommen der Bundesrepublik Deutschland auf dem Gebiet der Steuern vom Einkommen und Vermögen: Kommentar auf der Grundlage der Musterabkommen, 3. Aufl., München 1996

Vögele, A. u.a. (Verrechnungspreise, 1997): Handbuch der Verrechnungspreise, München 1997

Wacker, W.H. (Transnational, 1979): Steuerplanung im nationalen und transnationalen Unternehmen, Berlin 1979

Wacker, W.H. (International, 1989): Internationale Steuerplanung, in: Macharzina, K./Welge, M.K. (Hrsg.): Handwörterbuch Export und Internationale Unternehmung, Stuttgart 1989, Sp. 1988-2006

Wacker, W.H. (Entsendung, 1996): Steuerliche Probleme bei der Entsendung von Führungskräften ins Ausland, in: Macharzina, K./Wolf, J. (Hrsg.): Handbuch Internationales Führungskräfte-Management, Stuttgart u.a. 1996, S. 421-439

Wacker, W.H. (Steuerplanung, 1997): Steuerplanung: Möglichkeiten und Grenzen, in: DSWR 1997, S. 2-3

Wagner, F.W. (Integration, 1980): Die Integration der Besteuerung in die unternehmerische Planung, in: DB 1980, S. 553-555

Wagner, F.W./Dirrigl, H. (Steuerplanung, 1980): Die Steuerplanung der Unternehmung, Stuttgart/New York 1980

Weber, M. (Decision, 1987): Decision making with incomplete information, in: European Journal of Operational Research 1987, S. 44-57

Weismüller, A./Kürten, S. (Pensionsverpflichtungen, 1996): Bilanzielle Behandlung von Zinsen aus Pensionsverpflichtungen in der Praxis, in: WPg 1996, S. 721-732

Wenz, M. (Unternehmensbesteuerung, 1994): Unternehmensbesteuerung in Großbritannien, in: IWB 1994, F. 5 Gr. 2, S. 317-346

Weyhe, C.-C. von (Entsendung, 1997): Die Entsendung von Mitarbeitern ins Ausland. Ein Vergleich des privatwirtschaftlichen mit dem öffentlichen Sektor, Lohmar/Köln 1997 (Zugl.: Marburg, Univ., Diss., 1996)

Whitehouse, C. (Revenue, 1997): Revenue Law - Principles and Practice, 15. Aufl., London/Dublin/Edinburgh 1997

William M. Mercer Limited (Guidelines, 1995): International Benefit Guidelines 1995, A report on employee benefits in 60 countries around the world, 18. Aufl., Leatherhead/Surrey 1995

William M. Mercer Limited/CBI Employee Relocation Council (Remuneration, 1994): Remuneration Practices for International Transferees, London 1994

Williams, G.R./Rowley, T.A. (Strategy, 1991): A Strategy to Provide Retirement Benefits for International Transferees in a Global Company, in: B & C Oktober 1991, S. 2-7

Wimmer, K. (Zuführungsbeträge, 1992): Zuführungsbeträge bei der Bildung von Pensionsrückstellungen - Personalaufwand und/oder Zinsaufwand?, in: DStR 1992, S. 1294-1298

Wirth, E. (Vergütung, 1996): Vergütung von Expatriates, in: Macharzina, K./Wolf, J. (Hrsg.): Handbuch Internationales Führungskräfte-Management, Stuttgart u.a. 1996, S. 373-398

Wissenschaftlicher Rat der Dudenredaktion (Bearb.) (Fremdwörterbuch, 1990): Duden Fremdwörterbuch, 5. Aufl., Mannheim/Wien/Zürich 1990

Witte, E. (Phasen-Theorem, 1968): Phasen-Theorem und Organisation komplexer Entscheidungsverläufe, in: ZfbF 1968, S. 625-647

Witte, E. (Entscheidungsprozesse, 1980): Entscheidungsprozesse, in: Grochla, E. (Hrsg.): Handwörterbuch der Organisation, 2. Aufl., Stuttgart 1980, Sp. 633-641

Witte, T. (Planen, 1979): Heuristisches Planen, Vorgehensweise zur Strukturierung betrieblicher Planungsprobleme, Wiesbaden 1979 (Zugl.: Münster/Westf., Habil.-Schr., 1978)

Wohlleben, H.P. (Insolvenzsicherung, 1998): Neuregelungen zur Insolvenzsicherung der Betriebsrenten, in: DB 1998, S. 1230-1233

Wolf, M.F. (Probleme, 1991): Probleme lösen - Entscheidungen treffen: optimale Verfahrensstrategien und Möglichkeiten der Computerunterstützung, Frankfurt a.M. u.a. 1991

Zangemeister, C. (Grundlagen, 1975): Grundlagen zur systematischen Aufstellung von Zielen, in: Tumm, G.W. (Hrsg.): Erfolg durch bessere Entscheidungen. Die neuen Methoden der Entscheidungsfindung, München 1975, S. 67-84

Zehetmair, M. (Steuerfragen, 1998): Steuerfragen bei der Entsendung von Mitarbeitern ins Ausland aus der Sicht der beteiligten Unternehmen, in: IStR 1998, S. 257-265

Zieren, W. (Unternehmungsrechtsformwahl, 1989): Unternehmungsrechtsformwahl: Analyse einer empirischen Bestandsaufnahme des mittelständischen Handwerks, Köln 1989 (Zugl.: Köln, Univ., Diss., 1989)

Zippelius, R. (Methodenlehre, 1994): Juristische Methodenlehre, 6. Aufl., München 1994

Zwicky, F. (Entdecken, 1966): Entdecken, Erfinden, Forschen im Morphologischen Weltbild, München/Zürich 1966

Verzeichnis der Rechtsquellen und Verzeichnis der sonstigen Quellen

I. Verzeichnis der Gerichtsentscheidungen

Datum	Aktenzeichen	Fundstelle
1. Europäischer Gerichtshof		
12.05.1998	C-336/96	DB 1998, S. 1381
2. Bundesfinanzhof		
07.08.1959	VI 284/58 U	BStBl III 1959, S. 463-464
02.02.1960	I 194/59	BB 1960, S. 731-732
11.12.1970	VI R 218/66	BStBl 1971 II, S. 266-267
26.05.1971	I R 27/70	BStBl 1971 II, S. 804-805
15.11.1971	GrS 1/71	BStBl 1972 II, S. 68-70
05.10.1977	I R 90/75	BStBl 1978 II, S. 205-207
18.07.1980	VI R 97/77	BStBl 1981 II, S. 16-19
11.04.1984	I R 175/79	BStBl 1984 II, S. 535-537
21.08.1985	I R 63/80	BStBl 1986 II, S. 4-6
25.08.1986	IV B 76/86	BStBl 1987 II, S. 481-483
12.11.1986	I R 38/83	BStBl 1987 II, S. 377-379
12.11.1986	I R 69/83	BStBl 1987 II, S. 379-381
22.02.1989	I R 44/85	BStBl 1989 II, S. 475-477
11.10.1989	I R 12/87	BStBl 1990 II, S. 89-91
07.02.1990	X R 36/86	BStBl 1990 II, S. 1062-1065
31.10.1990	I R 24/89	BStBl 1991 II, S. 562-564
24.04.1991	XI R 9/87	BStBl 1991 II, S. 723-725
29.04.1992	I R 102/91	BStBl 1993 II, S. 149-150
09.07.1992	XI R 5/91	BStBl 1993 II, S. 27-29
03.02.1993	I R 80-81/91	BStBl 1993 II, S. 462-467
11.02.1993	VI R 66/91	BStBl 1993 II, S. 450-451
27.05.1993	VI R 19/92	BStBl 1994 II, S. 246-248
05.10.1994	I R 67/93	BStBl 1995 II, S. 95-97
17.05.1995	I R 16/94	BStBl 1996 II, S. 420-423
17.04.1996	I R 78/95	BStBl 1996 II, S. 571-572
19.03.1997	I R 69/96	BStBl 1997 II, S. 447-449

3. Bundesarbeitsgericht

24.08.1989	2 AZR 3/89	BAGE 63, S. 17-34
29.10.1992	2 AZR 267/92	BAGE 71, S. 297-320

II. Verwaltungsanweisungen

BMF-Schreiben vom 23.02.1983, IV C 5 - S 1341 - 4/83, BStBl 1983 I, S. 218-233

BMF-Schreiben vom 24.08.1984, IV C 5 - S 1300 - 244/84, BStBl 1984 I, S. 458-459

BMF-Schreiben vom 05.01.1994, IV C 5 - S 1300 - 197/93, BStBl 1994 I, S. 11-14

BMF-Schreiben vom 02.12.1994, IV C 7 - S 1340 - 20/94, BStBl 1995 I, Sondernummer 1

BMF-Schreiben vom 05.07.1995, IV C 5 - S 1300 - 73/95, BStBl 1995 I, S. 373

OFD Koblenz, Verfügung vom 21.08.1995, S 1341 A - St 34 1, WPg 1995, S. 674-675

BMF-Verordnung vom 06.05.1996, BGBl 1996 I, S. 670-671

BMF-Schreiben vom 07.05.1996, IV C 5 - S 1301 GB - 14/96, BStBl 1996 I, S. 621

III. Verzeichnis der sonstigen Quellen

Abkommen zwischen der Bundesrepublik Deutschland und dem Vereinigten Königreich Großbritannien und Nordirland zur Vermeidung der Doppelbesteuerung und zur Verhinderung der Steuerverkürzung vom 26.11.1964 i.d.F. des Revisionsprotokolls vom 23.03.1970, BStBl 1966 I, S. 730-744, BStBl 1971 I, S. 140-143

EG-Richtlinie vom 23.07.1990, 90/435/EWG, ABlEG 28.08.1990, Nr. L 225/6 und 28.9.1990, Nr. L 266/20

Übereinkommen über die Beseitigung der Doppelbesteuerung im Falle von Gewinnberichtigungen zwischen verbundenen Unternehmen vom 23.07.1990, 90/436/EWG, BStBl 1993 I, S. 818-825

BMF-Bekanntmachung vom 27.12.1994, BStBl 1995 I, S. 166

EG-Richtlinie vom 29.06.1998, 98/49/EG, ABlEG 25.07.1998, Nr. L 209

Bundestag-Drucksache 14/23 vom 09.11.1998

Peter Lang · Europäischer Verlag der Wissenschaften

Martina Rieger

Der Bundeszuschuß zur knappschaftlichen Rentenversicherung als Bergbausubvention?

Verzerrungsausgleich oder Verzerrungsursache?

Frankfurt/M., Berlin, Bern, New York, Paris, Wien, 1999.
XVIII, 154 S., zahlr. Abb. u. Tab.
Europäische Hochschulschriften: Reihe 5, Volks- und Betriebswirtschaft. Bd. 2439
ISBN 3-631-34411-2 · br. DM 65.–*

Die knappschaftliche Rentenversicherung ist ein eigenständiger Versicherungszweig zur Alterssicherung und versichert ausschließlich die Beschäftigten des Sektors Bergbau. Dieser Versicherungszweig erhält jedes Jahr einen Bundeszuschuß in zweistelliger Milliardenhöhe. Im Rahmen einer Diskussion über den Subventionsabbau wird die Frage aufgeworfen, ob es sich bei den Mitteln aus diesem Bundeszuschuß um (verdeckte) Subventionen an den Sektor Bergbau handelt. Auf der Grundlage einer genauen Analyse der gesetzlichen Bestimmungen der knappschaftlichen Rentenversicherung und einer Abgrenzung gegenüber der Rentenversicherung der Arbeiter und Angestellten soll die Arbeit zur Klärung dieser Frage beitragen.

Aus dem Inhalt: Die Knappschaftsversicherung, der Bergbau und die Subventionierung: eine Bestandsaufnahme · Vergleich der knappschaftlichen Rentenversicherung und der Rentenversicherung der Arbeiter und Angestellten · Der Bundeszuschuß zur knappschaftlichen Rentenversicherung: Subventionen an den Bergbau?

Frankfurt/M · Berlin · Bern · New York · Paris · Wien
Auslieferung: Verlag Peter Lang AG
Jupiterstr. 15, CH-3000 Bern 15
Telefax (004131) 9402131
*inklusive Mehrwertsteuer
Preisänderungen vorbehalten